Susan Forward

EMOTIONALE ERPRESSUNG

SUSAN FORWARD
DONNA FRAZIER

Emotionale Erpressung

Wenn andere mit Gefühlen drohen

Aus dem Amerikanischen
von Diane von Weltzien

Goldmann Verlag

Die amerikanische Originalausgabe
erschien 1997 unter dem Titel
»Emotional Blackmail. When the People in Your Life
Use Fear, Obligation and Guilt to Manipulate You«
bei HarperCollins, New York.

1. Auflage
© 1997 by Susan Forward
© 1998 der deutschsprachigen Ausgabe
Wilhelm Goldmann Verlag, München
in der Verlagsgruppe Bertelsmann
Satz: Uhl + Massopust, Aalen
Printed in Austria · Wiener Verlag, Himberg
ISBN 3-442-30745-7

Inhalt

Vorwort 7

I. Teil: Emotionale Erpressung verstehen 23

  1. Diagnose: Emotionale Erpressung 25

  2. Die vier Gesichter der Erpressung 44

  3. Der Nebel aus Angst, Pflicht- und Schuldgefühlen . . 73

  4. Die Mittel der Erpressung 100

  5. Das Innenleben des Erpressers 124

  6. Das Innenleben des Erpressungsopfers 151

  7. Die Auswirkungen emotionaler Erpressung 186

II. Teil: Emotionale Erpressung bekämpfen 205

Einführung: Der richtige Zeitpunkt für Veränderungen 207

  8. Bevor Sie loslegen 212

  9. Der richtige Zeitpunkt für Entscheidungen 243

10. Strategien 275

11. Den Nebel aus Angst, Pflicht- und Schuldgefühlen
    durchbrechen 311

Nachwort 347

Vorwort

Als ich meinem Mann erzählte, daß ich einen Abend pro Woche an einem Kurs teilnehmen wollte, ließ er mich seine Ablehnung auf die für ihn typische ruhige Art spüren. »Tu, was du willst, das machst du ja sowieso immer«, sagte er, »aber hoffe nicht darauf, daß ich auf dich warte, bis du nach Hause kommst. Ich bin immer für dich da; warum kannst nicht auch du für mich dasein?« Mir war klar, daß seine Argumente wenig stichhaltig waren, aber sie gaben mir das Gefühl, selbstsüchtig zu sein. Ich ließ mir meine Einschreibgebühr rückerstatten. – Liz

Ich hatte mir vorgenommen, über die Weihnachtstage mit meiner Frau auf Reisen zu sein, ein Urlaub, auf den wir uns schon seit Monaten freuten. Ich rief meine Mutter an, um ihr zu erzählen, daß wir die Tickets schließlich erhalten hätten, und sie fing fast an zu weinen. »Aber was soll aus dem Weihnachtsessen werden?« fragte sie. »Du weißt doch, alle treffen sich immer an den Feiertagen. Wenn ihr diese Reise antretet, statt zu kommen, dann verderbt ihr allen anderen das Fest. Wie kannst du mir das antun? Was denkst du, wie oft ich noch Weihnachten feiern kann?« Also habe ich natürlich nachgegeben. Meine Frau wird mich umbringen, aber wie könnte ich Spaß an einem Urlaub haben, wenn ich mich doch unter all diesen Schuldgefühlen wie begraben fühle. – Tom

Ich ging meinem Chef mitteilen, daß ich für das große Projekt, mit dem ich befaßt bin, entweder Unterstützung benötigte oder aber eine realistischere Terminierung. Sobald ich erwähnte, daß ich wirklich Entlastung nötig hätte, legte er los.

»Ich weiß genau, wie gern Sie zu Hause bei Ihrer Familie wären«, sagte er, »doch auch wenn sie Sie jetzt vermißt, so wissen Sie doch, daß Ihre Familie für die Beförderung, die wir für Sie in Erwägung ziehen, dankbar sein wird. Wir benötigen für das Projekt einen Teamarbeiter, der sich ihm mit echter Hingabe widmet – das war es, was ich Ihnen zugetraut habe. Aber tun Sie, was Sie für richtig halten. Verbringen Sie mehr Zeit mit Ihren Kindern. Wenn dies für Sie Vorrang hat, dann denken Sie jedoch daran, daß wir vielleicht die Pläne, die wir für Sie hatten, neu überdenken müssen.« Ich fühlte mich wie vor den Kopf gestoßen. Jetzt weiß ich nicht, was ich machen soll. – Kim

Was geht hier vor sich? Warum lösen manche Menschen in ihrem Gegenüber die folgenden Gedanken aus: »Ich habe wieder verloren. Immer gebe ich nach. Ich habe nicht ausgesprochen, was ich wirklich empfinde. Warum gelingt es mir nie, meiner Sache zum Durchbruch zu verhelfen? Wie kommt es, daß ich mich nie durchsetzen kann?« Ein solcher Mensch weiß, daß er getäuscht wurde. Er ist frustriert, verärgert und weiß, daß er seine eigenen Ziele aufgegeben hat, um einen anderen zufriedenzustellen. Was er jedoch dagegen tun soll, weiß er nicht. Wie kommt es, daß es manchen Menschen gelingt, andere emotional zu überwältigen und ihnen das Gefühl zu geben, besiegt worden zu sein?

Die Menschen, denen man in solchen Situationen gegenübersteht, sind begabte Manipulatoren. Sie belohnen ihr Opfer mit tröstlicher Intimität, nachdem sie bekommen haben, was sie wollten. Aber ebensooft drohen sie ihm, um ihr Ziel zu erreichen, oder begraben es unter einer Flut von Schuldzuweisungen und Selbstvorwürfen, wenn es ihnen nicht zu Willen ist. Mitunter erscheint es so, als ob sie ihre Strategie, um beim anderen ihren Willen durchzusetzen, bis in die Einzelheiten vorausplanen, dennoch sind sie sich dessen, was sie tun, oft nicht einmal bewußt. Tatsächlich geben sich viele dieser Manipulatoren liebenswert oder leidend und wirken keineswegs bedrohlich.

Im allgemeinen ist es vor allem eine bestimmte Person – ein Partner, ein Elternteil, ein Geschwister, ein Freund –, die ihr Opfer so nachhaltig manipuliert, daß es vollkommen zu vergessen scheint, wie sich ein Erwachsener angemessen verhält. Obwohl es vielleicht in anderen Bereichen seines Lebens geschickt und erfolgreich ist, in der Gesellschaft dieses Menschen ist das Opfer verwirrt und fühlt sich machtlos. Der Manipulator hat sein Opfer um den kleinen Finger gewickelt.

Nehmen Sie zum Beispiel meine Klientin Sarah, eine Gerichtsreporterin. Sarah, eine lebhafte Brünette, traf sich seit fast einem Jahr mit einem Bauunternehmer namens Frank. Als ein miteinander vertrautes Paar in den Dreißigern waren sie gut miteinander klargekommen – bis das Thema Heirat aufkam. Danach, so berichtete Sarah, »veränderte sich sein ganzes Verhalten mir gegenüber. Anscheinend wollte er, daß ich mich ihm gegenüber beweise«. Dies wurde deutlich, als Frank sie zu einem romantischen Wochenende in seine Hütte in den Bergen einlud. »Als wir dort eintrafen, waren überall Planen ausgebreitet, Farbeimer standen herum, und er drückte mir einen Pinsel in die Hand. Ich wußte nicht, wie ich reagieren sollte, also fing ich an zu malen.« Sie arbeiteten den ganzen Tag meist schweigend nebeneinander, und als sie sich schließlich hinsetzten, um sich auszuruhen, zog Frank einen riesigen Verlobungsring mit einem Diamanten aus der Tasche.

»Ich fragte ihn: ›Was hat das zu bedeuten?‹« erzählte Sarah, »und er erklärte mir, daß er herausfinden müsse, ob ich auch keine Spielverderberin sei, ob ich in der Ehe meinen Mann stehen und nicht von ihm erwarten würde, daß er alles alleine macht.« Mit diesem Wochenende war die Sache jedoch noch nicht vorüber.

Wir legten ein Datum für die Hochzeit fest und so weiter, aber in unserer Partnerschaft ging es auch weiterhin zu wie in einem Ruderboot bei Sturm. Er machte mir nach wie vor Geschenke, aber die Tests, denen er mich unterzog, behielt er ebenfalls bei. Wenn ich keine Lust hatte, an einem Wochenende auf die Kinder seiner Schwester aufzupassen, dann warf er mir vor, daß ich keinen gut ausgebildeten Familiensinn hätte und daß wir vielleicht darüber nachdenken müßten, die Hochzeit abzusagen. Oder wenn ich die Möglichkeit erwog, mich beruflich stärker zu engagieren, dann hieß das für ihn, daß ich mich nicht richtig auf ihn festlegen wollte. Also stellte ich meine Vorstellungen in dieser Hinsicht natürlich erst einmal zurück. Und auf diese Weise ging es fort und fort, und immer gab ich nach. Dabei sagte ich mir dauernd, was für ein großartiger Mann er doch sei und daß er vielleicht nur Angst davor habe zu heiraten und sich mit mir einfach sicherer fühlen mußte.

Franks Drohungen waren von der leisen Art – wenn Sarah ihn nicht zufriedenstellte, dann übte er Kritik an ihrem Charakter, zweifelte an ihrer Ernsthaftigkeit und drohte, die Hochzeit zu verschieben. Dennoch waren sie außerordentlich wirkungsvoll, denn sie wechselten sich mit einer Nähe ab, die verlockend genug war, um zu verschleiern, was tatsächlich ablief. Und wie die meisten Menschen kam auch Sarah aus diesem Grund immer wieder zurück zu ihm.

Sie ergab sich Franks Manipulationen, denn zum jeweiligen Zeitpunkt erschien es ihr einfach richtig, ihn glücklich zu machen – es stand ja so viel auf dem Spiel. Wie die meisten Menschen war Sarah ärgerlich und enttäuscht über Franks Drohungen, doch sie rechtfertigte ihren mangelnden Widerstand mit dem Frieden, den sie dadurch erwirkte.

In solchen Beziehungen konzentriert man sich auf die Bedürfnisse des Partners und vergißt darüber die eigenen. In der vorübergehenden illusionären Sicherheit findet man Entspannung, die durch Nachgeben erkauft wurde. Man ist der Auseinandersetzung aus dem Weg gegangen – und hat damit die Chance auf eine gesunde Beziehung verspielt.

Konfrontationen wie diese, die Wut und Zorn auslösen, sind die am weitesten verbreiteten Ursachen für Reibungen in fast jeder Partnerschaft, und doch werden sie nur selten als solche erkannt und verstanden. Häufig werden diese Fälle von Manipulation fälschlich als *Kommunikationsstörung* bezeichnet. Man sagt sich: »Ich handle auf der Basis meiner Gefühle und er auf jener des Verstandes«, oder: »Sie hat einfach eine andere Geisteshaltung.« In Wahrheit sind die Ursachen für Reibungen jedoch nicht unterschiedliche Kommunikationsstile. Es ist eher so, daß der eine seine Ziele auf Kosten des anderen durchsetzt. Folglich handelt es sich um weit mehr als um einfache Kommunikationsstörungen – Machtkämpfe ist die treffendere Bezeichnung.

Jahrelang habe ich nach einem Begriff gesucht, der diese Kämpfe und die beunruhigenden Verhaltenszyklen, die sie auslösen, gut beschreibt, und ich habe festgestellt, daß die meisten Menschen zustimmend reagieren, wenn ich ihnen sage, daß das, worüber wir hier sprechen, nichts anderes ist als Erpressung – emotionale Erpressung.

Mir ist klar, daß der Begriff *Erpressung* beängstigend ist und dunkle Bilder von Furcht und Verbrechen heraufbeschwört. Sicherlich fällt es schwer, den eigenen Ehemann, die Eltern, Vorgesetzten, Geschwister oder Kinder in diesem Zusammenhang zu sehen. Dennoch habe ich festgestellt, daß *Erpressung* der einzige Begriff ist, der diese Vorgänge treffend beschreibt. Gerade die Schärfe des Wortes macht es möglich, die Leugnung und Verwirrung, die viele Partnerschaften überschatten, zu durchdringen und Klarheit zu schaffen.

Seien Sie versichert: Nur weil es in einer Beziehung emotionale Erpressung gibt, heißt dies nicht, daß sie zum Scheitern verurteilt ist. Es bedeutet lediglich, daß man das Verhalten, welches einem Schmerzen verursacht, ehrlich anerkennen und korrigieren muß, damit die Beziehung wieder auf ein solides Fundament gestellt werden kann.

Was ist emotionale Erpressung?

Emotionale Erpressung ist eine schwerwiegende Form von Manipulation, bei der Menschen, die dem Opfer nahestehen, direkt oder indirekt damit drohen, es zu bestrafen, wenn es nicht das tut, was sie wollen. Im Zentrum jeder Erpressung steht eine grundlegende Drohung, die auf vielerlei Weise ausgedrückt werden kann: *Wenn du dich nicht so verhältst, wie ich es von dir will, wirst du leiden.* Ein krimineller Erpresser droht vielleicht damit, sein Wissen über die Vergangenheit eines Menschen dazu zu gebrauchen, um seinen Ruf zu schädigen, oder er verlangt Geld, um ein Geheimnis zu bewahren. Emotionale Erpessung trifft noch empfindlicher. Ein emotionaler Erpresser weiß, wieviel seinem Opfer die Beziehung mit ihm wert ist. Er kennt dessen Verletzbarkeit. Oft sind ihm dessen innerste Geheimnisse bekannt. Ganz egal, wie tief die Gefühle des Erpressers für sein Opfer sind, in dem Augenblick, in dem er fürchten muß, sich vielleicht nicht durchsetzen zu können, wird er dieses intime Wissen einsetzen, um seinen Drohungen die Form zu verleihen, die ihn schließlich mit dem Einverständnis des Opfers belohnt.

Wohlwissend, daß jeder Mensch sich nach Liebe und Anerkennung sehnt, droht der Erpresser damit, ebendies zurückzuhalten oder ganz fortzunehmen, oder aber er gibt ihm das Gefühl, daß er sich beides erst verdienen muß. Beispielsweise könnte der Erpresser Sie beschuldigen, selbstsüchtig oder rücksichtslos zu sein, weil Sie seinen Wünschen nicht nachgeben, obwohl Sie selbst sich als großzügig und liebevoll empfinden. Wenn Sie Geld und Sicherheit als besonders wichtig empfinden, dann ist es vielleicht gerade der Erpresser, der für beides sorgt und damit droht, Ihnen diese Werte vorzuenthalten. Und wenn Sie dem Erpresser in einer solchen Situation Glauben schenken, dann könnten Sie ein Verhaltensmuster entwickeln, in dem Sie ihm gestatten, Ihre Entscheidungen und Ihr Verhalten zu kontrollieren.

Dann ist das Opfer in einem Tanz der Erpressung gefangen, einem Tanz mit unzähligen Schrittfolgen, Formen und Mustern.

Im Nebel verirrt

Wie kommt es, daß so viele kluge und fähige Menschen hilflos ein Verhalten zu verstehen suchen, das so offensichtlich ist? Eine der entscheidenden Ursachen hierfür ist die Tatsache, daß der Erpresser es seinem Opfer fast unmöglich macht zu durchschauen, wie er es manipuliert, weil er einen dicken Nebel verbreitet, der seine Handlungen verschleiert. Wäre es möglich, dann würde sich der andere wehren, aber der Erpresser sorgt dafür, daß sein Opfer das, was mit ihm geschieht, nicht sehen kann. Ich verwende den Begriff *Nebel* sowohl als Metapher für die Verwirrung, welche der Erpresser in seinem Opfer auslöst, wie auch als eine Art Brennglas, um diesen Nebel aufzulösen. *Nebel* ist ein Symbol für Angst, Pflicht- und Schuldgefühle, den wichtigsten Mitteln des Erpressers. Er bringt diesen alles verschlingenden Nebel in seine Beziehungen ein und sorgt dafür, daß der andere es nicht wagt, sich dem Erpresser in den Weg zu stellen, daß er sich verpflichtet fühlt, ihm seinen Willen zu lassen und sich furchtbar schuldig fühlt, wenn er es nicht tut.

Weil es so ungemein schwer ist, diesen Nebel zu durchdringen und emotionale Erpressung, wenn sie erfolgt und sogar noch im nachhinein, zu durchschauen, habe ich die folgende Checkliste zusammengestellt, damit Sie erkennen können, ob Sie das Ziel eines Erpressers sind:

- Drohen Ihnen Menschen, die in Ihrem Leben eine wichtige Rolle spielen, damit, Ihnen das Leben schwerzumachen, wenn Sie nicht tun, was sie wollen?
- Drohen sie ununterbrochen damit, die Beziehung zu Ihnen abzubrechen, wenn Sie nicht auf ihre Wünsche eingehen?
- Sagen sie Ihnen, daß sie sich selbst vernachlässigen oder verletzen werden oder in Depressionen verfallen, wenn Sie sich ihrem Willen nicht fügen?
- Wollen sie immer noch mehr von Ihnen, gleichgültig, wie viel Sie ihnen schon gegeben haben?
- Gehen sie grundsätzlich davon aus, daß Sie schließlich doch nachgeben werden?
- Übersehen oder mißachten sie regelmäßig Ihre Gefühle und Bedürfnisse?
- Machen sie Ihnen großartige Versprechungen, deren Einlösung sie jedoch von Ihrem Verhalten abhängig machen und die sie deshalb nur selten halten?

- Werden Sie von diesen Menschen fortwährend als selbstsüchtig, schlecht, gierig, gefühllos oder lieblos bezeichnet,
wenn Sie nicht einlenken?
- Werden Sie von ihnen mit Lob überschüttet, wenn Sie nachgeben, und wird Ihnen ihre Anerkennung entzogen, wenn
Sie es nicht tun?
- Setzen sie Geld ein, um sich bei Ihnen durchzusetzen?

Wenn Sie auch nur eine dieser Fragen mit ja beantwortet haben,
dann werden Sie emotional erpreßt. Doch ich versichere Ihnen,
es gibt viele Veränderungen, die Sie sofort vornehmen können,
um Ihre Situation und Ihren emotionalen Zustand unmittelbar
zu verbessern.

Klarheit finden

Bevor Veränderung möglich ist, muß die Verwirrung darüber,
wie die Beziehung zu einem Erpresser funktioniert, beseitigt
werden. Man muß in die Sache Licht bringen. Dies ist eine le-
benswichtige Voraussetzung, um emotionale Erpressung beenden zu können; denn auch während man daran arbeitet, den
Nebel aus Angst, Pflicht- und Schuldgefühlen aufzulösen, ist der
Erpresser damit beschäftigt, die Beziehung mit neuen dicken
Nebelschwaden zu verschleiern. Trotz aller subtiler Erkenntnisse, welche wir in den vergangenen Jahren in Sachen Stimmung, Psyche und Motivation erlangt haben: Sobald es um den
Nebel aus Angst, Verpflichtung und Schuldgefühlen geht, ist
die Sinneswahrnehmung reduziert, und die fein abgestimm-
ten Sensoren, von denen man sonst in einer Beziehung gelei-
tet wird, sind wie eingeschlafen. Der Erpresser ist fähig, den
Druck, den er auf sein Opfer ausübt, geschickt zu verhüllen,
und oft erlebt man ihn auf eine Weise, die einen an der eigenen Realitätswahrnehmung zweifeln läßt. Außerdem liegt oft
eine große Kluft zwischen dem, was der Erpresser tut, und der
wohlwollenden Art, wie er seine liebevollen Handlungen dem
Opfer und sich selbst gegenüber interpretiert. Folglich fühlt

man sich verwirrt, orientierungslos und erbittert. Doch mit diesen Gefühlen steht man nicht allein da. Emotionale Erpressung ist ein Dilemma, das Millionen von Menschen betrifft.

Im Verlauf dieses Buches werden Sie in anschaulichen Fallgeschichten auf Menschen treffen, die sich, wie Sie, mit emotionaler Erpressung auseinandersetzen müssen – und denen es schließlich gelingt, ihr ein Ende zu setzen. Diese Fallgeschichten handeln von realen Menschen mit realen Gefühlen und Konflikten. Es sind Menschen, mit denen Sie sich identifizieren können – Männer und Frauen, die zahlreiche Bereiche ihres Lebens kompetent, effektiv und mit Anstand bewältigen, aber dennoch einem Erpresser in die Falle gegangen sind. Wenn Sie bereit sind, Ihr Herz zu öffnen, dann können Sie viel von ihnen lernen. Die Lebensläufe dieser Menschen sind moderne Fabeln und Lehrgeschichten, die Ihnen auf Ihrer eigenen Lebensreise als Leitfaden und Signalfeuer zu dienen vermögen.

Jede Erpressung setzt immer zwei Beteiligte voraus

In der ersten Hälfte dieses Buches werde ich Ihnen genau darlegen, wie emotionale Erpressung funktioniert und warum manche Menschen ihr besonders ausgeliefert sind. Ich will detailliert erklären, wie der Erpressungsprozeß abläuft, was Erpresser und Erpressungsopfer durch ihn zu erreichen hoffen, was und wie sie es erlangen. Ich werde die Psyche des Erpressers untersuchen – ein Vorhaben, welches zunächst wenig aussichtsreich zu sein scheint, da nicht alle Erpresser auf die gleiche Weise vorgehen oder dieselben Charakterzüge besitzen. Viele wirken eher passiv, manche geben sich ausgesprochen aggressiv. Einige von ihnen agieren direkt, andere jedoch gehen äußerst subtil vor. Nicht wenige lassen ihr Opfer genau wissen, mit welchen Konsequenzen es rechnen muß, wenn es nicht tut, was es soll; wieder andere betonen, wie sehr sie wegen dem anderen leiden müssen. Doch gleichgültig, wie unterschiedlich sie bei oberflächlicher Betrachtung auch erscheinen, sie alle haben entscheidende Züge gemeinsam, charakteristische Eigenschaften, die ihr manipulatives Verhalten begünstigen. Ich werde Ihnen zeigen, wie unsere Erpresser den Nebel aus Angst, Verpflichtung und Schuldgefühlen und andere Mittel zum Einsatz bringen, und ich werde Ihnen zu verstehen helfen, was sie dazu antreibt.

Ferner will ich Ihnen darlegen, daß Angst – die Angst vor Verlust, die Angst vor Veränderung, die Angst vor Zurückweisung, die Angst vor einem möglichen Machtverlust – die gemeinsame Basis vieler Erpressungen ist. Bei manchen Erpressern sind diese Ängste in einer langen Geschichte von Furcht und Minderwertigkeitskomplexen begründet. Die Ängste anderer haben vielleicht ihre Wurzeln in weniger weit zurückliegenden Unsicherheiten und Streßsituationen, die ihr Selbstgefühl als sicher auftretende und kompetente Personen untergraben haben. In diesem Zusammenhang gilt es zu demonstrieren, wie das Erpressungspotential mit der Zunahme von Ängsten ins Unermeßliche wächst und wie leicht Ereignisse wie Zurückweisung durch den Partner, Arbeitsplatzverlust, Scheidung, Pensionierung oder Krankheit einen Menschen, der einem nahesteht, in einen Erpresser verwandeln können.

Menschen, die sich in ihrer unmittelbaren Umgebung der emotionalen Erpressung als Mittel bedienen, sind selten Personen, die morgens mit der Frage aufwachen: »Wie kann ich mein Opfer richtig fertigmachen?« Viel eher benötigen sie die emotionale Erpresung, um sich sicher und verantwortlich zu fühlen. Gleichgültig, wie selbstbewußt ihr Auftreten auf den ersten Blick auch sein mag, Erpresser werden in ihrem Verhalten im höchsten Maße von ihren Ängsten gesteuert.

Wenn sie jedoch mit dem Finger schnippen und ihr Opfer beeilt sich, ihren Wünschen zu folgen, dann fühlen Erpresser sich eine Zeitlang machtvoll. Emotionale Erpressung wird zu ihrer bevorzugten Verteidigungsstrategie gegen Ängste und seelische Verletzungen.

16

Die Rolle des Erpressungsopfers

Ohne die Mithilfe des Erpreßten kann emotionale Erpressung nicht vor sich gehen. Denken Sie daran: Jede Erpressung setzt *zwei* Beteiligte voraus. Daher muß der nächste Schritt sein, herauszufinden, was der Erpreßte zu der Situation beiträgt.

Jeder Mensch bringt in eine Beziehung seine ureigensten wunden Punkte ein, die auf Druck reagieren und bei Berührung schmerzen – aufgestauten Ärger, Reuegefühle, Unsicherheiten, Ängste, Wut. Emotionale Erpressung kann nur dann funktionieren, wenn man den Erpresser wissen läßt, daß er den wunden Punkt gefunden hat, und daß man aufspringt, sobald er ihn berührt. Im Verlauf dieses Buches will ich zeigen, wie unsere frühesten Lebenserfahrungen diese automatischen emotionalen Reaktionen geformt haben, welche durch Druck auf unsere wunden Punkte ausgelöst werden.

Ich habe fasziniert beobachtet, daß sich die Philosophie des menschlichen Verhaltens, die den Menschen ursprünglich als Opfer sah, dahingehend entwickelt, daß sie ihn nun dazu ermutigt, die Verantwortung für sein Leben und für seine Probleme selbst zu übernehmen. Gerade im Zusammenhang mit emotionaler Erpressung spielt diese Einstellung eine entscheidende Rolle. Es fällt so viel leichter, sich auf das Verhalten anderer Menschen zu konzentrieren und zu denken, wenn *sie* sich ändern, dann wird alles wieder gut. Tatsächlich jedoch muß das Erpressungsopfer den Mut und das Selbstvertrauen aufbringen, um *sich selbst* zu verstehen und um sein Verhalten gegenüber möglichen Erpressern zu verändern. Es ist schwer, sich einzugestehen, daß man selbst durch eigenes Nachgeben dem Erpresser beibringt, wie er einen erpressen kann. Doch die harte Wahrheit lautet folgendermaßen: Die Fügsamkeit des Erpreßten belohnt den Erpresser, und jedesmal, wenn man einen Menschen für eine bestimmte Handlung belohnt, sei es bewußt oder unbewußt, dann gibt man ihm auf die stärkstmögliche Weise zu verstehen, daß er die Handlung wiederholen darf.

Der Preis ist hoch

Emotionale Erpressung breitet sich aus wie Efeu, und seine Ranken können jeden Aspekt des Lebens umschlingen. Wer am Arbeitsplatz vor der emotionalen Erpressung kapituliert, der läßt dies zu Hause vielleicht die Kinder spüren. Wer eine schlechte Beziehung zu einem der Elternteile hat, der überfordert vielleicht seinen Partner mit negativen Gefühlen. Es ist nicht möglich, einen Konflikt in einer Schachtel mit der Aufschrift »Chef« oder »Ehemann« wegzusperren und ihn damit vom übrigen Leben zu isolieren. Es kann sogar geschehen, daß man die leidvolle Dynamik wiederholt und selbst zum Erpresser wird, indem man die erlittene Frustration an einem schwächeren und verletzlicheren Menschen ausläßt.

Viele der Menschen, von denen man emotional erpreßt wird, sind Freunde, Kollegen und Familienmitglieder, zu denen man eine tiefe Bindung hat, die man erhalten und stärken will. Vielleicht handelt es sich um Personen, die man liebt, weil man gute Zeiten mit ihnen erlebt hat, gelegentlich noch immer Nähe zu ihnen spürt und eine Strecke des eigenen Lebensweges gemeinsam mit ihnen gegangen ist. Möglicherweise empfindet man die eigene Beziehung zu ihnen im großen und ganzen als gut, aber durch die emotionale Erpressung vom rechten Kurs abgekommen. Es ist lebenswichtig, sich selbst und damit auch andere nicht in den Strudel der Erpressung ziehen zu lassen.

Wenn man dem Druck emotionaler Erpressung wieder und wieder nachgibt, dann bezahlt man einen hohen Preis. Die Kommentare und das Verhalten des Erpressers sorgen dafür, daß man sich aus dem Gleichgewicht gebracht, beschämt und schuldig fühlt. Man weiß, daß man die Situation ändern muß, und obgleich man sich genau dies immer wieder vornimmt, stellt man fest, daß man erneut überlistet oder ausmanövriert oder überrumpelt wurde. Man beginnt an der eigenen Fähigkeit zu zweifeln, sich selbst gegenüber Versprechen zu halten, und man verliert das Vertrauen in die eigene Effektivität. Das Selbstwertgefühl wird untergraben. Und was vielleicht noch schlimmer ist, jedesmal, wenn man vor der emotionalen Erpressung kapituliert, verliert man die Verbindung zur eigenen Integrität, zu jenem inneren Kompaß, der den Menschen dabei unterstützt festzulegen, welcher Art seine Werte und sein Verhalten sein sollten. Auch wenn emotionale Erpressung kein schwerer Mißbrauch ist, gehen Sie nicht davon aus, daß der Einsatz gering ist. *Wenn man mit emotionaler Erpressung lebt, dann wird man von ihr langsam aufgefressen, und in wachsendem Maße werden die wichtigsten Beziehungen und die ganze Selbstachtung in Gefahr gebracht.*

Emotionale Erpressung bekämpfen

Ich bin seit über 25 Jahren therapeutisch tätig. In dieser Zeitspanne habe ich viele tausend Klienten unterschiedlichster Herkunft behandelt, und wenn es eine Verallgemeinerung gibt, die ich guten Gewissens machen kann, dann ist es die, daß das Wort *Veränderung* in jeder beliebigen Sprache dasjenige ist, das den Menschen am meisten Furcht einflößt. Niemand liebt es, beinahe jeden erschreckt es, und die meisten Menschen, zu denen auch ich gehöre, entwickeln eine erstaunliche Kreativität, um ihm aus dem Weg zu gehen. Es mag schon sein, daß man selbst mit seinen Handlungen das eigene Unglücklichsein bewirkt, aber die Vorstellung, irgend etwas anders machen zu müssen, ist noch schlimmer.

Wenn es jedoch eines gibt, was ich auf der persönlichen wie auf der beruflichen Ebene mit absoluter Sicherheit weiß, dann ist es das folgende: Nichts wird sich in unserem Leben verändern, bis wir unser Verhalten ändern. Einsicht allein reicht nicht aus. Zu verstehen, warum man diese selbstzerstörerischen Dinge tut, bedeutet nicht, daß man sie einstellt. Am anderen herumzunörgeln oder ihn um Veränderung anzuflehen führt zu nichts. Man selbst muß handeln. Man selbst muß den ersten Schritt auf einem neuen Weg tun.

Ein neuer Wortschatz der Wahlmöglichkeiten

In all meinen Büchern habe ich mir zum Ziel gesetzt, Lösungen anzubieten, und auch im zweiten Teil des vorliegenden Bandes werde ich Sie Schritt für Schritt durch das breite Spektrum der Wahlmöglichkeiten führen, die Ihnen offenstehen, wenn Sie zur Zielscheibe eines emotionalen Erpressers geworden sind. Auch wenn man in der Regel mit einem eingeschränkten Blick auf die möglichen Herangehensweisen in Aktion tritt, so besitzt man doch meistens weit mehr Optionen, als einem bewußt ist. Und die Wahl zu haben wirkt stärkend. Ich werde Sie mit Strategien bekanntmachen, mit deren Hilfe Sie im Angesicht der Erpressung, ja selbst, wenn Sie beunruhigt sind und Angst haben, standhaft bleiben, und ich werde Ihnen dabei helfen, sich mit dem, was Sie tun, gut zu fühlen. Zu diesem Zweck stelle ich Ihnen Checklisten, einfache Übungen, praktische Szenarien und nichtdefensive Kommunikationstechniken vor. Dabei handelt es sich um Techniken, die ich seit über 25 Jahren lehre und verbessere – und die funktionieren.

Außerdem werde ich Sie bei der Beantwortung der ebenso wichtigen ethischen, moralischen und psychologischen Fragen unterstützen, mit denen jeder Mensch im Angesicht emotionaler Erpressung zu ringen hat. Sie könnten folgendermaßen lauten:

- Wann bin ich wirklich selbstsüchtig, und wann gebe ich nur einfach meinen Bedürfnissen und Prioritäten den Raum, der ihnen zusteht?
- Wieviel kann ich für andere tun oder geben, ohne daß ich hinterher verstimmt oder deprimiert bin?
- Verletze ich meine Integrität, wenn ich dem Erpresser nachgebe?

Ich werde Ihnen die Mittel an die Hand geben, um Situation für Situation festzustellen, wo Ihre Verantwortlichkeit für Ihre Mitmenschen anfängt und wo sie aufhört – die entscheidende Voraussetzung, wenn Sie sich von Manipulationen befreien wollen.

Vor allem aber wird es Ihnen mit der Hilfe dieses Buches gelingen, die Schuldgefühle, die der Erpresser in Ihnen wachruft, zu reduzieren und besser mit ihnen umzugehen. Ich werde Ihnen auch zeigen, wie Sie mit den unangenehmen Gefühlen zurechtkommen können, die sich zwangsläufig einstellen, wenn Sie durch Ihr Verhalten Vorwürfe von sich weisen, die Sie nicht verdienen. Sie erfahren, daß Schuldgefühle abnehmen, sobald Sie auf gesunde, selbstbejahende Weise handeln, und daß der Erpresser ohne Ihre Schuldgefühle keine Macht mehr über Sie hat.

Ich werde Sie darin unterstützen, die entscheidenden inneren Veränderungen vorzunehmen, die es Ihnen ermöglichen sollen, nicht mehr länger automatisch auf emotionale Erpressung zu reagieren und statt dessen bewußt zu wählen, inwieweit Sie einem anderen Menschen auf Kosten Ihres eigenen Wohlbefindens gefällig sein wollen.

Indem ich Ihnen helfe, Erpressungsversuchen zu widerstehen, wird Ihnen auch die Entscheidung leichter fallen, wann ein solcher Vorfall keine weiteren Auseinandersetzungen wert ist und wann es sogar eine kluge Strategie sein kann, dem Erpresser nachzugeben. In einigen wenigen extremen Fällen kann es sein, daß der vollständige Abbruch der Beziehung zum Erpresser die einzige gesunde Herangehensweise ist, und ich werde Ihnen erklären, warum und wie dieser Schritt vollzogen werden kann, nachdem Sie mit allen übrigen Bemühungen gescheitert sind.

Wenn es uns schließlich gelungen ist zu verstehen, wie emotionale Erpressung funktioniert und wir die neuerworbenen Techniken anwenden, mit denen wir uns aus dem tödlichen Kreislauf der Erpressung befreien können, dann werden in uns Begeisterung und Energie in einem unglaublichen Maß freigesetzt.

»Es war mir möglich, meinen Partner zurückzuweisen und zu erkennen, daß seine Forderungen unvernünftig waren«, berichtete mir meine Klientin Maggie. »Ich habe nichts getan, um

21

ihn zu verletzen, auch wenn er das gerne so sehen würde. Und zum ersten Mal bin ich nicht hingegangen und habe mich mit Selbstvorwürfen überschüttet oder habe ihn nach zehn Minuten zurückgerufen, um mich zu entschuldigen oder um nachzugeben.«

Ich habe dieses Buch für alle jene geschrieben, die versuchen, die Nähe zu einem Partner, Elternteil, Kollegen oder Freund aufrechtzuerhalten, der eine wichtige und ansonsten gute Beziehung mit den Krakenarmen der Manipulation erstickt.

Machen Sie sich bitte klar, daß ich zwar in diesem Prozeß der mitunter schwierigen, aber doch die Qualität Ihres Lebens erheblich verbessernden Veränderungen nicht bei Ihnen sein kann, daß ich Sie jedoch bei jedem einzelnen Ihrer Schritte moralisch begleiten werde. Ich möchte Sie in Ihrer Arbeit darin unterstützen, neue und gesunde Beziehungen aufzubauen, nicht nur zu den Erpressern in Ihrem Leben, sondern auch zu sich selbst.

Es bedarf wirklichen Mutes, um sich mit emotionaler Erpressung zu konfrontieren. Dieses Buch wird Ihnen die Kraft geben, um die Herausforderungen zu meistern.

I. Teil

Emotionale Erpressung verstehen

Kapitel 1

Diagnose:
Emotionale Erpressung

Die Welt der emotionalen Erpressung ist verwirrend. Während einige Erpresser ihre Drohungen klar und deutlich zum Ausdruck bringen, senden andere möglicherweise sehr unterschiedliche Signale, geben sich die meiste Zeit freundlich und greifen nur ab und an auf emotionale Erpressung zurück. All dies macht es schwer zu erkennen, wann sich ein Manipulationsmuster in einer Beziehung entwickelt.

Selbstverständlich gibt es eindrucksvolle, unzweideutige Erpresser, die durchweg direkte Drohungen hinsichtlich dessen zum Ausdruck bringen, was geschehen wird, wenn man sich ihrem Willen nicht beugt, und die die Folgen mangelnder Unterwerfung in klare Worte fassen: »Wenn du mich verläßt, dann siehst du deine Kinder nie wieder.« »Wenn Sie mein Projekt nicht unterstützen, dann werde ich Sie so lange nicht zur Beförderung vorschlagen, bis Sie es tun.« Eindeutige Drohungen, klare Intentionen.

Sehr viel häufiger jedoch ist emotionale Erpressung viel subtiler und erfolgt im Umfeld einer Beziehung, die im großen und ganzen gut und positiv ist. Das Erpressungsopfer kennt die guten Tage des Erpressers und läßt es zu, daß die Erinnerungen an diese positiven Erfahrungen sein ungutes Gefühl, daß etwas nicht in Ordnung ist, zudeckt. Emotionale Erpressung schleicht sich ein, schiebt sich leise über die Schwelle zwischen normalem, annehmbarem Verhalten und den Vorgängen, die zunächst das Wohlergehen des Erpreßten nur leicht beeinträchtigen und es dann schließlich zerstören.

Bevor man jedoch das Verhalten eines Menschen als emotionale Erpressung bezeichnen kann, muß es bestimmte Voraussetzungen erfüllen. Die Diagnose erfolgt auf ähnlichem Wege wie jene, die ein Arzt bei einem Patienten mit körperlichen Beschwerden erstellt: durch die Betrachtung der Symptome. In dem folgenden Beispiel begegnen Sie zwei Menschen, die in einer Liebesbeziehung miteinander verbunden sind. Die Symptomatik stimmt jedoch überein, unabhängig davon, ob es sich bei den im Konflikt verbundenen Personen um Freunde, Kollegen oder Familienmitglieder handelt. Die Ausgangssituation mag unterschiedlich sein, aber die Taktiken und Handlungen sind klar erkennbar immer die gleichen.

Die sechs tödlichen Symptome

Ein junges Paar aus meiner Bekanntschaft, Jim und Helen, ist nun seit etwas länger als einem Jahr zusammen. Helen, eine Literaturprofessorin an einem College, hat riesige braune Augen und ein vollkommenes Lächeln. Sie lernte Jim auf einer Party kennen, und er erschien ihr reizvoll. Er ist großgewachsen, besitzt eine leise, angenehme Stimme und arbeitet erfolgreich als Songschreiber. Beide sind einander sehr zugetan. Doch für Helen ist die Leichtigkeit aus ihrer Beziehung zu Jim verschwunden. Tatsächlich hat ihre Partnerschaft mittlerweile die sechs Stufen emotionaler Erpressung durchlaufen.

Um Ihnen eine klare Vorstellung davon zu vermitteln, wie die sechs Symptome emotionaler Erpressung aussehen und wie sie sich anfühlen, möchte ich Sie durch die vereinfachte Darstellung eines Konflikts führen, den Helen und Jim eines Tages miteinander auszutragen hatten. Sie werden feststellen, daß manche der Symptome sich auf Jims und andere auf Helens Verhalten beziehen.

1. Forderung
Jim will etwas von Helen. Er weist darauf hin, daß sie so viel Zeit miteinander verbringen, daß sie ebensogut zusammenziehen könnten. »Im Prinzip wohne ich ja bereits hier«, sagt er zu ihr. »Laß es uns einfach offiziell machen.« Ihre Wohnung ist

riesig, und die Hälfte seiner Sachen ist ja auch bereits dort, fügt er hinzu, also handelt es sich nur um einen einfachen Übergang.

Manchmal drücken Erpresser nicht so deutlich wie Jim aus, was sie wollen, sondern überlassen es statt dessen dem Erpressungsopfer, herauszufinden, worum es geht. Jim hätte sein Anliegen auch indirekter vorbringen können, zum Beispiel indem er sich nach einer Hochzeit im Freundeskreis mürrisch zurückzieht, es Helen überläßt, die Erklärung für sein Verhalten aus ihm herauszulocken – »Ich wünschte, wir könnten einander näher sein, ich fühle mich manchmal so einsam« –, und schließlich zugibt, daß er gerne bei ihr einziehen würde.

Auf den ersten Blick wirkt Jims Vorschlag liebevoll und keineswegs fordernd. Doch schon bald wird deutlich, daß er in seinem weiteren Vorgehen festgelegt und nicht bereit ist, es zu diskutieren oder zu verändern.

2. Widerstand

Helen fühlt sich nicht wohl bei dem Gedanken an Jims Einzug und bringt ihren Unwillen zum Ausdruck, indem sie ihm erklärt, daß sie für diese Veränderung in ihrer Beziehung noch nicht bereit ist. Sie empfindet tiefe Zuneigung für ihn, aber sie möchte, daß er seine eigene Wohnung hat.

Wenn Helen ein weniger direkter Mensch wäre, dann würde sie vielleicht auf andere Weise Widerstand leisten. Sie könnte sich zurückziehen und weniger liebevoll sein oder ihm erklären, daß sie die Wohnung neu streichen lassen wolle und daß er daher seine Sachen zu sich zurücknehmen müsse, bis die Arbeiten erledigt seien. So wie die Dinge jedoch liegen, bringt sie ihren Widerstand unmittelbar zum Ausdruck. Die Antwort ist Nein.

3. Druck

Als Jim klar wird, daß Helen nicht so reagiert, wie er es will, versucht er nicht, ihre Gefühle zu verstehen. Vielmehr drängt er sie, ihre Meinung zu ändern. Anfangs tut er so, als sei er bereit, mit ihr über die Angelegenheit zu reden, aber das Gespräch wird einseitig und entwickelt sich zu einem Vortrag. Er verwandelt Helens ablehnende Äußerung in eine Feststellung ihrer Schwächen und bringt seine eigenen Wünsche und Forderungen in der positivsten Sprache zum Ausdruck: »Ich will nur das, was für uns am besten ist. Ich will dir nur mehr geben können. Wenn zwei Menschen einander lieben, dann sollten sie auch ihr Leben miteinander teilen wollen. Warum möchtest du das deine nicht mit mir teilen? Wenn du nicht so ichbezogen wärst, dann könntest du dein Leben ein wenig mehr für mich öffnen.«

Dann läßt er wieder seinen Charme spielen und fragt: »Liebst du mich denn nicht genug, um mich die ganze Zeit bei dir haben zu wollen?« Ein anderer Erpresser würde vielleicht den Druck erhöhen, indem er unerbittlich darauf besteht, daß sein Einzug die Beziehung verbessern und beide näher zusammenbringen würde. Welchen Stils der Erpresser sich auch bedient, Druck wird auf jeden Fall ins Spiel kommen, auch wenn er hinter wohlwollenden Worten verborgen ist – zum Beispiel indem Jim Helen zu verstehen gibt, wie sehr ihm ihr Zögern weh tut.

4. Drohungen

Da Jim auch weiterhin auf eine Mauer des Widerstands stößt, läßt er Helen wissen, daß sie mit Konsequenzen rechnen muß, wenn sie ihm nicht gibt, was er will. Ein Erpresser kann seinem Opfer drohen, ihm weh zu tun oder es unglücklich zu machen. Vielleicht gibt er ihm auch zu verstehen, wieviel Leid er mit seiner Weigerung verursacht. Möglicherweise versucht der Erpresser sein Opfer auch mit Versprechungen darüber zu betäuben, was er ihm alles geben und wie sehr er es lieben wird, wenn es doch nur auf seine Linie einschwenkt. Jim bearbeitet Helen mit verschleierten Drohungen: »Wenn es dir nach allem, was wir einander bedeuten, nicht möglich ist, dich auf diese Weise an mich zu binden, dann sollten wir vielleicht darüber nachdenken, ob es an der Zeit ist, andere Menschen kennenzulernen.« Er droht nicht direkt damit, die Beziehung zu beenden, doch Helen kann unmöglich überhören, was zwischen den Zeilen mitschwingt.

5. Unterwerfung

Helen will Jim nicht verlieren und sagt sich, trotz ihres fortbestehenden unguten Gefühls, daß es vielleicht falsch war, ihn nicht einziehen zu lassen. Sie und Jim sprechen nur oberflächlich über ihre Bedenken, und Jim macht keinen Versuch, sie zu zerstreuen. Wenige Monate später gibt Helen ihren Widerstand auf, und Jim zieht ein.

6. Wiederholung

Jims Sieg leitet eine ruhige Periode ein. Nun, da er seinen Willen durchgesetzt hat, übt er keinen weiteren Druck aus, und die Beziehung scheint sich zu stabilisieren. Helen fühlt sich noch immer nicht ganz wohl damit, wie sich die Dinge entwickelt haben, aber sie ist auch erleichtert darüber, daß der Druck fortgenommen ist und daß sie Jims Liebe und Anerkennung zurückgewonnen hat. Jim hat erlebt, daß er seine Ziele sicher erreicht, wenn er Helen unter Druck setzt und in ihr Schuldgefühle weckt. Und Helen hat festgestellt, daß sie Jims Taktik, sie unter Druck zu setzen, am schnellsten beendet, wenn sie ihm nachgibt. Damit ist das Fundament für ein Muster aus Forderungen, Druck und Unterwerfung gelegt.

Diese sechs Symptome stehen im Zentrum jeder emotionalen Erpressung, und ich werde daher im Verlauf dieses Buches immer wieder auf sie zurückkommen, um sie tiefer zu erforschen.

Warum ist emotionale Erpressung so schwer zu durchschauen?

Diese Symptome erscheinen so deutlich und so beunruhigend, daß man glauben könnte, alle Alarmglocken müßten losschrillen, sobald sie auftauchen. Doch oft ist man tief in emotionaler Erpressung verstrickt, noch bevor man diesen Umstand zu durchschauen vermag. Teilweise ist dies darauf zurückzuführen, daß emotionale Erpressung sich eines Verhaltens bedient, mit dem man sowohl aktiv als auch passiv andauernd konfrontiert ist: der Manipulation.

Viele Formen von Manipulation sind nicht im geringsten beunruhigend. Jeder greift dann und wann im Umgang mit anderen auf Manipulation zurück und wird selbst manipuliert. Die meisten Menschen beherrschen eine Vielzahl von Varianten, um andere dazu zu bringen, das zu tun, was sie wollen. Eine meiner liebsten lautet: »Ach, ich wünschte, jemand würde das Fenster öffnen«, statt: »Könntest du bitte das Fenster öffnen?«

Es ist erstaunlich, wie vielen Menschen es schon bei den kleinsten Dingen schwerfällt, direkt zu sein – von großen Projekten, bei denen viel auf dem Spiel steht, oder von bedeutenden Wünschen ganz zu schweigen. Warum fragt man nicht einfach? Weil Fragen riskant ist. Was geschieht, wenn der andere nein sagt? Andere Menschen auf direkte und klare Weise wissen zu lassen, was man will, ist etwas, wozu nur wenige bereit sind. Man fürchtet, sich in die Schußlinie zu begeben, indem man dem anderen sagt, was man will oder was man fühlt. Was ist, wenn man wütend wird oder, schlimmer noch, eine Zurückweisung einstecken muß? Wenn man nicht direkt fragt, dann ist auch das Nein des anderen kein direktes Nein, nicht wahr? Folglich läßt sich das unangenehme Gefühl wegerklären.

Außerdem vermeidet man es, zu aggressiv oder zu bedürftig zu erscheinen, wenn man seine Bedürfnisse nicht geradeheraus zum Ausdruck bringt. Es ist leichter, den Mitmenschen seine Wünsche auf indirektem Wege zu signalisieren, in der Hoffnung, daß sie zwischen den Zeilen lesen und erkennen, was man will: »Der Hund sieht so aus, als müsse er mal vor die Tür« (Wink mit dem Zaunpfahl).

Manchmal gelingt einem dies sogar ohne Worte. Eindeutige oder subtile Anspielungen – ein Seufzen, ein Schmollen, dieser berühmte Blick –, selbst in den besten Beziehungen wird auf sie zurückgegriffen. Doch es gibt eine klare Grenze zwischen alltäglicher Manipulation und ihrer bei weitem schädlicheren Variante. Manipulation wird zu emotionaler Erpressung, wenn sie vom Erpresser wiederholt dazu eingesetzt wird, den Erpreßten auf Kosten seiner eigenen Wünsche und seines Wohlergehens zur Einwilligung in die Forderungen des Erpressers zu zwingen.

Das Recht, Grenzen zu setzen

Spricht man über emotionale Erpressung, dann geht es automatisch auch um Konflikte, Macht und Rechte. Wenn der eine etwas will und der andere nicht, wie sehr darf dann jeder von beiden drängen, um sich durchzusetzen? Zu welchem Zeitpunkt überschreitet ein Mensch mit dem Druck, den er auf einen anderen ausübt, die Grenze? Das ist eine verworrene Angelegenheit, insbesondere da heute so viel Wert auf den Ausdruck der Gefühle und das Ziehen von Grenzen gelegt wird. Denken Sie daran, es ist wichtig, nicht jeden Konflikt zum Ausdruck starker Gefühle oder vor allem jede Situation, in der auf gesunde Weise Grenzen gesetzt werden, als emotionale Erpressung zu bezeichnen.

Um Sie darin zu unterstützen, zwischen diesen Möglichkeiten klar zu unterscheiden, möchte ich Ihnen im folgenden mehrere Situationen vorstellen, in denen es um angemessenes Grenzensetzen geht, und Sie diese dann mit solchen vergleichen lassen, in denen die Schwelle zur emotionalen Erpressung überschritten wurde.

Keine emotionale Erpressung

Kurz nachdem meine Freundin Denise einen Verlag für einen Fotobildband gefunden hatte, in dem fast ein Jahr Arbeit steckte, berichtete sie mir von der folgenden Situation, die zwischen ihr und ihrer Freundin Amy entstanden war. Amy war ihre Kollegin gewesen in einer Werbeagentur und hatte sich wie Denise schließlich selbständig gemacht. Denise fragte sich, ob Amy sie emotional erpreßte.

Hier ist Denises Bericht:

Von Anfang an konnten wir über alles miteinander reden. Wir haben Stunden damit zugebracht, unsere Erfahrungen als Ein-

zelkämpferinnen und bei der Gewöhnung an kleinere Rahmenbedingungen zu vergleichen – ursprünglich sind wir beide für große Agenturen tätig gewesen und vermissen das manchmal. Wir sprechen oft darüber, wie furchterregend es sein kann, wenn man auf sich allein gestellt ist, und tun viel, um uns gegenseitig zu unterstützen. Wir waren wirklich eng befreundet, bis ich ihr davon erzählte, daß ich an diesem Buch arbeitete.

Es hörte sich so an, als ob sie sich für mich freute, aber schon kurz darauf rief sie mich an und sagte mir: »Weißt du was, ich bin ein bißchen eifersüchtig. Ich arbeite im Augenblick gerade so hart, und trotzdem kann ich nicht viel in Bewegung setzen. Ich wäre dir dankbar, wenn du für eine Weile nicht über deine Arbeit reden könntest und darüber, wie aufregend sie für dich ist – das ist ein wunder Punkt für mich.« Also willigte ich ein. Und als ob nichts geschehen wäre, wechselten wir das Thema und fingen an, darüber zu sprechen, woran sie gerade arbeitete.

Wenn ich jetzt das Buch auch nur erwähne, dann unterbricht sie das Gespräch und sagt: »Es wäre besser, wenn du und ich nicht über dieses Thema reden würden.« Es fängt langsam an, sich für mich wie Druck anzufühlen, aber ich mag sie, und ich versuche, mich anzupassen und nach ihren Regeln zu spielen.

Auf den ersten Blick kann es so scheinen, als ob Amy Denise unter Druck setzt, um sich durchzusetzen, und das Geschehen zwischen ihnen kontrolliert, indem sie darüber entscheidet, worüber gesprochen werden darf und worüber nicht. In Wahrheit aber gesteht Amy ehrlich ihre Gefühle ein und sorgt gut für sich, indem sie Grenzen festlegt hinsichtlich dessen, wieviel von Denises guten Neuigkeiten sie vertragen kann. Amy hat das Recht, sich so zu verhalten. Es ist menschlich, Neid zu entwickeln, wenn ein anderer das erreicht, was man sich selbst wünscht, vor allem dann, wenn man sich gerade an einem Tiefpunkt im Leben befindet. Es gibt für jeden Menschen Zeiten, in denen man bestimmte Themen lieber meidet, und wie Amy hat jeder Mensch das Recht, in einem solchen Fall Grenzen zu ziehen. Denise hat ebenfalls das Recht zu entscheiden, daß sie die Grenzen, die Amy gezogen hat, nicht mag, und *ihr* Mißbehagen darüber auszudrücken oder weniger Zeit mit Amy zu verbringen.

In der geschilderten Situation hat Amy weder direkt noch indirekt Drohungen darüber ausgesprochen, was geschehen wird, wenn Denise ihrer Bitte nicht nachkommt. Außerdem wird auch nicht wirklich Druck ausgeübt; es werden lediglich Bedürfnisse und Gefühle zum Ausdruck gebracht. Ein Konflikt ist vorhanden, das stimmt. Ja, Denise fühlt sich unwohl mit der Veränderung in ihrer Beziehung. Ja, auch starke Gefühle spielen in dieser Situation eine Rolle. Aber nein, es handelt sich dennoch nicht um emotionale Erpressung.

Die Schwelle überschreiten

Nun möchte ich mit Ihnen die gleiche Situation betrachten und die typischen Merkmale für emotionale Erpressung *hinzufügen*. Ich denke, Sie werden deutlich wahrnehmen, wie anders die Atmosphäre ist und wie sehr sich das Szenario verändert. Angenommen, Amy reagiert auf Denises Neuigkeiten auf die folgende Weise: »Ich freue mich ja so, von deinem Buchprojekt zu hören! Du wirst natürlich schrecklich viel Arbeit damit haben. Wäre es nicht wunderbar, wenn wir gemeinsam daran arbeiten würden? Ich könnte deine Assistentin sein.«

Wenn Denise entgegnet, daß sie diese Art Hilfe nicht braucht, dann sagt Amy: »Ich dachte, du seist meine Freundin. Du weißt doch, daß die Dinge für mich gerade nicht so gut laufen. Es war schon schwer genug, sich von Roger zu trennen, und dazu kommen noch, wie du weißt, meine finanziellen Probleme, seit ich diese großes Steuernachzahlung hatte. Ich bin die ganze letzte Zeit so deprimiert gewesen, daß ich kaum arbeiten konnte. Ich dachte, du seist die Sorte Mensch, die eine Freundin in der Not unterstützt.«

Da sie weiterhin auf Widerstand stößt, erhöht Amy den Druck und appelliert an Denises Großzügigkeit. »Ich kann nicht sehen, auf welche Weise es dir schaden könnte, dein Glück mit mir zu teilen«, sagt sie. »Du weißt doch, ich würde mich dir gegenüber genauso verhalten.« Sie fängt an, Denise als egoistisch und gierig zu bezeichnen und betont die Hoffnungslosigkeit ihrer eigenen Situation. Gleichzeitig droht sie damit, die Freundschaft abzubrechen, wenn Denise sie nicht als ihre Assistentin akzeptiert. Schließlich gibt Denise nach.

Dieses zweite Szenario enthält alle Symptome der emotionalen Erpressung: eine Forderung, Widerstand, Druck, Drohungen und die Unterwerfung. Und es ist eine Situation, die sich jederzeit wiederholen kann.

Ein Konflikt, zwei Lösungen

Einen anderen darum zu bitten, nicht über heikle Themen zu sprechen, ist zunächst einmal völlig harmlos. Wie aber verhält sich die Sache, wenn es sich bei dem Thema um eine ernstere Angelegenheit handelt: um die Affäre eines Partners, ein Alkoholproblem, Unehrlichkeit am Arbeitsplatz? In solchen Fällen sagen Menschen einander oft furchtbare Dinge, und das Ziehen von Grenzen mag sich noch mehr nach emotionaler Erpressung anhören, weil die Gefühle so stark sind. Doch gibt es auch hier einen deutlichen Unterschied zwischen angemessener Grenzsetzung und emotionaler Erpressung. Auch dies möchte ich anhand typischer Situationen zeigen.

Die Affäre
Ich kenne meinen Freund Jack und seine Frau Michelle seit Jahren, und ich habe schon immer die Qualität ihrer Ehe bewundert. Zwischen beiden – sie sind Musiker im Symphonieorchester – besteht ein großer Altersunterschied – Jack ist 15 Jahre älter als Michelle –, doch fühlen sie sich durch eine seltene Intimität verbunden. Eines Abends bot Jack an, mich zu der Operngruppe zu fahren, der wir beide angehören, und auf dem Rückweg ergab sich die Gelegenheit für ein Gespräch. »Woher kommt es, daß es so gut klappt zwischen euch beiden?« wollte ich wissen. »Wer hat euch das Geheimnis einer perfekten Ehe verraten?«

Jacks Antwort fiel anders aus, als ich erwartet hatte.

Um dir die Wahrheit zu sagen, die Dinge sahen nicht immer so gut aus zwischen uns. Jedenfalls war ich in meinem Verhalten nicht immer so korrekt. Ich werde dir etwas erzählen, wovon nur sehr wenige Menschen wissen. Vor drei Jahren bin ich in eine dumme Sache hineingeraten. Ich begann, mich mit einer jungen Frau zu treffen, die als Gastviolonistin im Orchester arbeitete. Die Affäre war kurz, aber ich hatte unglaubliche Schuldgefühle. Es war dumm. Einfach kurzsichtig. Ich konnte es nicht ertragen, die Affäre vor Michelle geheimzuhalten, und ich wußte, ich würde ihr nie wieder wirklich nahe sein, wenn ich sie ihr nicht beichtete. Also beschloß ich, daß es am besten für mich wäre, ihr die Wahrheit zu sagen und die Folgen, welche auch immer es sein würden, in Kauf zu nehmen.

Anfangs dachte ich, sie würde mich umbringen. Ein paar Wochen lang redete sie kaum ein Wort mit mir, und ich zog nach unten ins Fernsehzimmer. Doch dann überraschte sie mich. Sie erklärte mir, daß sie über alles nachgedacht habe und zu dem Schluß gekommen sei, daß wir einen Plan benötigten, wenn wir den Rest des Lebens miteinander verbringen wollten. Sie sagte, daß sie furchtbar wütend sei, aber daß sie mir trotzdem einen Handel vorschlagen wolle. Sie versprach, die Sache fallenzulassen, mich nicht immer wieder mit der Nase auf das zu stoßen, was ich angerichtet hatte, und die Angelegenheit nicht als Druckmittel einzusetzen, wenn sie etwas von mir wollte. Aber wenn ich mich ihr nicht wieder in einer ausschließlichen Partnerschaft überantworten, auf solche Dummheiten verzichten und mit ihr zu einer Beratungsstelle gehen würde, dann hätten wir keine Chance, es zusammen zu schaffen. Und wenn ich mich nicht dazu imstande sähe, diese Verpflichtungen einzugehen, dann könne sie die Ehe nicht aufrechterhalten, weil sie nicht dazu bereit sei, ein Leben voller Unsicherheit und Mißtrauen zu führen.

Ich erklärte Jack, daß er mit Michelle großes Glück habe, da sie auf gesunde Weise Grenzen zu ziehen wisse, ein Vorgang, den ich hier lediglich beschreiben und erst im zweiten Teil des

Buches detaillierter betrachten möchte. Michelle brachte das Folgende klar zum Ausdruck:

- ihre Position,
- ihre Bedürfnisse,
- ihre Bereitschaft, Jack die Wahl zwischen ja und nein zu lassen,
- ihr Bestehen auf eine therapeutische Beratung für sie beide.

Jeder Mensch hat das Recht, den anderen wissen zu lassen, daß sein Handeln unannehmbar ist. Jeder Mensch hat das Grundrecht, eine vergiftete Beziehung zurückzuweisen, egal ob dieses »Gift« in Form von Unehrlichkeit, Sucht oder einer beliebigeren Form von Mißbrauch auftritt.

Wenn sich der eine dem anderen wegen einer Entgleisung entgegenstellt, so wie Michelle dies bei Jack getan hat, dann kommen starke Worte und Gefühle zum Ausdruck, doch wenn Drohungen und Druck fehlen, dann handelt es sich nicht um emotionale Erpressung. Das angemessene Setzen von Grenzen hat nichts mit Zwang, Druck oder der wiederholten Darstellung des anderen als fehlerhaft zu tun. Es ist eine Aussage darüber, welche Art von Verhalten man in seinem Leben zulassen kann und welche nicht.

Die Vorgehensweise des Erpressers

Als Gegenbild zu Michelles Umgang mit einer solchen Krise dient das Beispiel eines Paares, das vor mehreren Jahren zu mir in die Praxis kam. Stephanies und Bobs Ehe war in Gefahr, und sie wechselten kaum noch ein Wort miteinander, als ich sie zum ersten Mal sah. Sie waren ein gutaussehendes Paar Ende Dreißig. Bob arbeitete als Steuerprüfer und Stephanie als Immobilienmaklerin. Da es Bobs Idee gewesen war, zu mir zu kommen, bat ich ihn zu berichten.

Ich weiß nicht, wie lange ich das noch ertragen kann. Vor 18 Monaten habe ich einen furchtbaren Fehler gemacht, und das zerstört nun unsere Beziehung. Ich hatte eine kurze Affäre mit

einer Frau, die ich auf einer Dienstreise kennengelernt hatte.
Ich allein bin dafür verantwortlich. Es hätte nie geschehen
dürfen. Aber es ist nun einmal passiert. Und ich tue mein Mög-
lichstes, um Stephanie wieder zu versöhnen, denn ich liebe sie
und möchte bei ihr bleiben. Wir führen ein gutes Leben mit-
einander und haben zwei wunderbare Kinder. Aber, Herrgott,
sie behandelt mich wie einen Massenmörder. Sie will die Sache
einfach nicht als erledigt betrachten.

Jetzt erwähnt sie den Vorfall jedesmal, wenn sie etwas von
mir will. Sie bestimmt, wann ihre Eltern kommen und wie
lange sie bei uns bleiben dürfen, alberne Sachen, wie in wel-
chen Film wir gehen und was ich ihr kaufen muß, um sie zu be-
sänftigen. Im Augenblick will sie, daß wir eine Reise nach
Europa machen, obwohl ich gerade an einem wichtigen Fall
arbeite und unmöglich Urlaub nehmen kann. Ich fände es
wunderbar, wenn sie statt mit mir mit einer Freundin fahren
würde, aber wenn sie sich einmal entschieden hat, dann will
sie sich auch durchsetzen. Sie erwartet von mir, daß ich alles
fallenlasse und ihr augenblicklich zur Verfügung stehe. Als ob
das die natürliche Folge ist, weil ich sie betrogen habe. Sie sagt:
»Du schuldest mir das. Und selbst wenn du tausend Jahre alt
wirst, was du mir angetan hast, kannst du nie wiedergutma-
chen.« Wenn ich ihr nicht in allem nachgebe, dann erinnert sie
mich ständig daran, was für ein Schuft ich war. Sie hat sogar
einen gelben Haftzettel im Bad auf das Medizinschränkchen
geklebt, auf dem sie mich als Betrüger beschimpft. Wie könnte
ich mich da ihrem Willen nicht beugen? Ich fürchte, daß sie
mich verläßt, wenn ich es nicht tue. Es ist wahr: Ich habe sie
wirklich betrogen, und ich fühle mich deshalb entsetzlich, aber
so kann es nicht weitergehen. Wie kommen wir aus diesem
Sumpf wieder heraus?

Wie Michelle war auch Stephanie mit ihrer Wut im Recht. Doch
ihre Reaktion auf Bob war bestrafend und kontrollierend. Tatsächlich handelte es sich dabei um Erpressung. Verängstigt und
unsicher, wie sie sich nach Bobs Affäre fühlte, glaubte Stephanie fälschlicherweise, daß sie ihn an sich binden könnte, in-

dem sie in ihm solche Schuldgefühle auslöste, daß er alles tun würde, was sie von ihm wollte. Fortwährend stempelte sie ihn als unmoralisch ab und setzte dabei seinen Fehltritt als Waffe ein. Ihre Drohung war klar und beständig: »Wenn ich von dir nicht bekomme, was ich will, dann sorge ich dafür, daß du unglücklich bist.« Ihre Botschaft lautete: »Jetzt habe ich die Kontrolle.«

Eine beispielsweise durch eine Affäre ausgelöste Krise kann eine gefährliche, aber auch eine Erfahrung voller neuer Möglichkeiten sein. Sie ist auch eine jener komplizierten Lebenssituationen, die das Potiential der emotionalen Erpressung in sich tragen. Michelle nutzte ihre Erfahrung als Chance, um ihre Beziehung mit Jack neu auszurichten und um klarzustellen, was sie von ihm, sich selbst und ihrer Partnerschaft erwartete. Doch Stephanie blieb in ihrer Wut und in ihren Rachegedanken stecken.

Jede Beziehung, die man trotz eines Fehlverhaltens aufrechterhält, birgt in sich die Möglichkeiten von Verletzung und Heilung: der Betrug durch einen Kollegen, ein zerstörerischer Riß in einer Familie, die Entdeckung, daß man von einem Freund hintergangen wurde. Doch wenn beide Parteien guten Willens und wirklich bereit sind, die Krise, welche die Beziehung beeinträchtigt, zu bewältigen, dann ist kein Platz für emotionale Erpressung.

Welches sind die wirklichen Motive?

Wie kann man herausfinden, ob der andere mehr daran interessiert ist, die Auseinandersetzung zu gewinnen oder das Problem zu lösen? Er wird es kaum offen zum Ausdruck bringen. Er wird sicherlich nicht vortreten und sagen: »Es ist mir vollkommen egal, was du willst, ich bin nur daran interessiert, meinen Willen durchzusetzen.« In einer emotional aufgeladenen Situation verschwimmt die Wahrnehmung, und dies nimmt noch zu, wenn der Druck wächst. Die folgende Liste wird Sie darin unterstützen, emotionale Erpressung als solche zu durchschauen, indem Sie die Ziele und Motive, die hinter dem Verhalten des Erpressers stehen, klarer erkennen.

Wer einen Konflikt mit Ihnen fair und liebevoll lösen will, der wird:

- offen über den Koflikt mit Ihnen reden,
- Ihre Gefühle und Sorgen herausfinden,
- eine Erklärung dafür suchen, warum Sie sich dem widersetzen, was er will,
- seinen Teil der Verantwortung für den Konflikt übernehmen.

Wie an dem Beispiel von Michelle und Jack deutlich zu sehen war, ist es sehr wohl möglich, auf einen anderen Menschen wütend zu sein, ohne ihn aber emotional fertigmachen zu wollen. Meinungsverschiedenheiten, selbst gravierende, müssen nicht mit Beleidigungen oder Verurteilungen vermischt werden.

Wer vor allem als Sieger aus einem Konflikt mit Ihnen hervorgehen möchte, der wird:

- versuchen, Sie zu kontrollieren,
- Ihren Protest überhören,
- darauf bestehen, daß sein Charakter der bessere ist und daß seine Motive wichtiger als Ihre sind,
- es vermeiden, jedwede Verantwortung für den Konflikt zwischen Ihnen zu übernehmen.

Wenn Sie feststellen, daß ein anderer Mensch sich um jeden Preis durchzusetzen versucht, koste es *Sie*, was es wolle, dann sind Sie der grundlegendsten Verhaltensweise des emotionalen Erpressers begegnet.

Beweglichkeit und Erstarrung

Da wir uns hier mit Situationen beschäftigen, die vielleicht in emotionale Erpressung hineindriften könnten, und da wir nach entsprechenden Symptomen und Motiven suchen, stelle ich

Ihnen eine weitere Frage: Wie beweglich sind Sie, und wieviel Flexibilität lassen Sie in der Beziehung zu?

Wenn emotionale Erpressung in einer Partnerschaft Fuß faßt, dann verändert sich die Atmosphäre erheblich. Wie sich dem Beispiel von Stephanie und Bob entnehmen läßt, gerät die Beziehung in eine Sackgasse. Drohungen und Druck gehören plötzlich zum alltäglichen Umgangston. Emotionale Kälte breitet sich aus, und es wird fast unmöglich, mit der gewohnten Beweglichkeit durch die größeren und kleineren Stürme zu navigieren.

Ist ausreichend Flexibilität vorhanden, dann nimmt man sie leicht als gegeben hin. Jeden Tag handelt man ohne große Schwierigkeiten oder traumatische Erfahrungen die unzähligen Einzelheiten des Lebens aus – in welchem Restaurant man ißt, in welchen Film man geht, welche Farbe die Wände im Wohnzimmer haben sollen oder wohin der Betriebsausflug gehen wird. Tatsächlich spielt es in vielen Fällen gar keine so große Rolle, welche Entscheidung schließlich getroffen wird, und meist setzt sich die Person mit den stärksten Vorstellungen durch, weil sich die übrigen nicht genau äußern. Doch trotz normaler Meinungsverschiedenheiten und Manipulationen gibt es dennoch ein Gleichgewicht zwischen Geben und Nehmen, ein Gefühl für Ausgewogenheit und Fairneß. Es ist nicht schwer, auch ohne negative Nebenwirkungen in vielen Dingen nachzugeben und die Bedürfnisse des Ichs auf andere Weise rasch und effektiv zu erfüllen. Dabei geht man automatisch davon aus, daß der andere ebenfalls von Zeit zu Zeit nachgibt.

Wenn jedoch die Bereitschaft zum Kompromiß zu verschwinden droht, dann wird der Status quo zur Schablone für die Zukunft. Es fühlt sich an, als seien jegliche Veränderungen und das Ablegen einer nicht immer ganz passenden Rolle plötzlich verboten. Man fühlt sich wie erstarrt.

Als ich ein Kind war, da habe ich mit meinen Freunden ein Spiel gespielt, das Brennball heißt. Wer vom Ball getroffen wurde, der war gebannt, mußte in der Position stehenbleiben, die er im Augenblick der Berührung eingenommen hatte, und durfte sich nicht mehr bewegen, bis das Spiel vorbei war. Eine

Wiese, auf der dieses Spiel stattfand, sah aus wie ein Skulpturengarten, übersät mit Kindern, welche die merkwürdigsten und witzigsten Haltungen einnahmen. Emotionale Erpressung erinnert stark an Brennball, doch es handelt sich dabei nicht um ein Spiel. Sobald Erpressung sich in einer Beziehung breitmacht, erstarrt diese und bleibt in Mustern aus Forderungen und Kapitulationen stecken. Auf einmal ist es nicht mehr möglich, die eigene Einstellung zu einer Sache zu ändern oder die Position zu wechseln.

Allen ist ein lebhafter, lustiger Mann, der ein kleines Möbelhaus besitzt. Doch als er das erste Mal zu mir kam, um seine Schwierigkeiten mit seiner neuen Frau Jo zu schildern, da war sein Gesichtsausruck düster.

»Ich dachte, Jo ist genau das, was ich will – sie ist hinreißend, hat einen wunderbaren Sinn für Humor, und sie ist klug«, begann er.

»Hört sich gut an für mich«, sagte ich. »Warum also das lange Gesicht?«

Ich weiß einfach nicht, ob das funktionieren kann. Ich weiß, daß sie mich liebt, aber mir gefällt nicht, was mit uns geschieht. Wenn ich andeute, daß ich Zeit ohne sie verbringen will – meine Freunde versuchen immer mich zu überreden, mit ihnen ins Kino oder nach der Arbeit noch einen trinken zu gehen –, dann gibt sie sich tief verletzt. Sie sieht mich mit diesen großen, traurigen Augen an und sagt: »Was ist los? Langweilst du dich mit mir? Möchtest du nicht mehr mit mir zusammensein? Ich dachte, du bist verrückt nach mir.« Wenn ich entsprechende Pläne schmiede, dann schmollt sie, rechtet mit mir und läßt mich mit klaren Worten wissen, wie unglücklich ich sie mache. Ich hatte keine Ahnung, daß sie so anlehnungsbedürftig ist. Mir macht es nichts aus, wenn sie mit ihren Freunden losziehen will, aber daran ist sie immer weniger interessiert. Es kommt mir so vor, als befände sie sich am liebsten in meiner Tasche. Einmal habe ich tatsächlich den Mut aufgebracht, trotzdem mit meinen Freunden auszugehen. Danach hat sie den Rest der Woche nicht mehr mit mir gesprochen. Ich dachte, sie ist

die Richtige – sie ist großartig –, aber inzwischen spüre ich eine
Menge Groll. Wir haben in so vielerlei Hinsicht eine gute Be-
ziehung. Aber verdammt, sie ist ganz schön versessen darauf,
sich durchzusetzen.

Wenn unselbständige Menschen sich auf eine Beziehung einlassen, dann geraten sie leicht in Panik, wenn ihre Partner Aktivitäten nachgehen wollen, die sie ausschließen. Sie sehen sich
der Angst vor dem Verlassenwerden und vor der Zurückweisung ausgesetzt, und statt über diese Gefühle zu sprechen, halten sie sie unter Verschluß. Schließlich sind sie ja erwachsen
und *sollten* unabhängig sein und sich nicht wie ängstliche
kleine Kinder fühlen. Als Jo feststellen mußte, daß Allen mehr
Freiraum für sich brauchte, da drückte sie ihre Gefühle indirekt
aus, statt sie klar zu verbalisieren. Sie sorgte dafür, daß Allen
sich schuldig fühlte, wenn er eine vollkommen normale Sache
tun wollte, nämlich alleine ausgehen.
    Allen gab sich viel Mühe, sie zu verstehen.

Sie hat es als Kind schwer gehabt, und ich weiß also, warum
sie so hilflos ist. Ich mache es ihr nicht zum Vorwurf, daß sie
sich unsicher fühlt. Manchmal fühlt es sich auch großartig an,
eine Frau zu haben, die mich so sehr will, daß sie mich nicht
aus den Augen läßt. Aber, um Ihnen die Wahrheit zu sagen, das
fängt an, mich runterzuziehen. Sie bekommt immer, was sie
will, indem sie mir furchtbare Schuldgefühle macht. Und ich
fühle mich wie ein Schwächling, weil ich ihr immer nachgebe.

Auch wenn er es sich nicht eingestehen wollte, erkannte Allen
sehr wohl, daß sich hinter Jos bittenden Blicken und diesen
bezaubernden, scheinbar liebevollen Aussagen eine Forderung
verbarg, die durch gut plazierten Druck unterstützt wurde. Jo erwartete von ihm, daß er all seine freie Zeit mit ihr verbrachte –
das war die einzige Rolle, die sie ihm bereitwillig zugestehen
wollte. Er durfte keinen eigenen Interessen oder Aktivitäten
nachgehen. Doch Allen reagierte auf eine Weise, wie es viele
Opfer emotionaler Erpressung vor allem anfangs tun: Er ent-

schied im Zweifelsfall zu ihren Gunsten und entschuldigte ihr Klammern mit ihrer schwierigen Kindheit.

Außerdem reagierte er wie viele Menschen, die von Hilflosigkeit oder Besitzdenken unter Druck gesetzt werden: Er interpretierte es falsch als Zeichen dafür, wieviel sie sich aus ihm machte. Im Verlauf des Buches wird noch klarwerden, daß Verständnis und Mitgefühl bei einem emotionalen Erpresser zu nichts führen. Tatsächlich wirken sie so, als gieße man noch Benzin in die Flammen der Erpressung.

Wenn Sie gelernt haben, die Symptome der emotionalen Erpressung in einer beliebigen Beziehung zu unterscheiden, dann fühlen Sie sich vielleicht so, als habe man Ihnen den Teppich unter den Füßen fortgezogen. Plötzlich wird Ihnen bewußt, daß Sie Ihren Partner, einen Elternteil, Ihren Bruder, Ihren Vorgesetzten oder Freund gar nicht kennen. Es ist etwas verlorengegangen. Der Spielraum für Kompromisse oder Beweglichkeit ist eingeschränkt. Das Gleichgewicht der Macht ist gestört, denn der eine scheint sich permanent auf Kosten des anderen durchzusetzen. War anfangs keine »Bezahlung« für Liebe und Respekt erforderlich, ist es nun, um nicht in Ungnade zu fallen, zunehmend wichtiger, ob der Erpresser seine Bedürfnisse durchsetzen kann.

Kapitel 2:

Die vier Gesichter
der Erpressung

»Wenn du mich wirklich liebst ...«
  »Verlaß mich nicht, oder ich ...«
  »Du bist der einzige, der mir helfen kann...«
  »Ich könnte dir die Dinge leichter machen, wenn du nur ...«
Dem Erpresser bieten all diese Aussagen die Gelegenheit,
eine Forderung zum Ausdruck zu bringen. Doch unterscheiden
sie sich auffällig voneinander, denn jede steht für einen bestimmten Typ von Erpressung. Untersucht man emotionale Erpressung näher, dann wird deutlich, daß es sich nicht um eine
einzige Verhaltensweise, sondern um vier verschiedene handelt, die so unterschiedlich sind wie die Farben, die zustande
kommen, wenn man einen Lichtstrahl durch ein Prisma schickt.
  Der *Bestrafer*, der sein Opfer genau wissen läßt, was er will
– und mit welchen Konsequenzen es zu rechnen hat, wenn es
sich nicht fügt –, besitzt die am stärksten hervortretenden
Eigenschaften. Es spielt keine Rolle, ob er aggressiv aus sich
herausgeht oder still vor sich hin brütet, immer ist die Wut, die
einer Situation folgt, in der seine Ziele durchkreuzt wurden,
direkt auf das Opfer gerichtet. Der *Selbstbestrafer* hingegen
richtet seine Drohungen auf sich *selbst* und gibt seinem Opfer
zu verstehen, was er sich antun wird, wenn er nicht bekommt,
was er will. Der *Leidende* besitzt ein Talent für Schuldzuweisungen und für das Erzeugen von Schuldgefühlen. Er verlangt
von seinem Opfer, daß dieses herausfindet, was er will, und geht
davon aus, daß es immer der andere ist, der dafür sorgt, daß
seine Wünsche erfüllt werden. Der *Verführer* schließlich unterwirft seinen Beziehungspartner einer Reihe von Tests und verspricht ihm etwas Wunderbares, wenn er sich ihm unterwirft.

Jeder dieser vier Erpressertypen arbeitet mit einem eigenen Vokabular, und jeder setzt seine Forderungen, seinen Druck, seine Drohungen und Negativurteile, die Bestandteil der Erpressung sind, auf die ihm eigene Weise in Bewegung. Diese Unterschiede können es schwermachen, emotionale Erpressung zu erkennen, selbst dann, wenn Sie meinen, schlau genug zu sein, um sie zu durchschauen. Wenn Sie glauben, alle Vögel sähen aus wie der Adler, dann könnten Sie überrascht sein, wenn Sie jemand darüber aufklärt, daß auch der eben vorbeigleitende Schwan ein Vogel ist. Die gleiche Art kognitiver Dissonanz tritt auf, wenn eine unerwartete Form von emotionaler Erpressung in Ihrem Leben auftaucht.

Sobald Sie jedoch die vier Gesichter der emotionalen Erpressung voneinander zu unterscheiden gelernt haben, sind Sie dazu in der Lage, die Signale in den Handlungen eines anderen Menschen zu erkennen und ein Frühwarnsystem zu entwickkeln, das Sie darin unterstützt, emotionale Erpressung vorherzusagen, sich darauf vorzubereiten oder sie sogar zu verhindern.

Der Bestrafer

Ich beginne diese Einführung in das Erpresserquartett nicht deshalb mit seinem auffälligsten Mitglied, dem Bestrafer, weil er notwendigerweise der am weitesten verbreitete Typ ist, sondern weil er der augenfälligste ist. Da jeder scheinbare Widerstand im Bestrafer sofort Wut auslöst, ist es unmöglich, ihn nicht als das zu erkennen, was er ist. Entweder er drückt diese Wut aggressiv mit direkten Drohungen aus – ich nenne ihn daher den aktiven Bestrafer –, oder er läßt sie nur im Untergrund schwelen, womit er zum passiven Bestrafer wird. Welchen Stils sich dieser Erpresser auch bedient, er sucht eine Beziehung, in der sich die Waagschale der Macht allein nach einer Seite senkt. Das Motto des Bestrafers lautet: »Nach meinem Willen oder gar nicht.« Ganz egal, was Sie fühlen oder brauchen, der Bestrafer wird sich darüber hinwegsetzen. Er übergeht Sie.

Aktive Bestrafer

»Wenn du wieder arbeiten gehst, dann verlasse ich dich.«

»Wenn du das Familienunternehmen nicht übernimmst, dann werde ich dich aus meinem Testament streichen.«

»Wenn du versuchst, dich von mir scheiden zu lassen, dann wirst du deine Kinder nie wiedersehen.«

»Wenn Sie zu diesen Überstunden nicht bereit sind, dann wird nichts aus Ihrer Beförderung.«

Diese Aussagen sind stark, und sie lehren das Fürchten. Außerdem sind sie äußerst effektiv, weil sie keinen Zweifel zulassen, was geschehen wird, wenn der aggressive Bestrafer nicht bekommt, was er will. Er kann seinen Mitmenschen das Leben zur Hölle machen oder ihnen wenigstens jeden Spaß nehmen. Der Bestrafer ist sich der vollen Wirkung seiner Worte vielleicht nicht immer bewußt und nimmt nicht wahr, wie oft er seinem Partner droht, ihn zu verachten, ihn vor anderen schlechtzumachen und ihm etwas wegzunehmen, was ihm wichtig ist. In 19 von 20 Fällen setzt der Bestrafer seine Drohung nicht in die Tat um, und er gibt sich in den Ruhephasen zwischen seinen Ausbrüchen auch recht freundlich. Doch weil die angedrohten Konsequenzen so ernst sein können, lebt sein Opfer in Angst und Schrecken vor dem einen Mal, da er seine Drohungen wahrmacht.

Liz, eine dünne Frau mit dunklen Augen und einer leisen Stimme, kam, wie so viele Frauen über die Jahre, zu mir, um herauszufinden, ob an ihrer einstigen Romanze, die sich nach und nach zu einer kalten und emotional quälenden Ehe entwickelt hatte, noch etwas zu retten wäre. Mehrere Jahre nach ihrem High-School-Abschluß hatte sie Michael bei einem Ausbildungsprogramm für Computerverkäufer kennengelernt, in dessen Verlauf sie in einem Team zusammengearbeitet hatten. Sie war von seinem bestimmenden Umgang mit Menschen und von seiner Fähigkeit beeindruckt, Probleme auf den Grund zu gehen. Sein gutes Aussehen versüßte für sie noch das Gesamtbild.

Anfangs erschien mir Michael großartig. Er war fürsorglich und verantwortungsbewußt, und auch heute noch verbringen

46

wir wunderbare Zeiten miteinander. Deshalb habe ich so lange gebraucht, um herauszufinden, wie besessen er darauf ist, alles unter Kontrolle zu haben. Schon ein Jahr nach unserer Hochzeit war ich mit den Zwillingen schwanger, und ich übernahm folglich die üblichen Haushalts- und Mutterpflichten. Als die Zwillinge schließlich eingeschult wurden, dachte ich, es sei besser, wenn ich nun selbst ebenfalls wieder zur Schule ginge. In unserem Bereich muß man entweder am Ball bleiben oder aussteigen. Aber Michael findet, daß die Mütter von Schulkindern nach Hause gehören, und damit basta. Jedesmal, wenn ich mit ihm über eine Tagesmutter oder über meine Schulung sprechen wollte, fuhr er mir über den Mund.

Meine Frustration wuchs so stark, daß ich ihm sagte, ich wüßte nicht, ob ich diese Ehe weiterführen wollte. Und da drehte er vollkommen durch. Wenn ich ihn verließe, schimpfte er, dann würde er all das Geld bekommen, und ich würde auf der Straße stehen. Er kam mir vor wie ein total Fremder. »Du lebst gerne in einem hübschen Haus, ja, und dir gefällt dein Lebensstil?« sagte er. »Wenn du auch nur daran denkst, die Scheidung einzureichen, dann sorge ich dafür, daß du wie eine Landstreicherin in der Gosse landest. Und sobald mein Anwalt mit dir fertig ist, werden sie dich nie wieder auch nur in die Nähe der Kinder lassen. Also vergiß die Sache mit der Scheidung, und reiß dich zusammen.« Ich habe keine Möglichkeit herauszufinden, ob das alles nur heiße Luft ist oder ob er wirklich so weit gehen würde, um mir weh zu tun. Also bat ich meinen Rechtsanwalt, seine Bemühungen einzustellen, und zog die Scheidungsklage zurück. Im Augenblick hasse ich ihn einfach und habe keine Ahnung, was ich machen soll.

Wie Liz schmerzlich feststellen mußte, gibt es keinen fruchtbareren Boden für einen Bestrafer als Eheprobleme, das Ende einer Liebesbeziehung oder eine Scheidung. Vielleicht sind Menschen wie Michael die schlimmsten Erpresser, da sie ihrem Opfer gerade in Zeiten ungewöhnlich starker Belastung und außerordentlichen Schmerzes damit drohen, es ihnen noch schwerer zu machen, indem sie es von allen finanziellen Quellen oder von den Kinder abschneiden und jegliche Bestrafung zum Einsatz bringen, die ihnen nur einfällt.

Personen, die mit Bestrafern ein Auskommen finden müssen, kommen ständig vom Regen in die Traufe. Wenn sie Widerstand leisten und auf ihrem Standpunkt beharren, dann laufen sie Gefahr, daß der Bestrafer seine Drohungen tatsächlich wahr macht. Wenn sie nachgeben oder wenigstens etwas Zeit gewinnen wollen, dann werden sie selbst von Wut überschwemmt: Wut auf den Erpresser, der eine derart bedrückende und beengende Situation schafft, und auf sich selbst, weil sie nicht den Mut aufbringen, eine Auseinandersetzung zu riskieren.

Eltern werden zu Kindern

Es ist kaum überraschend, daß viele derjenigen, welche die Kunst beherrschen, ansonsten fähige Erwachsene in Kinder zu verwandeln, selbst Eltern sind. Oft haben Eltern, noch lange nachdem ihre Kinder flügge geworden sind, das Bedürfnis, auch weiterhin die Kontrolle über sie auszuüben, und glauben, daß es ihre Aufgabe ist, mitzuentscheiden, wen sie heiraten, wie sie ihre Kinder erziehen und wie und wo sie leben sollen. Wegen der Treue, der sich Kinder ihren Eltern gegenüber verpflichtet fühlen, und wegen der Angst, die sie ein Leben lang vor dem Ausbleiben ihrer Zustimmung haben, können Eltern zu enormer Macht gelangen. Diese alte Angst mag hochkommen, wenn Eltern den Druck auf ihre erwachsenen Kinder verstärken und dabei das Testament oder Geld benutzen, um ihre Autorität zu festigen und sich des Gehorsams ihrer Kinder zu versichern.

Mein Klient Josh, ein 32jähriger Möbeldesigner, hat in der lebhaften Geschäftsfrau Beth die Frau seines Lebens gefunden. Er ist vollkommen aus dem Häuschen vor Glück, und es gibt nur ein einziges Problem: seinen Vater Paul.

Mein Vater war schon immer ein frommer Katholik, und alle haben immer in der Kirche geheiratet. Es ist eben mein Pech, daß ich mich beim Racquetball in ein jüdisches Mädchen ver-

48

lieben mußte! Ich habe versucht, mit meinem Vater darüber zu sprechen, aber er drehte vollkommen durch. Wenn ich Beth heirate, so drohte er, dann würde er die Kreditbürgschaft für das Unternehmen, auf das ich all meine Hoffnungen setze, nicht übernehmen und mich außerdem aus seinem Testament streichen. Und man kann sich tatsächlich nicht sicher sein, ob er es nicht vielleicht wirklich tut. Ich darf Beth nicht mit nach Hause bringen oder auch nur ihren Namen erwähnen – das ist einfach lächerlich. Es hat keinen Sinn, mit Daddy darüber zu reden, ich habe es ja versucht. Er verkündet, daß es zu diesem Thema nichts mehr zu sagen gibt, und verläßt den Raum. Ich fühle mich, als stünde ich zum Verkauf. Ich frage mich, wieviel ist meine Seele wert? Soll ich mich von meiner Familie lossagen, oder soll ich sie weiterhin belügen und so tun, als gäbe es Beth nicht? Das treibt mich zum Wahnsinn. Es geht um mehr als nur um das Geld – meine Familie war mir schon immer besonders wichtig, und jetzt kann ich das Haus nicht betreten, ohne sie anzulügen.

Eltern mit den Eigenschaften des Bestrafens zwingen ihre Kinder oft, zwischen ihnen und anderen Menschen, die sie lieben, zu wählen, und schaffen damit eine Situation, in der jede Wahl als Betrug interpretiert wird. Und ihre erpreßten Kinder halten sich oft an der Phantasievorstellung fest, daß sie, wenn sie diesen »fehlerhaften« Partner aufgeben, um den Frieden in der Familie wiederherzustellen, beim nächsten Mal jemanden finden werden, der den Test besteht. Das ist natürlich *tatsächlich* nur eine Phantasievorstellung. Eltern, die sich dieser Art von Erpressung bedienen, werden zwangsläufig auch beim nächsten und übernächsten Kandidaten und überhaupt bei jedem einen Fehler finden, der ihre Machtposition bedroht.

Josh gab sich die größte Mühe, Paul versöhnlich zu stimmen, und versuchte gleichzeitig, an dem festzuhalten, was er für sich selbst ersehnte. Gleichgültig, in welche Richtung er sich wandte, er konnte nur Wahlmöglichkeiten erkennen, die seine persönliche Unversehrtheit bedrohten. Er hatte entweder die Option, seinem Vater nachzugeben – eine unannehmbare Möglichkeit, da er nicht vorhatte, Beth zu verlassen –, oder er konnte so tun, als würde er einlenken, und somit eine Lüge leben.

Menschen, die zur Zielscheibe von Bestrafern werden, erwischen sich oft dabei, wie sie Dinge tun, die sie selbst in Erstaunen versetzen – lügen, Geheimnisse haben, daß sie ihnen auch weiterhin gehorchen, und um ihrem Zorn und ihrer aggressiven Manipulation zu entgehen. Wenn man sich jedoch wie ein rebellischer Teenager verhalten und die eigenen Regeln brechen muß, dann vergrößert dies nur die wahrscheinlich ohnehin schon übergroße Last von Selbstvorwürfen, die ihren Ursprung in dem Versagen hat, sich dem Erpresser entgegenzustellen.

Passive Bestrafer

Bestrafer müssen sich nicht deutlich ausdrücken oder überhaupt sprechen, um ihre Botschaft zu übermitteln. Ebenso überzeugend wie die aktiven Erpresser sind jene, die schmollen, schweigen und sich in ihre unausgesprochene Wut zurückziehen.

Jim, der Songschreiber, den ich Ihnen bereits im vorangegangenen Kapitel vorgestellt habe, gab sich selbst als passiver Bestrafer zu erkennen, schon bald nachdem er bei Helen eingezogen war, und ihre Beschreibung der Art, wie er sie unter Druck setzte, ist ein gutes Beispiel für diese Form von Erpressung.

Ich weiß nicht, wie es weitergehen soll mit Jim. Wenn er sich über mich ärgert, dann verfällt er in Schweigen und zieht sich Tausende von Meilen in sich zurück. Ich weiß, daß er wütend ist, aber er will nicht darüber sprechen. Eines Tages kam ich spätabends mit starken Kopfschmerzen nach Hause. Der Unterricht war zermürbend gewesen, und mein Abteilungsleiter hatte mich um einen Belegschaftsbericht gebeten, um ihn mit dem Haushaltsplan einzureichen – keine Zeit zum Abschalten. Jim machte mir mein Abendbrot, zündete Kerzen an und empfing mich außerordentlich freundlich, ich war wirklich gerührt. Er ist ein so wunderbarer Mann. Als er dann später

auf dem Sofa mit mir kuscheln wollte, da wußte ich, was fol-
gen würde – er wollte mit mir schlafen. Unter normalen Um-
ständen hätte ich mich darüber gefreut. Doch mein Kopf
schmerzte noch immer, die Arbeit, die ich nicht hatte erledigen
können, beschäftigte mich, und ich hatte ungefähr soviel Lust
wie eine Papiertüte. Ich versuchte ihm so nett wie möglich zu
sagen, daß Sex für mich im Augenblick nicht das richtige war,
und fragte, ob wir es auf einen späteren Zeitpunkt verschieben
könnten. Aber er hat alles in den falschen Hals bekommen. Er
hat nicht gebrüllt, er hat überhaupt nichts gesagt. Er biß die
Zähne zusammen, schenkte mir einen seiner dunklen Blicke
und ging davon. Als nächstes hörte ich, wie die Tür des Fern-
sehzimmers ins Schloß fiel und die Stereoanlage drinnen
röhrte.

Das harte, kalte Schweigen dieser Bestrafer ist für fast jeden
Menschen schwer zu ertragen, und man würde sogar seine
Seele verkaufen, nur um es nicht aushalten zu müssen.
   »Sag doch etwas«, fleht der Erpreßte. »Schrei mich von mir
aus an. Alles ist besser als dieses Schweigen.« Im allgemeinen
ziehen sich passive Bestrafer um so mehr zurück, je mehr man
sie dazu zu bewegen sucht, doch auszusprechen, worüber sie
sich ärgern. Hinter diesem Verhalten steht die Angst, sich mit
dem anderen oder der eigenen Wut auseinanderzusetzen.

Ich wußte nicht mehr, was ich tun sollte. Ich hatte entsetzliche
Schuldgefühle. Er war so romantisch gewesen und ich so kühl.
Also ging ich zu ihm und versuchte, mit ihm zu sprechen. Er
saß da, sah durch mich hindurch und sagte: »Laß mich in
Ruhe.« Ich mußte etwas tun, um die Sache wiedergutzuma-
chen. Also zog ich ein weißes Seidennegligé an, kehrte in das
Fernsehzimmer zurück, legte ihm meine Arme um den Hals
und sagte ihm, wie leid es mir tue. Schließlich haben wir dort
miteinander geschlafen. Das hört sich vielleicht nach einer
lustvollen Begegnung an, aber das war es nicht. Ich hatte noch
immer entsetzliche Kopfschmerzen und war so angespannt,
daß ich in zwei Teile hätte zerspringen können. Es war scheuß-

lich. Aber ich wünschte mir so verzweifelt, daß er wieder mit
mir sprechen möge. Ich konnte sein anklagendes Schweigen
einfach nicht schon wieder ertragen.

Passive Bestrafer verbarrikadieren sich hinter einer undurch-
dringlichen Fassade und übertragen jegliche Verantwortung
für ihre Gefühle auf den Erpreßten. Jeder Mensch würde wie
Helen in Aufruhr geraten, wenn er auf diese Weise bestraft
würde. Das Opfer spürt, wie die Wut des Erpressers sich langsam aufbaut, und es weiß, daß es selbst ihr Ziel ist. Es fühlt sich
durch den passiven Bestrafer wie in einen Dampfdruckkoch-
topf gesperrt, in dem der Dampf durch Streß und Anspannung
ersetzt ist. Jeder würde in dieser Situation wie Helen nachgeben, denn nur so scheint eine schnelle Erlösung möglich zu
sein.

Doppelte Bestrafung

Wenn Sie zu einem Menschen in doppelter Hinsicht in Beziehung stehen – Ihr Lebensgefährte ist auch Ihr Vorgesetzter,
oder Ihr bester Freund ist auch Ihr Geschäftspartner –, dann erhöht sich das Potential der Bestrafung exponentiell. Ein Bestrafer kann und wird auch oft den Aufruhr aus der ersten Beziehung in die zweite tragen.

Meine Klinentin Sherry, eine 28jährige, ehrgeizige und besonders hübsche Frau, war sehr aufgebracht, als sie zum ersten
Mal zu mir kam, weil sie versuchte, eine Romanze mit dem
Mann zu beenden, für den sie arbeitete. Sherry hatte sich entschieden, Sekretärin zu werden, um einen Einblick in das Film-
busineß zu bekommen, und war sehr schnell zur Assistentin
des Leiters der Special-Effect-Firma aufgestiegen, eines 52jäh-
rigen, flatterhaften Filmemachers namens Charles. Charles war
wie Sherry auf einer Eliteunversität gewesen, und sie teilten
eine Vorliebe für obskure Stummfilme und moderne Kunst.
Sherry fühlte sich sofort von diesem Mann angezogen, der bereit war, sie ernst zu nehmen. Ihre Gespräche wurden lebhaft,
und aufgrund ihrer Position weihte Charles sie in die inneren
Angelegenheiten seiner Geschäfts- und Vertragspraktiken ein.

Er bereitete sie monatelang darauf vor, seine Projektleiterin zu werden, eine Position, von der aus sie an Kundengesprächen teilnehmen und den Aufbau der Firma vorantreiben würde.

Sherrys Freunde warnten sie davor, sich mit ihrem Vorgesetzten einzulassen, vor allem, da er verheiratet war. Aber sie fand Charles interessanter als die Männer, die altersmäßig zu ihr gepaßt hätten, und obwohl sie sich anfangs gar nicht zu ihm hingezogen gefühlt hatte, brachten sie doch die vielen Stunden und die Intensität ihrer Arbeit einander näher. Die wachsende sexuelle Spannung zwischen ihnen brach sich schließlich in einer intensiven romantischen Beziehung Bahn.

Ich weiß, ich weiß. Regel Nummer eins lautet: Laß dich niemals auf eine Affäre mit deinem Boß ein. Aber Charles ist ein ungewöhnlicher Mann. Keiner ist mir je so nahegekommen wie er. Es gefiel mir, seinen Verstand arbeiten zu sehen, und sein praktischer Sinn faszinierte mich. Er kann mir so viel beibringen, und ich kam mir so vor, als hätte ich den Preis gewonnen, seine Meisterschülerin sein zu dürfen. Ich liebte die Intimität zwischen uns und die Gewißheit, wieviel wir gemeinsam haben. Ich bin davon überzeugt, daß wir die gleiche Vision für die Firma haben. Mit seiner Frau kann er nicht über seine Arbeit reden – sie ist Alkoholikerin und hat sich irgendwo im Weltraum verloren. Bevor wir einander näherkamen, sagte er, daß er sich von ihr trennen würde, sobald sie stabil genug sei, um auf ihren eigenen Beinen zu stehen. Also habe ich mich darauf eingelassen.

Die Romanze entwickelte sich ungestüm, der Sex war befriedigend, die berufliche Erfahrung lohnend. Doch zwei Jahre verstrichen, und Charles machte noch immer keine Anstalten, seine Frau zu verlassen. Mit der Zeit erkannte Sherry, daß das Ende dieser Ehe nicht in Sicht war.

Nach zwei Jahren gebrochener Versprechungen wurde mir schließlich klar, daß Charles vollkommen zufrieden damit war, eine Frau und eine Geliebte zu haben, aber für mich war diese

Rolle auf Dauer undenkbar. Ich wollte irgendwann eine rich-
tige Familie. Wir saßen beim Essen, und er erzählte mir von
der Reise nach Paris, die er mit seiner Frau und seiner Tochter
machen wollte. Er wußte, wie sehr ich Paris liebte, schließlich
hatten wir geplant, dort zu heiraten. Da war mir klar, daß ich
in einer Traumwelt gelebt hatte. Es kostete mich unendlich viel
Kraft, mit dieser Erkenntnis fertig zu werden, und schließlich
sagte ich Charles, daß ich unsere Beziehung wieder zu dem
machen wollte, als die sie begonnen hatte: eine enge, nicht-
sexuelle Partnerschaft. Es würde traurig sein, aber wir beide
wären dann wieder dazu in der Lage, mit dem richtigen Leben
weiterzumachen.

Charles war bisher so freundlich und großzügig zu mir ge-
wesen, daß mich seine für mich vollkommen fremde Reaktion
schockierte. Wenn ich mich nicht mehr wie bisher mit ihm tref-
fen würde, so sagte er mir, dann könnte ich ihm und auch mei-
ner Arbeit Lebewohl sagen. Ich weiß nicht, ob ich mit Trennung
und Arbeitslosigkeit gleichzeitig zurechtkommen könnte. Ich
stehe endlich ganz dicht vor einem Job, der mir wirklich Spaß
macht, und ich fürchte mich davor, daß er mir diese Tür vor der
Nase zuschlägt. Aber jetzt noch bei ihm zu bleiben wäre wie
Prostitution. Ich könnte mir selbst nicht mehr in die Augen
sehen. Ich kann es kaum fassen, daß ich das überhaupt in Er-
wägung ziehe.

Charles stand der Verlust einer leidenschaftlichen Beziehung
bevor, die ihm vermutlich geholfen hatte, sich jung und lebendig zu fühlen. Diese Erkenntnis ließ ihn verzweifeln, und in der
Hoffnung, daß er Sherry zum Bleiben bewegen könnte, schlug
er um sich. Für Sherry war diese Reaktion ein Schock, doch für
das Ende einer solchen glutvollen Liebesbeziehung ist dies keineswegs atypisch.

Sherry mußte mit einer Situation fertig werden, unter der
schon viele, vor allem Frauen, vor ihr gelitten haben. Es ist
immer gefährlich, sich auf eine intime Beziehung mit einem
Menschen einzulassen, der auch darüber hinaus noch Macht
über einen hat. Wenn sich in der Beziehung eine Kluft auftut,

dann muß man vielleicht wie Sherry feststellen, daß Anspannung und Enttäuschung strafende Reaktionen beim Partner
auslösen können, obgleich er bisher ein integraler Bestandteil
des eigenen Lebens war. Doch hatte man Sherry, wie ich später noch zeigen werde, nicht ganz so arg in die Ecke gedrängt,
wie sie annahm. Es standen ihr Möglichkeiten offen, die ich mit
Ihnen noch an späterer Stelle in diesem Buch untersuchen
möchte.

Blinde Flecken

Je enger die Beziehung ist, desto höher ist der Einsatz und desto leichter kann man durch den Bestrafer verletzt werden.
Keiner zieht sich gerne von Menschen zurück, mit denen er
sich lange, vielleicht ein Leben lang, zutiefst verbunden gefühlt
hat oder von denen er wie Sherry auch noch finanziell abhängig ist. Das Erpressungsopfer zieht es vor, dem Bestrafer zu
glauben, und läßt seine wertvollsten Erkenntnisse über dessen
Tun in ein schwarzes Loch fallen. Josh zum Beispiel konnte einfach nicht erkennen, daß die Forderungen seines Vaters, der ihn
glauben machen wollte, nur in seinem Interesse zu handeln, in
Wirklichkeit egozentrisch waren und wenig mit Joshs Gefühlen
zu tun hatten. Hierin sind sich die Forderungen aller Bestrafer
ähnlich.

Wenn Erpressung ausufert, dann können die angedrohten
Konsequenzen für das fehlende Einlenken des Erpreßten gefährliche Ausmaße annehmen. Im-Stich-Lassen. Emotionale
Ausgrenzung. Verweigerung von finanzieller und anderer Unterstützung. Gegen das Opfer gerichtete Wutausbrüche. Und
im erschreckendsten Extremfall die Androhung körperlicher
Gewalt. Dabei verwandeln sich die dunkelsten Drohungen, indem sie sich zu Einschüchterungen auswachsen und der Erpresser alle Kontrolle an sich reißt, selbstverständlich in emotionalen Mißbrauch.

Es ist offensichtlich, daß der Bestrafer, in der Hitze der emotionalen Erpressung und geblendet durch seine eigenen Bedürfnisse, die Gefühle seines Opfers nicht beachtet und auch
sein eigenes Verhalten nicht hinterfragt. Vielmehr ist er ehrlich

von der Richtigkeit seines Tuns und von der Angemessenheit seiner Forderungen überzeugt. Die Auseinandersetzung mit dem Erpresser verlangt den Einsatz immenser innerer Kräfte, aber sie kann eine Besserung herbeiführen. Mit der Hilfe der richtigen Mittel und angemessener Unterstützung ist es all den hier geschilderten Opfern emotionaler Erpressung gelungen, ihr Selbstvertrauen zurückzugewinnen, und sie waren schließlich fähig, deutlich zu sagen – und zu zeigen –, daß sie sich nicht länger erpressen lassen würden.

Der Selbstbestrafer

Jeder Mensch ist schon einmal dem sechsjährigen Kind begegnet, das sein Ausflippen ankündigt, indem es laut androht: »Wenn du mich nicht länger aufbleiben läßt, um Videos anzusehen, dann halte ich den Atem so lange an, bis ich blau werde!« Der erwachsene Selbstbestrafer ist ein wenig raffinierter, aber das Prinzip ist dasselbe. Er macht seinem Opfer klar, daß er sich aufregen wird und vielleicht nicht mehr richtig funktionieren kann, wenn der andere ihm nicht gibt, was er will. Er schwört vielleicht, daß er sich selbst etwas antun wird, weil er sehr genau weiß, daß er seine Mitmenschen mit Drohungen, der eigenen Gesundheit zu schaden oder das eigene Glück zu untergraben, am erfolgreichsten manipulieren kann. »Streite nicht mit mir, denn ich werde davon krank und bekomme Depressionen.« »Sorge für mein Glück, oder ich kündige.« »Wenn du das nicht für mich tust, dann höre ich auf zu essen, zu schlafen oder zu trinken und fange an, Drogen zu nehmen. Ich werde mein Leben zugrunde richten.« »Wenn du mich verläßt, dann bringe ich mich um.« So oder ähnlich lauten die Drohungen des Selbstbestrafers.

Allen, der Geschäftsmann, den ich Ihnen bereits im ersten Kapitel vorgestellt habe, erkannte nach und nach, daß seine neue Frau Jo ihn erpreßte, indem sie beschrieb, was mit ihr geschehen würde, wenn sie ihren Willen nicht bekäme. Mit der Zeit hatte er ihren ausschließenden Anspruch auf seine Freizeit und ihre fehlende Bereitschaft, unabhängig von ihm Aktivitäten nachzugehen, immer mehr als bedrückend empfunden.

Ich weiß nicht, ob ich schon soweit bin, daß ich drastische Maßnahmen ergreifen möchte, aber alles andere scheint nicht bis zu ihr durchzudringen. Ich habe versucht, mit ihr darüber zu reden, daß die Dinge zwischen uns nicht gut laufen, aber sie weigert sich, mit mir darüber zu sprechen. Sie wird dann ganz still, und manchmal sehe ich, wie sich ihre Augen mit Tränen füllen. Dann verschwindet sie im Schlafzimmer und versperrt die Tür. Ich entschuldige mich bei ihr, und schließlich fängt sie an, wieder mit mir zu reden – oder, das würde es wohl besser treffen, mir Vorwürfe zu machen.

Beim letzten Mal wollte ich nichts anderes, als meine Schwester in ihrer Hütte in Oregon besuchen, um mit ihr dort ein wenig Zeit zu verbringen. Man hätte glauben können, daß ich den Planeten ohne Angabe einer neuen Andresse verlasse. »Du weißt, daß ich weder schlafen noch arbeiten kann, wenn du fort bist«, erklärte sie mir. »Ich brauche dich an meiner Seite. Außerdem steht mir jetzt eine wirklich schwere Zeit bevor. Du weißt, daß ich auf dich zähle, um den großen Schlußverkauf in Gang zu bringen. Wenn du nicht da bist, um die Organisation zu überwachen, wird alles aus dem Ruder laufen. Bei dieser Art von Druck wird es mir keinesfalls gelingen, all das auf die Reihe zu bringen, was notwendig ist. Bedeutet es dir nichts, daß ich dich brauche? Hast du vor, mein ganzes Leben aus den Angeln zu heben, weil du unbedingt eine Woche fortmußt? Ist es das, was du willst?«

Ich entgegnete: »Um Gottes willen, das ist doch kein Weltuntergang. Ich will doch nur ein paar Tage zu meiner Schwester fahren.« Aber in ihrer Vorstellung handelte es sich um böswilliges Verlassen. Ich sagte die Fahrt ab. Ich tue jetzt so, als ob ich nie hätte fahren wollen. Vielleicht ist es nicht so schlimm. Sie ist so süß und liebevoll zu mir, seit ich versprochen habe, nicht zu verreisen, daß es sich wie eine zweite Hochzeitsreise anfühlt. Aber manchmal erlebe ich Augenblicke, in denen ich Angst habe zu ersticken.

Dramatik, Hysterie und die Aura einer bevorstehenden Krise (für die selbstverständlich der andere verantwortlich ist) umgeben den Selbstbestrafer, der oft außergewöhnlich bedürftig und abhängig ist. Er hat die Angewohnheit, mit seinem Mitmenschen zu verschmelzen und sich aufs engste mit ihnen zu verbinden, und oft kostet es ihn wirkliche Anstrengung, um für das eigene Leben Verantwortung zu übernehmen. Wenn er Erpressung als Mittel für sich entdeckt, dann rechtfertigt er seine Forderungen, indem er sein Opfer für die eigenen Schwierigkeiten verantwortlich macht, egal, ob sie nun tatsächlich vorhanden oder nur eingebildet sind. Tatsächlich besitzt der Selbstbestrafer ein unglaubliches Talent, anderen Menschen das Gefühl zu geben, sie seien für das verantwortlich, was ihm zustößt. Während Bestrafer ihre Opfer in Kinder verwandeln, zwingen Selbstbestrafer ihnen die Rolle des Erwachsenen auf – die des *einzigen* Erwachsenen in der Beziehung. Es ist immer der andere, der angelaufen kommen soll, wenn sie weinen, sie trösten soll, wenn sie sich aufregen, herausfinden soll, was sie beunruhigt, und es aus der Welt schaffen muß. Der andere ist der kompetente Erwachsene, der den Selbstbestrafer vor sich selbst zu retten vermag, ihn aus seiner Hilflosigkeit erlösen und sein empfindsames Wesen beschützen muß.

Du verhinderst meine Genesung
Als Reaktion auf mein Radioprogramm suchten häufig verzweifelte Eltern mittleren Alters bei mir Rat, deren Kind Drogen nahm, sich weigerte, zu arbeiten oder zur Schule zu gehen, und mit seinem Verhalten die Familienersparnisse aufzehrte. Immer, wenn solche Eltern versuchten, die Situation zu verändern, lösten sie damit rasch heftige Drohungen aus. »Also gut. Ich gehe. Ich bin sicher, daß ihr euch freuen werdet, mich in der Gosse zu sehen. Ihr habt mich sowieso nie geliebt.« »Dann werde ich eben Prosituierte, und ihr könnt so richtig zufrieden mit euch sein.« Die eingeschüchterten Eltern geben in der Regel nach und halten den Status quo aufrecht, selbst dann, wenn dies für alle Beteiligten negative Auswirkungen hat.

Meine Klientin Karen, Ende Fünfzig und Krankenschwester

im Ruhestand, arbeitet in der Therapie hart an der Beziehung zu ihrer Tochter Melanie. Um Melanie darin zu unterstützen, ihre schweren Drogenprobleme zu überwinden, bezahlte Karen ein teureres Rehabilitationsprogramm, begab sich selbst in Therapie, trat einer Al-Anon-Gruppe bei und ermutigte Melanie dazu, bei einem Trainingsprogramm mitzumachen, welches das Krankenhaus anbot, in dem Karen früher gearbeitet hatte. Karen erwartete dafür keine Dankbarkeit, aber mit emotionaler Erpressung hatte sie ebenfalls nicht gerechnet.

Melanie ist eine großartige junge Frau, und ich bin wirklich stolz, wie sie es geschafft hat, ihr Leben umzukrempeln. Aber wir streiten uns die ganze Zeit über Geld. Als sie und Pete heirateten, entschlossen sie sich, ein Haus zu kaufen, und baten mich, ihnen das Geld für die Anzahlung zu leihen. Sie wissen sicherlich, welche Größenordnung die Rente einer Krankenschwester hat. Ich hätte ihnen nur zu gerne geholfen, aber ich hatte keine Rücklagen außer meinem Rentenkonto, und das wollte ich nicht plündern. Es ist alles, was ich für die Zukunft habe. Aber die Botschaft von Melanie war, warum sollte ich Geld haben und sie ohne es auskommen müssen? Sie mußte das Haus unbedingt haben. Ich mache mir Sorgen, weil ich weiß, daß ihr Verzicht auf Alkohol auf wackeligen Beinen steht, und weil sie insgesamt noch nicht sehr gefestigt ist. Deshalb läuft ihre Botschaft darauf hinaus: Wenn du nicht vorsichtig mit mir umgehst, dann bleibt mir nichts anderes übrig, als wieder zur Flasche und zu anderen Drogen zu greifen. Die Drohung lautet: Wenn du mich nicht so behandelst, wie ich behandelt werden will, dann fange ich wieder an zu trinken. Ich habe keine Wahl, ich muß sie beim Bezahlen dieses Hauses unterstützen.

Karens Aussage, daß sie keine Wahl hat, bekomme ich von Opfern emotionaler Erpressung häufig zu hören, und sie bringt zum Ausdruck, in welchem Ausmaß sie sich drangsaliert fühlen. In Wahrheit standen Karen durchaus mehrere Möglichkeiten offen, doch sie zu erkennen und zu nutzen setzt einiges an

Arbeit voraus. Melanies Drohung, die eingeschlagene gute Richtung aufzugeben, setzt Karen massiv unter Druck. Ich machte Karen klar, daß diese wirkungsvolle Taktik nicht zu ihrer Beschreibung von Melanie als schwach paßte, eine Tarnung, der sich viele Selbstbestrafer bedienen.

Die ultimative Selbstbestrafung

Die schlimmstmögliche Drohung des Selbstbestrafens kann für das Opfer zutiefst beunruhigend sein: die Drohung mit Selbstmord. Da sie niemals auf die leichte Schulter genommen werden darf, wird sie von manchen Selbstbestrafern, die ihre Wirksamkeit erkannt haben, nahezu gewohnheitsmäßig zum Einsatz gebracht. Die tiefe Angst, daß ein Mensch, der jahrelang mit dem Schlimmsten droht, es eines Tages auch tun könnte, steckt in jedem von uns.

Eve ist eine junge, attraktive Künstlerin, die mit Elliot zusammenlebt, einem bekannten Maler in den Vierzigern. Ihre Beziehung zueinander war anfangs stark, aber sobald sie bei ihm eingezogen war, entwickelte sich aus der scheinbar romantischen Ergebenheit eine schwelende Abhängigkeit. Sie hatte seine Stimmungsschwankungen schon wahrgenommen, als sie noch miteinander ausgingen, aber sie hatte sie immer auf sein »sensibles künstlerisches Gemüt« zurückgeführt. Auf seine wiederkehrenden Depressionen und eine mögliche Abhängigkeit von Schlaftabletten war sie nicht vorbereitet gewesen. Sie entfernten sich immer weiter voneinander. Sex fand nicht mehr statt, und auch das Gefühl von Nähe war verschwunden. Eve arbeitet als Elliots Assistentin, und er unterstützt sie finanziell, doch widersetzt er sich all ihren Versuchen, eine eigenständige Karriere aufzubauen. Er besteht sogar darauf, daß sie ihre Werke nur gemeinsam mit seinen ausstellt.

Schließlich wurde mir klar, daß ich ihn verlassen muß, wenn ich mir ein eigenständiges Leben aufbauen will, aber jedesmal, wenn ich darangehe, meine Erkenntnis in die Tat umzusetzen, droht er damit, eine Überdosis Schlaftbletten zu nehmen. Beim ersten Mal mußte ich fast lachen. Ich hatte erklärt, daß

ich an einer Zeichenklasse teilnehmen wolle, und er entgeg-
nete darauf: »*Dann kann ich ja auch sterben.*« *Er ist so un-*
glaublich theatralisch, und ich dachte erst, es handle sich nur
um einen Scherz. Aber er sagte immer wieder Sachen wie »*Ich*
halte es ohne dich nicht aus« *und* »*Wenn du mich verläßt,*
dann kann ich nicht versprechen, daß ich ohne dich weiter-
mache«. *Inzwischen ist es nicht mehr lustig – es ist beängsti-*
gend. Ich empfinde so tiefe Liebe und Mitgefühl wegen seines
Leidens, aber zugleich ist da auch Wut. Warum, um alles in der
Welt, muß er mich in eine solche Lage bringen? Ich wollte doch
nur an einer Zeichenklasse teilnehmen.

Weil es typisch für diese Form emotionaler Erpressung ist, beruhen auch Elliots Drohungen auf Eves starkem Verantwor-
tungsgefühl. »Er war so gut zu mir. Ich bringe nicht die Kraft
auf, ihn zu verlassen. Wenn er sich irgend etwas antun würde,
ich könnte mir niemals verzeihen«, erklärte Eve. Und dann
fügte sie vollkommen überzeugend hinzu: »Ich würde vor
Schuldgefühlen sterben.«

Die meisten Selbstbestrafer gehen nicht so weit wie Elliot,
obwohl Selbstbestrafung dieses Niveau durchaus erreichen
kann. Ich versuchte Eve klarzumachen, daß ihr Ausharren bei
Elliot durchaus keine Garantie für seine Rettung sei. Letztend-
lich entscheiden solche Menschen selbst darüber, ob sie ihre
Destruktivität gegen sich richten oder nicht. Ein Außenstehender vermag da wenig auszurichten. Natürlich kann man selbst-
mordgefährdete Menschen der richtigen Unterstützung zu-
führen und ihnen entsprechende Hilfsquellen vermitteln. Doch
wenn man bei ihnen bleibt, weil man es für seine Pflicht hält,
sie vor sich selbst zu schützen, dann sorgt man schließlich
selbst dafür, daß sie immer dann diese schreckliche Form von
emotionaler Erpressung zur Anwendung bringen, wenn sie die
Kontrolle über den anderen verstärken wollen.

Der Leider

Die Vorstellung des Leidenden kommt in unserer Kultur in einem wohlbekannten Bild zum Ausdruck: Eine Frau mit bitterem Gesichtsausdruck sitzt in ihrer Wohnung und wartet darauf, daß eines ihrer Kinder anruft. »Wie es mir geht?« fragt sie schließlich, wenn das Telefon endlich klingelt. »Du fragst mich, wie es mir geht? Du rufst mich nicht an, du besuchst mich nicht. Du hast deine eigene Mutter vergessen. Genausogut könnte ich meinen Kopf in den Gasherd stecken, so wenig interessierst du dich für mich.«

Wenn Leidende sich elend fühlen, krank, unglücklich oder einfach nur einmal Pech haben, dann gibt es für sie nur eine Lösung: Der andere muß ihnen beschaffen, was sie brauchen, selbst wenn sie ihm überhaupt nicht mitgeteilt haben, worum es sich handelt. Sie drohen nicht damit, dem anderen oder sich selbst etwas anzutun. Statt dessen machen sie ihrem Opfer in eindeutiger Sprache klar, daß sie leiden müssen, wenn sie ihren Willen nicht bekommen, und *daß der andere schuld daran ist*. Dieser letzte Teil der Anklage, »und es ist deine Schuld«, bleibt oft unausgesprochen und wirkt dennoch Wunder.

Eine preiswürdige schauspielerische Leistung

Der Leidende beschäftigt sich vor allem damit, wie schlecht es ihm geht, und oft interpretiert er die Unfähigkeit seiner Mitmenschen, seine Gedanken zu lesen, als Beweis dafür, daß sie ihn nicht genug lieben. Wenn sie ihn wirklich liebten, dann könnten sie auch ohne entsprechende Hinweise herausfinden, was ihn quält. Das Gesellschaftsspiel, in dem er höchste Meisterschaft erlangt, heißt: »Rate mal, was du mir wieder angetan hast.«

Deprimiert, stumm und oft in Tränen aufgelöst, ziehen sich viele Leidende ohne Mitteilung der Gründe zurück, wenn sie nicht bekommen, was sie wollen. Die Mitteilung ihrer Bedürfnisse erfolgt nach ihren eigenen zeitlichen Vorstellungen, oft erst nachdem sich ihr Opfer stunden- oder sogar wochenlang in Angst und Sorge gewunden hat.

Meine Klientin Patty, eine 43jährige Regierungsangestellte, erzählte mir, daß sich ihr Ehemann Joe bei jeder Meinungsverschiedenheit voller Dramatik in sein Bett zurückzieht.

Er kommt fast nie aus sich heraus, um mir mitzuteilen, was er will, und wenn ich ihm in den seltenen Fällen, in denen er es doch tut, nicht zustimme, dann wird er traurig oder niedergeschlagen und geht hinaus, um einen Spaziergang zu machen. Er hat die traurigsten Augen der Welt. Früher gab es bei uns diese fehlenden Auseinandersetzungen dann, wenn seine Mutter vorbeikommen wollte – in der Regel zum ungünstigsten Zeitpunkt. Ich habe es aufgegeben, mich deshalb streiten zu wollen, weil Joes trauriger Blick so viele Schuldgefühle bei mir verursacht.

Das ist typisch. Er stößt einen übertriebenen Seufzer aus, und wenn ich ihn dann frage, was nicht in Ordnung ist, dann sieht er mich schmerzerfüllt an und sagt: »Nichts.« Dann ist es an mir herauszufinden, welchen Verbrechens ich mich diesmal wieder schuldig gemacht habe. Ich sitze an seiner Bettkante und sage ihm, daß ich es bedaure, etwas getan zu haben, worüber er sich aufregt, und bitte ihn, mir doch wenigstens zu sagen, was es war. Und ungefähr eine Stunde später erfahre ich dann, was ich angerichtet habe. Einmal hatte ich gesagt, daß wir uns meiner Meinung nach den neuen Computer, den er sich wünschte, nicht leisten könnten! Wie konnte ich nur so gefühllos und geizig sein? Also sagte ich ihm natürlich, er solle losgehen und sich das Ding kaufen – und, o Wunder, sogleich wurde er wieder fröhlich.

Joe fühlte sich nicht wohl mit der Vorstellung, sich einfach mit Patty hinzusetzen, um über den Computer zu reden. Also brachte er seine Bedürfnisse auf anderem Wege zum Ausdruck – er sammelte all seine schauspielerischen Fähigkeiten und machte ihr damit klar, daß sie ihn geärgert, ihm Bauchweh und Kopfschmerzen verursacht hatte. Depressionen warfen ihn nieder, weil sie so »gemein« zu ihm war. Leidende sehen auf den ersten Blick vielleicht schwach aus, aber tatsächlich verbirgt sich hinter ihrer äußeren Fassade ein stiller Tyrann. Es ist nicht ihre Art, zu brüllen oder eine Szene zu machen, und doch schmerzt und verwirrt ihr Verhalten den anderen und macht ihn wütend.

Opfer der Umstände

Nicht alles Leiden geschieht schweigend. Manche Leidende teilen gerne die Einzelheiten ihrer Not mit anderen und erwarten, wie ihre ebenfalls schweigsamen Verwandten, die Lösung ihrer Probleme von ihnen. Wenn es ihnen nicht gutgeht, dann liegt es daran, daß ihre Mitmenschen ihnen wesentliche Voraussetzungen zu ihrem Glück verweigern.

Meine Klientin Zoe ist 57 Jahre alt und die gutaussehende und selbstbewußte Leiterin der Kundenbetreuung einer großen Werbeagentur. Sie kam zu mir, weil sie mit einer Kollegin an ihrem Arbeitsplatz Schwierigkeiten hatte.

Tess ist die jüngste unter den Kollegen, und sie vergißt, daß die meisten von uns jahrelang lästige kleine Jobs und unsere Pflicht erfüllt haben, um dorthin zu gelangen, wo wir heute sind. Sie glaubt, daß sie auch ohne die 15 Jahre Erfahrung, die wir anderen mitbringen, im Mittelpunkt stehen und die großen Aufgaben an sich reißen darf. Ich habe versucht, ihr das zu erklären, aber das Mädchen ist die Ungeduld in Person. Dann bekam sie Schwierigkeiten mit unserem Chef und hatte riesige Ängste, womöglich ihren Arbeitsplatz zu verlieren. Jeden Tag kam sie nahezu hyperventilierend in mein Büro, um mir einen Vortrag darüber zu halten, was bei ihr alles schiefgegangen war: Dale, einer der Partner findet ihren Text abscheulich. Es ist ihr nicht möglich gewesen, mit einem wichtigen Kunden Kontakt aufzunehmen, und sie glaubt, daß er ihr aus dem Weg geht. Ihr Computer ist abgestürzt. Und, ach ja, der Hund hat die Unterlagen, die sie mit nach Hause genommen hatte, aufgefressen. Manchmal merkte sie, wie komisch das alles klang, aber ihre Unsicherheit war dabei immer zu spüren.

Sie ist so deprimiert, erzählt sie, daß sie morgens kaum aus dem Bett kommt, sie hat angefangen, Kette zu rauchen, sie

glaubt, Gewicht zu verlieren... Ich bemühte mich, sie zu be-
ruhigen, und hatte das Gefühl, daß mir dies gelang, bis eine
Wendung eintrat, die mich wirklich unangenehm berührte. Sie
setzte mich unter Druck, damit ich sie für ein großes neues
Projekt mit in mein Team aufnähme. »Die werden mich raus-
schmeißen, wenn Sie das nicht tun«, versicherte sie mir. »Dale
kann mich nicht leiden, aber Ihnen vertraut er, und wenn Sie
mir nur helfen würden, ihn umzustimmen, dann bin ich sicher,
daß alles anders wird.« Jeden Tag bekam ich zu hören: »Die
schmeißen mich raus, wenn Sie mir nicht diesen kleinen Ge-
fallen tun«, oder: »Ich mache mir solche Sorgen und quäle
mich so. Sie müssen mir einfach weiterhelfen.«

Tatsächlich glaube ich nicht, daß ihre Fähigkeiten bereits
ausreichen, um mit uns Schritt zu halten, aber ich setzte sie
dennoch auf das Projekt an, weil es mir fast egoistisch er-
schien, es nicht zu tun. Sie hat mich wirklich überzeugt – ich
nahm ihr die Geschichte ab, daß ich allein sie vor einer schwe-
ren Depression bewahren könnte. Dabei hatten aber ihre
Arbeitsplatzprobleme überhaupt nichts mit ihrer Einstellung
zu tun. Jetzt mache ich mir Sorgen, daß ich alle anderen im
Team mehr antreiben muß, weil wir tatsächlich eine Person zu
wenig sind – Tess packt es nicht. Ich habe mich so sehr als Men-
tor gefühlt, als ich ihr sagte, daß sie dabei sei. Jetzt nicht mehr.
Ich fühle mich benutzt. Man kann es kaum glauben, aber sie
verlangt von mir, daß ich ihr mehr Verantwortung übertrage,
obwohl sie auch so bereits überfordert ist. Ich möchte ihr
gerne helfen – irgendwie sehe ich wohl mein jüngeres Selbst in
ihr –, aber die Sache gerät außer Kontrolle und wird meinem
eigenen Ruf schaden, wenn ich nicht bald einen Schlußstrich
ziehe.

Ein Leidender wie Tess läßt seine Mitmenschen wissen, welch
schlechte Karten das Schicksal ihm ausgeteilt hat, und wie sehr
sich alles gegen ihn verschworen hat, um ihn unten zu halten.
Sein Motto könnte lauten: Wenn ich nicht wenigstens Unglück
hätte, dann hätte überhaupt kein Glück. Ihm fehlt nur ein klein
wenig Unterstützung, um das Rad herumzureißen. Oft ist der

Leidende mit dem Charme des Unterlegenen ausgestattet, der einen gewissen Reiz ausüben kann. Natürlich läßt dieser Leidende seine Mitmenschen wissen, daß er ohne ihre Unterstützung zum Scheitern verurteilt ist. Und sein Scheitern, das er in den finstersten Farben zu beschreiben vermag, wird in deren Verantwortung liegen. Effektiv erweckt er bei seinen Opfern den Retter- oder Beschützerinstinkt. Und wenn er die »kleine Unterstützung« bekommen hat, die er haben wollte, dann kann man mit großer Sicherheit davon ausgehen, daß er wiederkommt. Der Beschützer eines Leidenden zu sein ist ein Full-Time-Job und kein einmaliger Notbehelf.

Der Verführer

Der Verführer ist unter den Erpressern derjenige, der am subtilsten vorgeht. Er ermutigt sein Opfer und verspricht ihm Liebe oder Geld oder bessere berufliche Aussichten – macht ihm sozusagen den Mund wäßrig –, und stellt dann klar, daß er die Belohnung nur bekommt, wenn er sich erwartungsgemäß verhält. Die versprochenen Belohnungen klingen reizvoll, doch sie lösen sich immer dann in Rauch auf, wenn man ihnen nahe kommt. Dabei kann das Verlangen nach dem Versprochenen so groß sein, daß das Opfer bereitwillig eine große Zahl vergessener oder nie umgesetzter Belohnungen in Kauf nimmt, bevor es durchschaut, daß es emotional erpreßt wurde.

Beim Mittagessen erzählte mir meine Freundin Julie, eine aufstrebende Drehbuchautorin, eines Tages von ihrem Streit mit einem Verführer, jenem Mann, von dem sie bei unserem letzten Zusammentreffen so aufgeregt berichtet hatte. Alex, ein reicher, zweimal geschiedener Geschäftsmann, ging seit sieben Monaten mit Julie aus. Als sie sich kennenlernten, unterhielt Julie ein kleines freiberufliches Schreibbüro bei sich zu Hause und arbeitete abends an ihren Drehbüchern. »Deine Drehbücher sind hervorragend«, hatte Alex ihr schon bald gesagt und sie in dieser Hinsicht stark gefördert.

Er erzählte mir, er sei mit einer Reihe von Produzenten be-
freundet, die – wie drückte er sich aus? – nach intelligenter
Arbeit wie der meinen suchten. Eine Wochenendparty sollte
stattfinden, und er würde uns einander vorstellen. Ich hatte so
hart an meinen Drehbüchern gearbeitet, und diese Gelegen-
heit schien mir sensationell. Der Köder war ausgelegt, dann
kam der Schock. »Lade aber keine von deinen Künstlerfreun-
den ein«, verlangte er, »ich glaube, sie behindern dich nur.«

Als sie sich weigerte, auf den Handel einzugehen, gab es kein
Zusammentreffen mit Alex' einflußreichen Freunden, sondern
nur weitere verheißungsvolle Versprechungen. Er machte ihr
teure Geschenke – einen neuen Computer, um ihre alte
Schreibmaschine zu ersetzen, eine Tagesmutter für ihren sie-
benjährigen Sohn Trevor. Doch jedes kam in Verbindung mit
einer neuen Hürde, die sie nehmen mußte. Er wäre in der Lage,
ihr mehrere Türen zu öffnen, wenn sie ihm helfen würde, in seinem Haus Gesellschaften zu geben. Sicherlich wäre es ihr doch
ein leichtes, zu ihrem eigenen Wohl, ihr abendliches Schreiben
aufzugeben.
    Da sie Alex zugetan und ehrgeizig genug war, um sich nach
den Chancen zu sehnen, die er ihr anbot, versuchte Julie mit-
zuspielen. Dann kam jedoch eine Hürde, die sich als die letzte
herausstellen sollte.

Er erkärte mir, daß er darüber nachgedacht hätte, wieviel bes-
ser es wäre, wenn Trevor eine Weile bei seinem Vater leben
könnte. Ich würde mehr Zeit für meine Arbeit haben und
könnte mich auf meine Karriere konzentrieren. »Es wäre ja
nur für eine Übergangszeit«, sagte er. Und dann fügte er
hinzu, daß es nicht sinnvoll sei, zu einem Zeitpunkt Mutter
spielen zu wollen, da doch der endgültige Durchbruch so kurz
bevorstand.

Diese Forderung ließ Julie aufwachen, und wenig später brach
sie die Beziehung zu Alex ab. Sie war nun dazu in der Lage, die
Beziehung als das zu sehen, was sie war: eine nie endende

Serie von Tests und Forderungen. Als typischer Verführer hatte Alex zahlreiche Geschenke und Versprechungen zu bieten, die jedoch alle von Bedingungen bezüglich Julies Verhalten begleitet wurden: »Ich werde dir helfen, wenn du…«, »Ich werde dich in deiner Karriere unterstützen, wenn du…«, und endlich begriff Julie, daß er niemals aufhören würde, sie immer wieder zu testen. Immer wenn sie sich dem Köder näherte, zog er ihn fort. Was Verführer geben, kommt nicht von Herzen. Jedes verführerisch eingepackte Geschenk ist an Bedingungen gebunden.

Der Eintrittspreis

Manchmal ist das, was der Verführer an Geschenken in Aussicht stellt, weniger greifbar als jene materiellen Belohnungen, die Alex vor Julies Augen baumeln ließ. Manche Verführer handeln mit emotionalen Bestechungsgeldern, mit Luftschlössern voller Liebe, Anerkennung, familiärer Nähe und geheilter Verletzungen. Die Eintrittskarte zu dieser reichen, unbefleckten Phantasie erfordert nur eine einzige Konzession: dem nachzugeben, was der Verführer will.

Meine Klientin Jan ist eine attraktive Geschäftsfrau in den Fünfzigern, seit acht Jahren geschieden, mit zwei erwachsenen Söhnen. Sie hat ein erfolgreiches Juweliergeschäft aufgebaut und erfreut sich nun an den Früchten ihrer harten Arbeit und ihrer Kreativität. Doch die Beziehung zu ihrer Schwester ist für sie eine Quelle großen Schmerzes.

Meine Schwester Carol und ich hatten von Anbeginn eine schwierige Beziehung. Unsere Eltern haben dafür gesorgt, daß wir uns ständig im Wettkampf miteinander befanden, und haben mit Bevorzugungen gespielt. Ich war Mutters Liebling, während mein Vater meine Schwester mehr mochte. Doch war es mein Vater, der das Geld hatte. Mir gegenüber war er geizig, aber meiner Schwester gegenüber zeigte er sich immer großzügig. Sie wußte genau, wie sie mit ihm umgehen mußte. Mein Vater mußte alles unter Kontrolle haben und konnte es nicht ertragen, wenn irgend jemand sich ihm widersetzte. Er stellte unverständliche Regeln für uns auf, was den Zeitpunkt des Nachhausekommens und Verabredungen betraf, und ich hatte deshalb ständig Auseinandersetzungen mit ihm. Nicht so Carol. Sie spielte die vollkommene, gehorsame Tochter und fuhr dafür reichlich Belohnungen ein. Sie bekam einen Jaguar zu ihrem sechzehnten Geburtstag, Reisen nach Europa, die besten Schulen, einfach alles. Aber sie hat nie gelernt, sich auf sich selbst zu verlassen, während ich schon früh erkannte, daß ich alles, was ich erreichen wollte, mit eigener Kraft schaffen mußte.

Als mein Vater starb, ließ er uns selbst aus dem Grab heraus noch wissen, wer seine Lieblingstochter war. Den größten Teil seines Vermögens hinterließ er Carol und mir praktisch nichts. Ich war verletzt und wütend, als Carol nicht einmal einen kleinen Teil ihrer Erbschaft an mich abtreten wollte, und unsere Beziehung, die ohnehin kaum bestand, verschlechterte sich noch weiter. Mehrere Jahre lang sprachen wir kaum miteinander und sahen uns selten, und schließlich riß die Verbindung gänzlich ab. Sie und ich mögen uns einfach nicht besonders.

Eines Tages letzten Monat bekomme ich aus heiterem Himmel plötzlich einen Anruf von ihr. Sie weint und will sich von mir 1000 Dollar leihen, damit sie etwas zu essen auf den Tisch stellen kann. Ihr Mann hatte sich bei allem, was er angerührt hatte, als Versager erwiesen und ihr ganzes Vermögen durch dumme Investitionen verloren. Carol hatte bereits ihren Schmuck zum Pfandleiher gebracht und sich Geld von unserer Mutter geliehen, um das Haus vor der Pfändung zu bewahren. Es war ein einziges Durcheinander. Doch bisher haben sie es nicht für notwendig gehalten, ihren Lebensstil herunterzuschrauben. Sie haben noch immer eine wertvolle Kunstsammlung und sogar einen Ferrari.

Als Carol merkte, daß ich Widerstand leistete, zog sie ihre letzten Trümpfe aus dem Ärmel. »Ich habe sonst niemanden, an den ich mich wenden kann.« »Ich weiß nicht mehr, was ich tun soll. Ich habe geglaubt, daß man sich an seine Familie wenden darf, wenn man in Schwierigkeiten ist.« – Plötzlich war ich also wieder Familie.

Anfangs gab sich Carol als die klassische Leidende und ließ Jan wissen, wie schrecklich alles für sie war und daß es in Jans Macht stand, die Dinge für sie zu ändern. Als sie Jans Widerstand bemerkte, wechselte sie die Gänge und hielt ihr einen besonderen Köder vor die Nase.

Ihre Stimme wurde plötzlich ganz süß, als sie sagte: »Weißt du, ich würde mich freuen, wenn du zum Essen zu uns kommen und uns an den Feiertagen besuchen könntest. Das wäre wie in alten Zeiten.« Sie hatte genau meine Wunschvorstellung von lächelnden Gesichtern und einem hübschen Festtagstisch getroffen. Meine Mutter ist jetzt allein, und auch ich bin mit niemandem zusammen. Carol ist diejenige mit der intakten Familie, mit einem Mann und Kindern im Teenageralter. An den Feiertagen werde ich immer ein bißchen traurig, weil zwischen uns eine so große Distanz besteht. In meinem Kopf weiß ich natürlich, daß ich Freunde habe, die mir näherstehen als irgend jemand von meiner Familie, aber wenn die Weihnachtsbeleuchtung auf dem Hollywood Boulevard angezündet wird, dann spüre ich diese Sehnsucht nach einer glücklichen Familie in mir. In meinem Kopf weiß ich, daß wir das nie hatten und auch nie haben werden, aber in meinem Herzen würde ich alles geben, wenn es doch wahr werden könnte. Ich muß zugeben, daß Carols »Einladung« mich sehr in Versuchung geführt hat, und ich habe sehr mit mir gerungen, um herauszufinden, was ich tun sollte.

Carol erweckte den Anschein, daß der Eintritt in den Schoß der Familie nur 1000 Dollar kostete, ein winziger Beitrag für etwas, das Jan so wichtig war. Aber natürlich würde der Preis, den Jan bezahlen müßte, wenn sie dem Druck ihrer Schwester nachgab, viel höher sein. Sie würde ihre eigene Integrität verletzen, wenn sie Carol dabei unterstützte, ihre Verhaltensmuster von Verschwendung und finanzieller Unverantwortlichkeit zu verewigen, und außerdem würde Jan einem Menschen vertrauen müssen, der sie immer wieder betrogen hatte.

Doch die Versuchung, die Jan spürte, war real. Es ist schwer,

der Phantasie von der guten Familie, die Carol für sie herauf-
beschwor, zu widerstehen – eine gute Familie ist etwas, wonach
jeder Mensch sich sehnt und was viele nicht hatten. Der
Wunsch danach ist stark, und die scheinbare Gelegenheit, diesen Wunsch zu erfüllen, hat die Kraft eines Magneten. Schließlich jedoch gelang es mir, Jan davon zu überzeugen, daß sie,
wenn sie zu diesem Zeitpunkt ihres Lebens noch nicht die Art
von Familie hatte, nach der sie sich sehnte, diese wohl kaum
noch finden würde. Carol hatte ein wunderschönes Bild für sie
gemalt, aber es hatte nichts mit der Realität zu tun. Es ist unmöglich, mit einem Scheck über 1000 Dollar oder eine Million
oder über zehn Millionen Dollar Nähe zu kaufen, gleichgültig,
wie sehr der Erpresser einen auch davon zu überzeugen sucht.

All die Kräfte, die an Jan zerrten – ihre Schuldgefühle, die
Versuchung, sich als die Erfolgreiche und Angemessene darzustellen, die verführerische Hoffnung auf eine Familie, die Carol ihr machte –, berührten eine zutiefst verletzliche Stelle in
ihrem Inneren. Doch wir werden noch sehen, daß ihre Erfahrung mit diesem dunklen Fall von emotionaler Erpressung
einen Wendepunkt darstellte, der sie dazu befähigte, einer
zwanghaften Form von Manipulation zu widerstehen.

Was immer auch funktioniert

Zwischen den einzelnen Formen emotionaler Erpressung gibt
es keine strengen Grenzen, und viele Epresser kombinieren sie
oder bedienen sich mehr als nur eines Stils. Sie benutzen vielleicht Carols Taktik und wechseln hin und her zwischen Leiden
und dem Angebot einer verführerischen Phantasie von der ge-
störten Familie, die auf magische Weise wieder heil werden
könnte, wenn…

Jede Form von emotionaler Erpressung hat verheerende
Auswirkungen auf das Wohlergehen des Opfers. Es fällt am
leichtesten, sich die Methoden des Bestrafers bewußt zu machen, da sie am destruktivsten erscheinen, aber lassen Sie keinen Moment die zerstörerische Wirkung der stilleren Erpres-

sung außer acht. Ob schweigend oder dramatisch, alle vier Formen können verheerende Folgen haben.

Die meisten emotionalen Erpresser sind keine Monster. Wir werden noch sehen, daß sie nur selten von Bösartigkeit, sondern viel eher von irgendwelchen ihnen innewohnenden Dämonen angetrieben werden, die wir im fünften Kapitel untersuchen wollen. Da es sich meist um Personen handelt, die eine wichtige Rolle als Unterstützer oder Beschützer im Leben des Opfers spielen, kann es sehr schmerzhaft sein, diese als Erpresser zu erkennen. Es ist nicht leicht, ein Verhalten, das man bereits vergeben oder zu vergessen versucht hat, näher zu untersuchen und herauszufinden, welche Auswirkungen es zeigt. Doch dies ist eine zwingende Voraussetzung, wenn man eine gestörte Beziehung wieder auf ein solides Fundament stellen will.

Kapitel 3

Der Nebel aus Angst, Pflicht-
und Schuldgefühlen

Emotionale Erpressung gedeiht in einem Nebel, der sich, wie eine Wolkenbank unter einem Flugzeug, gerade unter der Oberfläche des Bewußtseins ausbreitet. Sobald man in die Region der emotionalen Erpressung eintaucht, ist man von den dicken Nebelschwaden der Gefühle umgeben, und die Fähigkeit, klar über das Tun des Erpressers und die eigene Reaktion darauf nachzudenken, geht verloren. Das Urteilsvermögen nimmt ab.

Wie ich bereits erwähnte, benutze ich das Wort »Nebel« als symbolischen Begriff für Angst, Pflicht- und Schuldgefühle, drei emotionale Zustände, die alle Erpresser unabhängig von ihrem Stil in ihren Opfern intensivieren. Ich empfinde es als eine passende Metapher für die Atmosphäre, in der emotionale Erpressung stattfindet. Nebel durchdringt alles, schafft Orientierungslosigkeit und verschleiert alles außer dem drückenden unangenehmen Gefühl, welches er erzeugt. Wer im Nebel gefangen ist, der sucht verzweifelt nach der Antwort auf die Fragen: Wie bin ich da hineingeraten? Wie soll ich wieder herauskommen? Wie kann ich diesen komplizierten Gefühlen Einhalt gebieten?

Jeder Mensch kennt dieses Trio der Gefühle. Jeder Mensch lebt mit einem Heer von Ängsten, mit großen und kleinen. Jeder Mensch hat Verpflichtungen, und wer ein Gewissen hat, der erkennt, daß er mit den Menschen in seinem Leben verbunden und daher der Familie und der Gemeinschaft gegenüber verantwortlich ist. Jeder Mensch verspürt ein gewisses Maß an Schuldgefühlen. Man wünscht sich, die Uhr zurückstellen zu können, um Dinge ungeschehen zu machen, die andere verletzt haben. Man bedauert, manche Dinge nicht getan zu haben. Solche Gefühle sind ein fester Bestandteil des menschlichen Miteinanders in dieser Welt, und in der Regel gelingt es recht gut, mit ihnen zu leben, ohne sich von ihnen überwältigen zu lassen.

Doch Erpresser drehen die Lautstärke hoch, dröhnen ihr Opfer so zu, daß es wider besseren Wissens fast zu allem bereit ist, um diese Gefühle wieder auf ein normales Maß zurückzuschrauben, so unwohl fühlt es sich. Ihr Nebel aus Angst, Pflicht- und Schuldgefühlen löst Reaktionen aus, die fast so automatisch sind wie das Zuhalten der Ohren mit den Händen, sobald eine Sirene kreischt. Das Opfer hat wenig Gelegenheit nachzudenken und vermag nur zu reagieren – darin liegt der Schlüssel wirkungsvoller emotionaler Erpressung. Wenn Erpresser ihr Opfer unter Druck setzen, dann ist zwischen dem Auftreten des Gefühls von Unbehagen und dem Erleichterung schaffenden Handeln praktisch keine Pause.

Auch wenn es sich nur so anhört, als handle es sich um einen gut durchdachten Prozeß, schaffen die meisten Erpresser den Nebel aus Angst, Pflicht- und Schuldgefühlen doch, ohne daß es ihnen selbst bewußt wird.

Der Nebel aus Angst, Pflicht- und Schuldgefühlen setzt eine komplizierte, unsichtbare Kettenreaktion in Gang, die erst dann unterbrochen werden kann, wenn man ihre Funktionsweise begriffen hat. Am besten geschieht dies, indem man die einzelnen Elemente genau betrachtet, aus denen sich dieser »Nebel« zusammensetzt. Auch wenn ich diese Gefühle hier für sich beschreiben werde, gehen Sie nicht davon aus, daß sie klar voneinander getrennt auftreten – sie überlappen einander, vermischen sich und entfalten ihre Wirkung in der Kombination. Denken Sie auch daran, daß es ebenso viele Quellen für Angst, Pflicht- und Schuldgefühle gibt wie Menschen und daß ich daher nicht jede einzelne durchleuchten kann. Die Worte und Handlungen, welche diese Gefühle in Ihnen auslösen, mögen andere sein, als die, die ich hier beschreibe, aber ihre Auswirkungen sind dieselben. Sie alle tragen dazu bei, das Muster des Unbehagens zu weben, welches Sie zwingt, Ihrem Erpresser nachzugeben.

Angst

Der Erpresser errichtet seine bewußten und unbewußten Strategien auf der Basis der Informationen, welche sein Opfer ihm über die eigenen Ängste gibt. Er nimmt wahr, wovor der andere davonläuft, sieht, was ihn nervös macht, beobachtet, wann der Körper in Reaktion auf eine Erfahrung erstarrt. Das bedeutet nicht, daß er sich Notizen macht und sie bewußt zur späteren Verwendung bereithält – alle Menschen sammeln solches Wissen über die Personen, denen sie nahestehen. Bei emotionaler Erpressung bewirkt Angst auch beim Erpresser eine Veränderung – ein Prozeß, auf den ich im fünften Kapitel noch näher eingehen werde. Um es in einfachen Worten auszudrükken: Die Angst des Erpressers, nicht das zu bekommen, was er will, ist so groß, daß er nur noch das Resultat seines Vorgehens in den schönsten Farben sehen und die Augen nicht einmal kurz heben kann, um zu erkennen, welche Wirkung sein Handeln auf den anderen hat.

An diesem Punkt werden die Informationen, die er im Laufe einer Beziehung über seinen Partner gesammelt hat, zu Waffen, mit denen der Erpresser einen Erfolg erzielt, der auf beiden Seiten mit Angst erkauft ist. Die Bedingungen, die der Erpresser anbietet, sind für sein Opfer wie maßgeschneidert: Tu die Dinge so, wie ich es will, und ich werde

- dich nicht verlassen,
- dich nicht tadeln,
- nicht aufhören, dich zu lieben,
- dich nicht anbrüllen,
- nicht dafür sorgen, daß du dich elend fühlst,
- mich nicht gegen dich stellen,
- dich nicht feuern.

Gleichgültig, wie die Einzelheiten aussehen mögen, sie werden so beschaffen sein, daß sie genau zu den Ängsten passen, welche das Opfer preisgegeben hat. Folglich ist es eine besonders schmerzliche Folge emotionaler Erpressung, daß durch sie das Vertrauen mißbraucht wird, welches es dem Opfer ursprünglich ermöglicht hat, sich dem späteren Erpresser zu öffnen und dadurch eine tiefere Beziehung zu schaffen. Achten Sie bei den im folgenden beschriebenen Situationen darauf, wie der Erpresser genau die Ängste anspricht, welche die stärksten Reaktionen erwarten lassen.

Die grundlegendste Angst

Die erste Begegnung mit der Angst stammt aus der frühen Kindheit, in der es buchstäblich unmöglich ist, ohne den guten Willen der Bezugspersonen zu überleben. Diese Hilflosigkeit erzeugt Verlassenheitsängste, die manche Menschen nie wieder loswerden. Der Mensch ist ein Rudeltier, und die Vorstellung, von der Unterstützung und Zuneigung jener abgeschnitten zu werden, die er liebt und von denen er abhängig ist, kann nahezu unerträglich sein. Dieser Umstand macht die Angst, verlassen zu werden, zu einem unserer mächtigsten, durchdringendsten und am leichtesten auszulösenden Gefühlen.

Vor fünf Jahren heiratete Lynn, eine Versicherungsangestellte Ende Vierzig, den 45jährigen Tischler Jeff. Sie kam zu mir, weil sich in ihr eine lange Liste von Ressentiments und unguten Gefühlen gegen Jeff angestaut hatte und weil sie herausfinden wollte, ob es ihr gelingen würde, die Beziehung zu verbessern. Jeff hatte gleich nach der Hochzeit seine Arbeit aufgegeben. Sie hatten sich darauf geeinigt, weil es ihnen aufgrund von Lynns Gehalt möglich war, daß Jeff seine ganze Zeit der Bewirtschaftung ihrer kleinen Ranch in der Nähe von Los Angeles widmen konnte. Doch diese Art der Arbeitsteilung war nun die Ursache ständiger Reibereien zwischen ihnen.

Jeff und ich haben nicht gerade eine gleichberechtigte Beziehung. Ich verdiene das Geld, und er gibt es aus. Nein, das ist nicht fair. Ich arbeite außerhalb, während er sich um die Ranch kümmert – das Haus, die Tiere, den Besitz, um mich. Manchmal gefällt mir das ganz gut, aber ich würde mich besser fühlen, wenn er versuchen würde, Arbeit zu finden. Tatsache

*ist, daß der größte Teil des Geldes, was wir gemeinsam haben,
jenes ist, welches ich verdiene, aber er bringt es durch, und ich
gebe immer nach, wenn er irgend etwas will.*

*Seit neuestem streiten wir uns über Einkäufe und unsere
finanziellen Verpflichtungen, und seit einigen Monaten fängt
er nun an zu schmollen, wenn wir uns nicht einigen können –
oder wenn ich nicht seiner Meinung bin. Ich höre, wie die Flie-
gentür zuknallt, und er ruft mir irgend etwas zu wie »Ich gehe
raus«, dann verschwindet er in die Scheune. Er weiß genau,
daß ich es nicht aushalten kann, wenn er sich von mir zurückzieht. Immer folge ich ihm durch das ganze Haus – sobald er
in ein anderes Zimmer geht, fühle ich mich praktisch verlassen. Als meine erste Ehe in die Brüche ging, haßte ich am meisten die Einsamkeit des leeren Hauses, und ich möchte so
etwas nie wieder fühlen müssen. Ich habe Jeff davon erzählt –
und bisher war er geduldig mit mir, weil er weiß, daß ich gerne
seine körperliche Nähe spüren möchte. Folglich macht es mich
verrückt, wenn er so davongeht.*

*Als erstes denke ich darüber nach, daß er sauer auf mich ist
und mich deshalb verlassen wird. Rein intellektuell weiß ich
natürlich, daß das Blödsinn ist. Wir haben schwere Zeiten miteinander, aber wir lieben uns wirklich, und er wird nirgendwo
hingehen. Aber es macht mir eben angst. Ich kann nicht erklären, wie das kommt, aber ich drehe durch bei diesen Kämpfen.*

Für Lynn war das Alleinsein, als fiele sie in ein schwarzes Loch,
in einen Schacht der Depression, der sie verschlingen würde,
sobald sie allein war. Das schwarze Loch war das Beängsti-
gendste, was sie sich vorstellen konnte, und jedesmal, wenn Jeff
sich zurückzog, tauchte es bedrohlich vor ihr auf.

*Wir gerieten in eine größere Krise, als sein alter Pick-up den
Geist aufgab und er begann, Andeutungen zu machen, wie
schön es wäre, wenn er einen neuen hätte. Mit einem neuen
Pick-up würde er soviel mehr schaffen und vielleicht auch die
eine oder andere Gelegenheitsarbeit auf den umliegenden*

Ranches im Tal an Land ziehen können. Als ich ihm sagte, daß ich nicht glaube, daß wir uns ein neues Fahrzeug leisten können, wurde er wütend. Ich hasse es, mich zu streiten, aber das Geld war einfach nicht da, und ich erklärte ihm das immer wieder. Nachdem diese Auseinandersetzung ein paar Tage fortgedauert hatte, sagte er, daß Geld das einzige sei, was mich interessierte, daß ich all die Arbeiten, die er tue, um mir das Leben angenehm und mich glücklich zu machen, nicht zu schätzen wisse, und daß ich vielleicht besser fähig sei, ihn zu würdigen, wenn ich eine Zeitlang ohne ihn auskommen müsse. Dann machte er sich davon und kam vier Tage lang nicht nach Hause. Ich wurde fast verrückt vor Sorge. Ich fand ihn schließlich bei seinem Bruder und flehte ihn an, nach Hause zu kommen. Er sagte, er würde nicht kommen, es sei denn, ich respektierte ihn so, wie er sei, und zeigte ihm dies auch.

Jeff reagierte wie ein verwundetes Tier, voller Abwehr gegen seinen Status in der Beziehung und gedemütigt durch die fortwährenden Erinnerungen an seine finanzielle Abhängigkeit. Gleichgültig, wie sehr die soziale Entwicklung in den vergangen Jahrzehnten fortgeschritten ist, Beziehungen wie jene von Jeff und Lynn sind noch immer die Ausnahme, und, wie viele Männer, deren Partnerin mehr verdienen als sie selbst, fühlte Jeff sich in einer schwachen Position – eine, in der er sich rechtfertigen und schützen mußte. Das Paar hatte dieses finanzielle Arrangement gemeinsam getroffen, aber aus Jeffs Sicht änderte Lynn jedesmal die Vorzeichen, wenn er etwas anschaffen wollte. Auf einmal war es nicht mehr in Ordnung, daß er kein Geld verdiente, und er geriet aus dem Gleichgewicht, wandte sich gegen Lynn, um es wiederzuerlangen.

Was Lynn betraf, so war sie zunächst verwirrt und ängstlich, um dann schließlich in Panik zu geraten. Intime Beziehungen fördern die tiefsten Ängste der Beteiligten zutage, denn hier fühlen sie sich am verletzlichsten. Möglicherweise hat man alle anderen Bereiche des Lebens fest im Griff und bricht doch bei jeder Zurückweisung des Partners zusammen, ob eingebildet oder real.

Nach all meinem Betteln kam Jeff schließlich wieder nach Hause, aber er redete nicht viel, und die Spannung war so greifbar, daß ich irgend etwas unternehmen mußte. Ich konnte das nicht aushalten. Meine Eltern waren so gewesen – abgewandt und wütend und schweigsam, all diese vorgetäuschte Höflichkeit –, und ich hatte das immer gehaßt. Ich hatte mir geschworen, daß ich niemals mit irgend jemandem so leben würde. Also mußte ich meine schlechten Gefühle irgendwie überwinden. Ich dachte nach und fragte mich: Was ist wichtiger – Jeff oder das Geld?

Schon bald fuhr Jeff einen nagelneuen Pick-up. Egal, ob es das war, was er erwartet hatte, nun hatte er das Gefühl, ein wenig mehr Gleichberechtigung in der Beziehung erreicht zu haben, und wußte jetzt jedenfalls, was er tun mußte, um Lynn ihre Zustimmung abzuringen. Auch wenn er nicht bewußt eine Strategie entwickelte, um ihre Angst vor Wut, Schweigen und Verlassenwerden zu seinen Gunsten zu nutzen, immer dann, wenn er meinte, nicht das zu bekommen, was er brauchte oder ihm seiner Meinung nach zustand, spielte er seine Trumpfkarte aus. Ein Verhaltensmuster entstand: Immer wenn Jeff sich zurückzog, gab Lynn nach. Jeff hatte gelernt, daß er Lynn, wenn sie Angst zeigte, nur mit seinen Launen aus der Fassung bringen mußte, und sie war bereit, ihm das zu geben, was er wollte – das bedeutete nicht, daß er schlecht war oder daß er ihr weh tun wollte, aber das, was er tat, führte zum Ziel.

Weil Jeffs Erpressungen immer im Zusammenhang mit Geld standen, hörte Lynn sich manchmal wie eine Rechnungsprüferin an, die versucht, ihre Gefühle in einen Bilanzbogen einzutragen, während sie mühsam darum kämpft, sich nicht dem Entsetzen des schwarzen Loches stellen zu müssen. Und sie macht sich selbst verrückt mit ihren Zwangsvorstellungen und Grübeleien.

Ich bin wirklich verrückt nach ihm, aber manchmal frage ich mich, ob ich ohne ihn nicht besser zurechtkommen würde. Ko-

stet es mich nur zuviel Geld, bei ihm zu bleiben? Er ist wirklich vollkommen von mir abhängig.

Über ihre emotionale Abhängigkeit von ihm spricht sie weniger bereitwillig.

Wie kann ich nur daran denken, die Beziehung mit ihm aufzugeben und wieder ganz von vorn zu beginnen? Ich habe solche Angst davor, in die Depression zurückzufallen, in der ich lebte, bevor wir geheiratet haben.

Ich versuchte Lynn klarzumachen, daß sie das Kind mit dem Bade ausschüttete. Ja, es gab finanzielle Reibungen zwischen ihnen, aber ihre Angst davor, verlassen zu werden, machte sie so blind, daß sie immer dann, wenn Jeff sie erpreßte, unfähig war, ihre Beziehung objektiv zu betrachten. Statt einen gesunden Kompromiß auszuarbeiten, überließ Lynn die Navigation ihrem inneren Autopiloten und flüchtete sich grollend in die Kapitulation.

Ängste verleiten den Menschen zu Schwarzweiß- und sogar zu Katastrophendenken. Lynn war sich sicher, wenn sie sich Jeff entgegenstellte, dann würde er sie verlassen, und das ließ ihr nur zwei Möglichkeiten: ihm zu geben, was er wollte, oder die Beziehung abzubrechen und sich damit von der Erpressung zu befreien, aber dann auch allein und wieder in dem »schwarzen Loch« zu sein. Ich machte Lynn klar, daß sie noch eine weitere Möglichkeit besaß: gemeinsam an dem Aspekt der Beziehung zu arbeiten, der ihnen beiden gegenwärtig so viele Probleme verursachte, und zu versuchen, ihre Ängste vor dem Verlassenwerden zu lindern.

Die Angst vor der Wut

Wut scheint Angst anzuziehen, sie schnell an die Oberfläche zu befördern und den Flucht-oder-Kampf-Mechanismus des Körpers zu aktivieren. Wut ist ein Gefühl, welches deshalb nur wenige Menschen auf angenehme Weise ausdrücken oder erleben können, weil es mit Auseinandersetzung, Verlust und sogar mit

Gewalt in Verbindung gebracht wird. Dieses Unbehagen ist vernünftig und schützend, und wenn explosive Wut gewalttätige und für den Betroffenen gefährliche Formen anzunehmen droht, dann führt dies dazu, daß dieser sich entweder duckt oder die Flucht ergreift. Doch in allen Beziehungen, mit Ausnahme der in besonderem Maße von Mißbrauch gezeichneten, ist Wut einfach ein Gefühl neben anderen – weder gut noch schlecht. Dennoch haben die meisten Menschen so viel Angst und Besorgnis in bezug auf die eigene Wut und diejenige anderer Personen aufgebaut, daß dies auf dramatische Weise ihre Fähigkeit, sich Erpressungsversuchen entgegenzustellen, beeinträchtigen kann.

Den meisten Menschen erscheint dieses Gefühl so gefährlich, daß sie es in jeder Form fürchten, und gleichermaßen an sich selbst wie an anderen. Im Laufe der Jahre habe ich Tausende von Männern und Frauen die Befürchtung ausdrücken hören, daß sie in einem Wutausbruch jemanden verletzen, die Kontrolle oder jeglichen Halt verlieren könnten. Allein die Andeutung von Wut in der Stimme des Gegenüber vermag bereits Ängste vor Zurückweisung, Mißbilligung oder Verlassenwerden und im extremsten Fall Visionen von Gewalt und Leid auszulösen.

Mein Klient Josh, der Möbeldesigner, den ich bereits im vorangegangenen Kapitel erwähnte, fühlt sich von der wütenden Mißbilligung seines Vaters gegenüber der Frau, die er liebt, an die Wand gedrückt und durch dessen Zorn gelähmt. »Ich brauche bloß zu versuchen, mit ihm über die Angelegenheit zu sprechen, und seine ganze Haltung verändert sich«, berichtet Josh. »Ich kann zusehen, wie seine Anspannung wächst, und seine Lautstärke nimmt um 20 Dezibel zu. Wenn ich diesen Ausdruck in seinem Gesicht sehe und dieses Brüllen aus seinem Mund kommen höre, dann bekomme ich Angst vor dem Typen, obwohl ich zehn Zentimeter größer bin als er.«

Eltern besitzen eine bemerkenswerte Begabung, die Kindheitsängste ihrer Söhne und Töchter zu reaktivieren. Josh erinnert sich:

Als ich ein Kind war, hat mein Vater so laut gebrüllt, wenn er wütend war, daß ich fürchtete, daß Haus könnte über uns zusammenbrechen. Es ist lächerlich, aber ich habe noch immer das gleiche Gefühl, wenn er sich über mich ärgert, obwohl er im Laufe der Jahre etwas milder geworden ist. Ich verhalte mich noch immer so, als sei er auch weiterhin der furchterregende Typ, der er für mich in meiner Kindheit war.

Die Ereignisse und Gefühle, denen man als Kind ausgesetzt war, bleiben im Inneren lebendig und kommen wieder zum Vorschein, wenn Unruhe und Streß angesagt sind. Obwohl der erwachsene Anteil des Selbst wissen mag, daß sich all dies Jahrzehnte zurück ereignet hat, dem kindlichen Anteil im Inneren scheint es, als hätten diese Dinge erst gestern stattgefunden. Das emotionale Gedächtnis kann dafür sorgen, daß ein Mensch auch dann immer noch auf die alte ängstliche Weise agiert und reagiert, wenn es in seiner augenblicklichen Umgebung gar nichts gibt, was seine Angst rechtfertigen könnte.

Konditionierte Reflexe
Manchmal reagiert man bereits auf die Andeutung des gefürchteten Verhaltens. »Mein Vater muß nur rot im Gesicht werden und die Augenbrauen zusammenziehen, und ich mache einen Rückzieher«, erzählt Josh. »Es ist gar nicht mehr notwendig, daß er anfängt zu brüllen.«
    Wer in der Schule mit Psychologie in Berührung kam, der erinnert sich vielleicht an die Geschichte von dem russischen Verhaltensforscher Iwan Pawlow und an seine Experimente mit Hunden, die klassische Demonstration dessen, was man als konditionierte Reflexe bezeichnet. Pawlow beschäftigte sich mit dem Verdauungsprozeß von Hunden, der mit der natürlichen Absonderung von Speichel beginnt, sobald sie etwas zu fressen sehen. Der Forscher läutete immer dann eine Glocke, wenn er den Hunden Futter gab, und schon bald stellte er fest, daß der Speichelfluß allein durch das Läuten der Glocke, ganz ohne Nahrungsgabe, ausgelöst werden konnte. Auf sehr ähnliche Weise zeigen die Opfer emotionaler Erpressung immer

dann konditionierte Reflexe, wenn sie zuvor eine Situation erlebt haben, die in ihnen bedeutende Ängste hat entstehen lassen.

Es könnte zum Beispiel sein, daß ein Ehemann die Drohung, seine Frau zu verlassen, wahrmacht und für einige Tage verschwindet; daß ein Erwachsener sich über etwas ärgert, das seine Eltern getan haben, und mehrere Tage nicht mehr mit ihnen spricht; daß der Lebensgefährte einer Frau die Fassung verliert, weint und sie anbrüllt. Selbst wenn eine Versöhnung stattgefunden hat, die traumatische Erfahrung kann nicht vergessen werden. Sie wird zum Symbol für den Schmerz, und indem der Erpresser sie wachruft, erneuert er das ursprüngliche Gefühl der Angst und übt auf sein Opfer somit genug Druck aus, um es zum Nachgeben zu bewegen.

Für Josh war bereits ein wütender Blick seines Vaters Paul ausreichend. Er fand sich schon bald damit ab, sich auf das einzige, ihm scheinbar offenstehende Verhalten zurückzuziehen: Er log. Er traf sich auch weiterhin mit Beth und tat vor seinem Vater so, als habe er sich von ihr getrennt. Das war eine zweckmäßige Lösung, doch Joshs Versuch, Ärger aus dem Weg zu gehen, kam ihn teuer zu stehen. Wie die meisten Personen, die ich Ihnen in diesem Buch noch vorstellen werde, spielte er das gefährliche Spiel namens »Frieden um jeden Preis«. Welchen Preis Josh zu bezahlen hatte? Sein Selbstrespekt und die physischen und emotionalen Qualen verdrängter Wut, sowohl in ihm selbst wie auch in der Beziehung zu seinem Vater.

Angst gedeiht in unerforschter, doch lebhaft ausgemalter Dunkelheit. Der Körper und die primitiveren Bereiche des Gehirns interpretieren sie als Aufforderung zum Fliehen, und genau das ist es, was viele Menschen tun, indem sie dem aus dem Weg gehen, was sie fürchten, weil sie tief in ihrem Inneren davon überzeugt sind, daß sie nur so überleben können. In Wahrheit aber setzt emotionales Wohlergehen genau das umgekehrte Verhalten voraus: sich dem zu stellen, was man am meisten fürchtet.

Pflichtgefühle

Die meisten Menschen werden mit einem festgefügten Katalog von Regeln und Werten in das Erwachsenenleben entlassen, die sich darauf beziehen, inwieweit man anderen Menschen verpflichtet ist und welcher Anteil des Verhaltens von Tugenden wie Pflichtgefühl, Gehorsam, Treue, Uneigennützigkeit und Selbstaufopferung bestimmt sein sollte. Jeder hat tief verwurzelte Vorstellungen von diesen Werten, und die meisten sind davon überzeugt, daß es sich dabei um ihre ureigensten Lebensmaximen handelt, doch das ist nicht der Fall. Vielmehr sind sie durch den Einfluß der Eltern, des religiösen Hintergrunds, der vorherrschenden Meinungen in der Gesellschaft, der Medien und der Menschen, die uns nahestehen, geformt worden.

In der Regel sind die Vorstellungen von Pflicht und Verbindlichkeit, die man hat, vernünftig, und sie bilden ein unverzichtbares ethisches und moralisches Lebensfundament. Doch nicht selten wird die Verpflichtung, die man anderen Menschen gegenüber empfindet, zuungunsten der Verantwortung, die man für sich selbst hat, überbewertet. Das eigene Selbst wird zum Wohle der Pflicht über Bord geworfen.

Ein Erpresser zögert nicht, das Pflichtgefühl seiner Mitmenschen auszuloten und zu betonen, wieviel er für sie ausgegeben und getan hat und wieviel sie ihm deshalb schulden. Möglicherweise holt er sich sogar Verstärkung durch Religion und soziale Traditionen, um hervorzuheben, wie sehr sein Opfer sich ihm verpflichtet fühlen muß.

- »Eine gute Tochter sollte Zeit mit ihrer Mutter verbringen.«
- »Ich arbeite Tag und Nacht für diese Familie, und das Geringste, was ich von dir erwarten kann, ist, daß du da bist, wenn ich nach Hause komme.«
- »Ehre deinen Vater (und gehorche!).«
- »Der Chef hat immer recht.«
- »Ich bin dir zur Seite gestanden, als du mit diesem Mistkerl

ausgegangen bist und Unterstützung brauchtest. Jetzt bitte ich dich um nichts weiter als darum, daß du mir 2000 Dollar leihst. Ich bin deine beste Freundin!«

Der Erpresser drängt sein Opfer weit über die Grenzen einer normalen Beziehung mit Geben und Nehmen hinaus und läßt es wissen, daß es allein in des Opfers Verantwortung liegt – ob es das mag oder nicht –, das zu tun, was der Erpresser will. Diese Erwartungshaltung ist besonders dann verwirrend, wenn der Erpresser sich zuvor großzügig zeigte. Liebe und Bereitwilligkeit fallen recht bald aus der Gleichung, wenn sie durch Verpflichtung und erzwungenes Pflichtgefühl ersetzt werden.

Eine Klientin, der ich vor mehreren Jahren half, ist mir als typisches Beispiel für ein Erpressungsopfer in Erinnerung geblieben, das sich durch Verpflichtung und Pflichtgefühl manipulieren ließ. Maria, die 37jährige mit einem bekannten Chirurgen verheiratete Krankenhausverwaltungsangestellte, beschrieb sich selbst als einen jener Menschen, der immer für andere da ist. Sie war bereit, morgens um vier Uhr vorbeizukommen, wenn jemand deprimiert war und Gesellschaft brauchte, und sie bekam nie genug davon, etwas für andere zu tun, weil sie einfach Befriedigung darin fand, etwas zu geben.

Ihr Ehemann Jay machte sich während ihrer stürmischen Ehe diese Eigenschaften voll zunutze.

Ich gehöre einer Generation an, für die zu heiraten, Kinder zu bekommen und eine gute, hingebungsvolle Ehefrau zu sein, die wichtigste Aufgabe ist, die eine Frau haben kann, und wahrscheinlich hat Jay mich deshalb geheiratet. Ich liebe meine Arbeit im Krankenhaus, aber mein Zuhause, das ist das Zentrum der Welt für mich. Ich habe in meiner Kirche einen Kurs mitgemacht, durch den ich etwas gelernt habe, was ich immer in mir bewahre: Es bedarf einer Person, um eine Beziehung funktionstüchtig zu machen. Wenn man alles gibt und um Gottes Unterstützung bittet, dann kann man auf allen Wellen reiten, die sich vor einem aufbauen. Als Frau nehme ich das ernst, was ich meiner Familie schulde, und Jay weiß das sehr, sehr gut.

Jay zapfte Marias Sinn für Verpflichtung jahrelang an und betonte – wahrscheinlich vollkommen davon überzeugt –, daß er unabhängig davon, was er sonst tat, ein guter Versorger war und seinen Teil der Eheabmachungen einhielt.

Die Leute dachten immer, wir seien ein perfektes Paar, dabei war ihnen jedoch nicht klar, daß Jay ein zwanghafter Schürzenjäger war. Bevor wir heirateten, erzählte er mir immer von seinen sexuellen Abenteuern und gab damit an, wie viele Frauen scharf auf ihn waren. Ich wollte nicht wirklich etwas über sie hören, aber irgendwie fühlte ich mich auch gut mit dem Wissen, daß er bei all den Frauen, die er hätte haben können, mich gewählt hatte. Inzwischen weiß ich, wie naiv diese Gedanken waren.

Ich bin mir nicht ganz sicher, wie viele Affären er hatte, nachdem wir geheiratet hatten, aber es waren einige. Versammlungen außerhalb der Stadt, Überstunden im Büro, häufige Widersprüche in seinen Geschichten und seine wachsende Gleichgültigkeit mir gegenüber waren deutliche Signale. Dann kamen die Anrufe von »Freunden«, die ihn mit einer anderen Frau gesehen hatten. Ein Gefühl im Bauch sagte mir, daß die Leute das nicht einfach nur erfanden, aber ich brauchte lange Zeit, bis ich ihn schließlich zur Rede stellte. So viele widersprüchliche Dinge gingen mit durch den Kopf. Ich hatte das Gefühl, ihm etwas zu schulden – er hatte so hart für uns gearbeitet.

Jay ging in die Offensive und setzte Maria unter Druck, bei ihm zu bleiben – egal, was auch geschah –, denn das sei schließlich ihre Pflicht.

Natürlich stritt er alles ab. »Was fällt dir ein, diesem bösartigen Geschwätz Glauben zu schenken?« wollte er wissen. »Alles, was ich getan habe, ist, zu arbeiten und zu verzichten, damit diese Familie von allem das Beste hat. Es gab zahlreiche Gelegenheiten, bei denen ich mich nicht darum gerissen habe, Überstunden im Krankenhaus zu machen, aber ich habe

*es für dich getan – und jetzt wirfst du mir das vor. Wie kannst
du nur daran denken, fortzugehen und die Familie im Stich zu
lassen? Sieh dir doch einmal an, was du im Vergleich zu anderen Frauen hast. Ich kann es nicht fassen, daß du nicht zu
schätzen weißt, was es gekostet hat, dies alles zu erlangen.«
Als er dann mit mir fertig war, mußte ich ihm zustimmen – ich
schuldete ihm Treue und Vertrauen. Und meine Kinder. Ich
liebe meine Kinder so sehr. Wie hätte ich ihnen das antun können – sie liebten ihren Vater. Wie konnte ich nur daran denken,
die Familie entzweireißen zu wollen?*

*Dann legte er mir die Hände auf die Schultern und flüsterte
mir ins Ohr: »Zieh dieses schwarze Kleid an, das mir so gut gefällt, und ich führe dich zum Dinner aus. Und ich möchte das
Wort Scheidung nie wieder hören. Das ist alles nur Tratsch, der
dich nicht interessieren sollte.« Ich war so verwirrt, daß ich ein
Lächeln aufsetzte, das Kleid anzog und mit ihm ausging, als
sei nichts geschehen.*

Jay wußte genau, wo Marias empfindliche Stellen verborgen
waren, und um sie anzusprechen, beschrieb er ihr die Konsequenzen einer möglichen Trennung in Worten, die sich direkt
an ihr Pflichtgefühl gegenüber der Familie richteten. Sie würde
nicht nur ihren hart arbeitenden Mann böswillig verlassen, sondern auch ihre Kinder zu einem Leben in Vernachlässigung und
Unglück verdammen.

Das Widerstreben, eine Familie zu zerstören, läßt viele Menschen in Beziehungen ausharren, die schal geworden sind. Niemand will seine Kinder traumatisieren, sie entwurzeln oder mit
ihrem Schmerz und ihrer Verwirrung konfrontiert werden.
Manche Erpressungsopfer empfinden die Verpflichtung gegenüber ihren Kindern so leidenschaftlich, daß sie ihr Recht darauf aufgeben, ein gutes Leben zu führen, und dies irrtümlich
als edelmütiges Opfer betrachten. Obwohl Maria sich elend
fühlte, erschreckte sie der Gedanke daran, ihre Familie zu zerstören, noch mehr und lähmte sie auf Dauer.

Marias Pflichtbewußtsein war so stark, daß es beinahe ihre
Persönlichkeit definierte. Sie war stolz darauf und verteidigte

sich instinktiv gegen den möglichen Vorwurf, daß sie ihre eigenen Normen nicht erfüllt hätte. Eine Übertreibung folgte der nächsten, während Jay das verdrehte, was Pflicht und Verantwortung wirklich bedeuten, und zu einer solchen Größe aufblähte, daß es schließlich seine eigene Untreue vollkommen verdeckte. So, wie Jay es definierte, war Marias Pflicht ihm gegenüber allumfassend. Hingegen reichte seine Verpflichtung ihr gegenüber nur so weit, wie es ihm angenehm war – in diesem Fall bis zu der Vorstellung, ihr treu zu sein. In seiner märtyrerhaften Wie-kannst-du-mir-das-nur-antun-Haltung verschwendete er keinen Gedanken daran, wie er *ihr* das hatte antun können, und seinen Kindern, deren Leben bereits durch die Spannungen, die seine Affären ins Haus gebracht hatten, in Mitleidenschaft gezogen worden war. Wie schön es doch wäre, wenn Erpresser die Gefühle ihrer Opfer ebenso sensibel wahrnehmen würden, wie sie es in bezug auf ihre eigenen Gefühle erwarten.

Jay weigerte sich, irgend etwas an seiner Rolle bei der Auflösung der Familie zu ändern, und behauptete, zu beschäftigt zu sein – außerdem bestand ja gar kein Bedarf. *Er* hatte ja nichts falsch gemacht, und wenn Maria unglücklich war, dann sollte *sie* sich »behandeln« lassen, damit sie dorthin zurückkehren konnten, wo sie stehengeblieben waren.

Ich erinnerte Maria daran, daß sie, egal, welche Position Jay oder irgendwer sonst einnahm, verpflichtet war, für sich selbst ebenso zu sorgen wie für andere. Marias selbstverneinende Bereitschaft, mit Jay mitzuziehen, resultierte nicht aus einem Gefühl von Selbstachtung oder aus einer Wahl, die sie getroffen hatte – sie war eine automatische Reaktion auf emotionale Erpressung.

Wie das so oft bei Menschen der Fall ist, die sich durch Verpflichtung leicht manipulieren lassen, wußte auch Maria am besten, was für alle anderen gut war, nur sich selbst vergaß sie dabei. Den meisten Menschen fällt es außerordentlich schwer, die Grenzen festzulegen, wo ihre Verpflichtung anderen Menschen gegenüber beginnt und endet. Und wenn das Pflichtbewußtsein größer ist als die Selbstachtung, dann finden Erpresser schnell heraus, wie sie dies zu ihrem Vorteil nutzen können.

Für immer in der Pflicht

Manche Erpresser durchforsten die Vergangenheit ihres Opfers, um eine Begründung dafür zu finden, warum dieser Mensch ihnen schuldet, was immer sie wollen. Das Gedächtnis wird zum Werkzeug des Erpressers, gleichsam zu einer Art Fernsehsender, der dem Opfer ununterbrochen das gute und freigebige Verhalten des Erpressers vor Augen führt.

Wem von einem Erpresser ein Dienst erwiesen wird, der kann davon ausgehen, das dies nicht so bald in Vergessenheit gerät. Ein solcher Gefallen hat mehr Ähnlichkeit mit einem unbegrenzten Kredit als mit einem Geschenk, denn er ist immer mit einer Rückzahlung – inklusive Zinsen – verbunden, und man kommt scheinbar nie mehr aus den roten Zahlen heraus. Die Betonung liegt auf dem Verzicht des Erpressers, der nicht von Herzen kommt, sondern mit dem Ziel verbunden ist, Punkte zu machen und zu sammeln und sie später einzufordern.

Wenn das Opfer der Erpressung selbst zum Erpresser wird

Zu Beginn meiner Arbeit mit Lynn hatte ich festgestellt, daß sie sich gegen Jeff wehrte, indem sie seiner Erpressung ihre eigene entgegensetzte.

Ich bat Jeff, an einer gemeinsamen Sitzung teilzunehmen, und er beschrieb die Ereignisse folgendermaßen:

Ich war an dem Punkt angelangt, daß ich ein paar Tage Abstand von ihr brauchte. Ich hatte sie nie so deutlich sagen hören, was sie von unserer Beziehung hielt, bis sie mich nach unserem Streit über den Pick-up bei meinem Bruder anrief. Sie weinte und weinte, und schließlich schrie sie etwas wie »Wenn du mich wirklich lieben würdest, dann hättest du mir das nie angetan. Wie kannst du so egoistisch sein? Der einzige Mensch, an den du denkst, bist du selbst, und bei dir heißt es immer nur nehmen, nehmen, nehmen. Du weißt, wer hier das Geld verdient. Du weißt, wer die Schecks ausstellt. Nach allem, was ich für dich getan habe, wie kannst du es wagen, mich so zurückzulassen? Wenn du jemals noch mal nicht mit mir sprichst, dann

wirst du dich wundern, wie schnell der Geldhahn zugedreht
wird.« An dem Punkt war mir klar, daß wir echte Probleme
hatten. Wir waren beide so sehr darüber erschrocken, was mit
uns geschehen war, daß wir beschlossen, eine Therapie zu
machen.

Wie viele Erpresser schoß Lynn sich auf Jeffs Verpflichtungs-
gefühle ihr gegenüber ein und verband dies mit einer Reihe
von negativen moralischen Wertungen seines Charakters und
seiner Motive. Sie tat alles, was sie konnte, um Jeff zum Bleiben zu zwingen, und ging dabei darüber hinaus, nur seine Verpflichtung ihr gegenüber hervorzuheben, indem sie versuchte,
ihm ebensolche Angst einzuflößen, wie er es bei ihr getan
hatte. Sie hatte ihre Macht eingebüßt, als sie verzweifelt nach
ihm gesucht und ihn angefleht hatte, zu ihr zurückzukommen,
und sie schlüpfte in die Rolle der Erpresserin, um sie zurückzugewinnen und um selbst die Spielregeln zu bestimmen.
     Es kommt nicht selten vor, daß zwei Menschen in einer Be-
ziehung die Rollen tauschen und abwechselnd sowohl Opfer als
auch Erpresser spielen. Der eine neigt vielleicht mehr zum Erpresser als der andere, aber meistens kommt Erpressung nicht
ausschließlich von einer Seite. Wer in einer Beziehung das
Opfer ist, mag in einer anderen eine Kehrtwende machen und
zum Angreifer werden. Wenn zum Beispiel der Chef seinen Angestellten emotional erpreßt, dann wird dieser möglicherweise seine Frustration und seinen Ärger nicht direkt
zum Ausdruck bringen, sondern statt dessen die Taktik des Vorgesetzten auf seinen Partner oder seine Kinder anwenden,
um ein Gefühl der Kontrolle zurückzuerlangen. Oder aber,
wie in Lynns und Jeffs Fall, die Verschiebung erfolgt innerhalb
der Beziehung, und das Opfer erpreßt nun selbst den Erpresser.
     Verpflichtung ist ein Gefühl, bei dem es besonders schwer-
fällt, das rechte Maß aufrechtzuerhalten. Zuwenig davon bedeutet, Verantwortung zu scheuen. Zuviel davon – wie bei
Lynn, die jede in die Partnerschaft eingebrachte Leistung auf-
rechnete –, und man geht unter der erdrückenden Last unent-

rinnbarer Schulden und des unausbleiblichen Grolls, den sie hervorrufen, in die Knie. Bis zur Erpressung ist es dann nicht mehr weit.

Schuldgefühle

Schuldgefühle sind ein wesentlicher Bestandteil einer zu Gefühlen und Verantwortung bereiten Persönlichkeit. Sie sind ein Werkzeug des Gewissens, welches in seiner unverfälschten Form auf Unbehagen und Selbstvorwürfe hinweist, wenn man den eigenen oder sozialen Moralkodex verletzt hat. Schuldgefühle tragen dazu bei, die Kompaßnadel der Moral beweglich zu halten, und weil diese Gefühle so schmerzlich sind, dominieren sie die Aufmerksamkeit und sorgen dafür, daß Abhilfe geschaffen wird. Um Schuldgefühlen aus dem Weg zu gehen, vermeidet es der Mensch, andere zu verletzen.

Man vertraut diesem Meßgerät des eigenen Verhaltens und glaubt, wann immer man das Ausschlagen seiner Nadel zu spüren bekommt, daß man die Grenzen überschritten und absichtlich die Regeln verletzt hat, die man sich selbst in bezug darauf gegeben hat, was im Umgang mit anderen Menschen akzeptabel ist und was nicht. Manchmal trifft dies zu, und Schuldgefühle sind eine natürliche, angemessene Reaktion darauf, wenn man etwas Verletzendes, Verbotenes, Grausames, Mißbräuchliches oder Unehrliches getan hat.

Wer ein Gewissen besitzt, dessen Leben ist durchwoben von Schuldgefühlen. Unglücklicherweise vermag das persönliche Verständnis von Schuld leicht zu einer falschen Einschätzung der Auswirkungen einer Tat zu führen. Wie eine zu fein eingestellte Autoalarmanlage, die den Besitzer auf einen möglichen Diebstahl aufmerksam machen soll, aber schon durch die Erschütterungen eines vorbeifahrenden Lastwagens ausgelöst wird, kann auch der persönliche Schuldsensor durcheinandergeraten. Wem dies widerfährt, der erlebt nicht nur die oben beschriebenen angemessenen Schuldgefühle, sondern auch das, was ich »unverschuldete Schuldgefühle« nenne.

Bei unverschuldeten Schuldgefühlen haben die Gewissensbisse wenig mit einem zu identifizierenden und zu korrigierenden schädlichen Verhalten zu tun. Diese Art von Schuldgefühlen, die einen großen Teil des durch den Erpresser verbreiteten »Nebels« ausmachen, ist überlagert von Vorwürfen, Anschuldigungen und lähmenden Selbstbezichtigungen. In einfachen Worten ausgedrückt, setzt sich die Entstehung unverschuldeter Schuldgefühle aus den folgenden Schritten zusammen:

1. Ich handle.
2. Die andere Person gerät außer Fassung.
3. Ich übernehme die volle Verantwortung für die Aufregung der anderen Person, egal, ob ich nun etwas damit zu tun habe oder nicht.
4. Ich fühle mich schuldig.
5. Ich bin bereit, alles zur Wiedergutmachung zu tun, damit ich mich besser fühlen kann.

An einem Beispiel verdeutlicht:

1. Ich teile einer Freundin mit, daß ich heute abend nicht mit ihr ins Kino gehen kann.
2. Sie regt sich auf.
3. Ich fühle mich schrecklich und bin davon überzeugt, daß es meine Schuld ist, daß sie sich aufregt. Ich fühle mich als schlechter Mensch.
4. Ich sage meine anderen Verabredungen ab, damit wir zusammen ins Kino gehen können. Sie fühlt sich besser, und ich fühle mich besser, weil sie sich besser fühlt.

Unverschuldete Schuldgefühle haben überhaupt nichts damit zu tun, ob man einen anderen Menschen verletzt hat, sondern allein damit, daß man *glaubt*, es getan zu haben. Emotionale Erpresser bestärken ihr Opfer darin, die globale Verantwortung für ihre Beschwerden und ihr Unglück zu übernehmen. Sie tun alles, um diesen grundlegenden und notwendigen Mechanismus angemessener Schulderkenntnis zu unverschuldeten Schuldgefühlen umzuprogrammieren, bei dem die Warnleuchte ununterbrochen »schuldig, schuldig, schuldig« blinkt.

Die Wirkung ist stark. Jeder Mensch will von sich glauben, daß er gut ist, und die Schuldgefühle, die der Erpresser in seinem Opfer hervorruft, stellen dessen Selbstbild als liebevoller, wertvoller Mensch in Frage. Das Opfer fühlt sich verantwortlich für das Leiden des Erpressers und schenkt ihm Glauben, wenn er behauptet, daß es sein Elend hervorruft, weil es sich seinen Wünschen nicht unterwirft.

Schuldzuweisungen

Am wirkungsvollsten erzeugt der Erpresser unverschuldete Schuldgefühle, indem er sein Opfer anklagt und es aktiv für all das verantwortlich macht, was ihn ärgert oder ihm Probleme bereitet. Da die menschliche Schulderkenntnis in Situationen in Alarmbereitschaft versetzt wird, bei denen man sich fragt: Habe ich irgend etwas getan, um irgend jemanden zu verletzen? Bekommen die meisten Menschen immer dann Schuldgefühle, wenn sie direkt beschuldigt werden – egal, ob sie die Verletzung wirklich verursacht haben oder nicht. Manchmal ist man fähig zu erkennen, daß es keinen direkten Zusammenhang zwischen der Schuldzuweisung und der Realität gibt, aber oftmals entschuldigt man sich erst, bevor man – später, wenn überhaupt – die Anklagen des Erpressers überprüft.

Manchen Menschen wird vorgeworfen, daß sie mit ihren Schuldgefühlen hausieren gehen, aber ich meine, daß das Hausieren mit Schuldzuweisungen sehr viel häufiger vorkommt. Wie die Hausierer der Jahrhundertwende bieten emotionale Erpresser ihre Schuldzuweisungen marktschreierisch und in den schrillsten Tönen an, um die Aufmerksamkeit möglicher Opfer zu erlangen. Obwohl ihre Angebote sich in Einzelheiten voneinander unterscheiden, so gibt es doch einen Slogan – oft unausgesprochen, aber unter der Oberfläche immer vorhanden –, auf den alle Erpresser zurückgreifen: *Es ist alles deine Schuld*. Er stellt den Haken dar, der zum Kauf verführt.

- Ich bin unheimlich schlecht drauf (und es ist alles deine Schuld).
- Ich habe eine schlimme Erkältung (und es ist alles deine Schuld).
- Ich weiß, ich trinke zuviel (und es ist alles deine Schuld).
- Ich hatte heute einen schlechten Tag bei der Arbeit (und es ist alles deine Schuld).

Wenn Sie eine Liste wie diese sehen, dann erscheint sie Ihnen vielleicht absurd. Die Chancen stehen gut, daß diese Vorwürfe *nichts* mit Ihrer stark beschimpften Person zu tun hatten. Aber oft sind die verwirrenden Botschaften nicht auf den ersten Blick als das zu erkennen, was sie sind, denn jeder Mensch neigt dazu, bei einer Person, die ihm nahesteht, die Schuld zunächst einmal auf sich zu nehmen. Der Erpresser wird nur zu gerne erklären, wie und warum der andere alle Verantwortung für eine bestimmte Situation trägt und warum er selbst keine oder nur kaum Mitschuld hat. Das Opfer kauft dem Erpresser die Schuldzuweisung ab, und seine Schuldgefühle können nun frei fließen. Damit ist er reif für die Erleichterung, die er empfindet, wenn er den Forderungen des Erpressers nachgibt.

Verflochtene Fäden

Es ist unmöglich, alle die Gefühle, aus denen sich der Nebel aus Angst, Pflicht- und Schuldgefühlen zusammensetzt und auf deren Bühne der Erpresser sein Opfer manipuliert, genau voneinander zu trennen. Wo ein emotionales Merkmal des »Nebels« anzutreffen ist, da sind in der Regel auch die anderen nicht weit.

Bei Maria zum Beispiel waren Pflichtbewußtsein und Schuldgefühle eine enge Verbindung eingegangen. Die wenigsten Menschen können über Pflichtvergessenheit nachdenken, ohne dabei Schuldgefühle zu bekommen, und Maria war in dieser Hinsicht keine Ausnahme.

Jay hämmerte mir ein, daß eine Trennung allein meine Schuld sein würde. Ich lag im Bett und versuchte mir vorzustellen, was es bedeutete, als Ehefrau und Mutter versagt zu haben, und fühlte mich entsetzlich schuldig. Ich muß zugeben, daß ich lange Zeit wie gelähmt war. Ich konnte die Vorstellung nicht ertragen, die Kinder im Stich zu lassen – mein Gott, sie haben es einfach nicht verdient, daß man ihnen das Leben ruiniert. Alles, was ich je gut gemacht hatte, schien durch die Vorstellung, daß ich die Familie auseinanderreißen würde, wie ausgelöscht. Ich vermochte das Wort Scheidung kaum auszusprechen, weil ich mich damit so egoistisch fühlte.

Wieder einmal stellte Maria sich an letzte Stelle, und Jay konnte sich dessen sicher sein, daß sie auch weiterhin so verfahren würde. Obwohl Jays Verhalten ihr einen guten Grund gab, wütend zu sein und sich verletzt zu fühlen, wurden diese Emotionen in zunehmendem Maße von ihren wachsenden Schuldgefühlen überschattet.

Wie Maria haben viele Menschen in Alltagssituationen einen Erpresser an ihrer Seite, der ihnen mit Schuldzuweisungen zusetzt, und der daraus resultierende Groll und die Selbstverachtung fressen sie langsam auf. Wenn in einer Ehe oder Partnerschaft nur mehr wenig Freude und Intimität zu spüren ist, dann ist sie bald nichts anderes als eine leere Hülle.

Keine Verjährung

Sobald ein Erpresser feststellt, daß er sich die Schuldgefühle seines Opfers zunutze machen kann, spielt Zeit keine Rolle mehr. Wenn es in der *nahen* Vergangenheit keinen Vorfall gibt, an dem Schuldzuweisungen festgemacht werden können, dann ist einer aus der *entferntesten* Vergangenheit ebenso willkommen. Ein schulderzeugender Vorfall gerät nie in Vergessenheit, und eine Wiedergutmachung ist niemals vollständig möglich. Wer erpreßt wird, der muß schon bald feststellen, daß sein tatsächliches oder eingebildetes Vergehen keine Verjährung kennt – keinen Zeitpunkt, nach dem ein altes »Verbrechen« aufhört, eine Beleidigung und ein zu bestrafender Verstoß zu sein.

Karen, die Krankenschwester, mit der ich Sie bereits im zweiten Kapitel bekannt gemacht habe, wurde von ihrer Tochter Melanie in diesem Nebel der Schuld gehalten. Sie sorgte dafür, daß ihre Mutter niemals einen Unfall in ihrer Kindheit vergaß.

Es liegt schon lange Zeit zurück. Mein Mann, Melanies Vater, starb bei einem Autounfall, als Melanie noch klein war. Sie befand sich in dem Auto – sie wurde schwer verletzt, und in ihrem Gesicht blieben Narben zurück. Ich bezahlte dafür, daß ihr Gesicht durch plastische Chirurgie wiederhergestellt wurde, und sie sieht jetzt prima aus, aber sie ist wegen einiger kleiner Narben auf ihrer Stirn noch immer unsicher. Und natürlich finanzierte ich ihr auch jahrelang eine Therapie, weil ich wußte, wie schlimm all dies für sie gewesen war.

Ich habe lange Zeit benötigt, um meine Schuld an dieser Nacht durchzuarbeiten. Ich weiß, es war die Schuld des anderen Fahrers – aber wenn wir nur nicht in diese Straße eingebogen wären... Wenn wir doch nur bis zum nächsten Tag gewartet und die Strecke genommen hätten, für die mein Mann sich entschieden hatte... Wenn doch nur... Melanie hat ihre eigene Version, warum ich der Bösewicht in der Geschichte bin. Sie läßt keine Gelegenheit aus, mich daran zu erinnern, daß wir zu diesem Campingurlaub aufgebrochen waren, weil ich unbedingt Erholung brauchte. Wenn ich nicht nur an mich selbst gedacht hätte und daran, für ein paar Tage aus dem Büro fortzukommen, dann wäre das Auto nicht dort gewesen, wo es war, und der Unfall wäre nicht geschehen. Ich weiß, daß diese Argumente irrational sind, aber sie verstärken doch meine Schuldgefühle, und also gebe ich ihr schließlich alles, was sie will.

Gleichgültig, was Karen tat, um ihre Schuldgefühle zu verringern, Melanie sorgte dafür, daß sie sie nie lange vergessen konnte. Karen, wie andere Erpressungsopfer auch, mußte herausfinden, daß ein ein- oder zweimaliges Nachgeben der Erpressung keineswegs ein Ende setzt, sondern die Forderungen vielmehr verstärkt.

Manchmal fragte ich mich, ob ich den Rest meines Lebens für diesen Vorfall Wiedergutmachung leisten muß. Ich habe mich bemüht, ihr zu helfen, aber nie ist es genug. Ich weiß, daß ich an ihren Schwierigkeiten nicht schuld bin, aber alles scheint auf diesen einen Augenblick zurückzugehen, als dieser betrunkene Mistkerl uns in die Seite fuhr.

Karens Schuldgefühle sind verbunden mit einem Gefühl von Verpflichtung, das sie ihrer Tochter gegenüber spürt. Aus Karens Sicht bedeuten diese unaufhörlichen Schuldgefühle, daß sie Melanie für das, was ihr zugestoßen ist, immer etwas schulden wird, auch wenn es gar nicht ihre Schuld war. Und solange Karen die Abläufe nicht durchschaut, wird sie vor Melanies Forderungen kapitulieren, in der Hoffnung, ihre Tochter für deren Qualen entschädigen zu können.

Wenn angemessene Schuldgefühle außer Kontrolle geraten

Selbst wenn die Schuldgefühle, die ein Mensch hat, angemessen sind, wird der Erpresser dafür sorgen, daß sein Opfer nicht vergißt, was es getan hat, und sich dessen Schuldbewußtsein zunutze machen, um das Verhalten des Opfers zu korrigieren und als Lehre für die Zukunft heranzuziehen. Bob, der Steuerprüfer aus dem ersten Kapitel, wußte, daß er das Vertrauen seiner Frau Stephanie mißbraucht hatte, indem er eine außereheliche Beziehung eingegangen war, und er versuchte verzweifelt, seinen Fehltritt wiedergutzumachen und einen Weg zu finden, seine Partnerschaft zu heilen. Doch Stephanie war tief verletzt worden und beharrte darauf, ihn immer wieder an sein Vergehen zu erinnern. Bob versuchte mit dem, was nun zu bleibenden unverschuldeten Schuldgefühlen geworden war, fertig zu werden.

Ich weiß nicht mehr, was ich noch tun soll, um ihr gegenüber Wiedergutmachung zu leisten. Ich muß hinaus und meinem Beruf nachgehen und kann nicht den ganzen Tag damit zubringen, sie zu beruhigen. Ich weiß nicht, wie ich es anstellen soll, daß sie sich wieder sicher fühlt, und sie will mir auch nicht dabei helfen oder mir sagen, welche Voraussetzungen dazu erfüllt sein müssen. Vergessen will sie die Angelegenheit aber auch nicht. Ich habe ihr Leid zugefügt, und sie sorgt nun dafür, daß ich ebenso oder noch mehr leide. Mein Gott, selbst Verbrecher kommen irgendwann einmal aus dem Gefängnis frei, aber ich habe lebenslänglich ohne Hoffnung auf Begnadigung.

Stephanie war mit ihrer Wut und dem Gefühl, verletzt worden zu sein, vollkommen im Recht, aber sie hielt sich und Bob in einem künstlichen Schwebezustand und machte sich seine Schuldgefühle zunutze, um ihn zu kontrollieren. Solange wie Schuldgefühle ihr Miteinander bestimmten, bestand keine Aussicht auf Heilung. Erst wenn Stephanie und Bob beide lernten, richtig mit diesem flatterhaften Gefühl umzugehen, würden sie einen Ausweg aus der emotionalen Erpressung sehen, die ihre Ehe schockgefroren hatte.

Schuldzuweisungen sind die Neutronenbombe des Erpressers. Beziehungen werden weiterhin aufrechterhalten, aber Vertrauen und Intimität, die sie überhaupt erst wünschenswert machen, schmelzen dahin.

Benebelt und bestürzt

Vor vielen Jahren lebte ich in einem Ort am Meer, wo mehrmals im Jahr der Nebel am Ende des Tages heranrollt und über Nacht bestehen bleibt. Eines Abends, als ich spät von der Arbeit nach Hause kam, war der Nebel besonders dick, und ich fuhr, meine Augen anstrengend, durch die Nachbarstadt. Ich war erleichtert, als ich die untere Straße erreichte und meine Einfahrt sah. Aber aus irgendeinem Grund gelang es mir nicht, das Garagentor mit der Fernbedienung zu öffnen. Als ich ausstieg, um nachzusehen, stellte ich fest, daß ich versehentlich in die Einfahrt des Nachbargrundstücks eingebogen war. Ich war einfach nicht dazu in der Lage gewesen, zu sehen, was ich tat, bevor ich es getan hatte.

Meine Erfahrung in jener Nacht deckte sich mit jener Erfahrung, die man macht, wenn man durch den Nebel aus Angst, Pflicht- und Schuldgefühlen der emotionalen Erpressung hindurchgeht. Selbst wenn man meint, einen guten Orientierungssinn zu besitzen, erzeugt der »Nebel« der emotionalen Erpressung doch eine neue Dimension, die selbst inmitten der vertrautesten Situation oder Beziehung Orientierungslosigkeit verursacht.

Emotionale Stabilität ist unmöglich, solange der Nebel aus Angst, Pflicht- und Schuldgefühlen das Leben beherrscht. Er demontiert die Aussicht auf die Zukunft, entstellt die persönliche Geschichte und trübt das Verständnis dafür, was im eigenen Umfeld abläuft. Der Nebel aus Angst, Pflicht- und Schuldgefühlen umgeht den Gedankenprozeß und wirkt direkt auf die emotionalen Reflexe ein. Auf einmal befindet sich das Opfer am Boden, und es weiß nicht, wovon es getroffen wurde. Punktestand: Erpresser 100, Opfer 0.

Kapitel 4

Die Mittel der Erpressung

Wie erzeugen emotionale Erpresser den Nebel aus Angst, Pflicht- und Schuldgefühlen in der Beziehung? Wie gelingt es ihnen, ihr Opfer dazu zu bewegen, die eigenen Interessen außer acht zu lassen und statt dessen in ein frustrierendes Muster aus Forderung, Druck und Nachgeben zu fallen? Es fällt leichter, den Prozeß der Erpressung zu durchschauen, wenn man die Strategien, auf die Erpresser durchwegs zurückgreifen, näher betrachtet.

Einzeln oder miteinander kombiniert, vergrößern diese Mittel der Erpressung einen oder mehrere der Gefühlszustände des »Nebels« und verstärken im Opfer den Wunsch nach Erlösung, die durch ein Ja auf die Forderung des Erpressers erreicht werden kann. Außerdem unterstützen sie den Erpresser darin, sein Handeln vor sich und vor seinem Opfer zu rechtfertigen. Dieser Punkt ist entscheidend, denn die Rechtfertigung hüllt die Erpressung in den Mantel annehmbarer, ja sogar edler Gründe für ihr Vorhandensein. Wie Eltern, die ihr Kind mit den Worten bestrafen: »Es geschieht nur zu deinem eigenen Besten«, ist auch der Erpresser ein Rationalisierungsexperte und setzt seine Mittel ein, um sein Opfer davon zu überzeugen, daß die Erpressung ihm auf irgendeine Weise nutzt.

Die Mittel der Erpressung sind eine Konstante in all den endlosen Varianten emotionaler Erpressung, und alle Erpresser bedienen sich, unabhängig von ihrem Stil, eines oder mehrerer von ihnen.

Die Kunst des Verdrehens

Der Erpresser interpretiert die Konflikte, die sein Opfer mit ihm hat, als Hinweis darauf, wie fehlgeleitet und aus dem Ruder gelaufen es ist, während er sich selbst als weise und wohlmeinend empfindet. Reduziert auf die einfachste Form, ist das Opfer der Böse und der Erpresser der Gute. In der Politik ist es gang und gäbe, seinen Gegner mit ernsten Zweifeln und sogar mit Dreck zu beschmutzen, während man sich selbst und seine Motive mit einem Heiligenschein versieht. Die Kunst, Tatsachen zu verdrehen und Ereignisse durch einen Schwarz-weiß-Filter zu betrachten, beherrschen wie die Politiker auch Erpresser.

Der Wahrheitsverdreher

Eines Tages erhielt ich einen Anruf von einer Frau namens Margaret, die mir mitteilte, daß sich ihre Ehe in einer ernsten Krise befände und daß sie herausfinden wolle, ob es eine Möglichkeit gäbe, sie zu retten. Wir machten einen Termin aus, und als sie zu mir kam, war ich überrascht von ihrem Charme und ihrer anmutigen Erscheinung. Margaret war Anfang Vierzig und seit fünf Jahren geschieden, als sie ihren neuen Mann bei einer Single-Veranstaltung der Kirche, der sie beide angehörten, kennenlernte. Nach einer kurzen, aber intensiven Phase des Werbens heirateten Margaret und Cal. Sie waren seit etwa einem Jahr zusammen, als sie zu mir kam.

Ich bin so verwirrt und deprimiert. Ich muß hier ein paar Antworten finden – ich weiß nicht, ob ich recht habe oder er. Ich war wirklich davon überzeugt, diesmal den Jackpot geknackt zu haben. Cal sieht gut aus, ist erfolgreich und, wie ich glaubte, wirklich nett und liebevoll. Die Tatsache, daß wir uns in der Kirche kennenlernten, war mir wichtig, denn es bedeutete, daß wir gleiche Werte und Glaubensvorstellungen haben. Sie können sich also vorstellen, wie schockiert ich war, als er mir nach ungefähr acht Monaten Ehe mitteilte, daß er mit mir an Grup-

pensex teilnehmen wollte – und daß er das selbst seit Jahren täte. Er sagte, er liebe mich so sehr, daß er diese Erfahrung mit mir teilen wolle.

Ich erklärte ihm, daß dies für mich auf keinen Fall in Frage käme – schon die Vorstellung stieß mich ab –, und er tat so, als sei er ehrlich schockiert. Er sagte, daß er meine Sinnlichkeit immer zu schätzen gewußt habe und daß er mir eine Erfahrung ermöglichen wolle, die mein Leben bereichern würde. Er erklärte, er sei sich darüber im klaren, daß das Ansprechen dieses Themas riskant sei, aber er empfinde es als einen Beweis seiner Liebe für mich und dafür, daß er alles mit mir teilen wolle. Und wenn ich mich ihm anschlösse, dann sei dies für ihn ebenfalls ein Beweis meiner Liebe.

Als ich seinen Wunsch entschieden zurückwies, gab er sich tief verletzt und irgendwie wütend. Er sagte, er habe mich vollkommen falsch eingeschätzt. Er habe geglaubt, ich sei liberal, offenherzig und liebevoll, und es sei ihm nicht klar gewesen, daß ich statt dessen einen prüden und puritanischen Kern besäße – das seien nicht die Eigenschaften der Frau, in die er sich verliebt habe. Und dann legte er wirklich den Finger auf die Wunde. Er erklärte, wenn ich nicht bereit sei mitzumachen, dann gäbe es genug seiner früheren Freundinnen, die nur darauf warteten.

Wie alle Wahrheitsverdreher beschrieb Cal seine Wünsche in den glühendsten, positivsten Worten und Margarets Widerstand als zutiefst negativ. Erpresser lassen keinen Zweifel daran, daß sie als Gewinner aus einer Auseinandersetzung hervorgehen sollten, weil ihre Ziele liebevoller, offener und reifer sind. Sie haben einen Anspruch darauf. Zugleich – und mitunter auf die höflichste Weise – bezeichnen sie ihren Widersacher als egoistisch, engstirnig, unreif, albern, undankbar, schwach. Jeglicher Widerstand seitens des Opfers wird nicht als Ausdruck seiner Bedürfnisse verstanden, sondern zu einem Beweis für seine, des Opfers, Fehler verdreht.

Cal unterstellte sogar, daß er durch Margarets früheres Verhalten irregeführt oder getäuscht worden sei. Doch wenn sie mitmachte, dann würde sie ihn dazu bewegen können, seine Einschätzung zu revidieren, und ihm beweisen, daß sie tatsächlich die offene, sinnliche Frau war, die er in ihr sehen wollte.

Das Karussell der Adjektive
Ich konzentrierte mich auf die Etiketten, die Cal Margaret anheftete, weil zum Verdrehen der Wahrheit auch der Einsatz von Adjektiven gehört – positive für den Erpresser und sein ersehntes Ziel und negative für den widerstandleistenden Gegner. Cal interpretierte seine Meinungsverschiedenheiten mit Margaret als Hinweis darauf, daß mit ihr etwas nicht stimmte, und fuhr dann damit fort, verstärkende Bezeichnungen für seine Position zu finden. Eine solche Erfahrung ist für das Opfer äußerst verwirrend. Die Bezeichnungen, die ein Erpresser auswählt, unterscheiden sich so sehr von jenen seines Opfers, daß es die eigenen schon bald anzweifelt und die Frage des Erpressers nach seiner Wahrnehmung, seinem Charakter, seinem Wert, seiner Erwünschtheit und seinen Wertvorstellungen verinnerlicht. Das Opfer findet sich gefangen im dicksten »Nebel« wieder. Margaret berichtet:

Ich war einfach unfähig zu begreifen, wie Cal sich von dem Mann, den ich geheiratet hatte, derart unterscheiden konnte. Wie hatte ich mich in ihm derart täuschen können? Ich konnte es nicht fassen. Auf die vernünftigste vorstellbare Weise stellte er es so dar, als habe ich ihn zu dem Glauben verleitet, mit ihm zu allem bereit zu sein, und er hob immer wieder hervor, wie gut uns als Paar diese Erfahrung tun würde. Es erschien mir leichter zu glauben, daß ich irgend etwas nicht richtig begriffen hätte und daß ich, wenn ich nur versuchen würde, Cals Vorstellungen über Gruppensex zu verstehen, nicht mehr so aufgebracht darüber sein würde. Ich setzte mich wirklich damit auseinander. Ich dachte, vielleicht bin ich ja wirklich engstirnig. Möglicherweise bin ich tatsächlich ein wenig prüde. Vielleicht verstehe ich die Sache ja nur nicht richtig. Ich fing an zu glauben, daß mit mir irgend etwas nicht in Ordnung sei und daß ich aus einer Mücke einen Elefanten machte.

Margaret war sich sicher gewesen, daß Gruppensex für sie – und für ihre Ehe – keine positiven Auswirkungen haben konnte, doch da Cal sie weiterhin bearbeitete, begann sie an sich zu zweifeln. Wenn die Wahrheitsverdrehung gut funktioniert, dann weiß das Opfer nicht mehr, was schädlich und was nützlich ist, und es bezweifelt die eigene Wahrnehmung der Abläufe zwischen sich und dem Erpresser. Das Opfer beugt sich der Wahrheitsverdrehung, weil es daran glauben möchte, daß sein Freund, Geliebter, Vorgesetzter oder Elternteil recht hat und gut ist, nicht gemein, gefühllos und tyrannisch. Das Opfer will dem Erpresser vertrauen, statt anzuerkennen, daß dieser es manipuliert, indem er es mit Adjektiven versieht, die Scham- und Minderwertigkeitsgefühle auslösen.

Margaret versuchte ernsthaft, die Situation auf logische Weise in das Bild einzubauen, welches sie sich von ihrem Leben mit Cal ausgemalt hatte. Sicherlich gab es da etwas, das sie noch nicht verstanden hatte, eine Interpretation, die ihr Cals Forderung annehmbarer erscheinen lassen würde. Wenn ihre Sorgen begründet waren, was würde das dann über ihre Ehe, über ihn aussagen? Diese Fragen waren beängstigend, und auf einer bestimmten Ebene wollte Margaret ihnen lieber aus dem Weg gehen. Sie wollte sich nicht eingestehen, daß sie sich in bezug auf Cal geirrt hatte. Es war für sie weniger schmerzhaft, Cals Version der Realität zu übernehmen, als sich mit der unangenehmen Wahrheit über ihn und ihre Beziehung zu konfrontieren.

Cal verließ sich sowohl auf Margarets Pflichtgefühl wie auf ihre Selbstzweifel. In seiner Wahrheitsverdrehung war es ihre Pflicht als Ehefrau, mit ihm an Gruppensex teilzunehmen – er wollte keine Frau, die ihm das verweigerte. Man stelle sich vor, wie überrascht und verletzt sie gewesen sein muß, als er drohte, sie durch jemanden zu ersetzen, der seinen »vernünftigen« Wunsch erfüllen würde.

Unglücklicherweise gab Margaret nach.

Ich kann es nicht glauben, daß ich seinem Druck nachgab und zustimmte, es wenigstens zu versuchen, wenn es ihm so viel bedeutete. Ich schäme mich furchtbar dafür. Ich fand jede einzelne Minute entsetzlich. Ich fühle mich schmutzig, wütend und schrecklich deprimiert.

Der Nebel aus Angst, Pflicht- und Schuldgefühlen war so dick und Margaret so sehr aus dem Gleichgewicht gebracht, daß sie, was wenig erstaunlich ist, handelte, wie sie es unter normalen Umständen niemals getan hätte.

Das Opfer zum Buhmann machen

Außer daß sie die Wahrnehmungsfähigkeiten ihrer Opfer in Frage stellen, verstärken viele emotionale Erpresser darüber hinaus den Druck, indem sie deren Charakter, Motive und ihren Wert anzweifeln. Diese Art der Wahrheitsverdrehung kommt besonders häufig in innerfamiliären Auseinandersetzungen vor, insbesondere dort, wo Eltern versuchen, die Kontrolle über ihre erwachsenen Kinder aufrechtzuerhalten. Liebe und Respekt werden mit absolutem Gehorsam gleichgesetzt, und wenn der nicht erfolgt, dann herrscht eine Stimmung, als sei ein Verrat begangen worden. Die Interpretation des Erpressers, die er unablässig und in unendlichen Variationen wiederholt, lautet: *Du machst das nur, um mir weh zu tun. Meine Gefühle sind dir egal.*

Als Josh sich in Beth verliebte und sich entschloß, außerhalb seiner Religionsgemeinschaft zu heiraten, da war ihm klar, daß seine Eltern sich aufregen würden, aber er hatte nicht mit den massiven Angriffen seines Vaters gerechnet, der ihn um jeden Preis zurück ins Glied zwingen wollte.

Ich war unfähig zu glauben, was Dad da sagte. Man hätte meinen können, daß ich eine Art Verschwörung angezettelt hatte, um sein Leben zu ruinieren. Warum ich ihn so quälte? Warum ich ihm einen Stachel ins Herz trieb? Über Nacht hatte ich mich vom guten Sohn in den Mistkerl der Familie verwandelt.

Josh lebte bereits seit mehreren Jahren nicht mehr bei seinen Eltern, aber wie die meisten Menschen, denen Eltern vorwerfen: »Du hast mich verletzt«, oder: »Ich bin enttäuscht von dir«, empfand auch Josh diese Anklagen wie einen Schlag in den Magen.

Wenn solche Worte von einem Menschen kommen, der einem nahesteht, dann bleiben sie an einem haften, beeinträchtigen das innere Gleichgewicht und das Selbstgefühl. Natürlich kann es in jeder beliebigen Beziehung mit einem emotionalen Erpresser vorkommen, daß man als herzlos, wertlos oder egoistisch bezeichnet wird. Aber vor allem dann ist es schwierig, solche Beschimpfungen zu ertragen, wenn sie von einem Elternteil kommen, mit dem man die prägenden Jahre verbracht hat und den man als Hort der Weisheit und Rechtschaffenheit empfindet. Eltern, die den Trick der Wahrheitsverdrehung gegen ihre erwachsenen Kinder zum Einsatz bringen, vermögen deren Selbstvertrauen schneller zu schädigen als irgendwer sonst.

Pathologisierung

Manche Erpresser wollen ihrem Opfer weismachen, daß es ihnen nur deshalb Widerstand entgegensetzt, weil es krank oder verrückt ist. In der Psychologie nennt man diesen Vorgang die Pathologisierung einer Person, und so sehr ich auch solche Fachbegriffe ablehne, dieser beschreibt die Situation haarscharf. Der Begriff *Pathologie* ist auf das griechische Wort *pathos* zurückzuführen, das Leiden beziehungsweise tiefe Gefühle bezeichnet, heute jedoch im allgemeinen mit »Krankheit« übersetzt wird. Pathologisierung bedeutet also, daß ein anderer Mensch, also der Erpresser, seinem Opfer das Gefühl gibt, krank zu sein, weil es nicht seiner Meinung ist. Erpresser beschuldigen ihre Opfer, neurotisch, verschroben oder hysterisch zu sein. Am schmerzlichsten ist es jedoch, daß sie das Vertrauen, welches sich mit der Zeit in einer Beziehung entwickelt hat, zum Verschwinden bringen, indem sie all die unglücklichen Ereignisse, die ihr Opfer zu irgendeinem Zeitpunkt mit ihnen geteilt hat, ihm nun vorhalten und damit zu beweisen suchen, daß all diese Dinge nur geschehen konnten, weil das Opfer ein emotionaler Krüppel ist.

Weil die Pathologisierung durch einen emotionalen Erpresser ein vernichtender Schlag für das Selbstvertrauen und das Selbstgefühl des Opfers sein kann, ist sie ein besonders giftiges – und wirkungsvolles – Mittel der Erpressung.

Wenn Liebe zur Forderung wird

Pathologisierung kommt oft in Liebesbeziehungen zum Vorschein, in denen ein Ungleichgewicht im Bereich der Bedürfnisse besteht. Der eine braucht mehr als der andere – mehr Liebe, mehr Zeit, mehr Aufmerksamkeit, mehr Zuwendung – und beginnt, wenn er es nicht bekommt, die Beziehungsfähigkeit seines Partners in Frage zu stellen. Die meisten Betroffenen geben sich jede nur erdenkliche Mühe, das Gegenteil zu beweisen, und glauben fälschlicherweise, »Wenn mich jemand liebt, dann ist es meine Pflicht, ihn wieder zu lieben, oder aber mit mir stimmt etwas nicht«.

Mein Klient Roger, ein Drehbuchautor in den Dreißigern, fand sich in einem Sturm der Pathologisierung wieder, als er feststellte, daß er mehr Unabhängigkeit von Alice brauchte, einer Schauspielerin, die er acht Monate zuvor in einer Selbsthilfegruppe kennengelernt hatte.

Ich habe den Eindruck, daß Alice mir ergebener ist als irgendein Mensch, dem ich bisher begegnet bin. Als wir uns kennenlernten, war es ein unglaubliches Hochgefühl für mich, mit ihr Zeit zu verbringen. Sie kam zu mir rüber, saß auf meiner Bettkante, las meine Drehbuchentwürfe und schwärmte von ihnen. Sie schien Gefallen an dem zu finden, was ich auszudrücken versuchte, und meine Arbeit ebensosehr zu lieben wie mich. Ich verfiel ihr mit Haut und Haaren. Sie hat jeden Film gesehen, der je gedreht wurde, sie ist witzig, sie ist wunderbar und sie glaubt, daß wir füreinander geschaffen sind.

Aber schon nach wenigen Monaten drängelte sie, daß wir zusammenziehen sollten. Sie erklärte immer wieder, wie begeistert sie sei, daß wir einander gefunden hatten, und wie sicher sie wüßte, daß jeder von uns das Leben des anderen auf eine höhere Stufe führen würde. Ich müsse nur meinen Wider-

stand aufgeben – loslassen und Gott gestatten, uns in eine
großartige Beziehung zu führen. Sie sagte, sie sei sich im kla-
ren darüber, daß ich vielleicht wegen der schmerzhaften Tren-
nung von meiner Ex letztes Jahr zögerte, aber es sei besser,
sich seinen Ängsten zu stellen und nicht von ihnen davonzu-
laufen. Das alles hörte sich gut an, aber es ging mir viel zu
schnell.

Alice und Roger verbrachten viel Zeit damit, miteinander über
das Zwölf-Schritte-Selbsthilfeprogramm, an dem sie beide teil-
genommen hatten, zu sprechen, und sie unterstützten sich gegenseitig darin. Doch Alice spielte gerne die Therapeutin, vor
allem dann, wenn Roger über seine Befürchtungen sprach, daß
ihre Beziehung sich zu schnell entwickelte. Er versuche, die
Dinge zu kontrollieren, erklärte sie ihm, und müsse aufhören,
sich dagegen zu stemmen. Schon in diesem frühen Stadium der
Beziehung definierte Alice Rogers Zögern als übriggebliebenes
neurotisches Verhalten aus der Zeit seines Alkoholismus, auch
wenn er bereits seit elf Jahren trocken war. Und Roger nahm
sich das zu Herzen. Trotz seines nagenden Gefühls, daß die
Sache mit Alice über das hinausging, was er sich vorstellte, kam
er zu dem Schluß, daß sie vielleicht doch recht hatte. Schließlich sagte er ihr, sie könne einziehen.

Sie hatte so klare Vorstellungen von der Zukunft, und ich
wollte einfach einen Schritt nach dem anderen tun – aber
wenn ein anderer Mensch dich so sehr liebt, dann entwickelt
er diese riesige Energiewoge, und man wird einfach von ihr da-
vongetragen. Ich gebe zu, daß ich innerlich irgendwie ange-
spannt war, aber ich kam damit klar. In den letzten Monaten
jedoch hat sie angefangen, von Kindern zu reden. Sie ist 35,
und die Frau hat einen ernsthaften Kinderwunsch. Sie erklärt
mir, daß wir nicht unbedingt heiraten müssen, aber ein Kind
sei die vollkommene Möglichkeit, all unsere Liebe und Kreati-
vität zum Ausdruck zu bringen. Sie liest mir Bücher über Ba-
bys vor und bringt meine alten Kinderfotos zum Vorschein, um
festzustellen, wie ein Kind von mir wohl aussehen würde. Das

108

ist mir einfach zuviel. Ich weiß noch nicht, ob ich den Rest mei-
nes Lebens mit ihr zubringen oder ob ich überhaupt Vater sein
will. Ich brauche Raum, um zu arbeiten und zu schreiben.

Das heißt nicht, daß ich sie nicht mag und großartig finde,
aber ich muß mir erst Klarheit verschaffen. Ich bin mir dessen
nicht sicher, ob ich für sie das fühle, was sie für mich zu emp-
finden scheint – ich bin mir einfach nicht sicher. Also teilte ich
ihr mit, daß ich eine Zeitlang allein leben müsse, um die Dinge
ins richtige Verhältnis zueinander zu rücken.

Rogers Zögern löste in Alice wütende Reaktionen aus.

Sie sagte irgend etwas wie: »Ich habe Angst vor dir, wenn du
solche Sachen sagst. Du erklärst mir, daß du mich liebst, aber
auf der Basis dessen, was du eben gesagt hast, muß ich anneh-
men, daß du ein sagenhafter Lügner bist. Ich weiß, daß du dich
davor fürchtest, mir nahe zu sein, nachdem du aus deiner letz-
ten Beziehung ein solches Durcheinander gemacht hast, aber
ich dachte, du seist bereit, in der Gegenwart statt in der Ver-
gangenheit zu leben. Ich weiß, daß ich ein leidenschaftlicher
Mensch bin, aber ich hatte geglaubt, jemanden gefunden zu
haben, der mir in dieser Hinsicht das Wasser reichen kann. Ich
denke, ich darf dir nicht böse sein, aber du tust mir leid. Du
fürchtest dich zu sehr vor dem Leben, um jemals wirkliche
Liebe erfahren zu können. Du fühlst dich nur in deinen kleinen
Drehbuchphantasien wohl. Finde dich damit ab, du bist ein
trockener Trinker genauso wie dein Vater, der Schürzenjäger.«

Mit einem nervösen Lachen kommentierte Roger:

Ich spiele es wieder und wieder im Kopf durch und frage mich,
ob sie recht hat. Zugegeben, es fällt mir schwer, Beziehungen
aufzubauen. Vielleicht kann ich nicht damit umgehen, mit
einem Menschen zusammenzusein, der mich wirklich liebt.

Ich mache Roger etwas klar, das viele Menschen zu vergessen
scheinen: Man ist nicht deshalb »schlecht«, nur weil man die

Gefühle eines anderen nicht im selben Maß erwidert. Wie viele emotionale Erpresser pathologisierte Alice, indem sie das Wort *Liebe* mißbrauchte. Ihre Handlungen waren bestimmt von Abhängigkeit, Verzweiflung und dem Bedürfnis, Roger vollkommen zu besitzen. Nichts davon hat etwas mit reifer Liebe zu tun. In ihren Augen war der Druck, den sie auf Roger ausübte, durch ihre große, überwältigende Leidenschaft für ihn gerechtfertigt – und wenn Roger ihrer Intensität nicht entsprechen konnte, dann lag in ihren Augen die einzige plausible Erklärung dafür in irgendeinem entsetzlichen psychologischen Problem, das er haben mußte.

Bei ihrer Reaktion auf Rogers Wunsch nach mehr Freiraum bediente Alice sich einer pathologisierenden Taktik, auf die sich viele emotionale Erpresser verlassen: Sie hielt Roger unangenehme Einzelheiten über sich und seine Familie vor, die er ihr irgendwann im Vertrauen mitgeteilt hatte. Roger hatte ihr von seinem Vater erzählt, der seine Alkoholsucht aufgegeben hatte, nur um sie durch zwanghaftes Schürzenjägertum zu ersetzen. Und Alice wußte, daß Roger, wie viele Menschen, fürchtete, »so zu werden wie sein Vater«. Geheimnisse, Ängste oder Vertraulichkeiten, die man einem pathologisierenden Erpresser anvertraut hat, werden in dessen Händen bei einer Auseinandersetzung leicht zu wirkungsvollen Waffen. Schmerzliche Lebenserfahrungen – Scheidungen, Kämpfe um das Sorgerecht für die Kinder, Abtreibungen –, von denen man in intimen Augenblicken erzählt hat, werden alle als Beweis für die eigene Instabilität zum Einsatz gebracht. Für Roger war Alices »Beweis«, daß seine hart erkämpfte Trockenheit irgendwie nicht einwandfrei war, ein echter Grund zur Beunruhigung.

Emotionale Erpresser beschuldigen ihr Opfer oft, nicht lieben oder eine Freundschaft aufrechterhalten zu können, einfach weil es nicht die Gefühlsintensität spürt, die sie bei ihm einklagen. Dabei handelt es sich um eine Form von Pathologisierung, durch die sich viele Menschen verletzt fühlen, vor allem, wenn sie intime Beziehungen als den Lackmustest geistiger Gesundheit empfinden. Auch wenn die Begründung, daß eine Beziehung nicht funktioniert, weil der andere krank oder geschädigt ist, vom Erpresser nur schwer zu bewerkstelligen ist, treffen Sätze wie diese direkt ins Herz und sind oft von Erfolg gekrönt.

Was stimmt mit dir nicht?
Nicht alle pathologisierenden Erpresser bezeichnen eine Person offen als krank. Dieses Mittel der Erpressung kennt auch andere, subtilere Erscheinungsformen. Meine Klientin Catherine suchte mich auf, nachdem sie wiederholt mit ihrer früheren Therapeutin aneinandergeraten war.

Ich hatte mich dazu entschlossen, nur noch Teilzeit als Buchhalterin zu arbeiten, damit ich meinen Abschluß in Betriebswirtschaft machen konnte, und machte mir deshalb ziemliche Sorgen. Vor allem aber hatte ich kürzlich mit einem Mann schlechte Erfahrungen gemacht und wollte herausfinden, was dahinterstand. Also entschied ich mich, eine Therapeutin aufzusuchen, von der meine Freundin Lanie begeistert erzählt hatte.

Ich empfand Rhonda von Anfang an irgendwie einschüchternd, aber ich tröstete mich damit, daß es einfach eine Weile dauern würde, mich an diese neue Art von Beziehung zu gewöhnen. Es kam mir jedoch so vor, als ob sie mich immer wieder mit kleinen stichelnden Bemerkungen kritisierte. Gerne schnitt sie aus der Zeitung Artikel über erfolgreiche Frauen aus, die ihren Weg gemacht hatten, und überreichte sie mir zu Beginn einer Sitzung »als Inspiration«. Doch damit sorgte sie nur dafür, daß ich mich beschissen fühlte. In meinen Ohren lautete die Botschaft: »Hier siehst du, wie du eigentlich sein solltest, und wenn du das tust, was ich dir rate, dann wirst du dieses Ziel auch erreichen.«

Sie sprach immer wieder davon, daß ich mich einer ihrer Therapiegruppen anschließen solle, aber ich hatte daran kein Interesse. Vielleicht stimmte es ja, daß mir das gutgetan hätte, aber, mein Gott, ich mußte so viele Stunden für meinen Abschluß und für die Arbeit aufwenden, daß einfach keine Zeit übrigblieb. Rhonda sah das ganz anders. Sie erklärte, ich sei

nur dickköpfig und kontrollsüchtig, und das sei auch die Ur-
sache für meine übrigen Probleme.

Pathologisierung ist dann besonders überzeugend, wenn sie
durch eine Autoritätsperson erfolgt – durch einen Arzt, Pro-
fessor, Rechtsanwalt oder Therapeuten. Die Beziehung zu solchen Menschen basiert auf Vertrauen, und es geschieht leicht,
daß man Angehörige dieser Berufsgruppen in einen Mantel der
Weisheit hüllt, den sie nicht verdient haben. Man geht davon
aus, daß sie einen mit Offenheit und Ehrlichkeit behandeln.
Aber jeder Mensch hat schon einmal die Erfahrung gemacht,
daß manche sogenannte Autoritätsperson glaubt, ihr Abschluß
sorge dafür, daß ihre Meinungen und Handlungen über jeden
Zweifel erhaben sind. Möglicherweise formulieren sie den
Satz, »Sie genügen den Anforderungen nicht«, nie direkt, aber
mit einer Geste, einem harten beziehungsweise kritischen Un-
terton oder mit zusammengebissenen Zähnen bringen sie dies
sehr wohl zum Ausdruck und vermitteln einem das Gefühl, daß
man selbst oder die Position, die man einnimmt, nicht in Ordnung ist.

Ihre Stimme, ihre Körperhaltung und ihre ganze Einstellung
machten deutlich, daß sie verstimmt war – und das fühlte sich
entsetzlich an. Ich hatte Angst, sie würde wütend auf mich
werden. Und damit hätte ich die abschließende Bestätigung
dafür, daß ich nicht in Ordnung war. Schließlich ist doch der
Therapeut der Schiedsrichter darüber, was richtig und was
falsch ist, und wenn meine Therapeutin mich nicht mag oder
nicht mit mir einverstanden ist, dann stimmt doch wirklich
etwas nicht mit mir. Außerdem hatte ich schon immer Angst
vor Wut und strengen Worten. Wenn man es mit einer Auto-
ritätsperson zu tun hat, dann multipliziert sich deren Reden
und Tun mit zehn.

Arrogant machten »Autoritäten« wie Rhonda deutlich, daß
man sie nicht anzweifeln darf. Sie erklären ihrem Opfer, daß sie
alles nur in seinem Interesse tun, und indem es dem Widerstand

entgegenbringt, zeigt es nur, wie halsstarrig, schlecht informiert und unsicher es ist. Sie allein sind die Experten, selbst dann, wenn es sich um das innerste Wissen des Opfers von sich selbst handelt. Dem Opfer ist es schlichtweg verboten, ihren Rat oder ihre Interpretation einer Situation zu hinterfragen.

Gefährliche Geheimnisse

Viele Familien, in denen es »beschämende« Geheimnisse über Kindesmißbrauch, Alkoholismus, emotionale Krankheiten und Selbstmord gibt, haben ein stillschweigendes Übereinkommen getroffen, die Tatsachen zu verbergen und niemals zur Sprache kommen zu lassen. Wenn jedoch ein Familienmitglied aus dem System ausschert, das auf Verleugnung und Heimlichtuerei basiert, dann wird diese Person typischerweise von den übrigen Familienangehörigen als verrückt, unversöhnlich oder als Familienzerstörer gebrandmarkt, weil sie es wagt, über deren verborgene und lange verleugnete Geschichte zu sprechen. Diese Art von Pathologisierung begegnete mir vor allem in der Zeit häufig, als ich mich auf die Arbeit mit Erwachsenen spezialisiert hatte, die als Kinder sexuell mißbraucht und/oder körperlich mißhandelt worden waren. Als meine Klienten langsam genasen, wollten und brauchten sie das Gespräch mit ihren Angehörigen über ihre Erfahrungen, aber manche Familien kämpften mit allen Mitteln darum, das Schweigen zu bewahren.

Eins steht von vornherein fest: Je mehr eine Familie in Schwierigkeiten ist, desto stärker versucht sie ihre Mitglieder daran zu hindern, wieder gesund zu werden. Und nur zu oft geschieht dies mittels emotionaler Erpressung. Drohungen mit böswilligem Verlassen, Verbannung, Bestrafung, Vergeltung und vollständiger Mißbilligung oder Verachtung vermögen den Entschluß der Person, deren mutiger Versuch zu genesen als egoistisch, unnötig oder zerstörerisch pathologisiert wurde, zu untergraben.

Roberta, eine 30jährige leitende Angestellte im Telemarketingbereich, lebt immer noch mit den Narben von Verletzungen an Hals und Knochen, die ihr gewalttätiger Vater ihr in der

Kindheit zugefügt hatte. Als wir uns kennenlernten, war sie wegen ihrer Depressionen in eine Klinik eingewiesen worden, in der ich angestellt war. Gleich zu Anfang teilte sie mir mit, daß es ihr unmöglich sei, das Familiengeheimnis der Mißhandlung weiter verborgen zu halten.

Als Roberta begann, sich mit ihrer Kindheit auseinanderzusetzen, hoffte sie, von ihrer Mutter das bestätigt zu bekommen, was sie selbst gesehen und erlebt hatte. Doch statt das erhoffte Verständnis zu erhalten, sah sie sich durch die Mutter pathologisiert.

Ich versuchte vor ungefähr sechs Monaten mit meiner Mutter darüber zu reden und erzählte ihr, daß ich noch immer Narben von Dads Schlägen habe. Doch sie wies alles weit von sich. Sie erklärte mir, daß ich es so darstellte, als habe mein Vater versucht, mich umzubringen oder so ähnlich. Und ich erwiderte: »Erinnerst du dich daran, wie Dad mich bei den Haaren packte, mich herumriß und mich auf den Boden warf?«

Sie sah mich an, als käme ich von einem fremden Stern. Sie sagte: »Oh, mein Gott, woher hast du das alles? Was erzählen dir die Ärzte dort drüben bloß? Unterziehen die dich einer Gehirnwäsche?« Und ich entgegnete: »Mom, meistens bist du dabeigewesen, wenn ich geschlagen wurde – du standest im Türrahmen und hast zugesehen.« Sie drehte durch. Sie konnte damit nicht umgehen. Sie behauptete, daß ich das alles nur erfand, und sie glaubte, daß ich den Verstand verloren hätte. Wie konnte ich nur so über meinen Vater sprechen? Sie machte mir klar, sie könnte es nicht ertragen, mit mir zu reden, bis ich Hilfe fände und nicht mehr so schreckliche Lügen erzählen würde. Es war vernichtend.

Robertas Mutter empfand die Erinnerungen ihrer Tochter als so bedrohlich, daß sie sie nicht nur leugnete, sondern Roberta zwang, sie ebenfalls in Abrede zu stellen, und ihr drohte, den Kontakt mit ihr abzubrechen, wenn Roberta nicht aufhörte, die Familie in Aufregung zu versetzen. Solchen gesunden Versuchen wie jenem Robertas, das aufzudecken und zu besprechen, was ihr als Kind zugestoßen war, wird von anderen Familienmitgliedern häufig ein finsterer Anstrich gegeben, indem sie als »Fiktion« und »Übertreibung« und als das Produkt eines kranken Geistes bezeichnet werden. Wer verzweifelt gerne die Wahrheit darüber aussprechen will, was ihm zugestoßen ist, der benötigt Entschlußkraft, eine gute Vorbereitung und Unterstützung, um der durchdringenden Pathologisierung entgegenzuwirken, die mit einer langen Geschichte des Mißbrauchs und mit tiefen Problemen innerhalb einer Familie einhergeht.

Pathologisierung nimmt sich einen Bereich zum Ziel, der schwer zu verteidigen ist. Den meisten Menschen fällt es relativ leicht, sich gegen Kritik an ihren Begabungen und Leistungen zu verteidigen, weil sie von soliden Beweisen dessen umgeben sind, was sie zu bewerkstelligen fähig sind. Aber wenn ein Erpresser ihnen mitteilt, daß sie irgendeinen psychologischen Makel aufweisen, dann kann es sein, daß sie diese Beschreibung als glaubwürdiges Feedback akzeptieren. Jeder Mensch weiß, daß er sich selbst gegenüber nicht vollkommen objektiv sein kann, und viele fürchten sich davor, daß sich tief in ihrem Inneren irgendwelche unbekannten Dämonen verbergen. Emotionale Erpresser, die sich des Mittels der Pathologisierung bedienen, spielen mit dieser Angst.

Wie die Wahrheitsverdrehung sorgt die Pathologisierung dafür, daß man sich seiner Erinnerungen, seines Urteils, seiner Intelligenz und seines Charakters nicht mehr sicher ist. Doch bei der Pathologisierung ist das Risiko noch größer. Dieses Mittel kann das Opfer veranlassen, an seiner geistigen Gesundheit zu zweifeln.

Verbündete werben

Wenn die Erpressungsversuche im Alleingang nicht erfolgreich sind, dann suchen sich viele emotionale Erpresser Unterstützung. Sie rufen, um sich durchzusetzen und die Richtigkeit ihres Anspruchs zu beweisen, andere Personen auf den Plan – Familienmitglieder, Freunde, Geistliche. Auf diese Weise sind sie ihrem Opfer doppelt oder dreifach überlegen. Erpresser versammeln all jene Personen um sich, die ihrem Opfer etwas bedeuten oder die es respektiert. Angesichts einer derart soliden Front dürfte sich das Opfer wohl schon unterlegen und überwältigt fühlen.

Eines Abends, kurz nachdem ich begonnen hatte, mit Roberta zu arbeiten, konnte ich dieses Mittel der Erpressung in der Praxis erleben. Robertas Eltern, ihr Bruder und ihre beiden Schwestern waren gekommen, um an einer Gruppensitzung teilzunehmen und um ihre Familiensolidarität unter Beweis zu stellen. Als ich die Geschwister fragte, wie sie zu Robertas Wunsch stünden, offen über die Mißhandlungen durch ihren Vater zu sprechen, konnte ich wahrnehmen, wie sich ihre Reihen schlossen. Sie sahen einander an, und schließlich ergriff ihr ältester Bruder Al das Wort.

Mom hat uns angerufen und gebeten, hierherzukommen, damit wir Ihnen die Wahrheit über das sagen können, was sich in unserer Familie zugetragen hat, weil wir eine gute Familie sind und Roberta nur alles kaputtmachen will. Sie wissen, wie krank sie war – sehen Sie sie doch an, immer wieder im Krankenhaus wegen Depressionen, Selbstmordversuchen... Ich wäre nicht überrascht, wenn sie Stimmen hörte oder so.

Er lächelte und blickte im Raum umher, während seine Eltern und Geschwister zustimmend nickten.

Sie hatte schon immer große Probleme. Wir alle wollen ihr helfen, damit sie gesund wird, aber wir können es nicht zulassen, daß sie Horrorgeschichten über uns verbreitet. Sie hat sich diese Mißhandlungsgeschichte nur ausgedacht, und eine Menge Leute scheinen ihr zu glauben. Wir möchten lediglich unseren guten Ruf wiederherstellen und dafür sorgen, daß sie alle Hilfe erhält, die sie braucht.

Roberta hatte bereits genug damit zu tun gehabt, angesichts der Leugnung ihrer Mutter an ihrem Wissen festzuhalten, nun aber

116

war ihre Aufgabe noch schwieriger. Sie sah sich einem ganzen Raum voller Erpresser gegenüber, die alle nur von ihr wollten, daß sie den Mund hielt. Und der Druck durch ihre geschlossene Front machte der »Verräterin« klar, daß sie nur dann in den Schoß der Familie zurückkehren durfte, wenn sie schwieg, damit jeder von ihnen das Verhalten wiederaufnehmen konnte, das zwar für alle destruktiv, aber eben auch vertraut und daher angenehm war.

Neue Truppen mustern

Die Geschichte meiner Klientin Maria, der Krankenhausverwaltungsangestellten, die ich Ihnen im vorangegangenen Kapitel vorgestellt habe, ist ein weiteres überzeugendes Beispiel für diese Art der Mehrfachbesetzung der Erpresserrolle. Als sie die außerehelichen Affären ihres Ehemanns herausfand und ihm mitteilte, daß sie daran denke, sich von ihm zu trennen, brachte er alles zum Einsatz, um sie zur Änderung ihrer Meinung zu bewegen – auch die Anmusterung seiner Verwandtschaft.

Er erkannte, daß Drohungen und Charme und all die Dinge, mit denen er in der Vergangenheit erfolgreich gewesen war, nichts mehr bewirkten, also brachte er die schwere Artillerie auf den Plan – seine Eltern. Ich war vernarrt in meine Schwiegereltern. Sein Vater war ebenfalls Arzt, und seine Mutter war eine sanfte Seele, die vom ersten Tag an wunderbar zu mir gewesen ist. Als also Jays Vater anrief und eine Familienkonferenz bei ihnen zu Hause vorschlug, zögerte ich zunächst, aber dann hatte ich das Gefühl, ich sei ihnen diese Gegenleistung schuldig.

In dem Augenblick, als ich ihr Haus betrat, wußte ich, daß ich einen Fehler gemacht hatte. Jay war schon vor mir eingetroffen und hatte offensichtlich schon mit ihnen darüber gesprochen, wie unvernünftig ich sei. Wie hätten sie das Verhalten ihres Goldjungen objektiv beurteilen und mit mir fair umgehen können?

Maria hatte gute Gründe für ihre Sorge. Es bestand keine Aussicht, daß Jays Eltern bei dieser Ausgangslage objektiv sein würden, und was als nächstes geschah, war wenig überraschend.

Über eine Stunde lang sprachen sie darüber, daß es in allen Ehen schwere Zeiten zu bewältigen gibt und daß man nicht einfach beim ersten Anzeichen von Schwierigkeiten davonlaufen darf. Sie sagten, daß Jay sich bereit erklärt habe, mehr Zeit zu Hause zu verbringen und seine Stunden im Krankenhaus zu verringern, und daß dies unsere kleine Meinungsverschiedenheit bereinigen sollte. Wenn ich nun also bitte aufhören würde, von Scheidung zu sprechen, dann müßte niemand etwas davon erfahren. Sie fragten mich, ob ich es wirklich ertragen könne, wenn das Zerbrechen der Familie auf meinem Gewissen laste, vor allem da ich doch wisse, wie sehr Jay mich liebe. Sie erklärten, daß es ihnen die Herzen breche, ihn so leiden zu sehen, und ob ich nicht wisse, was ich damit den Kindern antue? Wie hielte ich es nur aus, so viele Menschen unglücklich zu machen, da doch mein Mann so viel tue, um mir eine gute Zukunft zu garantieren?

Als ich sie fragte, ob Jay ihnen von seinen außerehelichen Affären erzählt hätte, sah ich an ihren Gesichtern, daß dies nicht der Fall gewesen war. Sie fühlten sich so offensichtlich unwohl, daß ich hoffte, sie würden ein wenig besser verstehen, warum ich mit ihrem Sohn so unglücklich war. Dann machte sein Vater eine schier unglaubliche Entgegnung. Er sagte: »Das ist kein guter Grund, um eine Familie zu zerstören! Die Familie steht an erster Stelle. Du darfst nicht beim ersten Anzeichen von Problemen zusammenbrechen und alles fortwerfen. Denk doch an die Kinder – unsere Enkel.« Das saß!

Nun war es nicht mehr nur Jay, der an Maria zerrte, sondern drei Personen, und sie bedurfte all ihrer inneren Widerstandskraft, um ihren Boden gegen sie zu behaupten. Die Botschaft, die sie von ihnen übermittelt bekam, war ein und dieselbe – es war, als habe Jay das Drehbuch geschrieben –, aber Jays Worte aus dem Mund anderer Menschen, die sie liebte und denen sie vertraute, zu hören, verlieh diesen Worten noch mehr Gewicht.

Sich auf eine höhere Autorität berufen

Wenn Freunde und Familienmitglieder als Verstärkung für einen emotionalen Erpresser noch nicht ausreichen, dann zieht er häufig höhere Autoritäten zu Rate, wie beispielsweise die Bibel oder eine andere außerhalb liegende Wissensquelle oder Sachkenntnis, um seine Position zu untermauern. Diese Art von Druckmittel kann sich so einfach wie in den folgenden Beispielen anhören: »Meine Therapeutin sagt, daß du zickig bist«, oder »Ich habe bei einem Kurs mitgemacht, in dem man uns erklärt hat, daß…«, oder »Die gute Abby sagt aber…«

Weisheit hallt in jedem Menschen anders wider, und keiner darf mit Recht von sich behaupten, daß er ein Monopol darauf hat. Doch kann man sicher sein, daß emotionale Erpresser genau dies für sich in Anspruch nehmen, wenn sie sich auf eine Vielzahl ausgewählter Zitate, Kommentare, Lehren und Veröffentlichungen aus einem sagenhaften Schatz von Quellen berufen, um den Beweis dafür zu erbringen, daß es nur eine Wahrheit gibt: die ihre.

Negatives Vergleichen

»Warum kannst du nicht so sein wie…« Diese sieben Worte verdichten sich zu einem emotionalen Schlag, der sich wirkungsvoll mit Selbstzweifeln und der Angst verbindet, nicht genügen zu können. Ein emotionaler Erpresser wird seinem Opfer oft eine Person als Modell vorhalten, ein fehlerloses Idealbild, gegen welches das Opfer keine Chance hat. *Diese* Person würde keine Schwierigkeiten damit haben, die Wünsche des Erpressers zu befriedigen – warum also ist das Opfer nicht dazu in der Lage?

»Schau dir deine Schwester an. Sie ist bereit, im Betrieb mitzuhelfen.«

»Frank scheint mit dem Einhalten von Terminen keine Schwierigkeiten zu haben. Vielleicht können Sie sich von ihm ein paar Tips geben lassen.«

»Mona verläßt ihren Ehemann auch nicht gleich, wenn die Zeiten ein wenig schwerer werden.«

Negatives Vergleichen sorgt dafür, daß das Opfer sich plötzlich minderwertig fühlt. Es ist nicht so gut, nicht so treu, nicht so perfekt wie der und der, und ist deshalb Ängsten und Schuldgefühlen ausgesetzt. So sehr, daß es bereit ist, dem Erpresser nachzugeben, damit dieser sieht, daß er sich in bezug auf das Opfer geirrt hat.

Meine Klientin Leigh ist eine Börsenmaklerin, deren Mutter Ellen den schwarzen Gürtel in der Kunst des negativen Vergleichens hat, und Leigh bekam diesen Druck in unterschiedlichster Form über die Jahre immer wieder zu spüren.

Als mein Vater starb, war meine Mutter vollkommen hilflos. Ihr Leben lang hatten Männer sie umsorgt, und als Dad starb, wandte sie sich an mich, damit ich ihr Leben für sie in die Hand nahm.

Ich stellte bald fest, daß sie von mir erwartete, daß ich erstens eine Unmenge Zeit mit ihr verbringen sollte und daß ich zweitens für sie einen Rechtsanwalt, einen Steuerberater finden und eine Menge Dinge tun sollte, die sie alle selbst erledigen konnte. Aber sie ist sehr gut darin, die Hilflose zu spielen, und ich war sofort zur Stelle. Es fiel mir leicht, all diese Dinge für sie zu tun, das war kein Problem für mich. Es ist ein Märchen, daß man dafür Liebe und Anerkennung bekommt. In Wahrheit kann man es einer Frau wie ihr niemals recht machen. Also hat ihr natürlich der Steuerberater zu viel abgenommen, und der Rechtsanwalt taugte nichts, und ich war geradezu kriminell, weil ich ein Abendessen mit ihr absagte, um meinen Sohn zu einem Spiel, an dem er beteiligt war, zu begleiten.

Wenn das, was ich für sie tat, nicht ganz perfekt war, dann wurde es mir bestimmt vorgeworfen. Und immer, wenn ich mich ein wenig von ihr zurückziehen wollte, stützte sie sich auf meine Kusine Caroline. Bald bekam ich zu hören: »Caroline will die ganze Zeit bei mir sein. Sieh nur, was für eine gute Tochter sie mir ist – mehr als meine tatsächliche Tochter.« Ich frage mich, ob sie wußte, wie tief mich diese Worte verletzten und welche Schuldgefühle sie mir verursachten. Ich ertappte mich dabei, daß ich viel mehr Zeit mit ihr verbrachte, als ich eigentlich wollte, und versuchte, ihre Probleme zu lösen, nur um nicht mit Caroline verglichen zu werden.

Der Mensch, mit dem man verglichen wird, scheint all die Liebe und Anerkennung einzuheimsen, auf die man selbst gehofft hat; und es ist nur natürlich, in dieser Situation wettbewerbsorientiert zu reagieren, um selbst diese Position einnehmen zu können. Für Leigh war das Ende der negativen Vergleiche nicht in Sicht, und ihre Aussichten zu genügen waren gleich Null.

Gefährlicher Druck

Am Arbeitsplatz schaffen negative Vergleiche eine Atmosphäre, die jener in einer ungesunden Familie ähnelt, da Neid und Konkurrenzdenken gefördert werden. Vielleicht versucht man, die unerreichbaren Zielvorgaben eines patriarchalischen Chefs zu erfüllen, der, indem er die Angestellten gegeneinander aufhetzt, eine Art Geschwisterrivalität unter den Mitarbeitern schafft.

Als meine Klientin Kim zum ersten Mal zu mir kam, stand sie unter starkem Druck durch einen Chef, der sich negativer Vergleiche bediente, um sie zu »motivieren«. Kim, die Mitte Dreißig war, hatte das Pech, Miranda ersetzen zu müssen, eine legendäre Zeitschriftenredakteurin, die in den Ruhestand gehen wollte.

Ich halte mich für ziemlich effizient und habe viele gute Ideen. Ich kann gut mit Autoren zusammenarbeiten, und bisher hat mir meine Arbeit Spaß gemacht. Aber mein Boß treibt mich mehr an als irgendeinen anderen in der Belegschaft, und er vergleicht mich andauernd mit Miranda. Es scheint so, als sei ich nie gut genug. Wenn es mir gelingt, vier Berichte in einer Woche zu schaffen, dann sagt mein Boß Ken etwas wie: »Das ist großartig. Miranda hat soviel in einer langsamen Woche erreicht. Ihr Rekord liegt bei acht oder neun.« Wenn ich an einem Abend einmal feststelle, daß ich pünktlich gehen muß, statt meine üblichen zehn oder elf Stunden zu bleiben, dann macht er eine Bemerkung darüber, wie die Arbeitsmoral ohne Miranda nachlassen wird. Es ist schon eine Legende, daß sie praktisch im Büro lebte.

Ich kann schon glauben, daß Miranda großartig war – aber sie säuft wie ein Loch, hat keine Familie und lebt für ihre Arbeit. Die Sache ist, ich versuche, mich mit ihr zu messen – und ich habe ein Leben außerhalb des Büros. Ich muß Zeit mit meinen Kindern und meinem Mann verbringen, und ich brauche die Arbeit in meiner Kirche, die wirklich wichtig für mich ist. Aber Ken versucht dauernd, mich dazu zu bewegen, noch mehr zu leisten, und manchmal, wenn er mir in Aussicht stellt, die neue Miranda zu werden, wenn ich nur ein einziges weiteres Projekt annehme, dann falle ich darauf rein. Er hat mich voll im Griff. Wenn ich nicht tue, was er will, dann erklärt er mir, daß ich nicht so gut bin wie sie. Und dann sagt er mir noch, daß ich das Talent besitze, ein Star wie sie zu werden – wenn ich die zusätzliche Arbeit mache, die er mir aufbürden will. Er erklärt mir, ich solle sie nicht als zusätzliche Arbeit, sondern als Arbeitsplatzversicherung begreifen.

Meine Familie wird schon langsam ungeduldig, weil ich nie da bin, ich bin erschöpft, meine Arme und mein Nacken tun mir weh, weil ich so viele Stunden am Computer zubringe, und, was noch schlimmer ist, ich stelle meine eigene Kompetenz in Frage. Aber ich habe das Gefühl, ich müßte den Miranda-Standard um jeden Preis erreichen, als ob ich nicht gut genug wäre, bis es mir gelingt.

Wenn man über Druck am Arbeitsplatz nachdenkt, dann richtet man seine Aufmerksamkeit am ehesten auf offenen Druck – wie die Androhung, gefeuert zu werden. Doch der Arbeitsplatz vermag viele der Gefühle und Beziehungen zu reaktivieren, die man bereits aus der Familie kennt, folglich entsteht auch eine ähnliche Dynamik. Wettbewerbsverhalten, Neid, Geschwisterrivalität und das Bedürfnis, es der Autoritätsperson recht zu machen, können dafür sorgen, daß man seine Grenzen erreicht und überschreitet. Die Gefahr ist groß, daß man bei dem Versuch, dem hohen Standard, den ein anderer mit anderen Bedürfnissen, Begabungen und unter anderen Umständen gesetzt hat, zu genügen, schließlich seine Familie, seine privaten Interessen und selbst seine Gesundheit für die Arbeit opfert.

Anfangs ist man sich häufig deutlich darüber im klaren, was man braucht und warum man dem emotionalen Erpresser Widerstand leistet. Doch die Mittel der Erpressung untergraben diese anfängliche Klarheit und überzeugen das Opfer davon, daß es in Wahrheit keine Ahnung hat, was es will. Mit Hilfe dieser Strategien gelingt es dem Erpresser fast immer, die Unterwerfung seines Opfers zu erreichen – wenig erstaunlich, wenn man bedenkt, daß ein Mensch, der sich widersetzt, den Mitteln der Wahrheitsverdrehung und Pathologisierung, negativen Vergleichen und einer Armee von Besserwissern ausgesetzt wird. Ja, das klingt schrecklich, aber bei all diesen Fällen handelt es sich um erlerntes Verhalten, das aufzunehmen das Opfer seinem Erpresser geholfen hat. Doch wir werden noch sehen, daß man dem Erpresser seine Mittel der Erpressung ebenso leicht abnehmen kann, wie man sie ihm ausgehändigt hat.

Kapitel 5

Das Innenleben des Erpressers

Emotionale Erpresser hassen es zu verlieren. Sie nehmen den alten Spruch »Dabeisein ist alles« und stellen ihn als »Dabeisein ist alles, wenn man nur nicht verliert« auf den Kopf. Einen emotionalen Erpresser kümmert es nicht, ob er sich Ihr Vertrauen erhalten kann, ob er Ihre Gefühle respektiert, ob er sich Ihnen gegenüber fair verhält. Die Grundregeln, die für ein gesundes Geben und Nehmen sorgen, hält er nicht ein. Gerade wenn man meint, eine stabile Beziehung aufgebaut zu haben, heißt es: »Jeder für sich!« und der Erpresser ist schnell dabei, sich den Vorteil zu sichern, während man selbst gerade nicht aufgepaßt hat.

Man fragt sich, warum ist es Erpressern so wichtig zu gewinnen? Warum tun sie ihren Partnern, Familienangehörigen, Freunden, Angestellten so etwas an? Warum ist es ihnen so über die Maßen wichtig, ihr Ziel zu erreichen, daß sie andere sogar bestrafen, wenn es nicht klappt?

Frustration als auslösendes Moment

Um verstehen zu können, was Menschen, die einem nahestehen, in emotionale Tyrannen verwandelt, muß man dorthin zurückkehren, wo die Erpressung beginnt – zu dem Augenblick, als der Erpresser etwas von einem wollte und abgewiesen wurde.

Etwas zu wollen ist nichts Verurteilenswertes. Es ist in Ordnung, sich etwas zu wünschen, darum zu bitten und herauszufinden, wie man es bekommen kann. Es ist in Ordnung, zu flehen oder zu argumentieren oder sogar ein wenig zu betteln und zu winseln – solange wie man ein festes *Nein* auch als solches gelten läßt. Es ist nicht leicht, ein Nein als Antwort hinzunehmen, und der Abgewiesene regt sich vielleicht sogar auf oder ist eine Zeitlang wütend. Aber wenn eine Beziehung funktioniert, dann zieht der Sturm vorbei, und man versucht, zu einer Übereinkunft zu finden oder einen Kompromiß auszuhandeln.

Wie jedoch in diesem Buch bereits deutlich wurde, ist dieses Ideal das genaue Gegenteil von erpresserischem Verhalten. Frustration wird zum Auslöser nicht für Verhandlung, sondern für Druck und Drohungen. Emotionale Erpresser können Frustration nicht ertragen.

Es ist schwer zu begreifen, warum sie daraus eine so große Sache machen. Schließlich mußten die meisten Menschen in ihrem Leben Enttäuschungen verkraften, ohne deshalb gleich zu Tyrannen zu werden, um sich besser zu fühlen. Man akzeptiert Enttäuschung als vorübergehenden Rückschlag und setzt seinen Weg fort. Doch in der Psyche des Erpressers symbolisiert Frustration etwas, das weit darüber hinausgeht als nur, daß man sich blockiert fühlt oder enttäuscht wird. Ihm gelingt es nicht, einfach einen anderen Gang einzulegen oder sich neu zu sammeln. Für den Erpresser ist Frustration mit tiefen, widerhallenden Verlustängsten verbunden. Für ihn ist sie eine Warnung vor unerträglichen Konsequenzen, die sofortiges Handeln verlangt.

Von der Frustration zum Verlust

Oberflächlich betrachtet scheint ein Erpresser so wie alle anderen zu sein, und oft ist er in bestimmten Bereichen seines Lebens im höchsten Maß effektiv. Aber in vielerlei Hinsicht ähnelt das Innenleben des Erpressers dem Amerika der Depressionszeit – jene schrecklichen Jahre, in denen sich das Leben unzähliger hart arbeitender Menschen vor ihren Augen aufzulösen schien und Sicherheit durch einen alles vernichtenden Mangel abgelöst wurde. Wer Menschen kennt, die diese Zeit miterlebt haben, dem wird aufgefallen sein, wie viele von ihnen noch mehr Vorräte horten und jeden Pfennig zweimal umdrehen, um sich auf einen neuen Schock, einen neuen Verlust vorzubereiten und sich damit zu versichern, daß sie niemals mehr solche Not erdulden müssen.

Emotionale Erpresser – unabhängig von ihrem bevorzugten Stil oder den angewandten Mitteln der Erpressung – handeln auf der Grundlage einer ähnlichen, von Verlusten geprägten Persönlichkeit, doch wird man dies meist erst gewahr, wenn irgend etwas geschieht, das sie in ihrer Sicherheit erschüttert oder in ihnen Verlustängste freisetzt. Ebenso wie manche Menschen Kopfschmerzen bereits als Hinweis auf einen Gehirntumor begreifen, so sehen Erpresser Widerstand als Symptom für etwas viel Schlimmeres. Selbst Frustration in geringem Maße kann bereits als potentielle Katastrophe empfunden werden, und sie sind davon überzeugt, daß die Welt ihnen etwas Lebenswichtiges vorenthalten wird, wenn sie nicht aggressiv reagieren. In ihrem Kopf spult sich ein von Verlustängsten gesteuertes Band ab:

- Das wird nicht funktionieren.
- Nie bekomme ich das, was ich will.
- Ich kann nicht darauf vertrauen, daß sich andere Menschen für meine Bedürfnisse interessieren.
- Mir fehlen die Möglichkeiten, das zu erlangen, was ich benötige.
- Ich weiß nicht, ob ich es ertrage, etwas zu verlieren, das ich will.
- Niemand kümmert sich um mich so, wie ich mich um andere kümmere.
- Immer verliere ich die Menschen, die mir wichtig sind.

Wenn solche Gedanken endlos durch ihren Kopf fließen, dann verlieren Erpresser den Glauben daran, daß sie eine Chance haben, sich durchzusetzen – es sei denn, sie entscheiden sich für ein härteres Spiel. Diese Vorstellung ist der gemeinsame Nenner für jegliche emotionale Erpressung.

126

Verlust und Abhängigkeit

Bei einigen Erpressern haben diese Überzeugungen ihren Ursprung in einer langen Geschichte von Angst und Unsicherheit. Wenn man ihr Leben weit genug zurückverfolgt, dann stößt man nicht selten auf eine Verbindung zwischen Ereignissen in der Kindheit und ihren Verlustängsten als Erwachsene.

Allen, der Geschäftsmann, dessen Frau ihn durch Erpressung davon abhielt, Pläne zu machen, in denen sie nicht vorkam, erkannte nach und nach den tieferen Grund für ihr Verhalten, als Jo in der Zeit um ihres Vaters Todestag herum besonders launisch wurde.

Ich wollte von ihr wissen, ob ich irgend etwas für sie tun könnte, um sie aufzumuntern, und sie brachte ein paar Fotos von ihrem Mittelschulabschluß zum Vorschein, die ich noch nie gesehen hatte. Ihr Vater war zwei Tage, bevor die Aufnahmen gemacht worden waren, gestorben, und sie sah wie ein ängstliches kleines Mädchen aus, das versuchte, ein lächelndes Gesicht aufzusetzen. Es stellte sich heraus, daß sie sich nach dem Tod ihres Vaters um alles allein kümmern mußte – um die Anrufe bei den Verwandten, die Organisation der Beerdigung. Sogar auf die große Feier in der Schule mußte sie sich alleine vorbereiten, auf der sie eine Rede halten sollte, bei der ihr Vater ihr geholfen hatte. Sie war gezwungen, sich zusammenzureißen, weil alle anderen Familienmitglieder zusammengebrochen waren. Kürzlich habe ich ihre Mutter danach befragt, und sie erzählte mir, daß Jo nicht einmal viel geweint hatte. Sie zog sich nur irgendwie in ihr Zimmer zurück.

Jo hat mir gesagt, daß sie niemals irgendeinen Menschen so sehr geliebt hat wie ihren Vater, und dann mit einem Mal war er nicht mehr da. Ich glaube, sie hat immer Angst, ich könnte sie ebenfalls verlassen, und deshalb klammert sie sich so sehr an mir fest, damit ich auf jeden Fall bleibe.

Emotionale Erpressung ist das einzige Mittel, das Jo kennt, um mit einer Welt fertig zu werden, der sie nicht vertrauen kann und von der sie sicher ist, daß sie ihr nehmen wird, was sie liebt. Menschen, die sich in der Kindheit mit bedeutenden Verlusten konfrontiert sahen, werden oft zu bedürftigen und übermäßig abhängigen Erwachsenen, die sich verzweifelt bemühen, Gefühlen, wie sie durch Zurückweisung, Übersehen- oder Verlassenwerden ausgelöst werden, aus dem Weg zu gehen.

Jo war eine gute Schülerin gewesen, und ihr Vater hatte sie seine Anerkennung spüren lassen, aber nichts davon reichte aus, um sie vor den bevorstehenden Ereignissen zu bewahren. Der Tod ihres Vaters sorgte dafür, daß ihr das dunkle Gefühl kindlicher Hilflosigkeit erhalten blieb und daß sie als Erwachsene versuchte, einen Ausgleich dafür herzustellen, indem sie ausgeklügelte Strategien mit dem Ziel entwickelte, sich davor zu bewahren, jemals wieder solch ungeheuren Schmerz ertragen zu müssen. Sie lernte, sich geradezu grimmig an Freunden und Beziehungspartnern festzuklammern, fand jedoch nie eine *angemessene* Ausdrucksform für ihre Angst, daß ihr die Menschen, die ihr nahestanden, fortgenommen werden könnten, ganz egal, wie sehr sie das zu verhindern suchte.

Als sie Allen heiratete, steigerten sich ihre Ängste noch. Statt sich an der Beziehung zu erfreuen, bekam sie es jedesmal, wenn Allens Pläne sie nicht einschlossen, mit der Angst zu tun. Sie war davon überzeugt, daß sie ihn nicht verlieren würde, wenn sie ihn dazu bewegen könnte, die ganze Zeit an ihrer Seite zu sein, und daß sie darüber hinaus einen Teil der Sicherheit zurückgewänne, die sie durch den Tod ihres Vaters eingebüßt hatte. Im Zentrum ihres Seins stand die Vorstellung, die viele emotionale Erpresser gemeinsam haben: Ich kann nicht darauf vertrauen, daß ich das, was ich brauche, auch bekomme, also muß ich dafür sorgen, daß jeder Vorteil bei mir liegt. Damit ist all das Klammern und sind all die Erpressungsversuche gerechtfertigt.

Ein Gemisch aus Ursachen

Es war relativ leicht, Jos Verlustängste zu ihren Wurzeln zu-rückzuverfolgen, aber denken Sie daran, menschliches Verhalten ist in der Regel äußerst komplex und wird durch eine Vielzahl physiologischer und psychologischer Faktoren bestimmt. Eine einfache Erklärung ist daher nur selten. Jeder Mensch wird mit einem besonderen Temperament und mit einer einzigartigen genetischen Prädisposition geboren – sozusagen der eigene Schaltkreis, und diese Elemente stehen in Wechselwirkung damit, wie er behandelt wird und was er über sich selbst und über seine Beziehungen zu anderen Menschen lernt. All dies trägt dazu bei, eine Existenz von innen wie von außen zu formen.

Eve, deren Künstlerfreund Elliot übersensibel auf Frustration reagierte und häufig damit drohte, sich selbst etwas anzutun, wenn er sich in Gefahr wähnte, erzählte mir einmal von einem Gespräch, das sie mit Elliots Schwester geführt hatte.

Sie lachte, als ich sie fragte, ob sie wisse, warum er immer derart in Wut gerät. Sie sagte, er sei so seit seiner Geburt. Selbst als er noch ein kleines Baby war und die Flasche nicht gleich im Mund hatte oder auch nur zwei Sekunden naß war, brüllte er so, daß fast das Haus eingestürzt wäre. Als er ein wenig älter war, terrorisierte er die Familie mit seinen Wutanfällen. Sie sagte, so sei er eben gestrickt – er sei das forderndste, bedürftigste Kind, das ihr je begegnet sei.

Dieses Kind wuchs zu einem fordernden, bedürftigen Erwachsenen heran, der immer dann einen Wutanfall bekam, wenn er fürchten mußte, sich nicht durchsetzen zu können. Ein großer Anteil von Elliots Temperament war bereits in seiner Kindheit sichtbar, auch die geringe Frustrationsschwelle.

Das Ergänzen und Verstärken solcher genetischer Faktoren durch Erziehungsberechtigte und die Gesellschaft stellt eine bedeutende Einflußnahme darauf dar, wie man sein und sich verhalten soll. Bestimmende Erfahrungen in der Kindheit, Jugend und sogar im Erwachsenenalter erzeugen mächtige Vorstellungen und Gefühle, die oft und vor allem dann an die Oberfläche zurückkehren, wenn Auseinandersetzungen anstehen oder Streß eine Rolle spielt. Die Rückwendung zu solchen alten Verhaltensmustern erfolgt, weil sie vertraut sind, beruhigende Strukturen und Vorhersagbarkeit schaffen, auch wenn sie zugleich Schmerz erzeugen mögen. Hinzu kommt die feste Überzeugung, daß solches Verhalten, selbst wenn es bei früherer Gelegenheit nicht die gewünschte Wirkung hatte, dieses Mal bestimmt zum Erfolg führen wird.

Wie Jo geben sich viele Erpresser der falschen Hoffnung hin, daß die Hilflosigkeit und Unzulänglichkeit, die sie als Kinder empfunden haben, auf magische Weise verschwinden und daß es ihnen gelingen wird, eine ungute Situation oder einen unglücklichen Elternteil »zu richten« oder für die Sicherheit zu sorgen, nach der sie sich sehnen. Sie glauben, daß sie durch die Veränderung der Gegenwart wenigstens für einige der Frustrationen in der Vergangenheit entschädigt werden.

Krise als Katalysator

Die Unfähigkeit, Frustration zu ertragen, kann auch die Reaktion auf relativ frische Unsicherheiten und Streßsituationen sein. Die Gefahr einer Manipulation durch emotionale Erpressung nimmt erheblich zu, wenn Krisen wie Trennung, Scheidung, Kündigung, Krankheit oder Ruhestand drohen, denn sie untergraben das Selbstverständnis des Erpressers als wertvoller Mensch. Meist ist er sich dessen nicht einmal bewußt, daß seine Ängste neue Nahrung erhalten haben. Er ist lediglich fähig, das zu sehen, was er im Augenblick will, und wie er es erreichen kann.

Für Stephanie bestand die plötzliche Krise aus dem Geständnis ihres Ehemannes, daß er eine kurze Affäre gehabt hatte. Bob strengte sich sehr an, die Ehe wieder auf festen Boden zurückzuführen, und kam regelmäßig zur Therapie, aber

Stephanie beharrte unerbittlich darauf, Bob immer wieder mit ordentlichen Dosen emotionaler Erpressung zu impfen und auf dem rechten Weg zu halten. Nach einem Jahr der Wut und der Vergeltung war Bob fast bereit aufzugeben. Ich sagte ihm, es würde ihr guttun, wenn sie für eine gemeinsame Sitzung mit Bob zu mir käme, und sie stimmte zu.

Sie sollten meine Situation besser verstehen als irgend jemand sonst. Ich habe all Ihre Bücher gelesen, und Sie sprechen viel davon, daß man sich nicht überfahren lassen und Konfrontationen nicht ausweichen und Grenzen ziehen soll. Ich bin mit meiner Wut vollkommen im Recht, und Bob hat es für das, was er getan hat, verdient, daß ich es ihm in gleicher Münze heimzahle.

Ich stimmte Stephanie zu, daß sie tatsächlich das Recht hatte, wütend, verletzt und schockiert zu sein, und daß ich ihren Schmerz keineswegs mißbilligte. Aber, so machte ich ihr klar, es bestehe ein großer Unterschied zwischen einer gesunden Auseinandersetzung und emotionaler Erpressung. Während sie noch Genugtuung dabei empfand, die rächende und verletzte Ehefrau zu spielen und Bob zu bestrafen, ging ihre Ehe den Bach herunter.

Stephanie verhielt sich im Verlauf der Sitzung nach und nach sichtbar weniger defensiv, und als sie unter Tränen beschrieb, was sie empfunden hatte, als Bob ihr seinen Fehltritt beichtete, wurde eine weitere Schicht erkennbar, die erklärte, warum es Stephanie so schwer fiel, ihr Bedürfnis nach Rache aufzugeben.

Es war nicht das erste Mal, daß ich mein Herz und meine Seele einem Mann geschenkt habe, der mich dann betrogen hat, und Bob wußte das. Wie konnte er sich mit einer anderen Frau treffen, wo er doch wußte, wie sehr am Boden zerstört ich war, als mein erster Mann mich auf die gleiche Weise betrogen hat? Es hat mich fast umgebracht. Was soll ich denn jetzt tun? Wie soll ich ihm jemals wieder vertrauen? Ich habe mich noch nie in meinem Leben so häßlich, so gedemütigt, so… so unzulänglich gefühlt!

Stephanie versuchte nicht nur, das zu bewältigen, was Bob getan hatte, was für sich genommen schon schwierig genug gewesen wäre, sondern zugleich auch den Schmerz der Erfahrung mit ihrem ersten Mann zu verarbeiten. Des Vertrauens in Bob und sich selbst beraubt, schlug sie mit emotionaler Erpressung zurück, der einzigen ihr bekannten Methode, mit deren Hilfe sie hoffte, die Kontrolle über das emotionale Chaos in ihrem Inneren zurückzuerlangen.

Auch wenn Episoden aus Stephanies Kindheit sicherlich einen Anteil an ihren heutigen Reaktionen hatten, konzentrierten wir uns doch auf die Parallelen in ihrem Erwachsenenleben. Als Stephanie erkannte, wie sehr der Schmerz, den sie aus ihrer ersten Ehe mitgebracht hatte, das in Gefahr brachte, was irgendwann wieder eine gute Beziehung mit Bob sein konnte, stimmte sie zu, einen meiner Kollegen aufzusuchen. Sie und Bob arbeiten hart an sich und waren fähig, diese Krise als Katalysator zu benutzen, um sich neue Bereiche der Kommunikation zu erschließen. Ich habe das Gefühl, sie werden es schaffen.

Ein märchenhaftes Leben

Am verwirrendsten sind Erpresser, die alles zu besitzen scheinen und dennoch immer mehr wollen. Es scheint unangebracht, ihr Verhalten auf Verlust zurückführen zu wollen, weil sie diesem so selten begegnet sind. Aber oft haben Menschen, die als Kinder über die Maßen behütet und verwöhnt wurden, nicht die Möglichkeit gehabt, Vertrauen in ihre Fähigkeit, mit Verlust umzugehen, zu entwickeln. Beim ersten Anzeichen, daß ihnen etwas entzogen werden könnte, geraten sie in Panik und umgeben sich mit einer Mauer aus emotionaler Erpressung.

Dies traf ohne Zweifel auf Marias Ehemann Jay, den Chirurgen, zu. Von meiner Arbeit mit Maria wußte ich, daß Jay ein Mann war, dem alles in den Schoß gefallen war. Er war durch sein Medizinstudium geeilt, hatte sich selbst einen Ruf als Wunderkind aufgebaut, indem er eine Reihe chirurgischer Eingriffe bahnbrechend veränderte, und bewegte sich leichtfüßig auf dem Parkett der renommiertesten Gesellschaft. Unwillkürlich kam mir das Wort *Anspruchshaltung* in den Sinn.

Seine Kindheit war unglaublich. Kein Mißbrauch, kein Trauma, nur Bewunderung. Sein Vater war arm und der erste in der Familie, der es aufs College schaffte. Dieser Mann war unglaublich. Er brachte sich mit harter Arbeit, Chuzpe und nur zwei Stunden Schlaf pro Nacht durch das Medizinstudium. Er hatte einen Teilzeitjob als Kellner, um genug verdienen und Jays Mutter ausführen zu können. Er erzählte mir, daß er sich geschworen hatte, seinem Sohn ein solches Leben auf jeden Fall zu ersparen. Jay war ohne Zweifel ein Goldjunge. Als er sich dazu entschied, Medizin zu studieren, scheuten seine Eltern keine Kosten, um ihn mit einer Laborausrüstung und entsprechenden Fortbildungskursen voranzubringen. Er brauchte keine Teilzeitjobs. Ihm wurde die Welt auf einem Tablett serviert – inklusive Tennisunterricht, Kaschmirpullovern und natürlich unzähligen Mädels.

Jay hatte ein außergewöhnlich privilegiertes Leben geführt – es hatte etwas Irreales. Indem er dafür sorgte, daß Verlust und Mangel im Leben seines Sohnes nicht vorkamen, hatte Jays Vater wenig dazu beigetragen, ihn auf Enttäuschungen oder Rückschläge vorzubereiten.

Ein solch märchenhaftes Leben hat zwei Nachteile: Menschen, die in einem derart sicheren Hafen aufwachsen, entwickeln unrealistische Erwartungen und glauben, daß ihnen alles, was sie brauchen, in den Schoß fallen wird. Noch schädlicher ist, daß man ihnen die Gelegenheit vorenthält, den Umgang mit Frustrationen zu üben. Jays Vater hatte trotz seiner guten Motive und bester Vorsätze aus seinem Sohn tatsächlich eine Art emotionalen Krüppel gemacht.

Als Maria seine Vorstellung in Frage stellte, daß ihm alles zustand – Karriere, Ehefrau und Geliebte –, da war sie der erste Mensch, der ihm etwas bedeutete und der ihm zugleich drohte, ihm etwas Wichtiges fortzunehmen. Jay geriet in Panik. Jemand hatte die Regeln verändert, und emotionale Erpressung war sein Mittel, um seine gewohnte Position auf der obersten Sprosse der Leiter zurückzugewinnen.

Intime Fremde

Als Jay seine Eltern dazu bewog, Maria unter Druck zu setzen, damit sie bei ihm blieb, da konnte sie kaum glauben, was sie zu ihr sagten:

Mein Gott, womit muß ich hier plötzlich umgehen? Menschen, die ich liebe und respektiere, zeigen mir auf einmal, daß sie keinerlei moralische oder ethische Überzeugungen haben. Ist es denn wichtiger, den Schein zu wahren, als Gefühle und fundamentale menschliche Anständigkeit zu zeigen?

Maria mußte zusehen, wie der Jay, der sie mit seinem Charme verführt hatte, sich in einen unredlichen, manipulativen Fremden verwandelte. Wer zu einem emotionalen Erpresser wird, der schockiert die Menschen, die ihm nahestehen, damit, wie sehr sich seine Persönlichkeit, sei es Schritt um Schritt oder überraschend schnell, verändert. Ein Großteil des Schmerzes und der Verwirrung, die durch emotionale Erpressung hervorgerufen werden, ist in der Tat darauf zurückzuführen, daß ein Mensch, den man liebt und von dem man meint, wiedergeliebt zu werden, plötzlich so besessen von seinen Wünschen und Bedürfnissen ist, daß er skrupellos auf den Gefühlen anderer herumtrampelt.

Liz hatte das Gefühl, sie verlöre die Orientierung, als Michael ihr erklärte, wie brutal er sie bestrafen würde, falls sie wieder davon spräche, ihn zu verlassen.

Wörtlich sagte er: »Das Geld, das du noch übrig hast, wenn ich mit dir fertig bin, wird nicht einmal reichen, um Hundefutter davon zu kaufen. Und verabschiede dich von den Kindern. Ich

denke darüber nach, ob ich sie mit nach Kanada nehme, damit sie sich deine Lügen über mich nicht anhören müssen.«
Und das ist der Mann, mit dem ich geschlafen habe, der mich nackt gesehen hat und vor dem ich mein Seelenleben ausgebreitet habe. Wer zum Teufel ist das?

Schuldzuweisungen, Drohungen, negative Vergleiche und andere Mittel der Erpressung sind wohl kaum das, was einen Menschen eine intime Beziehung eingehen oder an ihr festhalten läßt. Emotionale Erpresser nehmen am Leben ihrer Opfer teil, an ihrer Arbeit, an ihren Gefühlen und an ihren Geheimnissen. Und wenn sie ihre manipulativen Taktiken erst richtig zum Einsatz bringen, dann zeigen sich rasch die unangenehmeren Aspekte ihrer Persönlichkeit – Ichbezogenheit, Überreaktion, Beharren auf kurzfristigen Gewinnen selbst dann, wenn diese in langfristigen Verlusten resultieren, und der unbedingte Wunsch, ja Zwang, zu gewinnen.

Alles dreht sich nur um sie

Bei all den Erpressern, denen Sie bisher in diesem Buch begegnet sind, dreht sich alles immer nur um *ihre* Bedürfnisse, um *ihre* Wünsche; sie scheinen sich nicht im geringsten für die Bedürfnisse ihrer Opfer zu interessieren oder dafür, auf welche Weise ihr Druck diese beeinträchtigt.

Erpresser können zu Dampfwalzen werden, wenn ihrem Willen nicht nachgegeben wird, und sie sind absolut skrupellos im unbeirrbaren Verfolgen ihrer Ziele. Eine merkwürdige Art von Liebe, die so vollkommen blind ist für die Gefühle des anderen.

Meine Nominierung für die narzißtische Ruhmeshalle ist Pattys Ehemann Joe, der sich mit einer zeitgemäßen Form von Schwermut in sein Bett zurückzog, als sie ihm sagte, daß sie sich einen neuen Computer nicht würden leisten können. In einem kürzlichen Vorfall erwies sich seine Ichbezogenheit als unüberbietbar:

Joe verdient gutes Geld, aber er gibt es in der Regel so schnell wieder aus, wie keiner von uns beiden es einnehmen kann, deshalb sind wir für gewöhnlich mit allen Zahlungen im Rückstand. Letzte Woche hatten sich die Rechnungen ungewöhnlich hoch aufgetürmt, und er bat mich, meine Tante anzurufen, damit sie uns Geld lieh. Meiner Tante geht es finanziell ziemlich gut, aber sie hatte gerade erst eine Brustkrebsoperation. Ich erklärte ihm, daß ich sie damit jetzt auf keinen Fall belästigen dürfe, und ich konnte es nicht fassen, wie er mich dann unter Druck setzte. »Hier hast du ihre Telefonnummer im Krankenhaus«, sagte er. »Du mußt sie nicht einmal nachschlagen. Ruf sie jetzt an – das ist doch kein großer Akt. Sie hat ja keine Schmerzen, und du warst doch immer ihr Liebling. Warum kannst du nicht einmal diese kleine Sache für mich tun?«

Brustkrebs? Krankenhaus? Operation? Für diesen Erpresser waren das alles keine ernsthaften Hinderungsgründe. Schließlich wollte er ja etwas. *Jetzt.* Und im Moment der Dringlichkeit waren alle anderen Menschen auf dem Planeten für ihn ohne Bedeutung.

Oft hat die Ichbezogenheit des Erpressers ihre Ursache in der Annahme, daß der Vorrat an Aufmerksamkeit und Zuneigung, der ihnen zur Verfügung steht, begrenzt ist – und rasch weniger wird. Elliot ist so ichbezogen, daß es sogar bei dem Wunsch seiner Freundin, Unterricht zu nehmen, um ihre Karriere zu fördern, ausschließlich um ihn zu gehen scheint. In seiner Vorstellung würde er seine Sicherheit einbüßen, wenn er Eves Wunsch nachgäbe. Was wäre, wenn er etwas bräuchte, während sie fort war? Was wäre, wenn ihm plötzlich langweilig sein oder er sich einsam fühlen würde? Wer würde sich dann um ihn kümmern? Das Universum drehte sich nur um ihn, genauso wie in seiner Kindheit. Wieder einmal ist er der tyrannische Fünfjährige, der uneingeschränkte Aufmerksamkeit und Befriedigung von der Person fordert, von der er abhängig ist und von der er immer noch mehr will.

Aus der Mücke einen Elefanten machen

Emotionale Erpresser verhalten sich so, als ob jede noch so kleine Auseinandersetzung der Knackpunkt der Beziehung wäre. Sie empfinden derart tiefe Enttäuschung und Frustration, wenn sie auf Widerstand stoßen, daß sie jede unbedeutende Verstimmung aufblasen und von ihr Rückschlüsse auf die gesamte Partnerschaft ziehen. Warum sollte jemand eine so große Sache daraus machen, wenn man nicht mit seinen Eltern zum Essen ausgehen will, oder einen angreifen, weil man Unterricht nehmen oder einen Angelausflug machen möchte, oder wenn man einfach nicht begeistert ist von seinen Plänen? Die Heftigkeit des Verlangens eines Erpressers ist nur dann nachvollziehbar, wenn man sich klarmacht, daß er damit nicht auf die augenblickliche Situation reagiert, sondern vielmehr darauf, was diese für ihn aus der Vergangenheit heraus symbolisiert.

Durch die Dinge, die mir Eve von Elliots Herkunft erzählte, wurde seine Überzeugung deutlich, daß ein Mann seine Wünsche nicht von einer unabhängigen Frau erfüllt bekommen könne.

Ich erinnere mich daran, wie er mir von seinem Vater erzählte und wie sehr sich dieser darüber beklagte, daß er vernachlässigt wurde. Elliots Mutter muß eine wahrhaftige Pionierin in der Geschäftswelt gewesen sein. Sie hatte ein kleines Kinderbekleidungsgeschäft, das großartig lief – nur leider haßte ihr Mann es. Elliot erzählte, daß er sich vor allem an die häufige Abwesenheit seiner Mutter erinnert. Solange sie sich zu Hause aufhielt, war sie liebevoll, aber dann verschwand sie plötzlich auf eine Geschäftsreise, und er vermißte sie kläglich. Sein Vater war die meiste Zeit wütend auf sie und sagte dauernd Dinge wie: »Diese verdammten Frauen – wenn sie dich brauchen, dann hocken sie dir ständig auf der Pelle, aber wenn sie es selbst zu etwas bringen, dann vergessen sie, daß du auch noch da bist.« Ich kann mir schon vorstellen, daß solche Sätze, wenn man sie nur oft genug hört, ihre Wirkung nicht verfehlen.

Die Botschaft, die Elliot aus dieser Konstellation mitnahm, war unzweideutig: Frauen können keine liebevollen Partnerinnen sein, wenn man nicht dafür sorgt, daß sie ständig an deiner Seite sind. Wahrscheinlich würde er leugnen, eine solche Überzeugung zu besitzen, aber seine Überreaktion in bezug auf Eve zeigte deutlich, daß hier alte Dämonen aus dem Schlaf geweckt worden waren. Für Elliot stellte jeglicher Hinweis auf Unabhängigkeit bei einer Frau eine Bedrohung dar. Eve wurde zu einem Platzhalter für seine Mutter, die Frau, von der er emotional abhängig und mit der er verbunden war. Auch Eve würde ihn verlassen, so wie er sich vorstellte, daß seine Mutter seinen Vater – und ihn – verlassen hatte, indem sie so oft fort war. Jedesmal, wenn Eve aus der Tür trat, durchlebte Elliot seine alten Verlustängste aufs neue.

Wie bei jeglicher Überreaktion wird viel Lärm und Gefühl zum Ausdruck gebracht, nur die tatsächlichen, die zugrundeliegenden Emotionen werden selten ans Licht gehoben. Elliot sehnt sich verzweifelt nach Intimität, aber der Damm, den er zwischen sich und Eve errichtet, sorgt dafür, daß er sie nicht bekommt. Lassen Sie uns ansehen, was ausgesprochen wurde und was nicht, als Eve vorschlug, daß er sich zur Bearbeitung seiner Ängste professionelle Hilfe suchen möge.

Was Elliot sagte: »Du wirst losziehen und tun, was du willst, und ich werde hier allein zurückbleiben – warum also sollte ich leben? Ich bin dir doch vollkommen egal.«

Was Elliot meinte: »Ich habe Angst, weil du dich veränderst. Anfangs war ich dir genug, aber jetzt nicht mehr. Wenn du dich fortbildest, dann fürchte ich, daß du eine eigene, von mir unabhängige Karriere aufbauen könntest und daß du dann keine Zeit mehr für mich hast. Ich habe Angst, daß du einen anderen kennenlernst. Ich fürchte mich davor, daß du zu unabhängig wirst. Du wirst mich nicht mehr brauchen und mich dann verlassen.«

Aber diese Art von Mitteilungen kamen in Elliots Repertoire nicht vor. Wenn dies der Fall gewesen wäre, dann hätte er sich nicht auf die emotionale Erpressung zurückziehen müssen. Vielleicht schämte er sich wie viele Männer für seine Bedürftigkeit und seine Ängste. Die einzige Möglichkeit, die für ihn zu bestehen schien, wenn er seinen Willen durchsetzen wollte, war pathetisches und tobendes Überreagieren beim geringsten Anzeichen dafür, daß Eve an sich arbeiten wollte.

Gefühle aus vergangenen Zeiten

Roger, der Drehbuchautor, war verblüfft über die Heftigkeit, mit der ihn Alice angriff, als er auf ihren Vorschlag nicht einging, ein Baby zu bekommen. Als er sich dessen unsicher schien, was er selbst wollte, setzte sie ihm mit der klassischen Überreaktion zu.

Du hast dir sowieso nie wirklich etwas aus mir gemacht. Wie kannst du das Liebe nennen, wenn du nicht zu Schritten bereit bist, die uns einander näherbringen können? Ich habe kein Vertrauen mehr zu dir. Ich bin mir nicht einmal sicher, ob ich dich überhaupt noch liebe! Du hast ein paar wirklich ernste Probleme, und du brauchst echt Hilfe!

Eines Abends jedoch, als sie gemeinsam zum Treffen der Anonymen Alkoholiker gingen, erhielt Roger einen wichtigen Einblick in die Ängste, die hinter Alices verzweifeltem Drängen nach einer langfristigen Verpflichtung seinerseits standen. Sie erzählte der Gruppe:

Ich glaube an nichts anderes als an das Jetzt. Ich tauche in die Gegenwart ein und halte sie fest. Mein Vater war spielsüchtig. In meinen Augen war er ein strahlender Held. Aber in Wahrheit bedeutete seine Sucht für uns, daß wir einen Tag lang reich und am nächsten bettelarm waren und nicht ans Telefon gehen durften, für den Fall, daß jemand bei uns Geld eintreiben wollte. Alles, was ich als Kind besaß, konnte mir fortgenommen werden – Geld, das ich mit Babysitten verdiente, Geschenke, die mir irgendwelche Leute gemacht hatten, alles, was man ins Pfandleihhaus bringen konnte. Sogar mein Vater kam und ging. Manchmal war er wochenlang verschwunden. Ist es so falsch, ein wenig Sicherheit zu wollen, und daß sich jemand für einen entscheidet? Das scheinen mir gute Werte zu sein. Was ist denn falsch an Liebe?

Alice verbrachte Jahre mit der Angst, daß das, was sie besaß, plötzlich verschwunden sein würde, also war es kein Wunder, daß sie sich Garantien für die Zukunft wünschte. Aber wie die meisten emotionalen Erpresser wählte sie eine ungeschickte Art, um den Widerstand ihres Opfers zu überwinden.

Ihre Überreaktion, die sich in Form eines vernichtenden verbalen Angriffs auf Roger äußerte, rührte her von einem Ort in ihrem Inneren, der vor Hunger und Angst überfloß. Ganz egal, wie sehr sie Roger auch an sich band, es würde ihm nicht gelingen, diesen Ort in ihrem Inneren für sie zu füllen, selbst dann nicht, wenn er das wollte.

Durch ihre Arbeit mit den Anonymen Alkoholikern gelang es Alice zu erkennen, daß sie Roger Fesseln anlegte und daß jegliche Beziehung ihr Schwierigkeiten bereiten würde, solange sie nicht an sich arbeitete. Seither war es ihr möglich, den Druck auf Roger erheblich zu reduzieren und der Beziehung Zeit zu geben, sich auf natürliche Weise zu entwickeln.

Die Schlacht gewinnen, den Krieg verlieren

Emotionale Erpresser entscheiden eine Situation häufig mit Methoden für sich, die einen unüberwindlichen Bruch in der Beziehung verursachen. Doch der kurzfristige Sieg scheint oft für einen Triumph auszureichen – als gäbe es keine Zukunft, die man berücksichtigen müsse. »Wenn ich etwas will, dann will ich es auch«, so lautet der Standpunkt, von dem aus die meisten Erpresser operieren.

Sie scheinen auf kindliche Weise unfähig zu sein, ihr Verhalten mit den Konsequenzen in Verbindung zu bringen, und sie scheinen keinen Gedanken dafür übrigzuhaben, was ihnen bleibt, sobald sie ihr Opfer unterworfen haben.

Man kann sich nur schwer vorstellen, daß Michael, Elliot, Alice, Jay, Stephanie oder einer der anderen Erpresser, die Sie in diesem Buch bisher kennengelernt haben, tatsächlich meinen, daß ihnen irgend etwas von Wert bleibt, sobald ihr Opfer ihren Drohungen und ihrem Druck nachgegeben hat. Welche Art von Beziehung bleibt Joshs Vater mit seinem Sohn, wenn Josh seine Liebe aufgibt und ihm den Sieg verschafft hat, den sein Vater von ihm fordert? Margaret, deren Ehemann Cal sie zwang, an Gruppensex teilzunehmen, fügte sich der emotionalen Erpressung ihres Mannes, aber das war der Todesstoß für die Ehe.

Liz gewann Zeit, um sich zu sammeln, indem sie Michaels Drohungen scheinbar nachgab.

Ich rief meinen Anwalt an und bat ihn, noch eine Zeitlang zu warten. Ich hoffe jetzt darauf, daß Michael sich soweit beruhigt hat, daß er wenigstens ein vernünftiges Gespräch mit mir führt. Er ist richtig süß zu mir, weil er glaubt, daß er mich da hat, wo er will, und daß ich schließlich zu ihm komme, damit wir uns versöhnen. Die Wahrheit ist, daß ich mich nur verstelle. Ich lebe mit einem Mann, den ich nicht einmal mehr mag, geschweige denn liebe.

Jegliche Logik oder die Fähigkeit, die Konsequenzen seines Tuns zu erkennen, wird durch die Dringlichkeit verdeckt, die der Erpresser spürt, um das festzuhalten, was er hat. Er steckt in einem selbsterschaffenen Nebel aus Angst und Schuldgefühlen, der dafür sorgt, daß er nicht beachtet, wie sehr er andere Menschen mit seiner Tyrannei abstößt. Es zählt allein, sich umgehend von seinen Verlustängsten zu befreien – gleichgültig, was diese Erleichterung kosten mag.

Warum sich Bestrafung lohnt

Wenn man bedenkt, wie intensiv Erpresser Verlust fürchten, dann entsteht ein vollständigeres Bild, und es wird leichter, auszuloten, warum sie so handeln, wie sie es tun. Doch eine Frage läßt den meisten Menschen, mit denen ich über dieses Thema sprach, auch weiterhin keine Ruhe: Warum müssen sie ihr Opfer bestrafen? »Also gut«, sagen sie, »ich begreife, warum sie an uns herumnörgeln oder uns unter Druck setzen müssen oder sogar Drohungen ausstoßen, aber warum, um alles in der Welt, müssen sie uns weh tun, wenn wir nicht zulassen, daß sie sich durchsetzen?«

Häufig *scheint* es so, daß emotionale Erpressung nicht nur dafür sorgen soll, daß der Erpresser sich gut, sondern auch, daß der Erpreßte sich schlecht fühlt. Erpresser fordern – und sie erniedrigen. Bei ihrem Versuch, die Rechtmäßigkeit ihrer Forderung zu beweisen, beschmutzen sie den Charakter des Opfers und stellen seine Motive in Frage. Selbst dann, wenn sich ihre Strafandrohungen mehr gegen sich selbst als gegen ihr Opfer richten, erreichen sie ebenfalls ihr Ziel, indem sie ihr Opfer in Schuldgefühlen ertränken.

Ein offensichtlicher Grund ist der Unterschied zwischen der Art, wie Erpresser ihr Tun und ihr Motiv dafür vor sich selbst rechtfertigen – die Wahrheitsverdrehung, die Sie im vorangegangenen Kapitel kennengelernt haben –, und der tatsächlichen Wirkung ihres Verhaltens auf das Opfer. Bestrafer empfinden sich selbst nicht als strafend. Sie meinen vielmehr, daß sie für Ordnung sorgen oder die Dinge fest im Griff behalten oder das tun, »was richtig ist«, oder ihr Opfer wissen lassen, daß es sie nicht herumstoßen darf. Sie erleben sich selbst als stark und verantwortlich. Wenn ihr Verhalten ihr Opfer verletzt, dann ist das eben nicht zu ändern. Das Ergebnis rechtfertigt die Mittel.

Außerdem erleben sich viele Bestrafer selbst als Opfer. Ja, je weiter sie ihre Erpressungen treiben, desto mehr verdrehen sie die Wahrheit. Ihre außerordentliche Sensibilität und ihre Ichbezogenheit vergrößern den Schmerz noch, den sie fühlen, und dies hilft ihnen, ihre Vergeltungsaktionen für das zu rechtfertigen, von dem sie meinen, ihre Opfer täten es absichtlich, um ihnen zu schaden.

Bestrafung gestattet es Erpressern außerdem, eine aktive, aggressive Haltung einzunehmen, mit der sie sich machtvoll und unverletzlich fühlen. Diese Taktik ist äußerst wirkungsvoll, um angesichts eines scheinbar drohenden Verlusts die Ruhe zu bewahren und diesen im Vorübergehen abzufangen. Schließlich hat man wenig Zeit, sich mit Gefühlen zu beschäftigen, wenn man angeschrien oder bedroht oder wenn mit Türen geknallt wird oder wenn der andere sich weigert, mit einem zu sprechen.

Es ist eine Binsenwahrheit, daß man das, was man nicht ausspricht, in Taten ausdrückt. Wenn Bestrafer sich nur ein paar Augenblicke der Selbstprüfung gestatten würden, dann wären sie wahrscheinlich empört über die Ängste und Verletzbarkeiten, die sie entdecken würden. Es ist ein faszinierendes Paradox menschlichen Verhaltens, daß wütende, strafende Menschen meist selbst sehr ängstlich sind, doch sie stellen sich diesen Ängsten so gut wie nie und tragen nichts dazu bei, sie zu verringern. Statt dessen gehen sie auf andere los, wenn sie frustriert sind, um zu beweisen, wie stark sie sind. Sie erzeugen so viel Unglück mit ihrem Verhalten, daß sie oft ihre Lebensgefährten dazu veranlassen, sie zu verlassen. Damit sorgen sie dafür, daß das, was sie am meisten fürchten, auch tatsächlich eintrifft.

Den Schaden begrenzen

Die extremsten Erpresser sind oft jene, die jemanden verloren haben, der ihnen nahesteht, oder die sich davor fürchten, daß dies geschehen könnte, weil diese Person sich emotional zurückzieht oder weil eine Trennung oder Scheidung bevorsteht oder weil sich ein größerer Riß in der Beziehung zeigt.

Erinnern Sie sich noch an Sherry und Charles, der verheiratete Mann, für den sie arbeitete und der ihr drohte, sie zu feuern, wenn sie ihre Affäre beendete?

In einem Moment bin ich die schönste, aufregendste, interessanteste Frau auf der Welt, aber sobald ich ihm sage, daß ich mich wie in einer Sackgasse fühle und mich lösen muß, damit ich mein Leben voranbringen kann, bin ich eine kaltherzige

Hexe, der all der Streß, unter dem er steht, egal ist und die
nicht sieht, wie sehr er sich darum bemüht, die Sache ins reine
zu bekommen. Dann erklärt er mir, daß er immer nur gibt,
gibt, gibt, während ich immer nur nehme, nehme, nehme – wo-
mit er die tatsächliche Situation um genau 180 Grad dreht.
Ach ja, und plötzlich findet er in meiner Arbeit überall Fehler.
Wenn es sein Ziel ist, mein Leben zu ruinieren, dann ist er auf
dem richtigen Weg. Wie kann er sich so gegen mich wenden?

Konfrontiert mit dem bevorstehenden Verlust seiner jungen
Geliebten und der Erkenntnis, daß seine Drohungen wirkungs-
los geblieben waren, tat Charles etwas, um seinen Schmerz zu
reduzieren: Er entwertete sie. Wenn es ihm gelang, sie weniger
begehrenswert, weniger wertvoll zu machen, dann würde er
nicht so viel einbüßen und sein Verlust wäre bedeutend geringer. Schließlich fällt es leichter, sich von beschädigten Dingen
zu trennen. Außerdem würde er ihre Kündigung rechtfertigen
können, indem er den Wert ihrer Arbeit herabsetzte. Doppelte
Entwertung, doppelte Bestrafung.

Entwertung ist eine weitverbreitete Taktik bei wütenden
emotionalen Erpressern. Sie mildert den Schmerz der Auseinandersetzung und erlaubt es ihnen, ihre Verlustgefühle her-
unterzuspielen. Doch damit konfrontieren sie ihr Opfer mit
einer verwirrenden Doppelbotschaft. Ihr Verhalten impliziert:
»Du taugst nichts, aber ich bin bereit, alles zu tun, um dich
zu halten« – ein weiterer Hinweis darauf, wie verzweifelt sie
sind.

Selbst wenn es das letzte auf der Welt für sie ist, eine Beziehung zu beenden, ergreifen sie, wenn sie merken, daß es ihrem
Partner ernst ist, häufig die Initiative, um den Schlußstrich zu
ziehen. Ihre aggressive Haltung gibt ihnen das Gefühl, die Kontrolle aufrechtzuerhalten, und sie wahren ihr Gesicht nach der
alten Maxime: »Laß mich gehen, bevor du mich feuerst.«

»Das wird dir eine Lehre sein!«

Wie Eltern, die meinen, daß Bestrafung den Charakter eines Kindes formt, sind emotionale Erpresser davon überzeugt, daß sie ihrem Opfer mit seiner Bestrafung helfen. Statt Schuldgefühle oder Gewissensbisse zu entwickeln, weil sie einen Menschen, der ihnen so wichtig ist, verletzen, gelingt es ihnen tatsächlich, Stolz zu empfinden. Sie machen einen besseren Menschen aus ihrem Opfer, behaupten sie.

Alex, der Verführer, den ich Ihnen im zweiten Kapitel vorgestellt habe, war davon überzeugt, daß er seiner Freundin Julie damit einen großen Gefallen tat, wenn er ihr Hilfe und Kontakte versprach, sein Angebot jedoch zurückhielt, bis sie »den Anforderungen entsprach«.

Er erklärte mir, daß es für mich am besten sei, wenn ich meinen Sohn zu meinem Ex schicken würde. Alles geschah unter der Prämisse: »Du legst dir selbst Fesseln an« und »Ich will nur, daß du dein volles Potential ausschöpfst.« In Wahrheit wollte er mich jedoch nur für sich allein, ohne meinen kleinen Jungen. Stimmt, er war wirklich großzügig.

Beleidigungen und Infantilisierung werden ebenfalls zu dem Satz: »Es ist nur zu deinem Besten«, rationalisiert. In der Regel steckt sehr viel weniger Bosheit dahinter, als man annehmen möchte. Die meisten Erpresser glauben wirklich daran, daß sie ihren Opfern wertvolle Lehren mit auf den Weg geben. Charles meinte es vollkommen ernst, als er zu Sherry sagte: »Du mußt etwas über Loyalität lernen. Das ist in dem Beruf das absolut Wichtigste.«

Lynn und Jeff, die sich gegenseitig erpreßten, glaubten ebenfalls, daß jeder von ihnen den Charakter des anderen verbesserte. »Sie muß lernen, daß sie Menschen so nicht behandeln darf«, erklärte Jeff mir nach einer ihrer Auseinandersetzungen und glaubte fest daran, daß er ihr beibrachte, »weniger zänkisch« zu sein. Und Lynn empfand ihr Handeln ebenfalls als

Training. »Wenn ich ihn genug demütige, dann kommt er vielleicht einmal von seinem Hintern hoch und beschafft sich eine Halbtagsstelle«, sagte sie. »Manche Menschen brauchen einen Tritt in den Hintern, um sich in Bewegung zu setzen.«

Es ist unübersehbar, vor allem für den Empfänger solcher Bestrafungsaktionen, daß diese nicht die Resultate bringen, auf die der Erpresser hofft. Dennoch lohnt es sich für den Erpresser, an dieser falschen Vorstellung von Bestrafung als Training festzuhalten. Er ist bereit, nahezu alle unangenehmen Konsequenzen zu ertragen, um sein Opfer als Dummkopf darzustellen. Auf diese Weise kann er jegliche Selbstprüfung und jeden Hinweis darauf vermeiden, daß etwas in ihm selbst die Liebe oder Verbindung vertreibt, nach der er sich so verzweifelt sehnt.

Alte Schlachten, neue Opfer

Wie bereits deutlich wurde, können aktuelle Streßsituationen im Leben des Erpressers alte Wunden aufbrechen lassen, und er geht auf ein Opfer los, das zum Stellvertreter für eine Person aus der Vergangenheit geworden ist. Wenn das passiert, dann kann die Bestrafung eines Erpressers aus heiterem Himmel kommen und vollkommen unerwartet sein.

Michael, vielleicht der unverfrorenste Bestrafer, dem ich bisher begegnet bin, erschien Liz, die unter seinen Tiraden gänzlich erstarrte, immer mehr wie ein Monster. Als ich sie fragte, woran es liegen könnte, daß er so gemein zu ihr war, schwieg sie einen Moment und sagte dann:

Wenn ich ernsthaft darüber nachdenke, dann komme ich zu dem Schluß, daß Michael wie ein Pulverfaß war, das kurz vor der Explosion stand. Seit seinem 14. Lebensjahr arbeitet er hart im Familienunternehmen mit. Sie verkaufen Büroeinrichtungen und sind damit ziemlich erfolgreich. Michael hatte nie wirklich Gelegenheit, Kind zu sein. Er war gut im Sport – er ist noch immer recht athletisch –, aber seine Eltern haben ihm nie

146

erlaubt zu spielen. Er mußte Inventur machen oder das Geschäft putzen oder die Kasse bedienen.

Anfangs, als wir noch miteinander ausgingen, machten wir einmal eine Fahrt nach Chicago, und er wußte alles über die Gebäude dort. Und er erzählte mir, daß es sein großer Traum gewesen war, Architektur zu studieren. Aber sie haben ihn nie ziehen lassen, und schließlich hat er es aufgegeben. Er ist so verantwortungsbewußt. Ich weiß, daß er wütend auf sie ist, obwohl er nie ein Wort zu ihnen gesagt hat und das auch nie tun wird. Aber ich finde nicht, daß ihm das das Recht gibt, alles an mir auszulassen.

Ich stimmte Liz zu, daß es keine Entschuldigung für die Art von verbalen Angriffen und Drohungen gab, die Michael auf sie losließ. Aber es war wichtig für sie zu erkennen, daß Michaels Kritik an ihr und sein Ärger über ihre angeblichen Fehler nichts mit ihr zu tun hatten, auch wenn es ihr schwerfiel, sie nicht persönlich zu nehmen. Wenn es Liz zuviel wurde und sie damit drohte, ihn zu verlassen, dann erreichten seine Strafaktionen ihren Höhepunkt. Seine Angst davor, daß Liz fortgehen könnte, erweckte die verdrängten Frustrationen, die Liz erkannt hatte, wieder zum Leben.

Wenn Michael dazu fähig gewesen wäre, seine Gefühle auszudrücken, dann hätte er ihr vielleicht gesagt: »Bitte zerstöre mir nicht wieder meine Träume. Seit ich ein Teenager war, hat man mich enttäuscht, mich verletzt und mir Verluste zugefügt, und ich habe nie wirklich das bekommen, was ich wollte. Keiner hat sich für mich interessiert, und das tut noch immer weh. Wie konnten meine Eltern nur alles zerstören, was ich liebte, und mich dazu zwingen, diese Arbeit zu tun, die ich hasse? Und jetzt willst du mich verlassen? Ich kann es nicht ertragen, daß es schon wieder geschehen soll. Wieviel Enttäuschung glaubst du kann ich ertragen?«

Diese kleine Rede ist voller Gefühle, die er von Rechts wegen an seine Eltern richten müßte, aber da er ein Leben lang von ihnen kontrolliert wurde, fühlte er sich nie sicher oder stark genug, um sie vor ihnen zu halten. All die Trauer und Wut, die Michael angesammelt hatte, waren nicht verschwunden. Sie explodierten in sein Leben hinein. Er verwechselte Liz, die er liebte, mit den Eltern, denen zu grollen er gelernt hatte.

Eine starke Bindung aufrechterhalten

Es erscheint sonderbar, aber seine Strafaktionen sorgen dafür, daß der Erpresser eine starke emotionale Bindung zu seinem Opfer aufrechterhalten kann. Der Erpresser weiß, daß er durch die Erzeugung einer aufgeladenen Atmosphäre die Gefühle seines Opfers für ihn aktiviert, und selbst wenn diese negativ sind, so hat er doch eine starke Bindung geschaffen. Vielleicht haßt das Opfer den Erpresser, aber solange es seine Aufmerksamkeit auf ihn richtet, ist der Erpresser weder verlassen noch gleichgültig aufgegeben worden. Bestrafung erhält eine Menge Leidenschaft und Hitze in einer verletzten Beziehung aufrecht.

Allens Exfrau Beverly fuhr damit fort, ihn auf die denkbar schmerzhafteste Weise zu bestrafen – indem sie ihre gemeinsamen Kinder als Waffe einsetzte. Allen und Beverly hatten eine bittere Scheidung durchlebt. Obwohl ihre Ehe für beide nur noch Unglück und Streß mit sich brachte, wollte nur er die Scheidung, sie aber nicht. Und Beverly kämpfte mit Zähnen und Klauen um ihn. Sie hatten ein paarmal versucht, sich zu versöhnen, und sogar eine Beratungsstelle aufgesucht, aber ohne Ergebnis.

Sie wußte, was die Kinder mir bedeuten. Ich glaube nicht, daß die meisten Menschen wirklich verstehen, wie es sich für einen Vater anfühlt, seine Kinder nicht jeden Tag sehen zu dürfen, vor allem, wenn sie noch klein sind. Ich mußte mich von Beverly scheiden lassen, aber ich wollte mich nicht von meinen Kindern trennen. Anfangs drohte sie mir damit, daß ich meine Kinder nie wieder sehen würde, wenn ich sie verließe. Sie würde den Staat, ja vielleicht sogar das Land verlassen. Ich geriet in Panik. Ich konnte nicht mehr gerade denken. Ich kenne Frauen, die das getan haben – zum Teufel, ich kenne Männer, die ihren Exfrauen das angetan haben.

Doch alle Beteiligten kamen schließlich zur Ruhe, und Allen erhielt ein freizügiges Besuchsrecht. Ihm und Beverly gelang es, höflich miteinander umzugehen, und sie hielt sich an die vom Gericht gemachten Auflagen. Aber seine zweite Ehe mit Jo setzte die Erpressungsmaschinerie wieder in Gang.

Jetzt, wo ich jemanden gefunden habe, der mir wirklich wichtig ist, kann sie es nicht aushalten. Ich vermute, solange ich noch allein war, glaubte sie, es gebe noch eine Chance. Ich weiß, daß sie noch recht bittere Gefühle hat. Also rächt sie sich jetzt wieder über die Kinder an mir. Komme ich nur zehn Minuten zu spät, wenn ich sie abhole, dann ist sie gerade mit ihnen irgendwo hingegangen. Es ist fast eine Stunde Fahrzeit dorthin, wo sie leben, und ich kann nicht immer auf die Minute pünktlich sein. Letzte Woche mußte ich anderthalb Stunden auf sie warten. Als sie dann in die Einfahrt einbog, sagte sie: »Ich werde meine Zeit nicht damit verschwenden, daß ich auf dich warte. Woher soll ich wissen, ob du überhaupt kommst?« Von mir erwartet sie, daß ich dieses Verhalten klaglos schlucke. Aber wenn ich einmal die Termine verschieben muß, dann dreht sie durch. Und wenn das Geld für die Kinder, das ich ihr bezahle, auch nur einen Tag zu spät ankommt, dann ist sie sofort am Telefon und droht mir, daß sie mich wieder vor Gericht ziehen will, um meine Besuchszeiten reduzieren zu lassen. Großer Gott, wir reden jetzt häufiger miteinander als damals, als wir noch verheiratet waren!

Allens Exfrau hat bisher weder ihn noch die Ehe loslassen können. Und wie viele emotionale Erpresser – Männer wie Frauen – bedient sie sich der mächtigsten Waffen in ihrem Arsenal, um eine emotionale Bindung zu ihm aufrechtzuerhalten: der Kinder. Allen und Beverly sind rechtlich geschieden, aber die psychologische Scheidung ist noch nicht durch.

Der Einsatz der Kinder als Faustpfand gegen den nicht sorgeberechtigten Elternteil ist eine der ältesten und grausamsten Formen emotionaler Erpressung. Höhere Hürden gibt es nicht. Wegen der Intensität der beteiligten Gefühle ist diese Methode besonders wirkungsvoll. Sie sorgt dafür, daß Menschen, die sich einmal liebten, in einem schrecklichen Kampf, bei dem jeder verliert, miteinander verbunden bleiben.

Es hat nichts mit dem Opfer zu tun

Das wichtigste Ergebnis dieser Reise durch die Psyche des emotionalen Erpressers ist, daß emotionale Erpressung sich so *anhört*, als habe sie etwas mit dem Opfer zu tun, sich so *anfühlt*, als habe sie etwas mit dem Opfer zu tun, doch tatsächlich meistens *überhaupt nichts mit dem Opfer zu tun hat*. Vielmehr hat sie ihren Ursprung im unsicheren Inneren des Erpressers, das er zu stabilisieren sucht. Der Großteil der Schuldzuweisungen, Wahrheitsverdrehungen und der Selbstgerechtigkeit, die dafür gesorgt haben, daß das Opfer sich schlecht fühlt – und deshalb dem Druck des Erpressers nachgibt –, ist nicht begründet. Er beruht auf Furcht. Er beruht auf Angst. Er beruht auf Unsicherheit. Und Furcht, Angst und Unsicherheit wohnen im Erpresser. Häufig hat emotionale Erpressung mehr mit der Vergangenheit zu tun als mit der Gegenwart, und ihr Zweck ist es mehr, die Bedürfnisse des Erpressers zu befriedigen, als das Opfer dessen zu beschuldigen, was es getan oder nicht getan hat.

Das heißt nicht, daß das Opfer nicht der Angelpunkt im Prozeß der Erpressung ist. Denn schließlich ist Erpressung ohne die Kapitulation des Erpreßten nicht möglich. Mithin ist es nun also an der Zeit, die Faktoren im Inneren des Opfers zu untersuchen, die es erpreßbar machen.

Kapitel 6

Das Innenleben
des Erpressungsopfers

Der Prozeß der Erpressung setzt immer zwei beteiligte Personen voraus. Er stellt eine Vorführung dar, die nur im Duett funktioniert; ein Erpresser allein kann ohne die aktive Mitwirkung des Erpreßten nichts ausrichten.

Mir ist klar, daß es sich oft nicht so anfühlt, und ich weiß, wie leicht man in bezug auf das eigene Verhalten in die Defensive gerät. Es ist immer bequemer, sich auf das zu konzentrieren, was der andere tut, statt die eigenen Anteile anzuerkennen und auf den Tisch zu legen. Um jedoch Erpressungen Einhalt gebieten zu können, ist es notwendig, die Aufmerksamkeit nach innen zu richten und die Elemente zu betrachten, die dazu geführt haben, daß Sie, oft ohne Ihr Wissen, bei der emotionalen Erpressung mitmachen.

Bitte denken Sie daran, wenn ich davon spreche, daß Sie Anteil an Ihrer emotionalen Erpressung haben, dann meine ich nicht, daß Sie sie hervorrufen oder verursachen, sondern vielmehr, daß Sie sie zulassen. Vielleicht sind Sie sich nicht einmal darüber im klaren, daß die Forderungen eines anderen Menschen an Sie unvernünftig sind. Möglicherweise glauben Sie, daß Sie nur eine gute Ehefrau oder ein guter Angestellter oder ein guter Sohn beziehungsweise eine gute Tochter sind – indem Sie die Vorlieben der anderen Person nur deshalb akzeptieren, ohne sie zu hinterfragen, weil man Ihnen beigebracht hat, daß es so zu sein hat.

Oder aber die Erpressungsversuche sind Ihnen bewußt, doch Sie vermögen ihnen keinen Widerstand entgegenzusetzen, weil der Druck des Erpressers in Ihnen beinahe programmierte Reaktionen freisetzt, die Sie automatisch und impulsiv handeln lassen. Denken Sie daran, daß nicht jeder auf emotionale Erpressung mit Unterwerfung reagiert. Wenn dies jedoch bei Ihnen der Fall ist, dann möchte ich Ihnen zu verstehen helfen, wie und warum Sie das tun. Bitte beginnen Sie damit, indem Sie über die folgenden Fragen nachdenken und sie für sich beantworten.

Wenn Sie mit Druck durch den Erpresser konfrontiert sind:

- Schelten Sie sich dann unablässig, weil Sie seinen Forderungen nachgeben?
- Sind Sie oft frustriert und ärgerlich?
- Haben Sie Schuldgefühle und glauben Sie, daß Sie ein schlechter Mensch sind, wenn Sie nicht nachgeben?
- Fürchten Sie, daß die Beziehung auseinanderbricht, wenn Sie sich nicht fügen?
- Sind Sie dann die einzige Person, an die dieser sich in einer Krise wenden kann, obwohl es auch andere gäbe, die helfen könnten?
- Glauben Sie dann, daß die Verpflichtung, die Sie diesem Menschen gegenüber empfinden, größer ist als jene sich selbst gegenüber?

Wenn Sie auch nur eine dieser Fragen mit Ja beantworten, dann unterstützen Sie mit Ihrer Reaktion auf Druck die Entstehung eines für emotionale Erpressung idealen Klimas.

Wunde Punkte

Woher kommt es, daß manche Menschen, ganz gleich wie klug oder gesammelt sie sind, sich emotionaler Erpressung ungeschützt ausgeliefert fühlen, während andere Versuche dieser Art einfach an sich abgleiten lassen? Die Antwort auf diese Frage hängt mit den empfindlichen Punkten, mit den sensiblen Bündeln emotionaler Nerven zusammen, die es in jedem Menschen gibt. Jeder dieser wunden Punkte ist wie eine Batterie, die mit unerledigten psychologischen Belangen aufgeladen ist – mit aufgestautem Groll, Schuldgefühlen, Unsicherheiten und Verletzbarkeiten. Wunde Punkte werden durch das Grundtemperament und die Empfindlichkeiten eines Menschen in Verbindung mit seinen Erfahrungen aus der Kindheit geformt. Jeder dieser Punkte enthüllt, wenn er berührt wird, lebendige Schichten der persönlichen Lebensgeschichte – wie man behandelt wurde, welches Selbstbild man in sich trägt, und wie man durch Eindrücke von außen beeinflußt wurde.

Die Gefühle und Erinnerungen, die an diesen wunden Punkten abgelegt wurden, können vor sich hin schwelen, und wenn man durch ein aktuelles Ereignis an etwas erinnert wird, das man tief in seinem Inneren vergraben hat, dann vermag dieses Ereignis Reaktionen auszulösen, die jegliche Logik oder Rationalität ausblenden und jenes reine Gefühl anzapfen, das schon so lange aufgespart wurde und deshalb Kraft sammeln konnte. Nicht immer kann man sich daran erinnern, wie es ursprünglich zur Bildung dieser wunden Punkte kam, und wenn es um die Komplexität der Frage geht, warum man die Dinge so macht, wie man es tut, dann sind Ursache und Wirkung meist nicht zu fassen. Haben Sie sich jedoch je gefragt, wohin die Gefühle und Erfahrungen, die Sie in sich zum Schweigen gebracht haben, verschwunden sind, dann ist es lohnenswert, sich die wunden Punkte näher anzusehen.

Reiserouten für den Erpresser
Mit den Jahren findet sich in der emotionalen Landschaft eines Menschen eine immer größere Zahl solcher wunder Punkte, und viele verbringen einen Großteil ihrer Zeit damit, diesen schmerzenden Stellen aus dem Weg zu gehen. Tatsächlich kann die am weitesten verbreitete Strategie im Umgang mit diesen empfindlichen Orten in wenigen Worten zusammengefaßt werden: eine Berührung mit ihnen um jeden Preis vermeiden. Man ist sich dessen, was man tut, vielleicht nicht bewußt, aber indem man diesen Weg der Vermeidung wählt, offenbart man sich deutlicher, als einem auf Anhieb klar wird. Indem man auf Zehenspitzen jene wunden Punkte zu umgehen versucht, fer-

tigt man praktisch einen Lageplan von ihnen an, den Menschen, die einen gut kennen, nicht übersehen können.

Man weiß nur zu genau, worauf die Menschen, mit denen man vertraut ist, empfindlich reagieren; es ist kein Geheimnis, wenn ein Freund Angst vor Wut hat oder Schuldzuweisungen anzieht. In der Regel geht man mit diesem Wissen jedoch mitfühlend um und setzt es nicht zum eigenen Nutzen ein. Solange sich ein emotionaler Erpresser sicher fühlt, verzichtet er ebenfalls darauf. Doch angesichts von Widerstand flackern seine Verlustängste auf. Er legt sein Mitgefühl ab und nutzt nun auch das kleinste Wissen, welches er von seinem Opfer hat, um die Oberhand zu behalten.

Was die Erpressung ermöglicht

Um sich vor der Berührung der wunden Punkte zu schützen, entwickelt der Mensch eine ganze Reihe besonderer Eigenschaften. Sie sind so fest mit der Persönlichkeit verwachsen, daß sie auf den ersten Blick vielleicht gar nicht als Verteidigungsstrategien gegen das, was man fürchtet, zu erkennen sind. Doch wenn man sie näher betrachtet, dann stellt man fest, daß sie aufs engste mit jenen wunden Punkten in Beziehung stehen. Ironischerweise sind es gerade diese Schutzmechanismen, die einen Menschen erpreßbar machen:

- ein übermäßiges Bedürfnis nach Lob,
- eine ausgeprägte Angst vor Wut,
- ein starkes Harmoniebedürfnis,
- die Tendenz, sich zu sehr für das Leben anderer Menschen verantwortlich zu fühlen,
- ein hohes Maß an Selbstzweifeln.

In einem vernünftigen Maß ist keiner dieser Persönlichkeitszüge schädlich. Tatsächlich werden einige von ihnen sogar als positiv empfunden und belohnt, wenn sie gewisse Grenzen nicht überschreiten. Doch wenn sie einen Menschen bestimmen und mit seinen intelligenten, zuversichtlichen, sicheren und nachdenklichen Anteilen im Widerstreit liegen, dann werden sie zur Basis für Manipulation.

Bei der Untersuchung dieser Eigenschaften und Verhaltensweisen wird sich herausstellen, welch großer Anteil der Reaktionen des vermeintlichen Opfers auf die Manipulationen des Erpressers tatsächlich auf Gefühle aus der Vergangenheit zurückzuführen ist. Achten Sie auch darauf, wie oft der Erpreßte durch ebenjene Reaktionen betrogen wird, von denen er hoffte, daß sie ihn schützen würden.

Der Lobsüchtige

Es ist vollkommen normal, nach der Anerkennung der Menschen zu streben, die einem wichtig sind. Wenn man sie jedoch haben muß und sie zu einer Droge wird, ohne die man nicht sein kann, dann richtet man den Scheinwerfer auf einen wunden Punkt, den der Erpresser leicht ins Visier nehmen kann.

Im Vorwort habe ich von meiner Klientin Sarah erzählt, die sich ihrem Lebensgefährten Frank andauernd beweisen mußte. Jedesmal, wenn sie einen seiner Tests bestand, sonnte sie sich im Licht seines Beifalls. Doch immer dann, wenn sie auf seine Tests mit Protest reagierte, zog er seine Zustimmung ab, und sie fühlte sich entsetzlich. Also versuchte sie, einen ununterbrochenen Fluß der Bejahung aufrechtzuerhalten, indem sie seinem Druck nachgab – selbst dann, wenn ihr das, was er wollte, gegen den Strich ging.

Ich kann es nicht ertragen, wenn er sich über mich ärgert. Als ich ihm sagte, daß ich mir das Wochenende nicht so vorgestellt hatte, daß wir die Zeit damit zubringen würden, die Hütte anzustreichen, schüttelte er nur seinen Kopf und ging auf die Veranda. Ich folgte ihm dorthin, und er sagte, er könne es nicht fassen, wie verwöhnt und kindisch ich sei. Ich fühlte mich verletzt und sehr unsicher. Also ging ich hinein, zog mir ein paar alte Sachen an und ergriff einen Pinsel. Dann erhielt ich die-

ses breite Lächeln und eine Umarmung von ihm und konnte wieder atmen.

Sie hatte ihren »Schuß« bekommen. Es ist nichts Falsches daran, sich nach Zustimmung zu sehnen oder danach zu suchen. Doch Lobsüchtige brauchen eine ununterbrochene Zufuhr davon und glauben, daß sie versagt haben, wenn sie den konstanten Fluß nicht aufrechterhalten können. Sie meinen, so lange nicht in Ordnung zu sein, bis ein anderer es ihnen bestätigt, und ihr Sicherheitsgefühl ist nahezu vollständig von äußerer Wertschätzung abhängig. Das Motto der Lobsüchtigen lautet: »Wenn ich keine Zustimmung finde, dann habe ich etwas falsch gemacht.« Oder noch schimmer: »Wenn ich keine Zustimmung finde, dann stimmt etwas nicht mit mir.«

Sarahs Beschreibung, wie vernichtet sie sich fühlte, wenn Frank sich über sie ärgerte, läßt ein zwanghaftes Bedürfnis nach Bejahung erahnen und ein Entsetzen davor, was geschehen würde, wenn ihr diese Zustimmung versagt bliebe. Diese Angst ist mit jener zu vergleichen, die ganz kleine Kinder empfinden. In der Phantasie eines Kindes sind die Folgen des Verlusts von Zuwendung eine Katastrophe. »Ich habe etwas getan, das Papa (oder Mama) nicht gefallen hat. Papa hat sich über mich geärgert. Papa hat mich nicht mehr lieb. Vielleicht will Papa mich jetzt loswerden. Ich werde allein sein und sterben.«

Sarah fand heraus, daß die Verbindung, die sie zwischen Bejahung und Überleben herstellte, nicht so sehr etwas mit ihren Eltern zu tun hatte, dafür aber um so mehr mit ihrer Großmutter, die sich um sie kümmerte, während ihre Eltern arbeiteten.

Gott, sie war übermächtig! Sie lebte in einer Wohnung, die meine Eltern im Parterre für sie eingerichtet hatten, und dorthin ging ich jeden Tag nach der Schule. Sie hat mich ständig kritisiert – sie sagte mir, ich sei zu laut und zu faul. Sie erklärte, Gott möge faule Mädchen nicht und deshalb würden sie manchmal fortgeschickt. Ich glaube nicht, daß sie gemein sein wollte, und ich bin sicher, irgend jemand hatte ihr, als sie klein war, etwas

156

ebenso Lächerliches erzählt. Aber mich erschreckte sie damit zu
Tode. Sie brachte mir einen Leitsatz bei, den ich wahrscheinlich
nie werde vergessen können: »Gut, besser, am besten. Gib dich
nie damit zufrieden, bis gut besser und besser am besten ist.«

Sarah lernte viele Lektionen bei ihrer Großmutter, die sie in-
nig liebte und mit der sie in ihren prägenden Jahren viele Stunden verbrachte. Manche dieser Lektionen erwiesen sich als
nützlich, andere als weniger hilfreich. Sie fand heraus, daß sie
ein liebes Mädchen und daher in Sicherheit war, wenn sie sich
auf eine Weise verhielt, die ihr die Zustimmung ihrer Großmutter einbrachte. Doch sie mußte auch feststellen, daß das,
was sie tat, für ihre perfektionistische Großmutter nie wirklich
gut genug war, und daß das schwer faßbare Beste sich immer
gerade außerhalb ihrer Reichweite befand.

Die Gefühle, die Sarah im Zusammenhang mit Frank beschreibt – ihr Zwang, ihn zufriedenstellen zu müssen, und ihre
Angst vor Mißbilligung, die beinahe schon ein Eigenleben füh-
ten –, sind allen Lobsüchtigen wohlvertraut und ein sicheres
Zeichen dafür, daß jemand den Finger auf einen wunden Punkt
gelegt hat.

Als Kind braucht man die Anerkennung der mächtigen Gi-
ganten, die sich um einen kümmern, und der Geist dieses kindlichen Bedürfnisses kann einen Menschen auch dann noch verfolgen, wenn man schon längst gelernt hat, für sich selbst zu
sorgen. In dem Zuhause, in dem Sarah aufgewachsen war,
wurde Liebe auf der Basis ihres Verhaltens beziehungsweise
ihrer Leistung gegeben und entzogen, und sie entwickelte ein
gieriges Verlangen nach Bestätigung durch andere. Frank zapfte
dieses Verlangen an, indem er seinen »Applaus« und seine Zuneigung zurückhielt. Sarah wußte auf der Verstandesebene,
daß es ihr nie gelingen konnte, jeden Menschen hundertpro-
zentig zufriedenzustellen – aber sie spürte den Zwang, es wenigstens zu versuchen.

Sarahs Aufmerksamkeit war vollständig auf Franks Zustimmung ausgerichtet. Maria, die versuchte, dem Druck zu widerstehen, dem ihr Mann sie aussetzte, nachdem sie herausgefun-

den hatte, daß er sich mit anderen Frauen traf, sah sich von einer vollkommen anderen Sorge beherrscht: Was werden die Leute denken?

Scheidung kommt in meiner Familie und bei den Menschen, die mir nahestehen, nicht vor. Wenn das in Ihren Augen altmodisch klingt, nun gut, Sie haben recht. Ich bin altmodisch, und ich bin stolz darauf. Ich kann die Vorstellung nicht ertragen, daß es mir nicht gelingt, diese Ehe zu retten. Schon der Gedanke, was geschehen würde, wenn ich Jay verließe, ist unerträglich. Was werden die Leute denken? Mein Leben würde auseinanderbrechen. Meine Eltern werden sich über mich ärgern und seine Eltern und meine Kinder und mein Priester. Sie werden glauben, daß ich nicht den Mumm hatte, durchzuhalten und um meine Ehe zu kämpfen.

Als Maria die Gründe aufzählte, warum sie bei Jay bleiben sollte, übte das Gewicht der Familientradition und -geschichte wie auch der Gemeinde solchen Druck auf sie aus, daß sie scheinbar keine Wahl hatte und bleiben mußte. Sie war sich sicher, daß sie ihre Prinzipien aufgeben würde, wenn sie eine Scheidung ernsthaft in Erwägung zöge. Doch während wir miteinander arbeiteten, erkannte Maria, daß die Leitsätze, die für sie eine so große Bedeutung gehabt hatten, ihr nur aufoktroyiert worden waren – die Überzeugungen, die sie so vehement verteidigte, waren nicht einmal ihre eigenen –, und daß ihr Bild von einer guten Familie oder einer guten Ehe weit über »ein Zusammenbleiben um jeden Preis« hinausging.

Obwohl sich diese Erkenntnis für Maria befreiend anfühlte, zögerte sie dennoch, die Überzeugungen, die sie langsam in sich freilegte, zu erforschen oder auszudrücken, weil es von so großer Bedeutung für sie war, die Zustimmung ihrer Verwandten, Freunde und ihrer Gemeinde aufrechtzuerhalten. Diese Frau, die einen anspruchsvollen Job gut meisterte, ihren Haushalt im Griff hatte, zwei wunderbare Kinder großzog und nebenbei als Kirchenmitglied und in ihrem sozialen Umfeld aktiv war, wurde hilflos wie ein Kind, wenn sie sich vorstellte, die Menschen, die ihr etwas bedeuteten, könnten ihr ihre Zustimmung entziehen. Als wir nach den Ursachen für ihren Hunger nach Anerkennung suchten, ein Prozeß, der viele Wochen dauerte, erinnerte sich Maria an etwas, was sie bisher immer für einen unbedeutenden Vorfall im ersten Jahr ihrer High-School-Zeit gehalten hatte.

Ich war immer eine unauffällige, gute Schülerin gewesen, doch eines Tages gegen Ende des Schuljahres machte mein Freund Danny, die Liebe meines Lebens, den Vorschlag, die letzte Stunde ausfallen zu lassen, was ohnehin keiner bemerken würde, und statt dessen an den Strand zu gehen. So geschah es, und ich hatte die Angelegenheit schon bald vergessen. Aber ein paar Tage danach wollte mein Vater von mir wissen, ob ich ihm nicht irgend etwas zu sagen hätte. Als ich antwortete, ich wüßte nicht was, entgegnete er, daß er es nicht glauben könne, von seiner eigenen Tochter angelogen zu werden, also fragte er mich erneut: Gab es irgend etwas, was ich ihm sagen wollte?

Mein Herz begann zu klopfen, aber ich konnte nicht gestehen. Ich blieb stumm. Dann erzählte mir Daddy mit sehr ruhiger Stimme, daß die Schule angerufen hatte und daß er wußte, was ich getan hatte. Ich hätte ihn und unsere Familie bloßgestellt und würde mich deshalb beim Abendbrot bei allen entschuldigen und außerdem für seine Erwachsenen-Sonntagsschulklasse einen Vortrag darüber vorbereiten müssen, warum es wichtig ist, die Wahrheit zu sagen.

Ich war gedemütigt. Ich tat, was er von mir verlangte, aber ich werde nie das Gefühl von Erniedrigung und Isolation vergessen, unter dem ich in der Folgezeit litt. Ich kam mir vor, als habe man mir ein großes L für Lügnerin in die Stirn gebrannt, und niemand schien mich wie früher zu behandeln, selbst Wochen nach dem Vorfall. Wahrscheinlich war dies das letzte Mal, daß ich aus der Reihe getanzt bin.

Der gutgemeinte Versuch, Maria die Folgen von Schuleschwänzen und von Regelbrüchen zu zeigen, setzte sich bei ihr als die Erkenntnis fest:

Daß die Unterstützung, die ich von meinen Eltern und von der Gemeinde erhalte, zerbrechlich ist. Sie kann jederzeit zurückgezogen werden, wenn ich nicht richtig funktioniere. Ich muß mir ihre Zustimmung verdienen.

Dies war weder die beabsichtigte noch eine angemessene Botschaft, dennoch bestimmte sie fortan Marias Leben, die nun ihren Erfolg an der Zustimmung ihrer Mitmenschen maß. Bevor sie Jays Druck etwas entgegensetzen konnte, mußte sie diese Lektion – die nun älter als drei Jahrzehnte und ihr nicht dienlich war – erst wieder »verlernen« und das Repertoire ihrer Reaktionen auf die Mißbilligung ihrer Mitmenschen verändern.

Die verletzlichsten Lobsüchtigen sträuben sich, Handlungen, selbst wenn sie in ihrem eigenen Interesse sind, auch nur in Betracht zu ziehen, wenn sie damit die Verachtung *irgendeines* Menschen hervorrufen könnten. Eve zum Beispiel konnte kaum das Stirnrunzeln eines Verkäufers ertragen und war bereit, Gegenstände, die sie hatte umtauschen wollen, zu behalten, wenn die Person an der Kasse nur genug Schuldgefühle in ihr hervorrief. Sie vermochte nicht einmal die Mißbilligung eines Fremden zu ertragen.

Der Friedensstifter

Viele Menschen leben so, als gäbe es ein elftes Gebot – »Du sollst nicht zornig werden« – und ein zwölftes – »Du sollst nicht andere Menschen auf dich zornig machen.« Beim ersten Anzeichen von Meinungsverschiedenheiten springen sie auf, um Frieden zu stiften und das Feuer zu löschen, von dem sie fürchten, es könnte außer Kontrolle geraten.

Das Bedürfnis des Friedensstifters, in schwierigen Situationen die Ruhe zu bewahren und Vernunft aufrechtzuerhalten, kann zum Problem werden, wenn es zu der Vorstellung wird, daß es nichts Schlimmeres gibt als eine Auseinandersetzung. Dies nimmt ihm den Mut, selbst mit Freunden zu streiten, da er fürchten muß, die Freundschaft könnte irreparabel zerbrechen. Schließlich, so sagt er sich, ist die Kapitulation nur eine vorübergehende Konzession, um ein größeres Gut zu erreichen.

Die Stimme der Vernunft

Liz, die mit der strafenden Erpressung ihres Mannes Michael ringt, hat die beruhigende Stimme eines mitternächtlichen Rundfunkmoderators und eine so sanfte Art, daß es Menschen, die sie nicht kennen, schwerfallen dürfte, ihre Wut als solche zu durchschauen. Als ich hierzu eine Bemerkung machte, lachte sie.

Ach, das ist meine Tarnung. Als ich klein war, erkannte ich, indem ich meine Brüder und Schwestern beobachtete, daß diejenigen, die meiner Mutter, wenn sie wütend war, Widerworte gaben, geschlagen oder bestraft wurden, und daß die anderen, die den Mund hielten, so davonkamen. Ich glaube, ich muß wohl durchschaut haben, daß man Menschen wie Tiere beruhigen kann, indem man sie streichelt und sanft mit ihnen spricht und dabei nie aufgebracht ist. In meinen Zeugnissen heißt es immer »nicht aus der Ruhe zu bringen« und »ausgezeichnetes Verhalten in Streßsituationen«, und ich glaube, daß ich wirklich ein Talent habe, Spannung zu zerstreuen – wie ein Sprengkommando. Das gefällt mir an mir. Auch deshalb, weil es mir jegliche Angst vor Wut nimmt, weil ich ja weiß, daß ich mit ihr umgehen und sie unter Kontrolle halten kann.

Als Liz sich auf diese Weise beschrieb, klang sie sehr überzeugend, denn »beruhigend«, »nicht aus der Ruhe zu bringen« und »ausgezeichnetes Verhalten in Streßsituationen« waren Bestandteile ihrer Selbstdefinition geworden. Diese Qualitäten schien sie auszustrahlen. Doch ihre Situation mit Michael war offensichtlich alles andere als ruhig.

Ich glaube, ich habe mich in Michael verliebt, weil er und ich so unterschiedlich sind. Er geht aus sich heraus, ist voller Ener-

gie und direkt – er hat eine wirklich leidenschaftliche Seite,
jede Menge Feuer. Und ich bin weicher, eher im Hintergrund.
Ich nehme an, ich habe geahnt, daß er zu Wutausbrüchen fähig
ist, aber lange Zeit habe ich nichts davon zu sehen bekommen
und, wie gesagt, ich weiß, wie man mit Wut umgehen muß. Das
hört sich lächerlich an, nicht wahr? Hier bin ich nun, verhei-
ratet mit einem rasenden Verrückten, der mich bedroht, und
ich bin außer mir vor Angst und behaupte, daß ich mit Wut um-
gehen kann. Nun, das dachte ich jedenfalls. Und dann geriet
alles außer Kontrolle, und mir erging es nicht anders. Alles was
ich tat, all das Streicheln und Beruhigen und Entschuldigen
schien ihn nur noch wütender zu machen. Ich verstehe es ein-
fach nicht. Was ist schiefgegangen?

Liz hatte den größten Teil ihres Lebens damit zugebracht, einen
Beziehungsstil zu verfeinern, mit dem sie erfolgreich zu sein
schien und der darüber hinaus von ihren Mitmenschen hoch
bewertet wurde – unsere schnellebige Gesellschaft bringt für
solche Respekt auf, die ihre Gefühle im Zaum halten können.
Stimme, Benehmen und Annäherung, die auf andere so beruhigend wirkten, hatten ihr derartige Erfolge im Ableiten von
Wut beschert, daß sie sich fälschlicherweise als Mensch sah, der
Wut nicht fürchtet, denn sie wußte ja, wie sie zu neutralisieren
war. Lange Zeit glaubte sie, Michael würde freundlich sein und
sie fähig, die Wogen zwischen ihnen zu glätten, wenn es ihr nur
gelänge, den Frieden zu bewahren. Es gibt keinen Grund, sich
aufzuregen, sagte sie sich. Und selbst dann, wenn er sich als
Tyrann erwies, hielt sie sich an die Stimme der Vernunft, ihr be-
währtes Mittel.
    Als ihre gut ausgebildeten Techniken bei Michael keine Wir-
kung zeigten, fühlte sie sich wehrlos und zunehmend frustriert.
Die Konfrontation mit dem anwachsenden Druck und die Drohungen hatten einen wunden Punkt aktiviert, von dem sie
nicht geglaubt hatte, daß es ihn noch gab, und dessen Ursprung
in einer Kindheit voller Wut und Auseinandersetzungen lag.
Als Kind war sie zu dem Schluß gekommen: »Mache einen wütenden Menschen nicht noch wütender. Versuche, ihn zu be-

ruhigen, denn sonst wird er dich verletzen oder, noch schlimmer, verlassen. Du darfst nicht diejenige sein, die ihn in Rage bringt.« Dieser Bewältigungsmechanismus begrenzte ihren Handlungsspielraum entscheidend, und Liz lernte nie, ihren eigenen Zorn auf angemessene Weise auszudrücken. Versagten ihre Beruhigungstaktiken, dann war sie plötzlich mit ihrer eigenen angestauten Wut und Frustration konfrontiert, und die Situation wurde rasch kritisch.

Bevor sie sich nicht mit ihrer Angst vor der Wut auseinandersetzte und das Spektrum ihrer Reaktionen auf sie erweiterte, würde sie immer zum Opfer von Erpressern wie Michael und von verwirrenden Ausbrüchen ihrer eigenen unterdrückten Gefühle werden.

Das andere Gesicht der Wut

Meine Klientin Helen, die Literaturprofessorin, der Sie bereits im ersten Kapitel begegnet sind, meinte in ihrem Freund Jim den idealen Mann gefunden zu haben. Sie *weiß*, daß sie auf Wut empfindlich reagiert, und das hat sie schon immer in ihrer Meinungsbildung über die Menschen, vor allem über mögliche Partner beeinflußt.

Ich würde es nicht einmal in Betracht ziehen, mich mit einem Mann zu verabreden, der mir gegenüber die Stimme erhebt. Meine Mutter und mein Vater haben mir in dieser Hinsicht bereits alles gegeben, als ich heranwuchs. Mein Vater ist ein Rebell, und damit ist er genau der Falsche, um Karriere bei der Armee zu machen. Die Beförderungen, die ihm das Leben lebenswert gemacht hätten, kamen nie, und er war 20 Jahre lang nichts als eine kleine Nummer in der Registratur. Er konnte es nicht ertragen, mit anzusehen, wie dämliche Idioten – seine Worte – statt seiner befördert wurden, nur weil sie gute Jasager waren. Frustriert wie er war, kam er nach Hause, brüllte Mom an, und sie kreischte zurück. Sie schlugen mit den Türen und warfen in der Küche mit Pfannen und Töpfen herum – ziemlich beängstigend für uns Kinder. Ich wußte, daß nichts geschehen würde, aber mein Bruder kam ins Zimmer gelaufen,

fing an zu weinen, und wir schoben sein Bett zum Schutz ge-
gen die Tür – wahrscheinlich damit die Schreienden draußen
nicht reinkommen konnten. Wenn es wirklich schlimm war,
dann stürmte Dad davon und kam ein paar Tage nicht zurück.
Es war kein großes Trauma für mich, aber weißt du, diese Art
von Drama kann ich in meinem Leben nicht gebrauchen. Hatte
ich schon. Habe ich alles durch. Das stößt mich wirklich ab.

Helens Strategie als Erwachsene zur Vermeidung von Wut –
»Ich ziehe es vor, mich nicht in der Nähe von Menschen auf-
zuhalten, die wütend werden« – ist wie ein Echo ihrer Strategie aus der Kindheit – fortlaufen und sich verstecken, bis der
Sturm vorüber ist, oder sich an einem Ort verbergen, wo er
einen nie erreicht. Dabei war Helen jedoch die Tatsache ent-
gangen, daß Wut eine normale menschliche Reaktion ist und
daß sie deshalb, egal wie emsig sie auch nach einem Ort suchte,
wo es Zorn nicht gab, oder nach einem Menschen, der ihn nicht
zum Ausdruck brachte, zum Scheitern verurteilt war.

Als ich Jim kennenlernte, glaubte ich, ich sei im Himmel. Er ist
ruhig und sanft, und er schreibt mir immer kleine Briefe und
läßt sich Lieder für mich einfallen – ein echter Romantiker. Ich
könnte mir nicht vorstellen, daß er jemals die Stimme erheben
oder gar eine Szene machen würde. Gekauft! Den nehme ich!
Aber du kennst doch diesen Satz: »Sei vorsichtig damit, was
du dir wünschst, es könnte sich erfüllen«? Nun, jetzt weiß ich,
was er zu bedeuten hat.
   Man würde annehmen, daß man mich am ehesten rumkrie-
gen kann, indem man mich anschreit – das erscheint logisch.
Aber Jim macht es genau umgekehrt. Wenn er wütend ist, dann
wird er noch stiller. Er sagt mir nicht, was los ist – er sagt über-
haupt nichts. Fast wünschte ich mir, er würde schreien, damit
ich wenigstens weiß, woran ich bin. Das ist das Schlimmste.
Wenn er sich zurückzieht, dann sterbe ich im Inneren. Ich fühle
mich vollkommen abgeschnitten – wie auf einer Eisscholle mit-
ten im arktischen Ozean. Ich kann es nicht ertragen, wenn
er auf diese stille, eisige Weise wütend ist. Ich muß ihn aus

diesem Schneckenhaus herausbekommen, und wenn ich mich
dazu auf den Kopf stellen muß.

Oder, wie es immer häufiger der Fall war, seinen emotionalen
Erpressungen nachgeben.

Ich unterstützte Helen darin, die Bewältigungsstrategien, die
sie vor allem als Kind im Umgang mit Wut entwickelt hatte, in
Frage zu stellen und einen Platz für die Wut in ihrem Leben zu
schaffen. Es gelang ihr, entscheidende Verbesserungen in ihrem
Zusammenleben mit Jim zu erreichen, ein Prozeß, den Sie in
den folgenden Kapiteln kennenlernen werden.

Kein Mensch ist scharf auf Wut, aber wer glaubt, es läge in
seiner Hand, ihr aus dem Weg zu gehen oder sie um des lieben
Friedens willen unterdrücken zu müssen, dessen Reaktions-
spielraum wird ungefähr so schmal wie ein Drahtseil: Er kann
zurückweichen, nachgeben oder versöhnlich stimmen – alles
Dinge, die dem Erpresser sagen, wie er sich durchsetzen kann.

Der Schuldzuweisungsmagnet

Ich ermutige die Leute dazu, die Verantwortung für das zu
übernehmen, was sie tun. Doch viele glauben, daß sie für jedes
Problem in ihrem eigenen oder im Leben anderer verantwortlich sind, auch wenn sie wenig oder gar nichts dazu beigetragen haben, um es zu bewirken. Emotionale Erpresser unterstützen diese Einstellung natürlich; wenn ihnen etwas nicht
paßt, sind wir das Problem – und unsere Unterwerfung ist seine
Lösung.

Bizarre Schuldzuweisungen

Für Eve brach eine Welt zusammen, als Elliot nach einer ihrer
Auseinandersetzungen eine Überdosis eines verschreibungs-
pflichtigen Medikaments einnahm. Mehrere Wochen lang wurde
Elliot auf einer Pflegestation unter Beobachtung gestellt, und als
er nach Hause zurückkehrte, machte er Eve für seine Schmerzen, seine Probleme und all seine Ängste verantwortlich.

Er fing bei Adam und Eva an und hörte nicht auf, mir für alles die Schuld zu geben. Er sagte: »Siehst du, jetzt werden sie mich in die Klapsmühle stecken, und ich werde mich umbringen müssen, und du kannst dich bei dir selbst dafür bedanken. Ich bin jetzt bei denen registriert, und sie werden mich fortsperren, und deshalb werde ich sterben.« Es war entsetzlich. Ich hatte das Gefühl, daß ich ihm bereits dadurch Leid zufügte, daß ich der Mensch bin, der ich nun einmal bin. Ich wußte nicht, was ich tun sollte.

Objektiv betrachtet war Elliots Verhalten lächerlich und seine Anschuldigungen weit hergeholt. Es war beinahe unfaßlich, daß eine kluge junge Frau wie Eve ihn ernst nahm. Doch genau das tat sie. Sie war sich dessen sicher, daß das, was er voraussagte, wahrscheinlich eintreffen würde – und alles wäre allein ihre Schuld.

Als ich Eve fragte, ob sie eine Vorstellung habe, warum sie all diese Schuldzuweisungen anzog, kam sie ohne Umstände auf die Beziehung zu ihrem Vater zu sprechen, und wir wurden sofort fündig.

»Mein Vater sprach ständig über das Sterben«, berichtete sie. »Ich glaube, er war davon besessen.« Dann erzählte sie von einem Vorfall, der sich ereignet hatte, als sie acht Jahre alt war.

Ich werde den Tag nie ergessen. Ich kann ihn vor mir sehen, als sei er erst gestern gewesen. Ich befand mich auf dem Beifahrersitz unseres riesigen, alten Pontiac neben meinem Vater, und wir fuhren die Straße hinunter. An einem Fußgängerüberweg mußten wir halten, und ich blickte durch das Fenster auf ein paar kleine Kinder, die in ihrem Hof spielten. Daddy drehte sich zu mir und sagte: »Du weißt nichts wirklich Wichtiges, nicht wahr?«

Ich sah ihn an. »Wenn ich jetzt einen Herzanfall hätte, du wüßtest nicht, was du tun müßtest, nicht wahr?« sagte er. »Du wüßtest nicht, was du tun müßtest, und ich würde hier, direkt vor deinen Augen, sterben.« Dann legte er den Gang ein, und wir fuhren weiter. Er sagte nichts, und ich sagte nichts. Ich zählte nur die Punkte auf meinem Kleid und versuchte, an nichts zu denken.

Aber natürlich dachte die kleine Eve über das nach, was sie für eine Anklage ihres Vaters hielt: Du bist acht Jahre alt, du solltest fähig sein, mich zu retten, aber du kannst es nicht. Eve glaubte, daß sie dafür verantwortlich war, daß ihr Vater am Leben blieb – *sollte* sie dazu nicht in der Lage sein? – und daß sie folglich schuld sein würde, wenn er starb. Für ein Kind ist die Familie die Welt, und sie im Stich zu lassen heißt, die Welt zu zerstören und alle mit in den Abgrund zu reißen.

»Der zentrale Satz in der Welt meiner Familie war: ›Wenn du nicht lieb zu Daddy bist, dann wird er sterben‹«, berichtete Eve. »Ich war fest davon überzeugt.« Das Verhalten von Eves Vater war mehr als exzentrisch und für ein Kind ausgesprochen beängstigend. Wie sollte sie Elliots emotionale Erpressung richtig einschätzen können, da doch aus dem Rahmen fallendes Verhalten für sie normal war?

Eves Erfahrungen mit ihrem Vater legten das Fundament für ihre Rolle als Schuldzuweisungsmagnet, die sie bis in die Gegenwart hinein erfüllt. Auch wenn es nicht immer möglich ist, zwischen der Kindheit eines Menschen und seinen Schwierigkeiten als Erwachsener mit Schuldzuweisungen und emotionaler Erpressung eine Verbindung herzustellen, in Eves Fall waren die Parallelen eklatant.

Das Atlas-Syndrom

Menschen, die unter dem Atlas-Syndrom leiden, glauben, daß sie allein alle Probleme lösen und ihre eigenen Bedürfnisse hintanstellen müssen. Wie Atlas, der die Welt auf seinen Schultern trug, lassen sie sich von der Last niederdrücken, die Gefühle und Handlungen ihrer Mitmenschen in Ordnung bringen zu müssen, um für vergangene oder zukünftige Vergehen zu büßen.

Karen, die Krankenschwester, die ich Ihnen bereits vorgestellt habe, entwickelte ihr Atlas-Syndrom als Teenager, als sich ihre Eltern scheiden ließen.

Als Dad ging, war Mom fast ganz allein, und ich sollte den Verlust ausgleichen. Ihre Familie lebte fast vollständig in New York, während wir hier in Kalifornien waren, und sie hatte hier draußen auch nur ein oder zwei nahe Freunde und war daher ganz und gar auf mich angewiesen.

Ich erinnere mich, als ich 15 oder so war, hatte ich zum ersten Mal die Gelegenheit, mit einem Freund auf einen Neujahrsball zu gehen. Ursprünglich hatten meine Mutter und ich vor, an diesem Abend erst essen zu gehen und dann ins Kino, aber um Weihnachten herum rief mich eine Freundin an und sagte, sie habe für sich und mich einen Partner und wir könnten zusammen losziehen. Ich war so aufgeregt und wollte wirklich gerne mit, aber ich fühlte mich ein wenig schuldig. Also besprach ich die Sache mit einer Tante, die zu mir sagte: »Frances kann nicht von dir erwarten, daß du bei ihr bleibst, wenn sich dir eine solche Gelegenheit bietet – also geh nur!«

Ich sammelte all meinen Mut und teilte meiner Mutter mit, daß ich die Einladung wahrnehmen wollte. Und sie war so tief verletzt, ihre Augen füllten sich mit Tränen, und sie sagte: »Und was soll an Silvester aus mir werden?« Ich ging trotzdem und hatte meinen Spaß, doch als ich nach Hause kam, lag meine Mutter mit einer Migräne im Bett, praktisch vor Schmerzen schreiend, und ich wußte, dies wäre nie geschehen, wenn ich nicht ausgegangen wäre. Ich hatte solche Schuldgefühle, daß ich es kaum aushalten konnte. Ich wollte wegen ihr nicht mein Leben aufgeben, aber ich wollte sie auch nicht mehr verletzen, als ich es bereits getan hatte.

Karen war erst 15 Jahre alt, aber sie hatte gelernt, daß ihre Mutter auf sie angewiesen war. Wenn sie sich nicht um ihre Mutter kümmerte, wer sollte es dann tun? Es kam ihr nie in den Sinn, daß ihre Mutter sehr wohl die Verantwortung für sich selbst übernehmen konnte. Außerdem mußte sie fürchten, daß auch ihre Mutter sie verlassen würde, wenn sie sie verärgerte oder sie »verletzte«, indem sie sich ihrem Willen nicht beugte.

Zunächst wußte ich nicht so recht, was ich denn für sie tun sollte. Aber eines Tages war mir plötzlich klar, was helfen würde. Ich holte mir einen Stift und ein Blatt Papier und machte mich daran, einen Vertrag zu entwerfen: »Hiermit verspreche ich meiner Mutter, daß ich, wenn ich groß bin, dafür sorgen will, daß sie ein wunderbares Leben führt. Ich werde dafür sorgen, daß sie viele interessante Freunde und jede Menge Unterhaltung hat. In Liebe, Karen.« Ich gab ihn ihr eines Nachmittags, und sie lächelte mich an und sagte, ich sei ein liebes Mädchen.

Viele Menschen übernehmen die Aufgabe, für das Wohlergehen eines anderen zu sorgen – eine überwältigende Verantwortung, die dennoch auch ihre guten Seiten hat. Karen hatte damit einen Weg gefunden, sich machtvoll und wichtig zu fühlen. Sie hatte herausgefunden, wie sie ihre Mutter glücklich machen und damit das Zerbrechen ihrer eigenen Welt verhindern konnte.

Es ist fast unmöglich, das Atlas-Syndrom an einem anderen Menschen zu übersehen. Karens Tochter, die sie erpreßte, indem sie sie immer wieder an den Jahre zurückliegenden Autounfall erinnerte, hatte beobachtet, wie sich ihre Mutter ihrer Großmutter gegenüber – und den meisten anderen Menschen in ihrem Leben – verhielt. Es war ein leichtes für Melanie, den wunden Punkt der Verantwortlichkeit zu aktivieren.

Melanie und ich stehen einander sehr nahe, und ich weiß, wie schwer es ihr fällt, dem Programm zu folgen und trocken zu bleiben. Wenn da nicht der Unfall gewesen wäre, die Verletzungen, sie wäre vielleicht stärker. Ich bin Krankenschwester, und ich weiß, was Schmerzen anrichten können. Ich wünschte, ich hätte ihr das ersparen können, und da mir dies nicht möglich war, muß ich sie wenigstens jetzt beschützen. Das ist meine Pflicht als Mutter. Ich mag den Druck nicht, dem sie mich aussetzt, aber ich will, daß sie etwas hat, was ich nicht bekommen habe. Ich liebe sie und meine Enkelkinder so sehr! Wissen Sie, daß sie mir in Augenblicken, in denen sie sich über mich ärgert,

damit droht, daß ich sie nicht mehr besuchen darf? Unsere
Familie muß beieinander bleiben, und wenn ich diejenige bin,
die alles zusammenhalten muß, dann werde ich das tun.

Wie viele Menschen mit dem Atlas-Syndrom wußte auch Karen nicht, wo ihre Verantwortung für andere anfing und wo sie
aufhörte, denn man hatte ihr zu oft und immer wieder klarge-
macht, daß es ihre Aufgabe war, sich um jeden zu kümmern;
nur nicht um sich selbst.

Schuldzuweisungen und Verantwortlichkeit sind eng miteinander verbunden, und es fällt schwer, die Grenze zwischen
beiden zu erkennen. Als ich mit Karen daran arbeitete, ihr ihre
automatische Reaktion »Du hast recht, und ich bin schuld und
muß Wiedergutmachung leisten«, vor Augen zu führen, da
dachte sie zum ersten Mal in ihrem Leben als Erwachsene darüber nach, wie sie in ihrer Welt Platz für ihre eigenen Bedürfnisse schaffen könnte und welches Maß an Verantwortung fur
andere Menschen sie in Zukunft noch auf sich nehmen wollte.

Der Mitleidige

Mitgefühl und Empathie lösen Freundlichkeit und sogar noble
Gesten aus, und man bringt Menschen, denen diese Eigenschaften fehlen, in der Regel wenig Respekt entgegen. Es ist
schwer vorstellbar, wie diese hochgepriesenen Eigenschaften
zu einem Problem werden könnten. Doch Mitgefühl kann zu
einem derart überwältigenden Gefühl von Mitleid anschwel-
len, daß es einen Menschen dazu bewegt, das eigene Wohlbe-
finden zum Wohle eines anderen aufzugeben. Wie oft hat man
solche oder ähnliche Sätze schon gehört: »Ich kann ihn nicht
verlassen, weil er mir so leid tut«, oder: »Sie braucht mich nur
mit ihren tränengefüllten Augen anzusehen, und ich tue alles
für sie«, oder: »Immer gebe ich bei ihr nach, aber sie hat ja auch
ein so schreckliches Leben gehabt.« Leicht läßt man sich von
den emotionalen Bedürfnissen eines anderen Menschen ein-
fangen und verliert die Fähigkeit, Probleme nüchtern zu be-

trachten und rational über mögliche Verbesserungen zu entscheiden.

Was macht es manchen Menschen möglich, Mitgefühl für Probleme oder Leiden aufzubringen und angemessene Hilfe anzubieten, während andere sich gezwungen sehen, wie Superman in die Bresche zu springen und alles zu geben, um das Leid zu beenden – selbst wenn sie dafür ihre Selbstachtung und ihre Gesundheit opfern müssen? Dort, wo Zwanghaftigkeit des Handelns und automatische Reaktionen zusammentreffen, gibt es, wie bereits deutlich wurde, in der Regel auch einen wunden Punkt.

Die Macht des Mitleids

Meine Klientin Patty, die Regierungsangestellte, der Sie bereits im zweiten Kapitel begegneten, wuchs in einer Familie auf, in dem während des größten Teils ihrer Kindheit das Glück nicht eben zu Hause war. Ihre Mutter litt offenbar unter einer schweren Depression und verschwand oft mehrere Stunden und manchmal ganze Tage in ihrem Schlafzimmer. Patty witzelt oft darüber: »Meine Mutter hat den größten Teil meiner Kindheit verschlafen«, aber sie erinnert sich auch daran, daß ihr die Anwesenheit ihrer Mutter und deren Bedürfnisse immer bewußt waren und daß sie spielte, ohne Lärm zu machen, um sie ja nicht zu stören.

Ich war schon immer unabhängig, aber ich machte mir wegen ihr Sorgen. Die Mütter der anderen waren nicht andauernd krank, aber bei ihr reichte schon die kleinste Störung aus, um sie ins Bett zu schicken. Ich stellte mich perfekt auf sie ein – ich konnte sogar durch die geschlossenen Türen hindurch hören, ob sie wach war oder schlief, und ich wußte, ob sie ruhig oder ruhelos schlief. Wenn sie tief schlief, dann sah ich zu ihr herein und lauschte auf ihren Atem, um sicherzugehen, daß es ihr gutging. Das war ein Teil meiner Aufgaben, wenn Dad nicht daheim war.

Es handelte sich um eine perfekt zugeschnittene Ausbildung für einen mitleidigen Menschen. Wer in unmittelbarer Nähe

eines Elternteils oder einer anderen wichtigen Person auf-
wächst, die körperlich oder emotional bedürftig ist, der reagiert hochsensibel auf jedes vermeintliche Zeichen. Jedes
Augenflattern, leises Seufzen oder die kleinste Veränderung
der Stimme ist mit Bedeutsamkeit überfrachtet, und man kann
sich sogar wie Patty auf die unterschiedlichen Atemgeräusche
eines schlafenden Menschen einstellen. Doch ein Kind wie
Patty ist nicht in der Lage, wirklich Abhilfe zu schaffen.

Wie bereits deutlich wurde, nehmen sich viele Menschen als
Kinder vor, die Dinge zu verbessern, sobald sie erwachsen sind,
und es passiert daher häufig, daß Szenen aus der Kindheit neu
zur Aufführung kommen, um nun, da der Betreffende erwachsen ist, dafür zu sorgen, daß sie richtig ausgehen.

*Sie kennen doch diesen Spruch, daß Töchter ihre Väter hei-
raten? Nun, ich habe meine Mutter geheiratet! Joe ist eindeu-
tig nicht so depressiv, wie meine Mutter es war – tatsächlich
liebe ich an ihm, wie energiegeladen er ist, wenn es ihm gutgeht. Aber er ist so launenhaft – auf und ab. Er seufzt auf die
gleiche Weise wie meine Mutter, ja er geht sogar wie sie davon,
um sich hinzulegen, wenn er sich aufgeregt hat, und dann tritt
sofort mein altes Training in Aktion. Joe sagt, ich könne seine
Gedanken lesen. Wenn er ein so trauriges Gesicht zieht, dann
scheine ich wie kein anderer herausfinden zu können, wo das
Problem liegt. Als wir uns kennenlernten, mochte ich diese
wortlose Verständigung und daß es mir auf diese Weise gelang,
ihn glücklich zu machen. Aber er fängt an zu erwarten, daß ich
seine Gedanken lese, und das wird mir langsam zuviel.*

*Mit ihm zusammenzusein erinnert an den Aufenthalt mit
einem kleinen Kind in einem Spielzeuggeschäft. Sie wissen
doch, wie manche Kinder einen teuren Gegenstand entdecken
– für den Sie das Geschäft nicht betreten haben – und ihn festhalten, als gehöre er ihnen? Und dann machen sie ein Gesicht,
als habe man ihnen ihren besten Freund weggenommen, wenn
man den Gegenstand ins Regal zurücklegt? Ich bin jemand,
der das verdammte Ding einfach kaufen würde, um dem Kind
ein Lächeln zu entlocken. Ist das so schrecklich?*

Mitleid zahlt sich aus, wenn man derjenige ist, der einer armen, leidenden Seele ein wenig Glückseligkeit bringen kann. Der Mitleidige führt den anderen in einer nahezu mythologischen Reise aus der Tiefe der Verzweiflung zurück in das Land der Lebenden. Die Freude am »Helfen« läßt ihn häufig blind sein für die Tatsache, daß soviel mitleidheischendes Verhalten manipulativ sein könnte: Man gebe den Leidenden, was sie verlangen, und siehe da, sie sind geheilt.

Auch hier gibt es reichlich Grund zur Ironie, wenn der Leidende auf ein Opfer trifft, das zwanghaft mitleidig ist. Der Mitleidige fühlt sich hilflos, wenn er dem Leiden begegnet, also tut er alles, um ihm ein Ende zu setzen. Doch indem er eine tränenreiche Forderung mit einem Ja beantwortet, nimmt seine Hilflosigkeit noch zu, und er wird unfähig, sein eigenes Leiden, welches seinen Ursprung im beständigen Übergehen der eigenen Bedürfnisse hat, zu beenden.

Das Brave-Mädchen-Syndrom

Als Zoe auf ihr Leben zurückblickte, um herauszufinden, wo sich möglicherweise ein wunder Punkt gebildet haben mochte, stieß sie auf keine klar abgegrenzten Traumata. Ihre Kindheit war glücklich, erzählte sie, und ihre Familie unterstützte sie.

Der einzige Grund, warum ich mich nicht so gut einpassen konnte, lag in der Tatsache, daß ich nicht so ruhig war, wie es von Mädchen erwartet wurde. Ich war schon immer sehr wettbewerbsorientiert und wollte gern gewinnen. Das hat meine Eltern ganz schön geärgert. Wenn ich gut in der Schule war, dann behaupteten sie, ich würde mich zur Schau stellen. Meine Schwestern haben die Botschaft begriffen und sich nie besonders angestrengt, aber ich war einfach anders. Meine Familie hat immer behauptet, daß sie stolz auf mich wäre, aber es war eben nicht damenhaft, daß ich auf diese laute Weise auf mich aufmerksam machte.

Zoe brachte Jahre damit zu, den Kopf gesenkt zu halten und in einer Umgebung, der es schwerfiel, Frauen zu beruflichem Vorwärtskommen zu ermutigen, nicht allzusehr aufzufallen. Aber ihre Arbeit blieb nicht unbemerkt, und obwohl sie nie erwartet hätte, eines Tages Managerin zu werden, arbeiten jetzt bereits zehn Personen für sie.

Der Weg ist für Frauen allgemein und für mich persönlich so steinig gewesen, daß ich mir schon immer geschworen habe, die Dinge anders anzugehen. Meiner Meinung nach bietet die Arbeitswelt genug Raum für Anständigkeit und Mitgefühl, und ich habe mir immer gewünscht, daß die Leute, die sich in der Hierarchie unter mir befinden, mich als Freundin und Boß gleichermaßen begreifen. Ich bin nicht daran interessiert, Macht auszuüben oder dem Team meinen Willen aufzuzwingen. Wir sind Kollegen und nicht Herr und Sklaven. Wer sagt denn, daß man seine Menschlichkeit an der Tür zum Büro einer leitenden Position abgeben muß?

Zoe war immer stolz auf ihre Fähigkeit gewesen, andere Frauen zu beraten und zu unterstützen. In *diesem* Bereich fühlte sie sich wohl. Zoe, die Edle und Mitfühlende. Zoe, die Mentorin. Zoe, die Freundin, die immer zur Stelle war. Sie glänzte schamlos in der Rolle als Mitleidige, und sie wollte auf ihrem Weg nach oben nicht das zurücklassen, was sie als ihre besten Eigenschaften empfand.

In ihrer Entschlossenheit, sowohl ein guter Mensch als auch eine gute Vorgesetzte zu sein, freundete sich Zoe mit einigen Mitgliedern ihres Teams an, vor allem mit Tess. Die beiden Frauen aßen regelmäßig zusammen und gingen oft gemeinsam ins Theater, eine Leidenschaft, die sie teilten. Aufgrund ihrer persönlichen Beziehung fiel es Zoe besonders schwer, den »Chef« nach außen zu kehren und auch einmal nein zu sagen. Wie bereits an dem Paar Charles und Sherry zu sehen war, ist eine Beziehung sowohl auf beruflicher als auch auf privater Ebene, selbst wenn es sich nur um eine Freundschaft und nicht um eine Romanze handelt, immer schwierig und führt gewöhnlich zu einem schlechten Ende, vor allem dann, wenn einer von beiden mehr Autorität hat als der andere.

In Charles' und Sherrys Situation war der Chef auch der emotionale Erpresser, ein voraussehbares und typisches Szenario. Aber in Zoes Fall hatte sie als Chefin ein paar sehr empfindliche wunde Punkte, und diese machten sie zum Ziel für die emotionale Erpressung ihrer Angestellten.

Sie läßt einfach nicht locker und drängt mich ständig, ihr mehr Verantwortung zu übertragen. Sie sagt, ich sei doch ihre Freundin, wie könnte es dann sein, daß ich ihr nicht helfen wolle? Wenn ich versuche, ihr auseinanderzusetzen, daß unsere Freundschaft nichts mit Verantwortung gegenüber der Firma zu tun hat, dann behauptet sie, mir sei meine Position zu Kopf gestiegen und ich befände mich auf einem Machttrip. Herrje, das klingt ja so vertraut! Ich will einfach nicht, daß die Leute Angst vor mir haben oder daß irgendwer denkt, ich sei gefühllos! Das macht mich wahnsinnig.

Zoe hatte den Konflikt in ihrem Inneren noch nicht ausgefochten, der zwischen dem Teil ihrer Persönlichkeit bestand, der erfolgreich sein wollte, und jenem, der sich nach Liebe und Zustimmung sehnte. Sie litt unter dem Brave-Mädchen-Syndrom – ein Leiden, welches viele Frauen von heute befällt, die sich noch immer Sorgen darüber machen, ob es möglich ist, Macht auszuüben und erfolgreich zu sein und dennoch geliebt zu werden. Da sie ambivalente Gefühle im Hinblick darauf hatte, welches Verhalten denn eigentlich von ihr erwartet wurde, öffnete Zoe ihre Tore weit für jegliche Form emotionaler Erpressung, und Tess trat munter ein.

Tess entdeckte in Zoe, die bereit war, ihren zahllosen Klagen endlos zuzuhören, einen idealen Müllablageplatz. Doch wenn Zoe einmal etwas Eiliges zu erledigen oder nicht genug Zeit für Tess hatte, dann wurde sie sogleich erinnert: »Du bist die einzige, die mir helfen kann. Ohne deine Hilfe kann ich es nicht schaffen.« Das war Musik in Zoes Ohren. Auf diese Weise hatte sie auch in der Vergangenheit Liebe errungen – mit ihrer Fürsorge, ihrem Mitgefühl und ihrer Wärme, weil sie für Menschen, die sie brauchten, immer da war. Doch diese Musik war voller Dissonanzen für jemanden, der emotionaler Erpressung keinen Raum mehr geben wollte. Zoe mußte ihre Definition des Wortes Mitgefühl so erweitern, daß auch sie darin Platz hatte.

Der Selbstzweifler

Es ist gesund zu wissen, daß man keinesfalls vollkommen und durchaus fähig ist, Fehler zu machen. Doch gesunde Selbsteinschätzung kann leicht zu einer ungesunden Selbstentwertung werden. Der Kritik eines anderen Menschen ausgesetzt, mag man zunächst anderer Meinung sein, aber dann glaubt man vielleicht plötzlich doch, daß man von den eigenen Sensoren und Meßinstrumenten im Stich gelassen wurde. Wie kann man recht haben, wenn ein Mensch, der einem wichtig ist, das Gegenteil behauptet? Möglicherweise hat man sich täuschen lassen. Zwar weiß man, was man sieht und erlebt, aber oft traut man dem eigenen Wissen nicht und zweifelt vielmehr die eigenen Vorstellungen, Eindrücke und Einsichten an, läßt zu, daß andere definieren, wie man sein soll.

Ein solches Szenario kommt im Umgang mit Autoritäten oft vor und ist vor allem bei den eigenen Eltern häufig. Die Vorstellung: »Die Eltern müssen es doch am besten wissen«, wird wieder und wieder durchgespielt. Doch die gleiche Konstellation ist auch mit einem Liebespartner oder einem bewunderten Freund möglich, der sich dann aber als Erpresser erweist. Das Opfer stattet diese idealisierten Wesen mit Macht und Weisheit aus und glaubt, daß sie klüger, weiser und »besser« sind als es selbst. Es mag vielleicht nicht, was sie tun, und sieht keine Fairneß in dem, was sie von ihm verlangen, aber da es dem Opfer an Selbstvertrauen fehlt, läßt es ihnen seinen Willen, ohne ihre Forderungen oder ihre Sicht der Wirklichkeit zu hinterfragen. (Dies trifft insbesondere auf Frauen zu, denen von Kindheit an gesagt wurde, daß sie vor allem gefühlsbetonte Wesen seien und daher nichts Wichtiges wissen können, während Männer ihnen als Herren über Vernunft und Logik überlegen seien.)

Wer einem anderen Menschen Weisheit und Intelligenz zuspricht, was leicht geschieht, wenn man sich selbst nicht vertraut, der macht es ihm leicht, den eigenen Selbstzweifel wachzuhalten. *Sie* wissen es ja am besten, und vor allem wissen sie, was für *den anderen* am besten ist.

Wenn Wissen sich gefährlich anfühlt
Selbstzweifel kann in der Form der Aussage auftreten: »Ich weiß, was ich weiß, aber eigentlich kann ich es nicht wissen.« Das Wissen fühlt sich unangenehm und gefährlich an, und man glaubt, den Veränderungen, denen man sich stellen müßte, wenn man die eigenen Wahrnehmungen als richtig erachtet, nicht gewachsen zu sein.

Für meine Klientin Roberta, die von ihrem Vater schwer geschlagen und dann von ihrer Familie unter Druck gesetzt worden war, als sie darüber sprechen wollte, war das Festhalten an der Wahrheit schmerzhaft und schwierig. »Die ganze Familie behauptet, daß ich mich irre«, erzählte sie mir. »Was, wenn sie recht haben? Wie kann ich die einzige sein, die recht hat? Was ist, wenn ich mir das alles nur eingebildet habe? Was, wenn ich die Sache nur übertrieben sehe?«

Opfer von Mißbrauch sind oft auf Selbstzweifel angewiesen, um sich vor dem Entsetzlichen in ihrer Vergangenheit zu schützen. Unter den Aussagen, die ich in dieser Hinsicht zu hören bekommen habe, waren Sätze wie: »Vielleicht war es gar nicht so schlimm, wie ich dachte«, »Möglicherweise übertreibe ich auch«, »Kann schon sein, daß dies alles gar nicht geschehen ist«, »Vielleicht war das alles nur ein Traum«. Roberta mußte sich an der Wahrheit festhalten, aber manchmal fehlte ihr hierzu die Kraft.

Ich kann doch wegen dieser Sache nicht auf meine ganze Familie verzichten. Mein Leben lang habe ich versucht, etwas Wichtiges für sie zu tun, damit sie mich endlich wahrnehmen, aber es hat nie geklappt. Mein Bruder war der Augapfel meiner Eltern, weil er ihr erster Sohn war, und als ich kam, da war ich eben nur ein dickliches kleines Mädchen, und mein Vater konnte damit nicht umgehen. Er hat mich vom ersten Tag an gehaßt. Alles, was ich tue, ist in seinen Augen falsch. Keiner schenkt mir Glauben. Ich will doch nur, daß sie mich lieben, und statt dessen hassen sie mich jetzt. Ich muß verrückt sein, daß ich mir das antue. Vielleicht haben sie doch recht.

Unter dem Druck ihrer Familie, die wollte, daß sie widerrief oder sich mit der Ausstoßung aus der Familie abfand, gab Roberta fast nach. Sie war zum Sündenbock der Familie geworden.

Es ist nicht ungewöhnlich, daß eine Person plötzlich zum Abbild all dessen wird, was in einer Familie schiefgelaufen ist. Roberta war zum Schuttabladeplatz für die Familiengeheimnisse und -leugnungen geworden, und sie mußte all die Schuldzuweisungen, Spannungen, Schuldgefühle und Ängste in sich aufnehmen, damit die übrigen Familienmitglieder ihr Gleichgewicht aufrechterhalten konnten. Auf diese Weise war die Familie davor sicher, einen Blick auf ihren ungesunden Zustand werfen zu müssen.

Es ist außerordentlich schwer, der eigenen Wahrnehmung Glauben zu schenken, wenn Menschen, die man liebt, einem sagen, wie verrückt man ist, wie sehr man sich irrt oder wie krank man ihnen erscheint. Doch mit Unterstützung und harter Arbeit vermochte Roberta den Mut aufzubringen, ihre Position zu behaupten. Ihre Wiederherstellung wäre unmöglich gewesen, wenn sie an den Selbstzweifeln festgehalten hätte, die ihr Leben so lange begleitet haben. Wie all die vermeintlichen Schutzmechanismen, denen Sie in diesem Buch begegnet sind, sorgte auch dieser nicht dafür, daß Roberta in Sicherheit war, sondern daß sie sich im Kerker wiederfand.

Vielleicht ist Ihr eigener Kampf, an dem festzuhalten, was Sie wissen, oder auch nur Ihre Erkenntnis, daß Sie Ihr Wahrnehmungszentrum in sich selbst weggesperrt haben, nicht so dramatisch wie bei Roberta, aber beides ist ohne Zweifel ebenso wichtig. So wie für Roberta das Festhalten an ihrer Wahrheit eine Frage des psychischen Überlebens war, so ist genau dies für die meisten Opfer emotionaler Erpressung die entscheidende Voraussetzung, um sich von ihr zu befreien.

Eine Frage des Gleichgewichts

All die Verhaltensweisen, die ich Ihnen in diesem Kapitel bisher vorgestellt habe, sind Überlebensstrategien, die gewählt wurden, um die persönliche Sicherheit zu gewährleisten. Das Problem ist, die meisten von ihnen sind veraltet und nie überprüft oder auf den neuesten Stand gebracht worden. Wenn sie jedoch im richtigen Gleichgewicht gehalten werden und abwechselnd mit anderem Verhalten zum Einsatz kommen, dann verurteilen sie niemanden dazu, um »bevorzugtes Opfer« eines emotionalen Erpressers zu werden. Konflikten auszuweichen, Frieden zu stiften und selbst ein wenig Selbstzweifel zu entwickeln ist kein Problem, wenn man damit nicht eine Rüstung zusammenschmiedet, die vor Gefühlen schützen soll, von denen man meint, daß man sie nicht aushalten kann. Wer ein Friedensstifter ist, aber sich von einem anderen Menschen keinen Kompromiß aufzwingen läßt, vor dem ihn sein Gefühl ausdrücklich warnt, der hat kein Problem. Wer es jedoch zuläßt, daß diese Schutzmechanismen ständig die Oberhand gewinnen, der verläßt sich auf ein Sicherungsseil, das ihn geradewegs in ein Meer der emotionalen Erpressung reißen wird.

Wer bildet den emotionalen Erpresser aus?

Emotionale Erpressung bedarf des Trainings und der Übung. Wer aber gibt dem Erpresser die Möglichkeit dazu? Das Opfer selbst. Wer sonst könnte dem Erpresser mit absoluter Sicherheit und Genauigkeit sagen: Das funktioniert bei mir. Dieser Art von Druck gebe ich immer nach. Das ist das Mittel, das eigens geschaffen wurde, um meine verwundbarsten Stellen zu sondieren.

Wahrscheinlich erinnert sich kein Opfer daran, seinem Erpresser Unterricht in emotionaler Erpressung erteilt zu haben, aber Erpresser richten sich nach den Reaktionen ihres Opfers auf ihre Tests, und sie lernen sowohl aus dem, was das Opfer tut, als auch aus dem, was es unterläßt. Die folgende Liste wird Sie darin unterstützen herauszufinden, wie vollendet Sie als persönlicher Trainer für die Erpresser in Ihrem Leben sind.

Wenn Sie mit Druck durch den Erpresser konfrontiert werden, reagieren Sie dann mit:

- Entschuldigungen?
- »Vernünftigen« Argumenten?
- Begründungen für Ihr Verhalten?
- Weinen?
- Selbstverteidigung?
- Der Veränderung wichtiger Pläne oder dem Absagen von Verabredungen?
- Einlenken in der Hoffnung, daß es das letzte Mal ist?
- Unterwerfung?

Fällt es Ihnen allgemein schwer oder ist es Ihnen unmöglich:

- Sich selbst zu behaupten?
- Sich mit den Tatsachen zu konfrontieren?
- Grenzen zu ziehen?
- Den Erpresser wissen zu lassen, daß sein Verhalten nicht akzeptabel ist?

Wenn Sie auch nur eine der Fragen mit Ja beantwortet haben, dann haben Sie sich zum Trainer und zum Komplizen des Erpressers gemacht. Jeden Tag bringt man seinen Mitmenschen bei, wie man behandelt werden will, indem man ihnen zeigt, was und was nicht man bereit ist zu akzeptieren, womit man nicht konfrontiert werden will, was man durchgehen lassen wird. Vielleicht meint man, das beunruhigende Verhalten eines anderen zum Verschwinden zu bringen, indes man es ignoriert oder darüber hinweggeht, doch die Botschaft, die man vermittelt, wenn man nicht geradeheraus sagt, was man nicht bereit ist hinzunehmen, lautet: »Es hat geklappt. Auf ein Neues.«

Es fängt bei den kleinen Dingen an

Die meisten Menschen wissen nicht, daß emotionale Erpressung auf einer Reihe von Tests aufbaut. Wenn sie auf kleinerer Ebene funktioniert, dann wird man ihr schon bald in größerem Rahmen wiederbegegnen. Wer Druck oder Unbehagen nachgibt, der sorgt für positive Verstärkung, für eine Belohnung schlechten Verhaltens. Die harte Wahrheit lautet, jedesmal, wenn man einem anderen gestattet, die eigene Würde oder Integrität zu untergraben, demonstriert man sein heimliches Einverständnis – trägt dazu bei, daß man verletzt wird.

Man stellt sich vor, daß emotionale Erpressung in ihrer ganzen Ausdehnung wie ein Wirbelwind in das eigene Leben einbricht, daß sie aus dem Nirgendwo kommt und einen mit ihrer Kraft und Wut einfach überrennt. »Wie kann es sein, daß sich die andere Person auf so dramatische Weise verändert hat?« fragt man sich. »Wie ist es möglich, daß die Situation plötzlich so angespannt ist?« Und tatsächlich, manchmal tritt emotionale Erpressung in einer Beziehung wirklich plötzlich auf. Aber ebenso häufig baut sie sich langsam auf, gewinnt mit der Zeit Boden, weil man selbst es zuläßt.

Liz hatte mir von ihren Schwierigkeiten mit ihrem Mann Michael berichtet, indem sie beschrieb, wie beängstigend seine Strafandrohungen für sie waren. Doch als sie weiter zurückblickte, wurde ihr klar, daß sie Michael schon vor ihrer großen Krise zahlreiche kleinere Erpressungsversuche hatte durchgehen lassen.

Michael war immer ein Herr Vollkommen. Er ist einer von der Sorte Männer, die sich mit dir zu einem bestimmten Zeitpunkt verabreden und dann gehen, wenn du auch nur fünf Minuten zu spät kommst – nur damit du weißt, daß du bei ihnen pünktlich sein mußt. Ich hätte mir meinen Teil denken müssen, als er meine Zeitschriften auf dem Couchtisch ausrichtete und sich beklagte, wenn sie einmal nicht genau so dalagen. Seine Regeln – und er hat welche auch für die kleinste Kleinigkeit – waren von dem Augenblick an, als wir zusammenlebten, eine ständige Quelle der Spannungen. Und als dann die Zwillinge

kamen, großer Gott. Wie soll man ein Haus in makellosem Zu-
stand bewahren, wenn zwei Kleinkinder da sind? Doch die Rea-
lität hatte für Michael keine Bedeutung. Er ließ mich immer
wieder wissen, daß das Haus auf die von ihm gewünschte
Weise ordentlich sein müsse. Wie er mich das wissen ließ? Da
hatte er so seine Methoden.

Ich erinnere mich an einen Tag, als ich ein paar Teller unge-
spült im Spülbecken zurückgelassen hatte, statt sie in die Ge-
schirrspülmaschine einzuräumen. Als ich nach Hause kam,
hatte Michael sie auf dem Fußboden aufgestapelt. Ich konnte
es kaum fassen – aber ich habe nichts gesagt. Ich habe nur ge-
schluckt und sie dann fortgeräumt.

Liz hatte den Schluß gezogen, daß ihr Verhalten falsch gewesen war und daß sie deshalb Michaels Ärger verdiente. In
Wahrheit sorgte sie auf diese Weise jedoch für seine Ausbildung zum Erpresser. Michael konnte kaum übersehen, wie
effektiv seine Bestrafung gewesen war.

Wenn ich jetzt darüber nachdenke, dann fällt mir auf, daß er
immer einen Weg fand, meine Fehler zu korrigieren. Einmal
fuhr ich davon, ohne das Garagentor zu schließen, und als
ich nach Hause kam, hatte Michael den elektrischen Türöff-
ner ausgesteckt, so daß ich aus dem Auto aussteigen und das
Tor von Hand öffnen mußte. Es war wie eine der Bestrafun-
gen, die Eltern sich ausdenken, damit man sie nie vergißt. Er
hatte mich davon überzeugt, daß ich schlampig, verantwor-
tungslos und eine schlechte Mutter war, und ich fühlte mich so
schrecklich schuldig, daß ich mich schließlich dauernd ent-
schuldigte.

Solche kleinlichen Bestrafungen wie jene, die Michael Liz zu-
teil werden ließ, nehmen dem Opfer seine Würde als erwachsener Mensch und seine Macht. Sie sind das emotionale Ge-
genstück zu Schlägen und reduzieren den Empfänger zu einem
bösen kleinen Kind, das seine Lektion erst noch lernen muß.
Liz fand heraus, daß die Schuldgefühle, die durch diese Be-

handlung leicht ausgelöst werden, sich zu dem Gefühl verdichten: »Ich bin schlecht, also verdiene ich diese Behandlung.«

Da Michael ihre Schwachstellen so genau traf, zog Liz die Möglichkeit nicht einmal in Betracht, ihn ihren Ärger spüren zu lassen, und sie kam auch nie auf den Gedanken, sich ihm entgegenzustellen. Doch indem sie ihre Gefühle verbarg, brachte sie ihm bei, seine Strafaktionen noch auszubauen, um sie auf dem gewünschten Weg zu halten. Emotionale Erpresser erkennen, wie weit sie gehen dürfen, weil ihr Opfer ihnen selbst *zeigt,* wie weit es sie gehen läßt. Man weiß nicht, was geschehen wäre, wenn Liz Michaels Verhalten gleich von Anfang an unterbunden hätte. Statt dessen brachte Liz ihm bei, daß er, wenn er sie wie ein Kind behandelte, sie beleidigte und ihr drohte, letztlich alles von ihr haben konnte, was er wollte. Michaels Bestrafungen wiederholten und steigerten sich, bis sie schließlich einen schmerzhaften und beängstigenden Höhepunkt erreichten, als er ihr drohte, sie finanziell zu ruinieren und ihr die Kinder fortzunehmen, wenn sie ihn verließ.

Oberflächlich betrachtet scheint es zwischen dem Ausstecken des elektrischen Türöffners und den kühneren Drohungen, die später folgten, keinen Zusammenhang zu geben, doch die früheren Vorfälle erinnern an die Erkältung, die schließlich zur Lungenentzündung führt – gefährlich erst, wenn man sie ignoriert und nicht behandelt.

Alle Opfer emotionaler Erpressung müssen schließlich herausfinden, daß die Gegenwart nur ein Vorspiel für die Zukunft ist. Die Waffen, die Sie Ihrem Erpresser heute in die Hand spielen, wird er morgen gegen Sie richten.

Selbsterpressung

Obgleich emotionale Erpressung in der Regel zwei beteiligte Personen voraussetzt, kommt es manchmal vor, daß auch nur eine ausreicht. Es ist leicht, die einzelnen Elemente des Erpressungsdramas auch allein auf die Bühne zu bringen – angefangen bei der Forderung über Widerstand und Druck bis hin zur Drohung –, wenn der Täter in Personalunion mit dem Opfer auftritt. Dies kann bei einer Person geschehen, deren Angst vor den negativen Reaktionen ihrer Mitmenschen so groß ist, daß die Phantasie die Führung übernimmt. Ein solcher Selbsterpresser stellt sich vor, daß die anderen mißbilligend und ärgerlich reagieren oder sich zurückziehen, wenn er etwas verlangt, und ist so unerbittlich darauf festgelegt, sich zu verteidigen, daß er keinerlei Risiko zuläßt, auch nicht in der minimalsten Form, zum Beispiel als Frage: »Wie würdest du dich fühlen, wenn ich…?«

Ich will Ihnen zeigen, was genau ich damit meine.

Meine Freundin Leslie träumt schon seit über einem Jahr von einer Reise nach Italien, trifft in diesem Sinne Verabredungen mit Freunden und kümmert sich um Opernkarten. Doch vor sechs Monaten mußte ihre Tochter Elaine mit einer schwierigen Scheidung fertig werden, und Leslie hat ihr mit einer gelegentlichen Geldspritze unter die Arme gegriffen und ab und zu auf Elaines zwei kleine Kinder aufgepaßt. Leslie und Elaine haben einander das Leben nicht immer leichtgemacht, aber seit Elaines Scheidung sind sie einander nähergekommen, und Leslie ist begeistert von der neuen Freundschaft, die zwischen ihnen erblüht ist.

»Ich kann unmöglich etwas tun, was das aufs Spiel setzen würde«, erklärte Leslie mir, »und ich weiß, daß Elaine sich über mich ärgern und glauben wird, daß ich egoistisch bin, wenn ich die Reise jetzt mache. Wie kann ich in Urlaub fahren, während sie doch so zu kämpfen hat und meine Hilfe braucht?« Leslies Tochter würde mit den Reiseplänen ihrer Mutter wahrscheinlich vollkommen einverstanden sein, wenn diese ihr davon berichtete. Aber Leslie weigert sich, die Realität zu überprüfen, und zieht es vor, einen lange schon benötigten Urlaub zu verschieben.

Wie oft enthält man sich etwas vor, das durchaus angemessen und erreichbar ist, nur weil man die Reaktion eines anderen Menschen darauf fürchtet? Man gibt seine Träume und Pläne auf, weil man »sicher« ist, daß jemand Einspruch erheben wird – obwohl man seine Vorstellungen nie offen zum Ausdruck gebracht hat. Man will etwas, man selbst bringt dagegen Widerstand auf, man setzt sich selbst unter Druck, indem man sich die negativen Folgen ausmalt, und schließlich hält man sich selbst davon ab, das zu tun, was man eigentlich gerne möchte. Das Opfer erschafft selbst den Nebel aus Angst, Pflicht- und Schuldgefühlen und wird zu seinem eigenen emotionalen Erpresser.

Vielleicht liegen solchem Verhalten schlechte Erfahrungen mit anderen Menschen zugrunde, aber in der Regel sind die Schlüsse, die daraus gezogen werden, vollkommen unrealistisch. Es kann sogar geschehen, daß man gegen die Personen, die einen vermeintlich davon abhalten, etwas zu tun, wonach man sich sehnt, eine Abneigung entwickelt. Vorsichtig schleicht man um die eigenen wunden Punkte herum und sperrt sich selbst in einem sicheren, aber luftleeren Muster der Selbsterpressung ein.

Eine Warnung

Bitte benutzen Sie dieses Kapitel nicht, um sich selbst schlechtzumachen. Bis zum gegenwärtigen Zeitpunkt haben Sie so gehandelt, wie es Ihnen am besten erschien, und die Mittel zum Einsatz gebracht, die Ihnen zur Verfügung standen. Sie standen *vor* der Bewußtwerdung. Blicken Sie mit Mitgefühl auf den Menschen, der Sie vorher waren, und nutzen Sie dann dieses Kapitel, um den Vorgang der emotionalen Erpressung und die Rolle, die Sie dabei gespielt haben, besser zu verstehen.

Kapitel 7
Die Auswirkungen
emotionaler Erpressung

Sicherlich bedroht emotionale Erpressung nicht das Leben, aber sie macht dem Menschen eines seiner wichtigsten Güter streitig – seine Integrität. Der Begriff Integrität meint jenen inneren Bereich, der die eigenen Werte und den moralischen Kompaß enthält, die verdeutlichen, was man als richtig und was als falsch empfindet. Obgleich man dazu neigt, Integrität mit Ehrlichkeit gleichzusetzen, bedeutet sie doch sehr viel mehr. Das Wort selbst bedeutet »Ganzheit«, und man erlebt es als das sichere Wissen: »Das bin ich. Das sind die Dinge, an die ich glaube. Das sind die Dinge, die zu tun ich bereit bin – und das sind die Grenzen, die ich ziehe.«

Den meisten Menschen wird es nicht schwerfallen aufzulisten, von welchen Geboten und Verboten sie sich leiten lassen. Doch ist es sehr viel schwieriger, diese im Alltag praktisch umzusetzen oder sie unter dem Druck emotionaler Erpressung zu verteidigen. Viele Male ist man bereit, Kapitulationen und Kompromisse auf Kosten der persönlichen Integrität hinzunehmen und dabei langsam zu vergessen, wie es sich anfühlt, »ganz« zu sein.

Wie fühlt sich Integrität an? Nehmen Sie sich einen Augenblick Zeit, um sich die folgende Liste anzusehen – vielleicht wollen Sie sie auch laut lesen – und sich vorzustellen, daß jede dieser Aussagen die meiste Zeit für Sie zutrifft.

- Ich stehe für die Dinge ein, an die ich glaube.
- Ich lasse es nicht zu, daß mein Leben von Angst bestimmt wird.
- Ich stelle mich Menschen entgegen, die mich verletzt haben.

- Ich lege selbst fest, wer ich bin, statt mich von anderen definieren zu lassen.
- Ich halte die Versprechen, die ich mir selbst mache.
- Ich achte auf meine körperliche und emotionale Gesundheit.
- Ich betrüge andere Menschen nicht.
- Ich spreche die Wahrheit.

Hier handelt es sich um kraftvolle, befreiende Aussagen in bezug auf die eigene Person, und wenn sie tatsächlich für das stehen, wie man selbst in der Welt ist, dann stellen sie einen Angelpunkt und ein sicheres Gefühl für das Gleichgewicht dar, die dafür sorgen, daß man durch Streß und Druck, denen man beständig ausgesetzt ist, nicht aus der eigenen Mitte gedrängt wird. Wenn man emotionaler Erpressung Raum gibt, dann streicht man bildlich gesprochen eine Aussage nach der anderen auf dieser Liste durch, indem man vergißt, was einem guttut. Und jedesmal, wenn dies geschieht, opfert man wieder ein kleines Stück der eigenen Integrität.

Wer dieses grundlegende Selbstgefühl aufs Spiel setzt, der verliert mit seiner Integrität die Richtlinien, die seinem Leben Klarheit und Bedeutung geben.

Die Auswirkungen auf die Selbstachtung

Schwächling. Feigling. Versager. Dummkopf. Es gibt Dutzende von Schimpfwörtern, mit denen man sich selbst erniedrigt, wenn man wieder einmal dem emotionalen Erpresser nachgegeben hat. Die Beurteilung des eigenen Verhaltens wird beeinträchtigt, wenn man den Nebel aus Angst, Pflicht- und Schuldgefühlen ertragen muß: »Wenn ich Rückgrat hätte, dann würde ich nicht nachgeben«, sagt man sich. »Bin ich wirklich so schwach? Was ist bloß los mit mir?«

Man muß nicht unflexibel sein oder sich selbst schlecht machen, weil man jemandem in einer kleinen Angelegenheit nachgegeben hat. Den meisten Menschen ist klar, daß sie sich von Zeit zu Zeit ein wenig beugen und Kompromisse eingehen müssen. Oft genug hat es nichts oder nur wenig zu bedeuten, wenn man unter Druck zurückweicht. Doch wenn eine Gewohnheit daraus wird, in Angelegenheiten nachzugeben, die nicht gut für einen sind, dann fordern diese ihren Zoll in bezug auf das Selbstbild. Es gibt immer eine unterste Grenze, einen Punkt, an dem nachzugeben den wichtigsten Prinzipien und Überzeugungen Gewalt anzutun heißt.

Wie man sich selbst im Stich läßt
Der Preis, der zu bezahlen ist, wenn man diese unterste Grenze ignoriert, wurde Maria mit der Zeit schmerzhaft bewußt. Nachdem wir einige Monate miteinander gearbeitet hatten, war sie in einer unserer Sitzung ungewöhnlich still, was gar nicht ihrer aus sich herausgehenden Art entsprach. Als ich sie fragte, was ihr durch den Kopf gehe, antwortete sie bedächtig.

Ich bin über viele, viele Dinge wütend. Natürlich bin ich nicht glücklich über das, was Jay angerichtet hat. Aber was mich am meisten aufregt, ist das, was ich mir selbst angetan habe. Ich weiß, wir haben immer viel über Familie, Familie, Familie gesprochen und darüber, wie wichtig sie mir ist, und daß ich ihr in meinem Leben die erste Stelle eingeräumt habe. Aber wenn ich in den Spiegel blicke, dann sehe ich eine Frau, die nicht genug Selbstachtung aufgebracht hat, um ihrem Mann zu sagen: »Ich werde es nicht zulassen, daß du mich oder unsere Ehe entwertest, indem du mich betrügst.« Ich fühle mich so, als hätte ich mich selbst im Stich gelassen. Ich habe alles Erdenkliche getan, nur für mich selbst bin ich nicht eingestanden. Genausogut könnte ich ein Schild um den Hals tragen, auf dem steht: »Tritt mich.«

Ich machte Maria klar, daß sie, auch wenn ihr das nicht so vorkam, schon eine weite Strecke zurückgelegt hatte, und ich erinnerte sie daran, daß sie hart daran gearbeitet hatte, ihre eigenen Bedürfnisse zu erkennen und dem Druck ihrer Erziehung und Umgebung etwas entgegenzusetzen. Wenigstens zum Teil waren die starken Selbstvorwürfe, die sie sich nun machte, darauf zurückzuführen, daß sie nun zum ersten Mal seit Jahren – oder vielleicht überhaupt – deutlich erkannte, wie sie es geschafft hatte, einen ausgeprägten Sinn für die Werte zu entwickeln, welche die Rechte aller anderen respektierten und schützten, nur nicht ihre eigenen.

Ein Teufelskreis

Es ist nicht leicht, die eigene Integrität zu achten und zu schützen. Emotionale Erpresser brüllen die innere Führung ihres Opfers nieder, indem sie Verwirrung und Aufruhr erzeugen und dafür sorgen, daß das Opfer vorübergehend die Verbindung mit den wissenden Anteilen seiner selbst verliert, nur um sich dann zu verachten, wenn es erkennt, daß es sich wieder einmal hat über den Tisch ziehen lassen.

Patty, die sich von ihrem Mann Joe hatte überreden lassen, ihre im Krankenhaus befindliche Tante dazu zu bewegen, ihnen Geld zu leihen, brachte die Notlage des Opfers auf den Punkt.

Es war eine Situation, in der ich nicht gewinnen konnte. Hätte ich den Anruf nicht gemacht, dann hätte ich mich wie diese schreckliche, schreckliche Person gefühlt, die Joe im Stich läßt. Er ist der Ernährer der Familie und bittet mich um diesen kleinen Gefallen, wo er doch sonst alles tut. Es kam mir so vernünftig vor. Aber nachdem ich es getan hatte, fühlte ich mich entsetzlich... furchtbar, wertlos. Ich kam mir benutzt vor, als hätte ich kein Rückgrat, was ja auch stimmt.

Patty war in dem klassischen Dilemma gefangen: »Egal, ob du es tust oder nicht tust, es ist sowieso falsch«, das am Ende so viele Opfer emotionaler Erpressung überschwemmt von Selbstverdammung zurückläßt. Solange sie Joes Behauptung akzeptierte, daß sein so dringender Wunsch ja nur ein »kleiner Gefallen« war, den sie ihm ohnehin schuldete, konnte sie sich nicht dazu durchringen, ihm Widerstand entgegenzusetzen – und das, obwohl sie von sich selbst sagt: »Ich bin nicht die Sorte Mensch, die so etwas tut. Wer, wenn er einigermaßen bei Verstand ist, würde jemanden anrufen, der gerade frisch operiert wurde, und um Geld bitten?«

Patty hatte ihr Gefühl für das, was angemessen ist, nicht verloren, doch aus dem Bedürfnis heraus, Frieden mit Joe zu halten, handelte sie so, als sei dies der Fall. Als Folge davon war sie voller Gewissensbisse und Selbstverachtung.

Das unglückliche Ergebnis solcher Beschimpfungen ist jedoch ein Teufelskreis. Unter Druck tut man etwas, was nicht in Übereinstimmung mit dem eigenen Selbstgefühl ist. Wenn einem dann klarwird, was man getan hat, reagiert man schockiert und ungläubig und fängt an zu vermuten, daß man tatsächlich so unzureichend ist, wie der Erpresser einem weismachen will. Nachdem man auf diese Weise den Respekt vor sich selbst verloren hat, wird man zu einer sogar noch besseren Zielscheibe für emotionale Erpressung, denn nun sehnt man sich besonders verzweifelt nach der Zustimmung des Erpressers, denn sie würde beweisen, daß man doch nicht so schlecht ist. Vielleicht ist man nicht dazu in der Lage, den eigenen Anforderungen zu genügen, aber vielleicht gelingt es einem wenigstens bei denen des Erpressers.

Wie Patty es zum Ausdruck bringt:

Ich hatte Angst, daß er mich nicht lieben würde und daß ich keine gute Ehefrau war, wenn ich den Anruf verweigerte. Und ich brauchte ihn doch. Er würde mich nicht lieben, und ich würde ihn im Stich lassen.

Obwohl Patty sich schrecklich fühlte, als sie den Anruf tätigte, war dies doch noch leichter für sie, als Joe zurückzuweisen. Wenn sie die Wahl hatte, ihrem Gefühl für falsch und richtig Gewalt anzutun oder aber als schlechte Ehefrau dazustehen, dann ist klar, welche sie getroffen hat.

Rationalisierung und Rechtfertigung
Das Beschützen der eigenen Integrität kann zu einem beängstigenden und einsamen Kampf werden. Es birgt in sich das Risiko, die Mißbilligung von Menschen hervorzurufen, die einem

190

wichtig sind, und vermag sogar eine Beziehung ernsthaft zu gefährden. Margaret wollte unbedingt zu Cal halten, also griff sie auf ein Mittel zurück, dessen sich viele Opfer emotionaler Erpressung bedienen, wenn sie die Wahl haben, zu sich selbst zu stehen oder sich den Wünschen des anderen zu beugen: Sie rationalisierte.

Margaret versuchte »gute Gründe« dafür zu finden, warum sie das tat, was Cal von ihr verlangte. Sie sagte sich, daß Gruppensex schließlich nichts Besonderes und daß sie vielleicht wirklich altmodisch und prüde sei. Schließlich war Cal doch in vielerlei anderer Hinsicht so wunderbar. Daß Margaret ein so starkes Bedürfnis in sich spürte, ihr Verhalten vor sich zu rechtfertigen, hätte ihr eine Warnung dafür sein müssen, daß sie die Grenzen dessen überschritt, was sie für richtig und gesund hielt.

Es bedarf gehöriger geistiger und emotionaler Kraft, sich selbst davon zu überzeugen, daß man etwas akzeptiert, was man eigentlich nicht in Ordnung findet. Im Inneren wird ein Kampf zwischen der Integrität und dem durch den Erpresser erzeugten Druck ausgefochten, und wie bei allen Auseinandersetzungen dieser Art kommt es auch hier zu Verlusten und Verletzungen. Margaret bezahlte einen quälenden Preis für ihre Rationalisierungen, und wir arbeiteten lange gemeinsam daran, ihren Respekt vor sich selbst neu aufzubauen, ihre schreiende Selbstkritik zum Schweigen zu bringen und ihre Verbindung mit der leitenden Stimme in ihrem Inneren zu stärken.

Ganz egal wie verwirrt, in Selbstzweifeln gefangen oder ambivalent man in bezug auf die eigenen Interaktionen mit anderen Menschen auch sein mag, die innere Stimme, die beharrlich die Wahrheit sagt, ist niemals ganz zum Schweigen zu bringen. Die Stimme der Wahrheit klingt oft nicht angenehm, und daher läßt man sie häufig gerade außerhalb der bewußten Wahrnehmung vor sich hin murmeln, ohne sich je genug Zeit zu nehmen, um ihr richtig zuzuhören. Doch wenn man ihr Aufmerksamkeit schenkt, dann führt sie einen zu Weisheit, Gesundheit und Klarheit. Die Stimme ist der Beschützer der eigenen Integrität.

Eve hatte sich in Kurse eingetragen, die ihr helfen sollten, Arbeit zu finden und finanzielle Sicherheit zu schaffen, während sie dabei war, sich eine Karriere als Künstlerin aufzubauen. Doch unter Elliots Druck gingen ihre optimistischen Pläne zu Bruch.

Ich wollte doch nur ein paar Fertigkeiten erwerben, damit ich nicht immer von jemandem abhängig sein würde. Ich dachte, ich besuche Kurse in Computergrafik und in Illustration, damit ich nicht immer darauf hoffen muß, daß irgendein großer Auftrag daherkommt. Aber er fand das alles vollkommen unmöglich, und eines Tages, tatsächlich an jenem, an dem ich diesen albernen Computertest machen wollte, drohte er mir, eine Überdosis zu nehmen. Ich war so sprachlos – es war, als seien meine schlimmsten Alpträume plötzlich wahr geworden. Er saß da mit einer Flasche Schnaps und einer ganzen Reihe von Pillendosen. Wie hätte ich in Anbetracht dieser Situation meine Ausbildung fortsetzen sollen? Ich redete mir gut zu, tu es nicht, Eve, besuche weiterhin den Unterricht, aber... ich bin... einfach zusammengebrochen. Also gut, sagte ich mir, zum Teufel damit.

Wie die meisten Opfer emotionaler Erpressung verlor auch Eve die Tatsache aus dem Blick, daß die wichtigsten Versprechungen jene sind, die man sich selbst macht. Doch verglichen mit Elliots Druck und ihrer Vorstellung, daß sie für sein Überleben verantwortlich war, wirkten diese Versprechungen nahezu unbedeutend.

Elliots Drohungen waren schrecklich, und Eve war noch nicht dazu in der Lage, mit ihnen fertig zu werden, aber selbst dann, wenn der Druck sehr viel geringer ist, betrügen viele Opfer sich selbst. Mit eine der ernstesten Folgen emotionaler Erpressung ist es, daß die Welt des Erpreßten auf einmal unheimlich klein wird. Oft gibt er Menschen oder Tätigkeiten auf, die er liebt, nur um den Erpresser zufriedenzustellen, vor allem dann, wenn dessen Kontrollbedürfnis oder seine Bedürftigkeit groß ist.

Doch jedesmal, wenn man auf eine Fortbildung verzichtet,

die man sich vorgenommen hat, wenn man Interessen oder Freunde aufgibt, an denen man hängt, um den Erpresser glücklich zu machen, gibt man damit auch einen wichtigen Bestandteil der eigenen Persönlichkeit auf und untergräbt seine Integrität.

Die Auswirkungen auf das Wohlergehen

Emotionale Erpresser lassen das Erpressungsopfer mit nicht zum Ausdruck gebrachten, wie ein Feuer schwelenden Emotionen zurück. Patty war ausgesprochen ärgerlich über Joes Manipulationen – und dies war durchaus berechtigt –, aber obwohl sie sich ihrer Gefühle bewußt war, vermochte sie sich nicht die Erleichterung zu verschaffen, die sie verspürt hätte, wenn sie ihrer Wut und ihrer Frustration Luft gemacht hätte. Die meisten Opfer emotionaler Erpressung verdrängen solche Emotionen, nur um ihnen in jeder nur erdenklichen qualvollen Form wieder zu begegnen: als Depression, Angstzustände, Eßstörung, Kopfschmerzen – ein ganzes Spektrum körperlicher und emotionaler Manifestationen, welche anstelle der tatsächlichen Gefühle zum Ausdruck kommen.

Als Catherines Therapeutin sie mittels emotionaler Erpressung in eine ihrer Gruppen zwingen wollte, war Catherine voller Wut nicht nur auf sie, sondern auch auf eine enge Freundin, die in die Situation mit hineingezogen worden war.

Meine Freundin war in der Gruppe und begann nun ebenfalls, mich unter Druck zu setzen. Später fand ich heraus, daß Rhonda sie aufgefordert hatte, mich entsprechend zu bearbeiten. Also hatte ich beide gegen mich. Ich fühlte mich von zwei Seiten angegriffen und war entsprechend wütend. Aber ich fühlte mich nicht sicher genug, um diese Wut direkt zum Ausdruck zu bringen. Tatsächlich war ich mir nicht einmal sicher, ob ich überhaupt ein Recht hatte, mich aufzuregen. Also wurde ich statt dessen immer depressiver. Die ganze Erfahrung war einfach scheußlich.

Rhonda hat mir viel Schaden zugefügt. Ich war damals in höchstem Maße verletzbar, und sie hat mich nie unterstützt oder zugegeben, daß ich im Recht war. Sie sorgte vielmehr dafür, daß ich mich mit mir selbst schlechter fühlte – noch unzureichender und weniger liebenswert. Gott sei Dank war ich fähig, zu erkennen, was tatsächlich ablief, und mich der Situation zu entziehen.

Wie Catherine stellen viele Opfer emotionaler Erpressung ihr Recht in Frage, bestimmte Gefühle *überhaupt* zu haben – vor allem wütende Gefühle. Möglicherweise richten sie ihren Zorn nach innen, wo er sich zu Depressionen verwandeln kann, oder sie rationalisieren, um vor sich das Maß ihrer Wut zu verbergen. Catherine hatte Glück, weil es ihr schließlich gelang, ihre Depression und ihre Selbstzweifel zu überwinden und sich aus einer ungesunden Situation zu retten.

Wenn die geistige Gesundheit in Frage gestellt wird
Eve war derart in ihre destruktive Beziehung mit Elliot verstrickt, daß sie fürchtete, ihre geistige Gesundheit sei bedroht.

Ich wußte, daß ich wirklich in Schwierigkeiten war. Meine Gefühle waren so sehr in Fetzen, daß ich fürchtete, man würde mich abholen und in eine Gummizelle stecken müssen. Ich fühlte mich tatsächlich gezwungen, mich in einen Schaukelstuhl zu setzen und zu schaukeln. Es kam mir so vor, als ob ich jeden Augenblick durchdrehen würde, und ich brachte es nicht fertig, mich emotional von ihm zu distanzieren. Es war diese entsetzliche Kombination aus Wut und Liebe und Schuldgefühlen.

Wenn emotionale Erpressung so erdrückend und allgegenwärtig ist, wie sie sich für Eve darstellte, dann erzeugt sie Gefühle solcher Intensität, daß man manchmal meint, »verrückt« zu werden. Ich machte Eve klar, daß viele Menschen starke Gefühle mit dem Verlieren des Verstands verwechseln und daß man selbst viel dazu beitragen kann, um diese Ängste zu reduzieren. Sie hatte recht, die Schaffung eines emotionalen Abstands war notwendig, bevor sie sich effektiv und ruhig mit dem Drama auseinandersetzen konnte, zu dem ihr Leben geworden war. Das war es, was wir gemeinsam erreichen wollten.

Wie Eves Beispiel so deutlich zeigt, kann emotionale Erpressung zu einer Gefahr für die geistige Gesundheit werden. Auf gleiche Weise vermag sie auch der physischen Gesundheit zuzusetzen, wenn der Erpreßte sich über seine körperlichen Grenzen hinweg zwingt, den Erpresser zufriedenzustellen.

Physischer Schmerz als Warnung
Kim, die Zeitschriftenredakteurin, die Strafüberstunden als Reaktion auf den Druck ihres Chefs machte, wurde mitten in der Nacht wach, weil der Schmerz von ihren Schultern bis hin in die Handgelenke schoß.

Ich hatte gefürchtet, daß etwas Derartiges geschehen würde, aber wenn es dann wirklich passiert, ist man doch immer schockiert. Ich weiß nicht, warum ich es nicht fertiggebracht habe zu sagen: »Meine Arme fangen an, mir weh zu tun, und ich muß ein wenig kürzertreten – die Arbeit für eine statt für zwei oder drei Personen machen.« Doch ich höre Kens Stimme in meinem Kopf, die mir sagt, wie wunderbar Miranda war, und ich bin entschlossen, ihm zu beweisen, daß ich ebenso gut bin. Und dieser Hurensohn weiß genau, wie er mich rumkriegen kann. Doch wirklich beängstigend ist eigentlich nur, daß ich mir das alles selbst angetan habe.

Wenn man seinen Körper nicht schützt, dann erhält man von ihm schmerzhafte Signale, die einen schließlich dazu zwingen. Für Kim bedeutet die fortwährende Überanstrengung, daß sie möglicherweise mit beeinträchtigenden Folgeerscheinungen zu rechnen hat, weil sie auf die übertriebenen Leistungsanforderungen eingegangen ist.

In Kims Situation waren Ursache und Wirkung deutlich zu erkennen. Zuviel Arbeit, zu viele Überstunden und der Druck, ständig Höchstleistungen vollbringen zu müssen, laugten sie aus, und ihr Körper rebellierte.

Ich bin gewiß nicht der Auffassung, daß jedes körperliche Leiden psychosomatisch ist, aber es gibt mehr als genug Beweise dafür, daß Körper, Geist und Gefühl aufs engste miteinander verbunden sind. Emotionale Not kann die Anfälligkeit gegenüber Kopfschmerzen, Muskelkrämpfen, Magen-, Darmbeschwerden, Atemstörungen und zahlreichen anderen Leiden erheblich erhöhen. Ich bin fest davon überzeugt, daß Streß und Anspannung, die emotionale Erpressung begleiten, sich als körperliche Symptome manifestieren können, wenn andere Ventile des Ausdrucks blockiert oder versperrt sind.

Die Auswirkungen auf Dritte

Wer dem emotionalen Erpresser nachgibt, der betrügt sich selbst und gefährdet seine persönliche Integrität. In Vergessenheit aber gerät leicht, daß der Erpreßte, in dem Versuch, den Erpresser zu beruhigen oder Mißbilligung aus dem Weg zu gehen, auch andere Menschen, die ihm nahestehen, betrügt.

Ich habe Ihnen in diesem Buch schon viele Beispiele dafür gegeben, wie emotionale Erpressung nicht nur das Leben des Erpressungsopfers, sondern auch unbeteiligter Dritter beeinträchtigen kann. Josh betrog Beth, indem er seinen Eltern mitteilte, daß er sich nicht mehr mit ihr treffe, und verletzte sie damit tief. Sie fühlt sich von ihm nicht beschützt. Außerdem ist ihr klar, daß der Aufruhr dann, wenn die Wahrheit herauskommt – und das muß unvermeidlich geschehen –, noch viel größer sein wird, als wenn man die Sache gleich und von Anfang an mutiger angeht.

Karen hingegen fand sich zwischen ihrer Mutter und ihrer Tochter vor die Entscheidung gestellt, entweder der einen oder der anderen weh tun zu müssen.

Ich hatte eine kleine Party für Moms 75. Geburtstag geplant. Als Mom mich fragte, wer alles kommen würde, las ich ihr die Liste vor, doch als ich zu Melanie kam, unterbrach sie mich und sagte: »Ich möchte Melanie nicht hier haben. Ich weiß, sie

ist deine Tochter, aber sie hat sich mir gegenüber neulich ein-
fach furchtbar benommen – vollkommen respektlos. Als ich sie
letztes Mal anrief, da hatte sie nicht einmal Zeit, mit mir zu
sprechen. Sie ist nur dann nett, wenn sie etwas braucht.«

Ich versuchte die Wogen zu glätten, indem ich Mom erklärte,
daß Melanie in letzter Zeit viel um die Ohren gehabt hatte,
aber Mom wollte nichts davon hören. »Wenn du Melanie nicht
sagst, daß sie nicht kommen darf«, erklärte sie, »dann will ich
deine Party überhaupt nicht. Dann kannst du sie ohne mich
machen. Ich habe auch schon andere Geburtstage allein ver-
bracht, das kann ich auch mit diesem tun.« Also mußte ich mei-
ner eigenen Tochter sagen, daß sie auf der Geburtstagsfeier
ihrer Großmutter nicht willkommen war.

Karen hatte es zugelassen, daß sie in den Konflikt zwischen
ihrer Mutter und ihrer Tochter hineingezogen wurde, und somit hatte sie die Rolle des Kanals und der Botin all der schlechten Gefühle zwischen zwei erwachsenen Frauen übernommen.
Wie den meisten Menschen standen ihr keine effektiven Strategien zum Umgang mit emotionaler Erpressung zur Verfügung, und sie ging davon aus, daß ihr nur zwei Möglichkeiten
offenstanden – sich dem Willen ihrer Mutter zu fügen und ihre
Tochter zu verletzen oder ihren Boden zu behaupten und damit vielleicht der Mutter weh zu tun – eine Wahl, die tatsächlich gar keine ist.

Es haben sich schon viele Menschen in einer unmöglichen
Situation wie der Karens wiedergefunden, in der sie sich zwischen zwei geliebten Menschen entscheiden mußten, weil
irgendein emotionaler Erpresser dies von ihnen verlangte. »Die
Kinder oder ich«, ist eine weitverbreitete Forderung. Das war
die Entscheidung, vor die Alex Julie stellte, als er zu dem
Schluß gekommen war, daß ihr Sohn zuviel ihrer Aufmerksamkeit von ihm abzog.

In einem weiteren verbreiteten Szenario setzen sich verschiedene Familienmitglieder gegenseitig unter Druck, um sich
mit einem Elternteil gegen den anderen zu verbünden. Dies
kommt besonders bei Scheidungen häufig vor. Ist sie besonders

bitter, dann lautet eine typische Form emotionaler Erpressung: »Wenn du weiter mit deinem Vater/deiner Mutter sprichst, dann verstoße ich dich aus meinem Leben (oder streiche dich aus meinem Testament) und rede nie wieder ein Wort mit dir.« Das ist ein schmerzhaftes Dilemma. Welche Wahl der Erpreßte auch trifft, einer wird immer der Betrogene sein, und die Last der Schuldgefühle und Selbstanklagen nimmt noch zu.

Die Auswirkungen auf die Beziehung

Emotionale Erpressung saugt die Sicherheit aus jeder Beziehung. Mit Sicherheit meine ich Wohlwollen und Vertrauen – die Elemente, die es dem Menschen ermöglichen, sich einem anderen ohne Angst davor zu öffnen, daß seine verborgensten Gedanken und Gefühle anders als mit Sorgfalt behandelt werden könnten. Wenn diese beiden Elemente fehlen, dann ist das, was übrigbleibt, eine oberflächliche Beziehung ohne die emotionale Offenheit, die es dem Menschen gestattet, dem anderen gegenüber er selbst zu sein.

Je mehr das Sicherheitsniveau in einer Beziehung abnimmt, desto vorsichtiger wird man und verbirgt mehr und mehr vor seinem Erpresser. Man verliert das Vertrauen darauf, daß es ihn interessiert, wie man fühlt und was am besten für einen ist, oder ob er überhaupt die Wahrheit sagt, denn man hat erfahren, daß er, wenn er sein Ziel verfolgt, im besten Fall leidenschaftlich und im schlechtesten Fall rücksichtslos ist. Das Opfer bei diesem Spiel ist die Intimität.

Die Rolläden herunterlassen
Eve beschrieb das Zerbrechen der Intimität in ihrer Beziehung mit Elliot besonders eindringlich.

Ich weiß, es hört sich bizarr und verrückt an, aber es war nicht immer so. Im ersten Jahr unseres Zusammenseins war es eine vollkommen andere Beziehung – einfach und romantisch. Er ist gescheit und wirklich unglaublich talentiert, und wir liebten einander tatsächlich. Erst als ich bei ihm einzog, fing er an, mir diese verrückte Seite zu zeigen.

Jetzt fühle ich mich in der Beziehung wie in einer Druckkammer. Ich vermag es kaum zu beschreiben. Es ist so wie das, was man für jemanden empfindet, über den man sich geärgert hat, und der dann vielleicht eine schreckliche Krankheit bekommt, doch man liebt ihn auch weiterhin und macht sich Sorgen um ihn. Aber es gibt keine Intimität, keine aufrichtige Intimität. Ich meine damit nicht das Sexuelle. Ich meine das Emotionale. Ich kann ihm meine wirklichen Gefühle nicht mitteilen, weil er so verletzbar... zerbrechlich ist. Ich kann ihm nicht von meinen Träumen und Plänen erzählen, weil er sich von ihnen so bedroht fühlt. Sie sind kein sicheres Thema. Es kann keine wirkliche Intimität geben, wenn man bei allem, was man sagt, so aufpassen muß.

Opfer emotionaler Erpressung gewöhnen sich so sehr an negative Vergleiche, Mißbilligung, Druck und Überreaktionen, daß sie wie Eve nur noch zögernd wichtige Teile ihres Lebens mitteilen. Das Opfer redet nicht mehr über:

- dumme oder peinliche Dinge, die ihm zugestoßen sind, denn der Erpresser könnte sich darüber lustig machen,
- Gefühle der Trauer, der Angst oder Unsicherheit, denn der Erpresser könnte sie gegen das Opfer zum Einsatz bringen und ihm damit beweisen wollen, daß es falsch ist, sich dem entgegenzustellen, was er will,
- Hoffnungen, Träume, Pläne, Ziele, Phantasien, denn der Erpresser könnte sie zunichte machen oder als Beweis für den Egoismus des Opfers heranziehen,
- unglückliche Lebenserfahrungen oder eine schwierige Kindheit, denn der Erpresser könnte dies als Hinweis auf die Instabilität oder die Unzulänglichkeit des Opfers deuten,
- alles, was zeigen könnte, daß der Erpreßte sich verändert und entwickelt, denn der Erpresser hält nichts davon, wenn man die Dinge in Bewegung bringt.

Was bleibt bestehen, wenn man in der Beziehung zu einem anderen Menschen ständig wie auf Eiern gehen muß? Oberflächliche Plaudereien, an den Nerven zehrendes Schweigen, jede Menge Spannungen. Unterhalb der künstlichen Ruhe, die einen versöhnlich gestimmten Erpresser und sein nachgebendes Opfer einhüllt, öffnet sich zwischen ihnen eine immer größere Kluft.

Karens Mutter bringt sie durch Erpressung dazu, mehr Zeit mit ihr zu verbringen, doch bei der Nähe, die noch zwischen ihnen übrigbleibt, könnte sie genausogut zu einem Foto ihrer Tochter sprechen. Ihr zwanghafter Umgang miteinander läßt keinen Raum für die wirkliche Karen oder für das, was ihr wichtig ist. Die beiden Frauen werden durch die Kritiksucht der Mutter und die Bemühungen der Tochter, die sich zu schützen versucht, indem sie sich zurückzieht, voneinander wie durch Stacheldraht ferngehalten.

Es ist erstaunlich, wieviel man von sich selbst zurückhalten kann, um einem weiteren Erpressungsversuch zu entgehen. Man überquert mit beiläufigem Gespräch die Straße, nur um ernsten Themen oder, noch schlimmer, Forderungen aus dem Weg zu gehen. Zoe faßte die Situation gut in Worte:

Ich frage Tess nicht einmal mehr, wie es ihr geht, weil ich weiß, daß sie es mir sagen und von mir verlangen wird, daß ich ihre Situation für sie verbessern soll. Ich nehme an, wir können über das Wetter, die Dodgers, Mel Gibson, Filme – aber nur über Komödien! – sprechen. Ich versuche, das Gespräch an der Oberfläche zu halten.

In einer von emotionaler Erpressung gefärbten Situation werden Beziehungen mit Freunden, Partnern und Familienmitgliedern, die ursprünglich wirkliche Tiefe besaßen, zunehmend oberflächlicher, da die Zahl sicherer Themen immer weiter abnimmt.

Allen, der Geschäftsmann, war davon überzeugt, daß er vorsichtig auswählen mußte, was er Jo mitteilen konnte, um ihrer extremen Abhängigkeit und ihrer Neigung zu Überreaktionen nicht noch mehr Nahrung zu geben.

*Ich kann Jo nicht sagen, daß ich Angst habe oder mich unsicher
fühle, weil ich für sie der Fels von Gibraltar zu sein habe. Aber
sie ist meine Frau, und ich wünschte, ich könnte wenigstens
ein wenig von dem mit ihr teilen, was mir seit kurzem durch
den Kopf geht. Ich habe Schwierigkeiten mit meinem Unternehmen – die Verkäufe sind stark zurückgegangen –, und ich
mußte meine Investitionen einschränken, um die Rechnungen
zu bezahlen. In San José gibt es eine kleine Fabrik, die ich mir
gerne ansehen möchte. Die sprechen von neuen Verträgen, die
für mich die Rettung sein könnten. Aber ich wage nicht einmal,
eine Reise und ein paar Tage Abwesenheit zu erwähnen. Sie
wird durchdrehen. Und ich kann ihr auch nicht die Wahrheit
sagen, denn dann gerät sie in Panik. Himmel, das ist doch
keine richtige Partnerschaft – das ist eine Ein-Mann-Show.*

Allen verbot sich selbst, über die Themen zu sprechen, von
denen er meinte, Jo würde mit ihnen nicht fertig werden, und
in der Folge fühlte er sich, obwohl sie zusammenlebten, sehr
allein und ohne die Intimität, die daraus erwächst, daß man die
dunklen wie die hellen Tage miteinander teilen kann. Ihre Ehe
befand sich in einer emotionalen Zwangsjacke.

Reduzierung emotionaler Freigebigkeit

Ein Paradox der emotionalen Erpressung ist: Je mehr Zeit, Aufmerksamkeit und Zuwendung der emotionale Erpresser fordert, desto weniger sieht sich sein Opfer bereit, ihm zu geben.
Der Erpreßte unterdrückt häufig sogar beiläufige Zuneigung,
weil er fürchten muß, daß sie als Zeichen des Nachgebens fehl-
interpretiert werden könnte. Er verwandelt sich in einen emotionalen Geizhals, der die Hoffnungen und Phantasien des Erpressers nicht unterstützen will.

Roger, der Drehbuchautor, erzählte mir zu Beginn unserer
Zusammenarbeit, als seine und Alices Beziehung noch nicht
auf festerem Boden stand, von diesem Paradox.

*Alice und ich haben wirklich unglaublich tolle Zeiten mitein-
ander erlebt, und ich würde ihr das wirklich gerne sagen kön-*

nen und sie wissen lassen, wie sehr ich sie zu schätzen weiß und was für eine wunderbare Frau sie in vielerlei Hinsicht ist. Aber ich darf ihr nichts sagen, was zu liebevoll klingt, weil sie es sofort als Antrag verstehen wird. Oder sie fängt wieder an, über die Sache mit dem Baby zu reden. Ich bin ein sehr liebevoller Mensch, aber ich muß feststellen, daß ich viel davon zurückhalte – ich will ihr keinen falschen Eindruck erwecken –, und dann fühle ich mich deshalb schlecht, weil ich mich selbst nicht frei zum Ausdruck bringen kann; ich weiß, daß sie sich zurückgewiesen fühlt.

Zu diesem Zeitpunkt in ihrer Beziehung besaß Roger nicht die Freiheit, seine tatsächlichen Gefühle zum Ausdruck zu bringen – obwohl sie positiver Natur waren –, weil er wußte, daß sich alles, was er zu sagen hatte, durch Alices unrealistische Erwartungen in Munition für zukünftige Erpressungsversuche verwandeln würde.

Oft müssen glückliche wie liebevolle Gefühle hinter dem Berg gehalten werden, weil es keinen Grund zum Feiern gibt, außer man arrangiert sich mit den Vorstellungen des Erpressers. Josh konnte offensichtlich seine Freude nicht mit seinen Eltern teilen, weil die starke Ablehnung seiner Beziehung mit Beth durch seinen Vater dies verbot.

»Er will nichts davon hören. Ich habe kein Recht, ein eigenes Leben zu führen. Er sagt, er liebt mich, aber wie kann das wahr sein?« fragt Josh. »Er weiß doch nicht einmal, wer ich eigentlich bin.«

Die Beziehung, von der Joshs Vater meint, daß er sie mit seinem Sohn habe, existiert in Wirklichkeit nicht. Und was wirklich ist – die Zufriedenheit, die Josh mit Beth gefunden hat –, darf nur ohne Wissen des Vaters bestehen. Eine solche Beziehung zwischen Vater und Sohn ist eine Schande, und so ist es mit vielen, wenn nicht gar mit den meisten Beziehungen, die auf emotionaler Erpressung beruhen.

Wenn Sicherheit und Intimität aus einer Beziehung verschwunden sind, dann gewöhnt man sich daran, Rollen zu spielen. Man tut so, als sei man glücklich, obwohl dies nicht zutrifft, und sagt, daß alles in Ordnung ist, auch wenn es sich dabei um eine Lüge handelt. Man macht sich selbst und anderen vor, daß man sich über eine Sache, die einen auf die Palme bringt, gar nicht aufregt, und daß man den Menschen liebt, der einen so unter Druck setzt, obwohl man ihn kaum noch wiedererkennt. Was einst ein anmutiger Tanz der Fürsorge und Nähe war, hat sich in einen Maskenball verwandelt, dessen Teilnehmer mehr und mehr Anteile ihres wahren Selbst voreinander verborgen halten.

Es ist nun an der Zeit, all das neuerworbene Verständnis in sinnvolles Handeln umzusetzen, damit Sie wirkungsvoll mit emotionaler Erpressung und den Menschen, die sie gegen Sie einsetzten, umgehen lernen. Sie werden erstaunt darüber sein, wie schnell es möglich ist, die eigene Integrität zurückzuerlangen – und Ihre Beziehung zu dem Erpresser entscheidend zu verbessern.

II. Teil

Emotionale Erpressung bekämpfen

Der richtige Zeitpunkt
für Veränderungen

Eine meiner Lieblingsgeschichten handelt von einem Mann, der eine Straße entlangfährt und eine Frau auf Händen und Knien unter einer Straßenlaterne herumkriechen sieht. Weil er meint, daß sie in Schwierigkeiten ist, hält er an.

»Was ist denn passiert?« fragt er. »Es sieht so aus, als ob Sie Hilfe gebrauchen könnten.«

»Danke«, antwortet sie. »Ich suche nach meinen Schlüsseln.«

Nachdem sie eine Weile gemeinsam gesucht haben, fragt er: »Haben Sie eine Ahnung, wo Sie sie haben fallen lassen?«

»Oh, ja«, entgegnet sie. »Ich habe sie etwa einen Kilometer von hier entfernt verloren.«

Verständlicherweise verwirrt will er wissen: »Aber warum suchen wir dann hier?«

Und sie antwortet: »Weil ich mich hier auskenne, und weil das Licht besser ist.«

Viele Menschen meinen, sie könnten ihre Probleme mit emotionaler Erpressung lösen, indem sie sich auf der Suche nach einer Lösung durch ihr Repertoire vertrauter Verhaltensweisen kämpfen. Sie nehmen die Anschuldigungen der Erpresser hin, glauben ihren Schuldzuweisungen, entschuldigen sich und fügen sich schließlich. Es liegt eine gewisse Logik in diesem Verhalten – es ist vertraut, und die Erlösung folgt unmittelbar. Doch wer bei diesen altbekannten Reaktionsweisen verharrt, dem wird es nie gelingen, die Schlüssel zur Beendigung emotionaler Erpressung tatsächlich zu finden. Sie befinden sich einen Kilometer weiter und bestehen aus den selbstbestärkenden, nichtdefensiven Verhaltensweisen, die ich Ihnen in diesem Teil des Buches beibringen werde.

Es ist entscheidend, sich aus dem bekannten, gut beleuchteten Bereich gewohnter Reaktionen hinaus in den weniger angenehmen Raum der Verhaltensänderung zu wagen. Inzwischen haben Sie eine recht gute Vorstellung davon, wie und warum Sie erpreßt werden, doch dieses Wissen ist vollkommen wertlos, wenn es nicht zum Katalysator wird, der Sie zu den Handlungen antreibt, die erforderlich sind, um die emotionale Erpressung zu beenden. Veränderung setzt voraus, daß man sich der Informationen auch bedient; sie nur zu sammeln reicht nicht aus. Um etwas zu *verändern*, muß man erst wissen, was zu tun ist, dann aber muß *gehandelt* werden. Doch aus vielerlei Gründen widersetzen sich die meisten Menschen diesem Schritt mit jeder Faser ihres Seins. Man hat Angst, daß man es probiert und damit scheitern könnte. Man hat Angst, daß man bei dem Versuch, die schlechten Anteile einer Beziehung loszuwerden, auch die guten einbüßen könnte. Menschen, die vieles in ihrem Leben mit Bravour meistern, weigern sich unter Zuhilfenahme scharfsinnig ausgedachter Argumente, selbstschädigende Verhaltensmuster zu verändern.

Also wird mit dem Erlernen neuer Verhaltensweisen gewartet, bis man sich ein bißchen weniger ängstlich oder verunsichert fühlt. Und inzwischen wird die emotionale Erpressung immer schlimmer. Wenn Sie nun jedoch schon bereit sind, gegen emotionale Erpressung zu Felde zu ziehen und Ihr Selbstvertrauen und Ihre Fähigkeiten zu schulen, dann bestehen wirklich gute Aussichten, der Sache ein Ende zu setzen. Allerdings müssen Sie mit dem Veränderungsprozeß beginnen, noch während Sie unter Ihren Ängsten leiden.

Schritt um Schritt

Wenn Sie mit einem Erpresser wirkungsvoll fertig werden wollen, dann müssen Sie vollkommen neue Reaktions- und Kommunikationsweisen erlernen. Die Worte, die aus Ihrem Mund kommen, müssen ausgewechselt und durch einen neuen Ausdrucksstil ersetzt werden. Die emotionale Grundstimmung, auf der Ihre Reaktionen fußen, muß eine andere sein. Sie müssen das ritualisierte Muster aus Widerstand, Druck und Unterwerfung außer Kraft setzen, indem Sie die Reaktionen verändern, die Sie bisher dazu veranlaßt haben, Ihr Leben Ihrem Autopiloten zu überlassen.

In diesem Abschnitt des Buches werde ich Sie Schritt für Schritt durch einen Prozeß begleiten, den ich entwickelt habe, um Sie dort abzuholen, wo Sie augenblicklich stehen, und dorthin zu bringen, wo Sie beim nächsten Erpressungsversuch auf neue Weise reagieren können. Ich werde Ihnen wirkungsvolle nichtdefensive Kommunikationsformen beibringen und Sie durch Visualisationen, Checklisten und Schreibaufgaben führen, die auf verschiedenen Ebenen schnell Veränderungen herbeiführen.

Dabei will ich auf zwei Schienen vorgehen. Die erste, auf der Sie beinahe sofort loslegen können, ist die Verhaltensschiene. Anfangs werden Sie dabei das Gefühl haben, als hätten Sie sich innerlich überhaupt nicht verändert – wahrscheinlich werden Sie sich noch immer schuldig oder verpflichtet oder ängstlich fühlen, wenn der Erpresser den Druck vergrößert. Doch Sie werden lernen, in Ihrem Handeln effektiver zu sein. Außerdem wird sich auch die Beziehung verändern, sobald Sie Ihrem Verhalten eine neue Richtung geben. Die Resultate, die Sie nicht übersehen können, werden Sie ermutigen und unterstützen.

Auf der zweiten Schiene geht es um Ihre Gefühlswelt, und Sie werden den um einiges längeren Veränderungsprozeß der inneren Welt durchlaufen, bei dem Sie wunde Punkte außer Funktion setzen und an Ihren Verletzungen wie auch an Ihren falschen Überlegungen arbeiten, die Sie überhaupt erst für emotionale Erpressung empfänglich gemacht haben.

Es hört sich vielleicht merkwürdig an, wenn jemand, der seit 25 Jahren therapeutisch arbeitet, Ihnen dies sagt, aber einen Großteil dieser Arbeit können Sie sehr wohl alleine tun. Wenn Mißbrauch in der Beziehung vorliegt oder wenn Sie unter schweren Depressionen, unerträglichen Angstzuständen, übermäßigem Selbsthaß und dramatischem Mangel an Selbstvertrauen leiden, dann vermag dieses Buch eine Einzeltherapie, Gruppentherapie oder die Arbeit in Selbsthilfegruppen ausgezeichnet zu unterstützen. Ihr Mut und Ihre Entschlußkraft ist jedoch in jedem Fall die Voraussetzung Ihres Erfolges.

In der Vergangenheit haben Sie automatisch und vorhersagbar auf emotionale Erpressung reagiert. Sie haben Einwände vorgebracht, versucht, Ihre Position zu erklären, aktiven oder passiven Widerstand aufgeboten und schließlich doch nachgegeben. Nun ist es an der Zeit, dieses Verhalten durch wirkungsvollere und von Selbstachtung geprägte Techniken zu ersetzen. Mit der Zeit – wenn Sie bereit sind, diese Techniken auszuüben, bis Sie sich an sie gewöhnt haben – werden Sie der emotionalen Erpressung ein Ende setzen.

Während Sie die folgenden Kapitel durchlesen, erleben Sie vielleicht Erpressungssituationen, die Ihnen die Gelegenheit geben, das Gelernte sofort zur Anwendung zu bringen. Nehmen Sie diese Chance wahr, Ihre neuen Fähigkeiten von der Theorie in die Praxis zu transportieren. Ich verspreche Ihnen, wenn Sie sich selbst dabei erleben, wie Sie auf bewußtere Weise mit emotionaler Erpressung umgehen, werden Sie eine entscheidende Steigerung Ihres Selbstwertgefühls wahrnehmen.

Sobald Ihre Angst abnimmt und Sie sich weniger durch Furcht, Pflicht- und Schuldgefühle manipulieren lassen, werden Sie erkennen, wie viele Wahlmöglichkeiten Ihnen tatsächlich offenstehen. Sie werden selbst entscheiden können, wem Sie nahe sein möchten, wieviel Verantwortung Sie für andere Menschen tragen können, wie Sie Ihre Zeit und Liebe und Energie tatsächlich einsetzen wollen.

Bitte haben Sie Geduld mit sich, aber seien Sie beharrlich. Manche von Ihnen beginnen diese Arbeit vielleicht in dem Gefühl, daß Ihre Selbstachtung und Ihre Integrität so grundlegend verletzt wurden, daß sie Ihnen für immer verloren erscheinen, aber ich bitte Sie dringend, das Wort *verloren* durch *verlegt* zu ersetzen – und dann neue Verhaltensweisen zu erlernen, um sie wiederzufinden. Gemeinsam werden wir uns an die Arbeit machen, das wiederzuentdecken und neu aufzubauen, was die emotionale Erpressung in Ihrem Inneren und in Ihrer Beziehung zum Erpresser verschlissen hat. Ich gratuliere Ihnen, daß Sie konkrete Schritte ergreifen wollen, um die emotionale Erpressung aus Ihrem Leben zu vertreiben.

Kapitel 8
Bevor Sie loslegen

In einem Witz fragt ein Tourist einen Mann mit einem Geigen-
kasten nach der Carnegie Hall, jenem berühmten Konzertsaal
in New York. »Sie wollen wissen, wie man in die Carnegie Hall
kommt?« antwortet der Geiger. »Üben, üben, üben.«

Solche allgemeinen Richtlinien sind einem in der Regel nur
allzu vertraut, und die meisten Menschen erkennen in zahlreichen Aspekten des Lebens den Zusammenhang zwischen
Übung und Meisterschaft. Sicher erinnern Sie sich an Ihre erste unsichere Fahrradfahrt oder an ungeschickte Bemühungen
an der Schreibmaschine.

Doch wenn es darum geht, wichtige Veränderungen im Leben vorzunehmen, dann erwartet man oft, daß die ersten Resultate sich bereits über Nacht zeigen. Die unvermeidliche
Wahrheit lautet jedoch, daß neue Fertigkeiten der Übung be-
dürfen und daß es eine ganze Weile dauern könnte, bis Sie sie
bequem zur Anwendung bringen können. So wie man auch ein
neues Paar Schuhe erst einlaufen muß, bevor es richtig paßt,
muß man sich auch an eine neue Verhaltensweise erst gewöhnen. Es ist kaum wahrscheinlich, daß Sie bereits an dem Tag, an
dem Sie sich entscheiden, der emotionalen Erpressung in Ihrem
Leben ein Ende zu setzen, die ersten Veränderungen sehen –
doch werden sie nicht lange auf sich warten lassen. Denken Sie
daran, daß Sie sich selbst gegenüber eine Verpflichtung eingegangen sind, und es ist die Sache wert, dieses Versprechen auch
zu halten.

Der erste Schritt

Bevor Sie darüber nachdenken, wie Sie sich mit Ihrem Erpresser auseinandersetzen könnten, gibt es einiges, was Sie für sich tun müssen. Ich möchte, daß Sie sich in der kommenden Woche jeden Tag ein wenig Zeit nehmen, um mit drei sehr einfachen Mitteln zu arbeiten: einem Vertrag, einer »Kraftversicherung« und einer Reihe von Affirmationen. Hierzu benötigen Sie lediglich 15 Minuten täglich. Ziehen Sie in dieser Zeit den Telefonstecker aus der Dose, sorgen Sie dafür, daß Sie nicht unterbrochen werden können, und konzentrieren Sie sich allein auf *sich*. Manche Menschen haben festgestellt, daß sie nur in der Badewanne, im Auto oder an ihrem Schreibtisch in der Mittagspause für sich sind. Das ist in Ordnung. Diese Art von Arbeit können Sie überall tun.

Als erstes möchte ich, daß Sie einen Vertrag unterschreiben, der eine Reihe von Versprechen enthält, die Sie sich selbst machen – das sind sozusagen die Grundregeln für den anstehenden Prozeß. Vielleicht zweifeln Sie daran, ob Sie im Augenblick überhaupt solche Versprechungen einzuhalten vermögen, vor allem wenn Sie in der Vergangenheit bereits ohne Erfolg versucht haben, der emotionalen Erpressung einen Riegel vorzuschieben. Ich bitte Sie jedoch, die Vergangenheit erst einmal zur Seite zu legen und eine Folge von Schritten zu machen, die auf einem neuen Verständnis und auf neuen Verhaltensweisen beruhen.

Dieser Vertrag ist ein kraftvolles Symbol, welches Ihre Bereitschaft zur Veränderung in eine faßbare Form bringt und Sie dabei unterstützt, Ihre Ziele klar auszudrücken.

Manche Menschen halten es für am sinnvollsten, wenn sie den Vertrag mit der Hand auf ein Blatt Papier schreiben. Vielleicht möchten Sie ihn auf der ersten Seite eines Notizbuches festhalten, in dem Sie sich auch mit den Übungen befassen, die ich Ihnen im folgenden zeigen will. Wenn es Ihnen sinnvoll erscheint, darin auch Ihre Beobachtungen und Gefühle während des Prozesses festzuhalten, dann lassen Sie sich bitte nicht davon abhalten.

Ob Sie den Vertrag abschreiben oder einfach im Buch unterschreiben, bitte lesen Sie ihn sich jeden Tag dieser Woche laut vor.

Vertrag mit mir selbst

Ich, _____, erkenne mich selbst als erwachsenen Menschen an, der zwischen zahlreichen Möglichkeiten wählen kann, und verschreibe mich dem Prozeß, aktiv dafür zu sorgen, daß emotionale Erpressung aus meinen Beziehungen und aus meinem Leben verschwindet. Um dieses Ziel erreichen zu können, mache ich die folgenden Versprechungen:

- Ich verspreche mir selbst, daß ich Angst, Pflicht- und Schuldgefühlen nicht mehr länger gestatte, meine Entscheidungen zu kontrollieren.
- Ich verspreche mir selbst, daß ich die Strategien in diesem Buch erlernen und in die Praxis umsetzen werde.
- Ich verspreche mir selbst, daß ich, sollte ich in alte Verhaltensweisen zurückfallen oder auf andere Weise scheitern, nicht in Ausflüchten eine Entschuldigung für ein mögliches Aufgeben suche. Mir ist klar, daß Scheitern dann kein Scheitern ist, wenn ich es als Lernschritt betrachte.
- Ich verspreche mir selbst, daß ich im Verlauf dieses Prozesses gut für mich sorgen werde.
- Ich verspreche mir selbst, daß ich mir selbst Anerkennung für die positiven Fortschritte auf diesem Weg zollen werde, und seien sie auch noch so klein.

_____
Unterschrift

_____
Datum

Zweitens bitte ich Sie, eine »Kraftversicherung« auswendig zu lernen und zu sagen, einen kurzen Satz, den Sie dann einsetzen können, um sich zu erden, wenn Erpresser den Druck vergrößern.

Kraftversicherung: ICH KANN DAS AUSHALTEN.

Diese vier Worte erscheinen Ihnen möglicherweise unbedeutend, doch wenn sie auf die richtige Weise zum Einsatz kommen, dann können sie zu einer Ihrer wirkungsvollsten Waffen in Ihrem Kampf gegen emotionale Erpressung werden. Sie sind effektiv, weil sie einem Irrglauben entgegenwirken, der einen direkt dazu bringt, dem Erpresser nachzugehen – der Vorstellung nämlich, man könnte dem Druck nicht standhalten.

- »Ich kann es nicht ertragen, seine Gefühle zu verletzen.«
- »Ich kann es nicht ertragen, wenn sie solche Dinge zu mir sagt.«
- »Ich kann meine Schuldgefühle nicht ertragen!«
- »Ich kann meine Angst nicht ertragen.«
- »Ich kann es nicht ertragen, wenn sie weint.«
- »Ich kann seine Wut nicht ertragen.«

Wenn Sie solche Aussagen sich selbst gegenüber ständig wiederholen und wirklich daran glauben, daß Sie es nicht ertragen können – ob sich das nun auf die Tränen eines Erpressers, ein wütendes Anbrüllen oder eine »sanfte« Erinnerung daran bezieht, was Sie dem anderen schulden –, dann reduzieren Sie Ihre Möglichkeiten auf eine einzige Aktionsweise. Sie sind gezwungen, klein beizugeben, den Frieden zu wahren, sich zu unterwerfen. Diese Vorstellung ist die entscheidende Falle, in die Opfer emotionaler Erpressung immer aufs neue tappen. Der Erpreßte hat den Satz: »Ich kann es nicht ertragen«, zu seinem Mantra gemacht und sich damit tatsächlich selbst einer Gehirnwäsche unterzogen. Auch wenn Sie mir das im Augenblick vielleicht nicht glauben: Sie sind erheblich stärker, als Sie meinen. *Sie sind fähig*, dem Druck standzuhalten, und Ihr erster Schritt besteht darin, jegliche Vorstellung zu ersetzen, die Ihnen etwas anderes sagt.

Indem Sie für sich selbst wiederholen: »Ich *kann* das aushalten«, übermitteln Sie Ihrem Bewußtsein und Unterbewußt-
sein eine neue Botschaft. In dieser Woche sollten Sie, jedesmal,
wenn Sie es mit der Angst zu tun bekommen, sich ärgern oder
den Mut verlieren, weil Sie Schritte zur Beendigung der emotionalen Erpressung ergreifen wollen, innehalten und die Kraftversicherung für sich selbst wiederholen. Atmen Sie tief ein,
stoßen Sie alle Luft aus und sagen Sie dann: »Ich kann das aushalten.« Wiederholen Sie dies mindestens zehnmal.

Ich schlage vor, Sie üben dies, indem Sie sich vorstellen,
Ihrem Erpresser, der Sie gerade unter Druck setzt, von Angesicht zu Angesicht gegenüberzustehen. Haben Sie schon einmal die durchsichtigen Schutzschilde gesehen, die von der Poli-
zei verwendet werden? Machen Sie die Kraftversicherung: »Ich
kann das aushalten«, zu einem Schutzschild, welches Sie zwischen sich und die Worte oder den nonverbalen Ausdruck
des Erpressers stellen. Sprechen Sie die Kraftversicherung
beim Üben laut aus. Möglicherweise gehen Sie anfangs etwas
schüchtern damit um und sind wenig überzeugend, aber bleiben Sie trotzdem dabei. Sie werden beginnen, sich selbst zu
glauben. Handelt es sich dabei um einen mechanischen Prozeß? Ja. Fühlt er sich fremd an? Das ist möglich. Doch denken
Sie daran, Ihre alten Reaktionsmuster haben nicht funktioniert. Ich kann Ihnen versichern, wenn Sie den Satz: »Ich kann
das aushalten«, für sich selbst wiederholen, dann *wird* es helfen.

Unterwerfungsverhalten auflösen

Nun möchte ich Sie darin unterstützen, nach dem gleichen
Prinzip alte Vorstellungen durch neue zu ersetzen, indem Sie
eine Reihe von Affirmationen entwickeln, die Sie beruhigen
und die Ihnen ein Gefühl von Stärke und Mut zum Handeln geben. Zunächst möchte ich mit Ihnen ein paar Sätze untersuchen, welche die typischen Gefühle und Verhaltensweisen des
Erpressungsopfers gegenüber seinem Erpresser widerspiegeln.

Möglicherweise treffen die meisten oder vielleicht all diese Aussagen auf Sie zu – nicht in jeder Ihrer Beziehungen, aber vermutlich dann, wenn Sie mit emotionaler Erpressung konfrontiert sind. Überprüfen Sie sie gründlich.

Wenn ich es mit emotionalen Erpressern zu tun habe, dann:

- sage ich mir, daß Nachgeben nicht so schlimm ist,
- sage ich mir, daß Nachgeben sich lohnt, wenn der andere dann endlich Ruhe gibt,
- sage ich mir, daß das, was ich für mich will, falsch ist,
- sage ich mir, daß die Sache die Auseinandersetzung nicht wert ist,
- sage ich mir, daß ich jetzt nachgebe, um mich später durchzusetzen,
- sage ich mir, daß es besser ist nachzugeben, als ihre Gefühle zu verletzen,
- trete ich nicht für mich selbst ein,
- gebe ich meine Macht ab,
- tue ich Dinge, um anderen zu gefallen, und bin dann verwirrt in bezug auf meine eigenen Bedürfnisse,
- füge ich mich,
- gebe ich Menschen und Betätigungen auf, die mir etwas bedeuten, um den Erpresser zu beruhigen.

Diese Aussagen hören sich recht kläglich an, nicht wahr? Aber schämen Sie sich nicht. Bis vor einigen Jahren hätten die meisten dieser Sätze in bestimmten Beziehungen auch auf mich zugetroffen – und sie sind noch immer für viele Menschen richtig. Emotionale Erpressung ist sehr weit verbreitet. Achten Sie darauf, welche Gefühle die Behauptungen, die Sie überprüft haben, in Ihnen auslösen, und bedienen Sie sich der folgenden Liste, um das vollständige Gefühlsspektrum genau zu bestimmen, das mit ihnen einhergeht. Unterstreichen Sie die Wörter, die auf Sie zutreffen, und ergänzen Sie die Liste um die Gefühle, derer Sie sich bewußt sind und die ich nicht aufgeführt habe.

Wie fühlen Sie sich, wenn Sie Ihrem Erpresser nachgeben?

verlegen	frustriert	gequält
verletzt	emotional betäubt	aufgeregt
beschämt	traurig	ängstlich
wütend	machtlos	ärgerlich
schwach	selbstmitleidig	drangsaliert
deprimiert	hilflos	

Wenn Sie *wütend* unterstrichen haben, dann wäre ich nicht überrascht, wenn sich Ihre Wut gegen Sie selbst richtete und sogar gegen mich, weil ich Sie auf bestimmte Aspekte Ihres Verhaltens aufmerksam mache, die Sie lieber vergessen würden. Machen Sie sich dieses Gefühl des Unbehagens zunutze – es macht Sie darauf aufmerksam, welchen Ihrer Verhaltensweisen Sie sich zuwenden müssen.

Nun wenden Sie sich der vorausgegangenen Liste von Aussagen zu und verwandeln jeden der von Ihnen überprüften Sätze in sein Gegenteil. Zum Beispiel:

• Alt: »Wenn ich es mit einem emotionalen Erpresser zu tun habe, dann sage ich mir, daß das, was ich für mich will, falsch ist.«
  Neu: »Wenn ich es mit einem emotionalen Erpresser zu tun habe, dann verlange ich das, was ich will, selbst wenn es ihn ärgert.«
• Alt: »Wenn ich es mit einem emotionalen Erpresser zu tun habe, dann sage ich mir, daß ich jetzt nachgebe, um mich später durchzusetzen.«
  Neu: »Wenn ich es mit einem emotionalen Erpresser zu tun habe, dann verteidige ich meinen Standpunkt und setze mich gleich durch.«
• Alt: »Wenn ich es mit einem emotionalen Erpresser zu tun habe, dann tue ich Dinge, um anderen zu gefallen, und bin dann verwirrt in bezug auf meine eigenen Bedürfnisse.«
  Neu: »Wenn ich es mit einem emotionalen Erpresser zu tun habe, dann tue ich Dinge ebenso um meiner selbst wie um anderer willen, und ich bringe klar zum Ausdruck, was ich will.«

Sie können auch Ihr urspüngliches Verhalten in die Vergangenheit setzen, indem Sie sagen: »Früher habe ich…, doch heute tue ich das nicht mehr.« Zum Beispiel: »Früher habe ich mir gesagt, daß das, was ich will, falsch ist, aber heute tue ich das nicht mehr.«

Probieren Sie beide Herangehensweisen aus, um herauszufinden, was sich für Sie besser anfühlt. Dann wiederholen Sie diese neuen, positiven Aussagen laut für sich, als ob sie auf Sie zuträfen. Ich weiß, daß dies noch nicht der Fall ist, aber sie werden Ihnen einen Eindruck davon vermitteln, wie es sich anfühlt, wenn Verhalten nicht von Angst, Pflicht- und Schuldgefühlen bestimmt wird. Indem Sie solche Sätze in die Vergangenheit setzen oder neu positiv formulieren, sorgen Sie dafür, daß sie ihre Macht verlieren, die dann zu Ihnen zurückfließen kann. Manche meiner Klienten empfinden diese Übung als besonders hilfreich, wenn sie die positive Aussage für sich laut wiederholen, während sie vor dem Spiegel stehen. Damit haben sie die Gelegenheit, sich selbst dabei zu beobachten, wie sie ihre Handlungsweise auf verstärkende Weise beschreiben.

Denken Sie darüber nach, wie Sie sich fühlen würden, wenn es Ihnen gelänge, auf diese neue Weise zu handeln. Bedienen Sie sich der folgenden Liste, um diese Gefühle zu beschreiben:

stark	stolz	zuversichtlich
mutig	gehobener Stimmung	triumphierend
aufgeregt	hoffnungsvoll	selbstbewußt
kraftvoll	fähig	

Diese Adjektive werden Sie darin unterstützen, sich selbst ein Bild davon zu machen, wie Sie voller Selbstvertrauen mit emotionaler Erpressung umgehen. Jede Veränderung beginnt mit einer Vision, und es ist von großer Bedeutung, sich selbst ein klares geistiges Bild davon zu machen, was man erreichen will. Dann haben Sie die Gelegenheit, Ihre Vision mit Energie aufzuladen, indem Sie sich auf den Prozeß einlassen und entsprechend zielgerichtet handeln. Vielleicht möchten Sie sich eine Aussage aufschreiben oder für sich wiederholen, welche diese

Vision zum Ausdruck bringt – »Ich trete gegen emotionale Erpressung ein und fühle mich stark und zuversichtlich.«

Bitte arbeiten Sie eine Woche lang jeden Tag mit diesen Listen, während Sie im Geiste Ihre jüngsten und vergangenen Interaktionen mit emotionalen Erpressern durchgehen und jedesmal fünf oder sechs Gefühle niederschreiben, die Ihnen dabei in den Sinn kommen. Sie werden vermutlich feststellen, daß Ihre Gefühlslage sich mit der Zeit verändert, und Sie werden vielleicht merken, daß es Ihnen schwerer fällt, negative Aussagen zu wiederholen, und leichter, sich selbst im Widerstand gegen emotionale Erpressung zu erleben.

Nachdem Sie eine Woche lang intensiv mit diesen drei Übungen gearbeitet haben, sollten Sie so weit zu Ihrer Mitte zurückgefunden haben, daß Sie bereit sind, sich direkt mit Ihrer augenblicklichen Situation auseinanderzusetzen. Nehmen Sie sich die Zeit für diese vorbereitenden Übungen, auch wenn Sie noch so sehr darauf brennen, in Aktion zu treten. Sie haben genug Zeit – weder Ihr Erpresser noch die emotionale Erpressung wird so schnell aufhören.

Innehalten, beobachten, neue Strategien entwerfen

Ich möchte Ihnen Spielregeln in die Hand geben, mit deren Hilfe Sie den Forderungen eines Erpressers begegnen können, bevor Sie sie erfüllen oder ihnen nachgeben. Es ist leicht, sie sich zu merken, und sie sollen in dem Augenblick zum Einsatz kommen, wenn Sie das Gefühl haben, dem Druck der emotionalen Erpressung nachgeben zu müssen.

Die ersten drei Schritte des Veränderungsprozesses sind: Innehalten, beobachten und neue Strategien entwerfen. Die ersten beiden Schritte will ich mit Ihnen in diesem Kapitel untersuchen und Ihnen dann im nächsten entsprechende Hilfsmittel und Strategien anbieten. Lassen Sie keinen Schritt aus – es ist wesentlich, auf einem starken Fundament aufzubauen.

Erster Schritt: Innehalten

Patty war ein wenig überrascht, als ich ihr mitteilte, daß die erste Handlung von Opfern emotionaler Erpressung die ist, *nichts zu tun. Das bedeutet, daß man in dem Augenblick, in dem eine Forderung gestellt wird, keine Entscheidung darüber trifft, wie man auf sie reagiert.* Das hört sich leicht an, kann jedoch eine echte Herausforderung sein – vor allem dann, wenn der Druck, eine Antwort zu geben, übergroß wird –, daher ist es wichtig, sich darauf vorzubereiten.

Anfangs fühlt man sich damit unbeholfen. Das ist in Ordnung so. Fühlen Sie sich unbeholfen, aber bleiben Sie dran.

Wie schafft man es, nichts zu tun? Nun, zunächst einmal müssen Sie Zeit gewinnen, um nachzudenken – ohne dabei unter Druck zu stehen. Hierzu ist es sinnvoll, einige Sätze zu lernen, die Ihnen zeitlichen Spielraum geben. Im folgenden nenne ich Ihnen einige Beispiele für Ihre erste Reaktion auf eine beliebige Forderung:

- Ich kann dir darauf im Augenblick keine Antwort geben. Ich brauche Zeit, um darüber nachzudenken.
- Das ist zu wichtig, um darüber sofort zu entscheiden. Gib mir Zeit zum Nachdenken.
- Ich bin nicht bereit, sofort eine Entscheidung darüber zu treffen.
- Ich bin mir jetzt noch nicht darüber im klaren, was ich von der Sache halten soll, die du von mir verlangst. Wir wollen ein wenig später darüber reden.

Gewinnen Sie Zeit, sobald eine Forderung erhoben wurde, und wiederholen Sie Sätze wie die obigen, wenn der Erpresser Sie zu einer sofortigen Entscheidung zu zwingen versucht. Wieviel Zeit sollen Sie sich erbitten? Es ist naheliegend, daß eine wichtige Angelegenheit mehr Zeit erfordert. Darüber, wo man den Urlaub verbringen oder ob man einen Computer kaufen soll, kann man rasch eine Entscheidung treffen, und selbst dann, wenn die Auswahl nicht allzu groß ist, hat man nicht zuviel verloren. Doch wenn es um derart lebensbestimmende Entscheidungen wie um eine Ehe, Kinder oder einen neuen Arbeitsplatz geht, dann sollten Sie bereit sein, sich so viel Zeit zu nehmen, wie Sie benötigen, um alles gründlich zu durchdenken.

Es ist ein Teil des Lernprozesses dieses Buches, den Erpresser, der Sie zwingen will, sich in einer weniger wichtigen Angelegenheit sofort zu entscheiden, wissen zu lassen, daß Sie für eine endgültige Entscheidung mindestens 24 Stunden brauchen. Den Spielraum, den Sie sich auf diesem Wege erkauft haben, können Sie nun dazu nutzen, um sich zu der Angelegenheit eine Meinung zu bilden und um sich darauf vorzubereiten, auch hinter ihr zu stehen.

Wessen Zeitplan?
Emotionale Erpressung ist einzigartig, weil man ständig das Gefühl hat, im Hintergrund eine Uhr ticken zu hören. Eine Forderung liegt auf dem Tisch, und irgendwann ist der Zeitpunkt gekommen, da man auf sie reagieren muß. Ein großer Anteil des Drucks, den der Erpresser verursacht, beruht auf der Vorstellung, daß es keine Zeit zu verlieren gibt. Dabei handelt es sich um die gleiche Illusion, die auch Kriminalromane und Thriller so spannend macht – die Story ist als Wettlauf gegen die Uhr konzipiert. Der Erpreßte gerät in das Drama, ohne sich die Frage zu stellen, ob es real ist. Sobald man jedoch einen Schritt zurücktritt, erkennt man, daß in der Mehrzahl der Fälle *gar keine* Dringlichkeit vorliegt, außer in der Vorstellung des Erpressers.

Sobald man die Welt des »Jetzt handeln, letzte Gelegenheit!«, welche die Bühne nahezu aller emotionaler Erpressung ist, unkritisch betritt, beginnt der Druck. Sätze, die helfen, Zeit zu gewinnen, ermöglichen es, die tickende Uhr abzustellen und das Drama von außen zu betrachten. Es mag schon stimmen, daß die Sonderangebote für Autos oder Computer nur noch diese Woche gelten, aber sie werden nicht die letzten sein. Möglicherweise trifft es zu, daß der Erpresser einen wichtigen Stichtag hat – aber er ist nicht der Ihre.

Sie haben etwas, was der Erpresser von Ihnen will. Die Zeit

ist auf Ihrer Seite. Wenn Sie einen der Sätze sagen, um Zeit zu gewinnen, dann wollen Sie nur Zeit zum Nachdenken haben – etwas, das nahezu jeder vernünftige Mensch Ihnen zugestehen würde. Doch manche Erpresser erpressen Sie sogar, um Sie davon abzubringen, Zeit zu gewinnen. Das war eine von Pattys Sorgen.

»Das ist alles wunderbar«, erklärte sie mir, als wir miteinander übten, Zeit zu gewinnen, »aber Sie kennen Joe eben nicht. Sobald ich ihm sage, daß ich Zeit zum Nachdenken brauche, beginnt er zu schmollen, und dann sagt er: ›Du weißt, daß das Sonderangebot nur noch diese Woche gilt. Wir haben nicht bis in alle Ewigkeiten Zeit. Wo liegt das Problem?‹«

»Und was antworten Sie darauf?« wollte ich wissen.

»Ich versuche etwas wie: ›Ich bin nicht bereit, darüber jetzt eine Entscheidung zu treffen‹, aber ich weiß, daß das bei ihm zum einen Ohr rein- und zum anderen wieder rausgeht. Er benimmt sich wie ein kleines Kind – ›Wie lange dauert das noch? Wie lange dauert das noch?‹«

»Und Sie antworten eben immer wieder: ›Ich brauche dafür so lange, wie eben notwendig ist‹«, sagte ich ihr. Der Erpresser ist möglicherweise sauer auf Sie, weil Sie Zeit verlangen, schmollt oder bedient sich anderer Druckmittel, aber die Macht der Wiederholung ist in der Regel groß genug, um die Botschaft zu übermitteln, daß es Ihnen damit ernst ist.

Ein neuer Tanz

Möglicherweise verwirrt oder ärgert es Ihren Erpresser, wenn Sie versuchen Zeit zu gewinnen. Schließlich verändern Sie damit das gewohnte oder erwartete Szenario, da Sie ja nicht automatisch nachgeben. Es ist beinahe so, als tanzten Sie gemeinsam einen Tango und *Sie* wechselten unvermittelt zum Walzertakt über. Vielleicht erlebt der Erpresser Ihr Bremsen als Widerstand oder als negative Antwort und setzt Sie folglich sofort unter Druck. Wie bei der plötzlich veränderten Schrittfolge im Tanz ist wahrscheinlich und häufig Chaos die unmittelbare Folge. Weil Sie gesagt haben, daß Sie Zeit brauchen, haben Sie das Machtgleichgewicht in der Beziehung verschoben und zwingen den Erpresser darauf zu warten, was Sie als nächstes tun werden – eine passive und für ihn daher sehr viel weniger machtvolle Rolle.

Seien Sie darauf vorbereitet, daß der Erpresser Sie noch stärker unter Druck setzen wird, um seine Position zurückzugewinnen. So wie er sich an sein inzwischen vertrautes Drehbuch hält, bleiben Sie bei Ihren neu erlernten Reaktionsmustern und wiederholen für sich im Geiste: »Ich kann das aushalten.«

Die Macht alter Gewohnheiten und das Geschick des Erpressers beim Erzeugen des Nebels aus Angst, Pflicht- und Schuldgefühlen kann die Anwendung eines neuen Reaktionsmusters zu einer entnervenden Angelegenheit machen. Bei Bestrafern, denen es schwerfällt, auch nur einen Teil der Kontrolle in der Beziehung aufzugeben – und bei allen anderen Erpressern, die sich Ihrer neuen Strategie des Zeitgewinnens widersetzen –, ist es wichtig, Ihre Motive klar darzulegen. Vielleicht könnten Sie einen der folgenden Sätze sagen:

- Es handelt sich hier nicht um einen Machtkampf.
- Es geht mir nicht darum, dich kontrollieren zu wollen.
- Es geht mir darum, mehr Zeit zu haben, um über das nachzudenken, was du von mir verlangst.

Wenn Sie es mit einem vernünftigen Menschen zu tun haben, dann sind dies nachdenkliche, beruhigende Aussagen, die dazu beitragen könnten, die Spannung zu mildern.

Es richtig machen, aber sich schlecht dabei fühlen

Weil Sie mehr Zeit für sich fordern und Ihre Motive darlegen, schlüpfen Sie aus Ihrer gewohnten Rolle. Es ist daher nicht ungewöhnlich, daß Sie sich, obwohl Sie alles richtig machen, schlecht fühlen und meinen, Ihren Anteil der Erneuerung verpfuscht zu haben. Nicht anders erging es Zoe:

Sie wollen wissen, was sich zugetragen hat? Es war entsetzlich. Tess bedrängte mich, sie in das Betreuerteam für einen bestimmten wichtigen Kunden aufzunehmen, der in einer Woche aus New York eintreffen sollte, und sie wollte damit Eindruck schinden, vor allem bei Dale, von dem sie überzeugt ist, daß er ihren Posten streichen will. Der Besuch sollte in einer Woche sein, und sie verlangte von mir, daß ich ihr die Arbeit jetzt zuwies. Sie versuchte alles, um sich durchzusetzen. Sie sagte: »Ich weiß, die feuern mich, wenn Sie mir diesen Job nicht übertragen, und ich weiß nicht, was ich tun soll, wenn Sie mir nicht helfen. Ich hasse es, Sie unter Druck setzen zu müssen, aber ich brauche wirklich gerade jetzt Hilfe.« In ihren Augen sammelten sich ein wenig die Tränen.

Ich tat, was Sie mir empfohlen haben. Ich entgegnete: »Es tut mir leid, aber es ist mir nicht möglich, eine so wichtige Entscheidung sofort zu treffen.« Und sie nahm einen neuen Anlauf, indem sie jammerte: »Aber Sie wissen doch, wieviel mir das bedeutet. Ich brauche Ihre Hilfe wirklich. Sind wir denn nicht Freundinnen? Haben Sie denn kein Vertrauen zu mir? Sie wissen doch, daß ich die Sache gut machen und daß ich es für Sie tun werde.«

Zu diesem Zeitpunkt spulten sich in meinem Kopf schon Sätze wie die folgenden ab: »Oh, mein Gott, mein Gott. Ich muß ihr doch helfen. Es ist dringend. Sie hat recht. Wenn ich ihr jetzt nicht beistehe, wird sie große Schwierigkeiten bekommen. Ich muß etwas tun.« Ich konnte spüren, wie mein Herz schneller schlug, und es kam mir auch so vor, als ginge mein Atem rascher. Ich versuchte mich zu beruhigen und sagte mir ein paarmal: »Ich kann das aushalten.« Dann antwortete ich ihr: »Ich weiß, Sie wollen, daß ich jetzt gleich eine Entscheidung treffe. Aber ich brauche Zeit, um darüber nachzudenken. Wir können morgen noch einmal darüber reden.«

Sie sah mich ärgerlich an und bemerkte schnippisch: »Und ich dachte, Sie seien nicht nur meine Chefin, sondern auch meine Freundin. Ich glaubte, Freundschaft bedeute Ihnen etwas.« Und dann ging sie aus dem Zimmer, und ich fühlte mich einfach grauenvoll. Und es kommt mir immer noch so vor, als hätte ich sie im Stich gelassen. Ich dachte, diese Aktion würde dafür sorgen, daß ich mich besser fühle. Statt dessen geht es mir entsetzlich.

»Gratuliere!« beglückwünschte ich sie. »Das bedeutet, daß Sie alte Verhaltensmuster durchbrochen haben.« Schlechte Angewohnheiten sind verführerisch bequem – bis man ihre Konsequenzen zu spüren bekommt. Anfangs mag es nicht leicht sein, Zeit zu gewinnen, aber nach und nach ist es mit etwas weniger Mühen verbunden. Und – woran ich auch Zoe erinnerte – Sie haben bis zu diesem Zeitpunkt *lediglich* die Entscheidung hinausgezögert. Sie haben noch nichts weiter getan, als den Erpresser in Ihre Zeitplanung aufzunehmen – keinesfalls die drastische Maßnahme, die der Erpresser wahrscheinlich daraus machen wird.

Während Sie Ihre Verzögerungstaktik auch weiterhin einsetzen, reagiert der Erpresser möglicherweise mit zunehmender Verzweiflung. Seine entscheidenden Worte lauten: »Gib's mir – JETZT!«

Den allermeisten Menschen fällt es enorm schwer, im Dienst gesunder Veränderungen zu lernen, wie man Unbehagen erträgt. In der Vergangenheit war Unbehagen immer der Auslöser für die Unterwerfung. Aber nun sind Sie im Begriff, all das zu ändern und fühlen sich entsprechend unsicher. Es ist vollkommen normal, unsicher und ängstlich zu sein, wenn man seine Integrität zurückgewinnt. Die Dinge fangen an, sich nicht nur äußerlich, sondern auch innerlich zu verändern, und ich möchte Ihnen versichern, daß es vollkommen natürlich ist, hin- und hergerissen zu sein, wenn dies geschieht.

Lassen Sie es auf keinen Fall zu, daß Ihr Unbehagen Sie von Ihrem Weg abbringt.

Ein Gespräch mit dem Unbehagen
Zoes Unbehagen wuchs mit ihrem Festhalten an der Forderung nach mehr Zeit. Tess war beharrlich, und sie wurde zu einem Bild des Leidens, wann immer Zoe ihr begegnete. Je länger sie jedoch über Tess' Forderung nachdachte, desto klarer wurde ihr, daß sie ihr keinesfalls nachgeben konnte – zugleich wuchsen ihre Schuldgefühle ins Unermeßliche.

*Ich werde das Gefühl nicht los, daß ich eine herzlose Krimi-
nelle bin. Ich fühle mich schlechter und schlechter damit. Ich
tue nichts, und das zerreißt mich förmlich. Sind Sie sicher, daß
es funktionieren wird?*

Inneres Unbehagen ist das größte Hindernis, wenn es um Veränderung geht, und man ist so sehr daran gewöhnt, darauf wie
auf ein Feuer zu reagieren, das gelöscht werden muß, daß viele
Menschen nie gelernt haben, mit jener natürlichen Menge
Unbehagen zu leben, die jegliche Veränderung begleitet. Man
schiebt es fort, bringt es zum Schweigen, behandelt es, als
stehe ihm kein Platz im Leben zu – und vernichtet auf diese
Weise einige seiner wirkungsvollsten Möglichkeiten. Die meisten Menschen sind so wenig bereit, ihr Unbehagen zu untersuchen, daß sie das falsch interpretieren, was es mitzuteilen
versucht, indem sie blind darauf reagieren, statt seine Bedeutung zu hinterfragen.

Ich erklärte Zoe, daß es, um die eigene Integrität zurückzuerlangen, notwendig ist, auch die Bestandteile des eigenen
Selbst zu reintegrieren, mit denen man sich abquält, und zu lernen, sie als normal zu erkennen. Eine Methode, um dies zu tun,
verlangt, in einen Dialog mit diesen inakzeptablen Bestandtei-
len zu treten – sie aus dem Ganzen herauszunehmen und sie
kennenzulernen. Ich bat Zoe, zu unserer nächsten Sitzung einen Gegenstand mitzubringen, der für sie Unbehagen reprä-
sentierte – einen kratzigen Pullover, ein wenig schmeichelhaf-
tes Foto von ihr selbst, ein zu enges Paar Schuhe –, und wir
würden ihn benutzen, um mehr über die Gefühle in Erfahrung
zu bringen, die ihr so ungeheuerlich erschienen.

Als sie hereinkam, bat ich sie, den Gegenstand – sie hatte ein
häßliches Paar Stöckelschuhe gewählt, die ihr nie richtig gepaßt
hatten – auf den leeren Stuhl vor sich zu stellen. Sie sollte dann
mit dem Symbol ihres Unbehagens so sprechen, als rede sie mit
einer Person. Später würde sie selbst die Rolle des Unbehagens
übernehmen und es zu sich sprechen lassen.

Zoe hatte noch nie zuvor etwas Ähnliches getan, fühlte sich
entsprechend befangen und war auch ein wenig widerstrebend.

Doch ich erklärte ihr, daß sie auf diesem Wege sehr viel über diesen Seinszustand lernen würde, der so viel Macht über sie hatte. Ich möchte auch Sie dazu ermutigen, diese Methode zu versuchen und Dampf abzulassen. Erklären Sie Ihrem Unbehagen, wie Sie sich mit ihm fühlen, und stellen Sie ihm Fragen.

Zoe konnte sich auf den Prozeß einlassen, nachdem sie erst einmal angefangen hatte. Hier folgen einige der Dinge, die sie mitzuteilen hatte.

Unbehagen, du glaubst wirklich, daß du etwas ganz Besonderes bist, nicht wahr? Du hast jetzt lang genug Regie geführt, und ich habe es gründlich satt. Ich habe dir viel Macht zugestanden, aber ich teile dir jetzt mit, daß diese Zeiten vorüber sind. Ich habe geglaubt, du wärst größer als ich – und daß du vielleicht mehr wüßtest –, aber wenn ich dich jetzt ansehe, dann erkenne ich, daß du klein bist und häßlich, und außerdem bringst du mich in Schwierigkeiten. Tatsächlich werde ich jedesmal, wenn du die Führung übernimmst, zu einem solchen Schwächling und Feigling, daß ich mich nicht einmal mehr selbst erkennen kann. Ich habe dich wirklich satt. Gibt es irgendeinen guten Grund, warum ich dich nicht rausschmeißen sollte?

Ich wollte von Zoe wissen, wie sich diese Erfahrung für sie anfühlte.

Anfangs kam es mir ein bißchen albern vor, aber als ich mich dann darauf einlassen konnte, wurde mir klar, daß dieser Teil von mir wirklich sehr oft die Führung übernimmt. Es ist nur ein Teil von mir und trotzdem verhalte ich mich so, als sei es ein 300-Kilo-Gorilla. Er hat sehr viel Ähnlichkeit mit diesen Schuhen – er paßt einfach nicht mehr so gut in mein Leben, wie ich ursprünglich angenommen hatte.

Für den nächsten Teil der Übung setzte sich Zoe mir gegenüber mit ihren Schuhen in den Händen und übernahm die Rolle ihres Unbehagens, um darauf zu reagieren, was Zoe eben gesagt hatte.

228

Du willst mich rausschmeißen? Das ist ja lachhaft. Ich werde nirgendwo hingehen. Mir gefällt es hier, und ich gebe nicht kampflos auf. Es ist recht bequem hier – ich muß ja nur einen kleinen Piep von mir geben, und du läßt mich alles machen, was ich will.

Zoe lernte durch die Übung, das Gefühl, welches sie schon immer nicht kontrollieren zu können meinte und als unerträglich empfand, auf neue Weise zu sehen. Doch ich mußte ihr auch klarmachen, daß dieses neue Bewußtsein die Dinge für sie nicht über Nacht ändern würde. Obgleich sie nun einige der Schlüssel zu ihren eingefahrenen Verhaltensmustern der Fürsorge und Kapitulation gefunden hatte, würde ihr Unbehagen sie nicht ohne Kampf verlassen. Ihre Aufgabe würde es auch weiterhin sein, ihr Verhalten zu ändern und das Unbehagen dabei zu spüren. Inzwischen konnte sie mehr darüber in Erfahrung bringen, was ihr Unbehagen verursachte, wenn sie sich einem Erpresser stellen mußte – und Wege kennenlernen, um Unbehagen einfach als einen weiteren Bestandteil einer Situation zu sehen und nicht als unerträgliche Gesamtheit.

Ich hoffe, daß auch Sie diese Übung zur Anwendung bringen werden. Sie können zu einem Gegenstand sprechen oder, wenn Sie es vorziehen, Ihrem Unbehagen einen Brief schreiben und dieses sich Ihnen ebenso mitteilen lassen. Manche Menschen ziehen es vor, einen Dialog aufzusetzen, zunächst also zu ihrem Unbehagen zu sprechen, es zu fragen und dann die Entgegnung festzuhalten.

Ihre Worte und Entdeckungen mögen sich stark von denen Zoes unterscheiden, aber ich bin mir sicher, daß Sie auf diese Weise wertvolle Informationen sammeln können. Der Sinn der Übung liegt darin, das Unbehagen auszulagern, es genau anzusehen und einen Umgang mit ihm zu entwickeln, der nicht allein aus Flucht davor besteht. Wenn Sie sich Ihrem Unbehagen stellen, werden Sie bemerken, daß es sehr viel kleiner und weit weniger bedrohlich ist, als es Ihnen in Ihrem Versuch, ihm zu entgehen, vorkam.

Ein Dreieck in eine gerade Linie verwandeln

Es gibt eine weitere Version des Nichtstuns, die besonders dann nützlich ist, wenn Sie zwischen die Fronten zweier Streitender gelangt sind oder wenn ein Dritter Sie emotional erpreßt, um einem anderen einen Vorteil zu verschaffen. In einer solchen Situation müssen Sie sehen, daß Sie aus dem Schußfeld treten.

Für Karen, die mitten in einer kleinen Krise mit ihrer Mutter und ihrer Tochter steckte, erwies sich das Nichtstun tatsächlich als der Anfang wirklicher Heilung für alle drei Frauen. Karen erzählte:

Angenommen, es gelingt mir auf diese Weise, Zeit zu gewinnen, wie Sie es vorschlagen, wenn meine Mutter sagt: »Wenn Melanie zu meiner Party kommt, dann werde ich die ganze Sache abblasen.« Und angenommen, es gelingt mir, ihr mitzuteilen, daß ich dazu im Augenblick keine Entscheidung fällen kann und daß ich sie zurückrufe. Was wird dann geschehen?

»Nun, dann rufen Sie Ihre Mutter an und erklären ihr, daß Ihre Entscheidung die ist, daß Sie keine Entscheidung treffen werden. Machen Sie sich klar, Karen, die Sache hat nur etwas mit Ihrer Mutter und Melanie zu tun. Sie wissen doch, was mit dem Ringrichter geschieht, der sich zwischen zwei Boxer drängt – er bezieht Prügel! Sie müssen versuchen, aus dieser Position zwischen den beiden herauszutreten. Machen Sie Ihrer Mutter klar, daß sie selbst es Melanie mitteilen muß, wenn sie sie nicht auf ihrem Fest haben will, und daß Sie ihr das nicht abnehmen werden. Sie haben noch immer genug Zeit, um die Party abzusagen, falls es wirklich erforderlich sein sollte. Wir werden schon sehen, wie die Sache ausgeht.«

Wie nicht anders zu erwarten war, jammerte Frances, beklagte sich und versuchte Karen unter Druck zu setzen, damit diese die unangenehme Aufgabe für sie übernehme. Doch als sie erkannte, daß Karen dazu nicht zu bewegen war, rief sie ihre Enkelin tatsächlich selbst an und teilte ihr mit, daß sie sich durch sie verletzt fühlte. Zum Erstaunen aller Beteiligten ermöglichte dieser Schritt ein offenes Gespräch zwischen Melanie und ihrer Großmutter, welches erheblich dazu beitrug, die Luft zwischen ihnen zu klären – und den Beginn einer ehrlicheren Beziehung zwischen beiden anzeigte. Das wiederum hatte günstige Auswirkungen auf Karens Beziehung zu Frances, weil diese hatte feststellen müssen, daß ihre Tochter sich ihrem Druck nicht beugte. Folglich vermochte Frances neuen Respekt für Karen zu entwickeln und erkannte schließlich, daß ihre alte manipulative Art keine Wirkung mehr auf sie hatte. Und alles, weil Karen »nichts« getan hatte.

Wenn man als Dritter in einen Konflikt zwischen zwei Menschen hineingezogen wird, dann ist es entscheidend, daß man sich elegant daraus zurückzieht, indem man sich weigert, Botschaften zu übermitteln oder die Schlichterrolle zu übernehmen. Tun Sie diesen Schritt nicht, dann ist es vorhersehbar, daß die schlechten Gefühle zwischen den beiden Kontrahenten schließlich über Ihnen ausgekippt werden und daß nichts gelöst wird.

In Marias Fall stellten sich ihre Schwiegereltern zwischen sie und Jay und versuchten Maria, indem sie sie an ihre Verpflichtungen erinnerten, davon abzuhalten, ihren Sohn zu verlassen. Maria hatte Jay bereits mitgeteilt, daß sie Zeit benötigte, um eine so wichtige Entscheidung zu treffen, und trotz seiner leidenschaftlichen Appelle war sie nicht ins Wanken geraten. Doch bei ihren Schwiegereltern fiel es ihr schwerer, entschlossen zu bleiben.

Ich weiß, wie sehr ich ihnen weh tue, und das verdienen sie einfach nicht. Sie sind liebenswerte, freundliche Leute und haben nichts falsch gemacht, aber ich weiß, wie sehr sie leiden werden, wenn ich mich von Jay scheiden lasse. Seine Mutter ruft mich fast jeden Tag an, um mir zu sagen, wieviel es ihnen bedeuten würde, wenn Jay und ich uns wieder zusammenraufen könnten.

Ich machte Maria klar, daß auch sie lernen mußte, nichts zu tun. In ihrem Fall bedeutete dies, daß sie den wiederholten nötigenden Anrufen ihrer Schwiegermutter und dem Besprechen des Problems mit außenstehenden Personen einen Riegel vorschieben sollte. Die Musterantworten, die ich Maria in diesem Zusammenhang empfahl, können vielleicht auch Sie darin unterstützen, sich vom Druck durch Dritte frei zu machen.

Schwiegermutter: »Fred und ich können das nicht ertragen. Wir wissen nicht, was los ist oder was noch geschehen wird. Wir machen uns so große Sorgen um dich und Jay und unsere Enkelkinder. Wie lange wirst du brauchen, um dir über die Scheidung klarzuwerden?«

Maria: »Mom, ich habe noch keine Entscheidung getroffen.«

Schwiegermutter: »Wie lange wirst du denn dazu noch brauchen?«

Maria: »Mom, ich brauche dazu so viel Zeit, wie nötig ist. Laß uns über etwas anderes sprechen.«

Sagen Sie immer wieder, daß Sie noch keine Entscheidung getroffen haben und daß Sie dafür die Zeit benötigen, die der Prozeß eben verlangt – und dann wechseln Sie das Thema. Die Leute stellen einem viele Fragen, und oft hat man das Gefühl, man muß sofort eine definitive Antwort parat haben. Natürlich ist das nicht der Fall. Es ist vollkommen in Ordnung, dazu »Ich weiß es nicht« zu sagen. Auch die Antwort: »Ich werde es dich wissen lassen, wenn ich eine Entscheidung getroffen habe«, ist angemessen. Und wenn der Druck anhält, dann ist es vernünftig, dem Gespräch eine andere Richtung zu geben. Selbst wenn die Person, die Sie unter Druck setzt, nicht der Erpresser, sondern jemand ist, den Sie mögen und respektieren, ist es unerläßlich, daß Sie sich an Ihren eigenen Zeitplan halten und sich nicht zu Entscheidungen drängen lassen, vor allem dann nicht, wenn sie wichtig sind.

Raum schaffen
Mehr Zeit verschafft Ihnen die Gelegenheit, Ihre eigenen Gedanken zu erforschen, Ihre Prioritäten und Gefühle herauszufinden. Denken Sie daran, daß Sie eine Rettungsleine haben, an der Sie sich festhalten können – die Mustersätze, um Zeit zu gewinnen. Sie fühlen sich vielleicht wie eine Schallplatte mit einem Sprung, wenn Sie sie immer wiederholen, aber bleiben

Sie dennoch dran, und geben Sie der Strategie eine Chance, Wirkung zu zeigen.

Wenn Sie sich jedoch auch dabei noch Sorgen machen und so unter Druck gesetzt fühlen, daß Sie in Versuchung geraten, etwas zu tun, um Ihr Unbehagen zu lindern, dann *ziehen Sie sich zurück*. Ich meine damit nicht, daß Sie auf dem Absatz kehrtmachen und die andere Person ohne Erklärung stehenlassen sollen. Ich meine damit, daß Sie sich entschuldigen und in einen anderen Raum gehen, um dort ein paar Minuten mit sich allein zu sein. Sie könnten zum Beispiel sagen: »Ich brauche ein Glas Wasser«, oder »Ich muß zur Toilette – ich bin gleich zurück.« Oder, wenn es besonders schlimm ist, wie wäre es dann mit: »Ich brauche etwas zu trinken *und* muß dann auf die Toilette?«

Übrigens steht Ihnen diese Art von Rückzug zu Hause, im Restaurant, im Büro, an Bord eines Flugzeugs, ja im Grunde sogar überall offen. Indem Sie eine räumliche Distanz zwischen sich und dem Erpresser erzeugen, nehmen Sie der Situation einiges ihrer Dringlichkeit und erzeugen für sich außerdem einen überaus wichtigen emotionalen Abstand.

Wenn ich von emotionalem Abstand rede, dann meine ich damit, daß Sie die Flamme ein wenig herunterdrehen und Ihren Gefühlen die Gelegenheit geben, sich abzukühlen. In der Konfrontation mit emotionaler Erpressung nehmen Ihre Gefühle vielleicht so an Intensität zu, daß Sie nicht mehr richtig über Ihre Wahlmöglichkeiten nachdenken oder sie vernünftig beurteilen beziehungsweise überhaupt erkennen können. Emotionale Erpressung ist Anspannung, Druck, Forderung – und ist voller verzweifelter Energie. Ein solcher Mißklang der Gefühle kann überwältigend sein. Sie befinden sich in einem allein auf Reaktion ausgerichteten Gefühlszustand und müssen zu einer kognitiven, losgelösten Stimmung finden. Indem Sie sich ein paar Minuten Zeit nehmen, um sich zu beruhigen, wird Ihnen dies gelingen. Werden Sie ruhig, wiederholen Sie für sich Ihre Kraftversicherung: »Ich kann das aushalten«, und seien Sie entschlossen, Zeit zu gewinnen.

Zweiter Schritt: Zum Beobachter werden

Sobald Sie sich aus dem Erpressungsdrama zurückgezogen haben, befinden Sie sich in einer Position, in der Sie Informationen sammeln können, die Ihnen eine Entscheidung über Ihre Reaktion auf den Erpresser erleichtern werden. In der Zeit, die Sie gewonnen haben, um eine Entscheidung zu treffen, müssen Sie sowohl zu Ihrem eigenen wie auch zum Beobachter der anderen Person werden.

Die Verwendung von Visualisationen

Damit Ihnen dies gelingt, möchte ich Sie bitten, die folgende Visualisationsübung zu machen: Stellen Sie sich einen gläsernen Aufzug im Parterre eines 50stöckigen Aussichtsturms vor. Sehen Sie sich selbst im Inneren des Aufzugs, während er sich langsam nach oben bewegt. In den unteren Etagen haben Sie wegen des dichten Nebels Mühe, irgend etwas zu erkennen. Mitunter reißt der Nebel auf, und Sie vermögen die Umrisse von Gegenständen und Menschen zu erkennen, doch sie bleiben undeutlich und verschwommen, tauchen auf und verschwinden wieder. Sie sehen das Reich reiner Gefühle, der Emotionen, die der Erpresser in Ihnen aufwühlt.

Der Aufzug bewegt sich weiter nach oben, Sie lassen den Nebel hinter sich und sehen nach und nach eine weitläufigere Landschaft. Sobald Sie die oberste Etage erreicht haben, breitet sich ein unendliches Panorama vor Ihnen aus, und Sie erkennen, daß der Nebel, von dem Sie zunächst meinten, daß er alles bedecke, nur auf das Tal am unteren Ende des Turms beschränkt ist. Was allumfassend erschien, war in Wahrheit nur ein kleines Detail des gesamten Bildes. Der Aufzug hat eine neue Ebene erreicht, einen Ort der Vernunft, Wahrnehmung und Objektivität. Treten Sie aus der Kabine heraus auf die Aussichtsplattform. Erfreuen Sie sich an der Ruhe und an der Klarheit. Denken Sie daran, daß Sie zu diesem Ort immer Zugang haben.

Die Reise von den Gefühlen im Bauch hinauf zum Verstand

im Kopf ist nützlich, wenn Sie gerade durch den Erpresser unter Druck gesetzt werden, denn Erpressungsopfer verirren sich so leicht im Nebel aus Angst, Pflicht- und Schuldgefühlen, daß ihre Wahrnehmung verzerrt und unvollständig ist. Ich meine damit nicht, daß Sie sich von Ihren Gefühlen abtrennen sollen – ich möchte lediglich, daß Sie der Mischung noch Beobachtung und Vernunft beigeben, damit Sie nicht allein von Ihren Gefühlen angetrieben werden. Sowohl der Verstand als auch die Emotionen stellen eine Vielzahl von Informationen zur Verfügung, und es ist erforderlich, einen Austausch zwischen beiden zu schaffen. Ziel ist es, gleichzeitig fühlen und denken zu können, statt sich immer nur mit den Gefühlen herumzuschlagen. Wenn emotionale Erpressung ihren Höhepunkt erreicht, dann ist es wichtig, die Perspektive des Aussichtsturms einzunehmen.

Was geschieht wirklich?
Nehmen Sie sich für sich alleine die Zeit, um über die Forderung des Erpressers nachzudenken, und schlüpfen Sie in die Rolle des Beobachters. Ihre Gefühle werden noch immer vorhanden sein, ziehen Sie jedoch Ihre Aufmerksamkeit von ihnen ab und geben Sie Ihrem Verstand die Gelegenheit, die Situation noch einmal zu überdenken. Fragen Sie sich: Was hat sich eben abgespielt? Es ist sinnvoll, die Antworten auf die weiter unten folgenden Fragen niederzuschreiben. Indem Sie die Ereignisse aus Ihrem Kopf herausnehmen und dem Papier überantworten, sorgen Sie ebenfalls für emotionalen Abstand. Oder aber Sie erledigen, wenn Sie das wollen, den ganzen Vorgang in Ihrem Kopf. Wie immer Sie sich entscheiden, die Beantwortung der Fragen wird Ihnen größere Klarheit verschaffen.

Treten Sie also einen Schritt zurück und sehen Sie die Forderung an.

1. Was wollte die andere Person von Ihnen?
2. Wie wurde die Bitte formuliert? Erschien sie Ihnen zum Beispiel liebevoll, drohend, ungeduldig? Wählen Sie die Beschreibung, die Ihre Situation am besten wiedergibt.

3. Wie reagierte der Erpresser, als Sie nicht unmittelbar zustimmten? Hier müssen Gesichtsausdruck, Stimmlage und Körpersprache berücksichtigt werden. Seien Sie so genau wie möglich. Was taten die Augen des Erpressers? Was machte er mit seinen Armen und Händen? Wo stand er, als er mit Ihnen sprach? Welcher Gestik bediente er sich? In welchem Ton brachte er seine Bitte vor? Wie war die zugrundeliegende emotionale Stimmung? Fassen Sie das Bild, welches sich Ihnen geboten hat, in Worte.

Hier sind einige Notizen, die Patty sich nach einer Szene machte, die sie kürzlich mit Joe erlebte:

Er zog sich in sich selbst zurück, schmollte, fühlte sich verletzt. Seine ganze Haltung und Körpersprache drückten aus, wie traurig und enttäuscht er war. Seine Arme hatte er vor der Brust verschränkt, und er war nicht bereit, mir in die Augen zu sehen. Er seufzte viel, spielte an seinem Pullover herum und sprach in einem jammernden Ton. Dann stand er auf, knallte die Tür zu und drehte das Radio im Schlafzimmer auf.

Nun betrachten Sie Ihre eigenen Reaktionen auf die Forderung.

1. Was denken Sie?

Schreiben Sie auf, was Ihnen durch den Kopf geht, und achten Sie dabei besonders auf wiederkehrende oder sich aufdrängende Gedanken. Dies wird Ihnen einen wertvollen Einblick in die Vorstellungen geben, die sich in Ihnen im Laufe der Jahre geformt haben. Unter den am weitesten verbreiteten Vorstellungen bei Opfern von emotionaler Erpressung sind:

- Es ist in Ordnung, viel mehr zu geben als zu bekommen.
- Wenn man jemanden liebt, dann ist man für sein Wohlergehen verantwortlich.
- Es ist die Aufgabe guter, liebevoller Menschen, den anderen glücklich zu machen.

- Wenn ich das tue, was ich für mich will, dann empfindet der andere mich als egoistisch.
- Zurückgewiesen zu werden ist das Schlimmste, was mir passieren kann.
- Wenn sonst niemand die Sache in Ordnung bringt, dann muß ich es selbst tun.
- Bei dieser Person kann ich nie gewinnen.
- Die andere Person ist klüger oder stärker als ich.
- Es wird mich nicht umbringen, die Forderung der anderen Person zu erfüllen, denn sie braucht mich wirklich.
- Ihre Bedürfnisse und Gefühle sind wichtiger als meine.

Welche dieser Aussagen trifft auf Sie zu? Mit welcher können Sie sich am meisten identifizieren? Fragen Sie sich: Wo habe ich das gelernt, und wie lange glaube ich schon daran?

Keine dieser Überzeugungen ist richtig, und doch hält man an ihnen fest, denn sie sind das, was man im Laufe der Jahre verinnerlicht hat. Oft meint man, wie ich bereits erklärt habe, daß man sie selbst gewählt hat. Tatsächlich jedoch wurden sie einem in allen Lebensphasen durch machtvolle Personen vermittelt – durch Eltern, Lehrer, Vorbilder, nahe Freunde. Es ist entscheidend, im Angesicht emotionaler Erpressung die Vorstellungen, die man von sich selbst hat, zu erkennen, denn sie sind die Vorboten der Gefühle.

Gefühle sind nicht die kurzlebigen, unabhängigen Kräfte, für die sie oft gehalten werden. Sie sind eine Antwort auf das, was man denkt. Beinahe jedem ängstlichen, traurigen, furchtsamen oder Schuldgefühl in Reaktion auf emotionale Erpressung geht eine negative oder falsche Überzeugung über die eigene Eignung, Liebenswürdigkeit und Verantwortung gegenüber anderen Menschen voraus. Und diese Überzeugungen sind die Quelle der Gefühle. Folglich ist das resultierende Verhalten oft ein Versuch, die unangenehmen Gefühle, die aus diesen Überzeugungen resultieren, zum Schweigen zu bringen. Ergebnis: Um selbstzerstörerische Verhaltensmuster zu bekämpfen, muß man sie bei ihren Wurzeln packen, bei den Überzeugungen.

Wenn Eve schuldbewußt ihre Ausbildung aufgibt, weil Elliot

sich darüber aufregt, dann handelt sie auf der Basis der Überzeugung, daß seine Gefühle wichtiger sind als ihre eigenen. An erster Stelle steht die Überzeugung: Die andere Person ist wichtiger als ich, und was ich will, ist unwichtig. Aus dieser Überzeugung resultieren die Gefühle: Verpflichtung, Mitleid, Schuldgefühle. Und schließlich die Handlung: Aufgabe der Ausbildung.

Es ist bekannt, daß die Stimmungen des Menschen ebensosehr von den chemischen Vorgängen im Gehirn wie von den Ereignissen im Leben beeinflußt werden; aber sogar solche Menschen, die aufgrund eines biochemischen Ungleichgewichts wiederholt unter Depressionen oder Angstzuständen leiden, können ihre Situation durch selbstzerstörerische Überzeugungen noch verschlimmern. Indem Sie Ihre tiefsten Vorstellungen aufdecken, ermöglichen Sie es sich selbst zu verstehen, warum Sie so fühlen, wie Sie es tun. Und sobald Ihnen dies gelungen ist, werden Sie erkennen, wie Ihre Überzeugungen und Gefühle zum Katalysator für selbstzerstörerische Verhaltensmuster der Unterwerfung und Kapitulation werden.

2. Wie fühlen Sie sich dabei?

Was empfinden Sie, wenn Sie Ihre Interaktion mit dem Erpresser noch einmal durchgehen? Schreiben Sie so viele Gefühle auf, wie Ihnen bewußt werden. Die folgende Liste mag Ihnen dabei als Anhaltspunkt dienen:

wütend	bedroht	verletzt
schuldbewußt	gereizt	unsicher
frustriert	enttäuscht	im Unrecht
unzulänglich	verflucht	furchtsam
ängstlich	nicht liebenswert	ärgerlich
festgefahren	gefangen	überwältigt

Diese Checkliste entspricht einem Pulsnehmen Ihrer Gefühlslage und ist ein wichtiges, wenngleich einfaches diagnostisches Hilfsmittel. Denken Sie daran, daß ein Gefühl ein emotionaler Zustand ist, der in der Regel in einem oder höchstens in zwei

Worten ausgedrückt werden kann. In dem Augenblick, da Sie sagen: »Ich fühle mich wie …«, oder: »Ich habe den Eindruck, daß…«, beschreiben Sie das, was Sie denken oder glauben. Weil es hier um den Versuch geht, zwischen Gedanken und Gefühlen zu unterscheiden und ihren Bezug zueinander festzustellen, ist es so wichtig, sich klar auszudrücken.

Beispiel: »Ich habe den Eindruck, daß mein Mann immer als der Gewinner aus unseren Auseinandersetzungen hervorgeht«, ist ein Gedanke. Um aber das dahinter verborgene Gefühl zu erfassen, könnte man sagen: »Ich *glaube*, daß mein Mann immer gewinnt, und ich *fühle* mich deshalb entmutigt.«

Dann wenden Sie sich Ihrem Körper zu.

Finden Sie, wenn Sie die Liste überprüfen, heraus, wo Sie diese Gefühle körperlich verspüren. Wirbeln sie in Ihrem Magen umher? Verknoten sie sich in Ihrem Nacken? Packen sie Sie von hinten? Brennen sie auf Ihren Wangen? Machen Sie sich bewußt, wie Ihr Körper auf Ihre Gefühle reagiert.

Manchmal vermag der Körper auf eine Weise die Wahrheit zu sagen, wie es dem Verstand nicht gelingt. Vielleicht behauptet man, daß man keine Angst hat, und stellt dann fest, daß man schweißgebadet ist. Nein, nein, alles in Ordnung – aber warum krampft sich mein Magen dann so zusammen? Der Körper kümmert sich in seinen Reaktionen nicht um Leugnung und Rationalisierungen, und er wird Sie niemals anlügen. Denken Sie daran, daß Sie immer dann, wenn Sie an sich Gefühle der Wut oder des Ärgers ausfindig machen, auf Aspekte der Forderung aufmerksam gemacht werden, die nicht in Ihrem besten Interesse sind.

Wo liegt Ihr Siedepunkt?

Die Worte und die nonverbale Sprache des Erpressers schwingen in seinem Opfer auf eine ganz besondere Weise nach, und es ist daher wichtig zu wissen, welche persönlichen Auslösemechanismen man besitzt. Ein Gesichtsausdruck, die Stimme, Gestik, Haltung, Worte und sogar Gerüche vermögen Vorstellungen und Gefühle auszulösen, die schließlich dazu führen, daß man einer Forderung nachgibt. Sie sind sozusagen die Leitungen, die direkt zu jenen wunden Punkten führen, und je genauer man weiß, worauf diese ansprechen, desto eher ist es möglich, ihnen den Strom abzuschneiden.

Beobachten Sie sich selbst, und denken Sie über Erpressungsversuche in der Vergangenheit nach. Dann schreiben Sie sich die Verhältnisse auf, die Ihnen am meisten nahegehen. Zu den Auslösemechanismen, die mir am häufigsten begegnet sind, gehören:

- Schreien
- Türenknallen
- bestimmte Ausdrücke (wie »Angeber« oder »Egoist«), die dafür sorgen, daß man mit sich unzufrieden ist
- Weinen
- Seufzen
- ein wütendes Gesicht – rotes Gesicht, zusammengezogene Augenbrauen, finsterer Blick
- Anschweigen

Dann verbinden Sie das Verhalten mit Ihren Gefühlen: »Wenn der Erpresser –, dann fühle ich –.«

Als ich Josh bat, eine Verbindung zwischen Erscheinung und Verhalten seines Vaters und seinen eigenen Reaktionen herzustellen, da erkannte er, daß es mehr noch das Auftreten seines Vaters war als dessen Worte, das in ihm den Angstpegel nach oben schraubte.

Als ich meine Liste aufstellte, da bemerkte ich, daß ich es schon mit der Angst zu tun bekomme, wenn mein Vater nur ein rotes Gesicht bekommt und noch kein Wort gesagt hat. Ich habe über alle Adjektive nachgedacht und versucht, eines zu finden, daß ehrenhafter ist als furchtsam, aber es ist das, welches am besten paßt. Furchtsam sein bedeutet für mich den Rückzug auf reine Kampf- oder Fluchtmechanismen – ich verlasse mich dann ausschließlich auf meinen animalischen Instinkt.

Es ist wichtig, so ehrlich wie möglich zu sein, wenn Sie die Rolle des Beobachters übernehmen. Urteilen Sie nicht über die Gefühle, bewerten Sie sie nicht und versuchen Sie nicht, darüber zu entscheiden, ob sie angemessen sind oder nicht, beziehungsweise, ob Sie ein Recht haben, sie zu fühlen. Stellen Sie die Stimme des Kommentators ab, und beschränken Sie sich auf die Rolle des Beobachters. Ich habe festgestellt, daß es vielen Menschen hilft, ihre Beobachtungen mit Satzfragmenten wie den folgenden einzuleiten:

- Ist es nicht interessant, daß…
- Ich beginne zu erkennen, daß…
- Bisher war mir nicht klar, daß…
- Mir wird bewußt, daß…

Josh stellte fest, daß seine Abwehrmechanismen und seine Angst nachließen, wenn er seine Beobachtungen auf die folgende Weise zum Ausdruck brachte: »Ist es nicht interessant, daß mich sofort die Angst überkommt, wenn ich sehe, daß das Gesicht meines Vaters rot anläuft?« Bei diesem Satz handelt es sich um eine weit nachdenklichere und objektivere Aussage als bei der Feststellung: »Ich bekomme Angst, immer wenn das Gesicht meines Vaters rot wird.« Die Objektivität vergrößert Ihre Aufnahmebereitschaft und weist Ihre Selbstkritik in die Schranken. »Wenn ich zu mir selbst sage: ›Ist es nicht interessant‹, dann fühle ich mich sehr viel weniger als Baby oder Schwächling«, erklärte Josh.

Das »Ist es nicht interessant« gab Josh zu verstehen, daß alles Folgende Kommentare des Beobachters waren. Dies ermöglichte ihm einen größeren Abstand zu dem Richter in seinem Innern, der so viele Reaktionen kritisiert oder mit Etiketten versieht.

Halten Sie Ihre Beobachtungen so lange aufrecht, bis es Ihnen gelingt, eine Verbindung zwischen Ihren Vorstellungen, Gefühlen und Ihren Verhaltensweisen herzustellen. Der Erpresser hat diese Zusammenhänge bereits instinktiv oder wissentlich erkannt und nutzt sein Wissen als Vorteil. Aber nun sind Sie auf dem besten Weg, sein Spielfeld zu verlassen, und was früher einmal eine »Insiderinformation« war, ist jetzt auch Ihnen zugänglich. Nun will ich Ihnen die Mittel an die Hand geben, mit deren Hilfe Sie dieses Wissen in wirkungsvolle Verhaltensstrategien umsetzen können, welche die vorhandenen Muster zwischen Ihnen und Ihrem Erpresser auf dramatische Weise verändern werden.

Kapitel 9

Der richtige Zeitpunkt
für Entscheidungen

In der Vergangenheit haben Sie auf die Dringlichkeit der Bedürfnisse und Wünsche der anderen Person in der Regel mit automatischer Unterwerfung reagiert – eine fast reflexartige Reaktion auf Druck. Aber jetzt, da Sie ein wenig Zeit gewonnen haben, können Sie sich den Luxus leisten, das, was *Sie* wollen, ebenfalls mit in Ihre Überlegungen einzubeziehen. Auch wenn ich Ihnen Ihre Entscheidungen nicht abnehmen kann, so vermag ich Sie doch darin zu unterstützen, einige wichtige Fragen zu stellen, die Sie in die Lage versetzen, einen objektiven Blick auf das zu werfen, was man von Ihnen verlangt, und vernünftig darüber zu entscheiden, ob Sie nachgeben oder Widerstand leisten wollen. Sobald Ihnen dies gelingt, werde ich Ihnen wirkungsvolle Methoden zeigen, wie Sie dem Erpresser Ihre Entscheidungen präsentieren und mit seiner Reaktion auf die Wahl, die Sie getroffen haben, umgehen können.

Die drei Forderungskategorien

Für den Anfang möchte ich Sie bitten, zu den Forderungen der anderen Person zurückzukehren und einige Fragen über sie zu beantworten. Halten Sie die Antworten schriftlich fest, doch zensieren Sie sich dabei nicht, und fühlen Sie sich an die Aussagen, die Sie auf Papier festhalten, auch nicht andauernd gebunden. Wenn Sie Ihre Meinung ändern oder neue Einsichten haben, dann kehren Sie an die entsprechende Stelle zurück und ergänzen, streichen oder erweitern Ihre ursprüngliche Antwort.

- Beinhaltet die Forderung etwas, das mir ein unangenehmes Gefühl bereitet? Worum handelt es sich?
- Welcher Teil der Forderung ist für mich in Ordnung, welcher ist es nicht?
- Wird mich das, was die andere Person von mir will, schädigen?
- Werden durch das, was die andere Person von mir will, Dritte geschädigt?
- Bezieht die andere Person in ihre Forderungen meine Bedürfnisse und Gefühle mit ein?
- Sorgt etwas in der Forderung oder in der Weise, wie sie vorgebracht wurde, dafür, daß ich mich ängstige, mich verpflichtet fühle oder Schuldgefühle entwickle? Worum handelt es sich dabei?
- Was springt für mich dabei heraus?

Wenn Sie die Bestandteile einer Forderung einzeln betrachten, dann werden Sie vielleicht feststellen, daß Sie alle außer einem oder zwei sehr gut akzeptieren können. Zum Beispiel verlangt Ihr Mann von Ihnen, mit ihm seine Verwandtschaft zu besuchen, wozu Sie generell gerne bereit sind, aber der Termin fällt mit dem Jahresabschnitt zusammen, in dem Sie beruflich besonders eingespannt sind, und deshalb fühlen Sie sich mit der Forderung nicht wohl. Diese Information spielt eine wichtige Rolle, wenn es darum geht, Ihre Antwort zu formulieren.

Vielleicht fühlen Sie sich alarmiert, wenn Sie die Fragen, ob Sie oder Dritte durch ein Nachgeben in dieser Angelegenheit geschädigt werden, mit Ja beantworten. Dieses Erschrecken ist Ihr Integritätsbarometer, das Sie vor einem heraufziehenden Sturm warnt.

Bei der Auseinandersetzung mit Ihren Antworten werden Sie feststellen, daß die meisten Forderungen in eine von drei möglichen Kategorien fallen:

1. Die Forderung ist eine Lappalie.
2. Die Forderung betrifft wichtige Angelegenheiten, und Ihre Integrität steht auf dem Spiel.

3. Die Forderung bezieht sich auf ein zentrales Thema des Lebens, und/oder ein Nachgeben wäre für Sie oder Dritte schädlich.

Jede Kategorie macht selbstverständlich andere Entscheidungen und Reaktionen erforderlich, und ich werde Sie in den folgenden Abschnitten darin unterstützen, Ihre Antworten und angemessene Reaktionsmöglichkeiten für jede der drei Kategorien richtig abzuwägen.

Lappalien

Kleine Entscheidungen müssen in Beziehungen täglich getroffen werden. Man macht sich Gedanken über den besten Zeitpunkt und die Kosten einer Anschaffung, über ein Urlaubsziel, die Zeit, die man einem anderen Menschen widmen will, wie man Beruf, Familie und Freunde in Einklang bringen kann. Hierbei handelt es sich nicht um Angelegenheiten, die über Leben und Tod entscheiden, und Meinungsverschiedenheiten in diesen Themenbereichen verursachen keine allzu starken Gefühle. Gleichgültig, welche Entscheidung auch getroffen wird, niemand wird wirklich ernsthaft darunter leiden, und die eigentliche Ursache für mögliche Reibungen liegt wahrscheinlich eher in den Methoden, die der Erpresser anwendet, um Druck auszuüben, als im Inhalt seiner Forderung. Manche Menschen geben in dieser Kategorie dem Willen des Erpressers automatisch nach, weil sie keine Gefahr darin sehen. Es handelt sich ja lediglich um eine Lappalie.

Doch ich möchte Sie zur Vorsicht mahnen. Das Wort »automatisch« ist eines, das Sie im Umgang mit einem emotionalen Erpresser streichen sollten. Gleichgültig, wie unbedeutend die Angelegenheit auch sein mag, untersuchen Sie die Forderung genau und vor allem auch den Stil, in dem sie vorgetragen wurde. Machen Sie sich genau klar, welche Bestandteile der Forderung Sie stören, falls solche vorhanden sind, und beurteilen Sie den Vorfall im Zusammenhang mit der Beziehung als ganzer.

Den Vorgang durchgehen

Als Leigh, die Börsenmaklerin, deren Mutter Ellen ständig negative Vergleiche anstellte, erwähnte, daß sie beruflich gerade eine anstrengende Zeit durchmachte und die Vorstellung fürchtete, Ende der Woche mit ihrer Mutter essen gehen zu müssen, bat ich sie, den Ablauf mit mir durchzugehen.

»Ach, kommen Sie, Susan«, sagte sie, »das ist doch lächerlich. Ich bin so müde. Es ist doch nur ein Abendessen, und es wird mich nicht umbringen.«

»Gehen Sie trotzdem die Liste durch«, schlug ich vor. »Man kann nie wissen, was man alles herausfindet.«

»Also gut«, stimmte sie schließlich widerwillig zu. »Damit sind wir schnell fertig. Das einzige, was mich bei Moms Forderung, auf die ich entgegnet habe, daß ich zu müde sei, geärgert hat, war ihre Bemerkung, daß Caroline sich immer Zeit für sie nähme. Es macht mir nichts aus, mit Mom auszugehen, und es ist verrückt, darüber nachzudenken, ob deshalb irgendwer zu Schaden kommen könnte – natürlich nicht. Spielen meine Gefühle für sie eine Rolle – nun, nicht wirklich, aber es handelt sich ja schließlich auch nur um ein Abendessen. Warum sollte ich deshalb einen Streit anzetteln? Macht sie mir angst? Nein. Fühle ich mich verpflichtet? Irgendwie schon. Habe ich Schuldgefühle? Ein wenig. Na und? Wahrscheinlich werde ich hingehen und schließlich froh darüber sein – ob Sie es glauben oder nicht, wir verbringen gerne unsere Zeit zusammen. Und was springt für mich dabei heraus... nun, ich mache sie damit glücklich und werde mich deshalb gut fühlen.«

Ich fragte Leigh, wie sie sich nun nach der Beantwortung der Fragen fühlte.

»Ich muß zugeben, daß mein Nacken und mein Kiefer ein bißchen angespannt sind«, antwortete sie. Aus der Beobachtungsarbeit, die sie bereits getan hatte, wußte sie, daß sich so ihre unterdrückte Wut manifestierte, und konnte dies als Hinweis nutzen.

Anders als viele Erpresser, die, wie ich bereits im fünften Kapitel gezeigt habe, zu Überreaktionen neigen, haben Erpressungsopfer das Problem, daß sie zu selten und zu spät in

Aktion treten. Das bedeutet, sie unterbewerten ihre unangenehmen Gefühle oft, leugnen, daß sie irgend etwas quält, und nutzen Rationalisierungen, um sich selbst davon zu überzeugen, daß ihre Einwände gegen die Wünsche anderer grundlos sind.

Ich machte Leigh den Vorschlag, daß sie, während sie versuchte herauszufinden, was ihre Mutter von ihr wollte, ein paar zusätzliche Fragen stellen könnte, um sich ihre gewohnten Reaktionsweisen deutlicher bewußt zu machen. Damit meine ich nicht, daß Sie jede Interaktion unter dem Mikroskop betrachten sollen – es ist nicht sinnvoll, die Dinge über das erforderliche Maß hinaus zu analysieren und alle Spontaneität im Umgang mit anderen Menschen zu verlieren. Doch wenn Sie in einer Beziehung Unbehagen und emotionale Tyrannei erleben, dann ist es wichtig, kritischer zu sein als unter anderen Umständen. Wenn Sie sich für einen Menschen halten, der zu selten oder zu spät in Aktion tritt, dann sollten Sie sich die folgenden Fragen stellen:

- Entwickelt sich hier ein Muster?
- Kann es sein, daß ich es mir zur Gewohnheit mache, Forderungen als Lappalie zu betrachten, »Kein Problem« oder »Das ist mir egal« zu sagen?
- Wenn ich es ganz allein entscheiden könnte, was würde ich dann tun?
- Teilt mir vielleicht mein Körper etwas anderes mit als mein Verstand? (Zum Beispiel könnten Sie denken: Es ist doch nur ein Kinofilm, also werde ich trotzdem mitgehen, auch wenn ich mich nicht danach fühle – aber zugleich merken Sie, wie sich ein saures Gefühl in Ihrem Magen ausbreitet.)

Wenn Sie eine Frage mit Ja beantworten, dann ist es an der Zeit, Position zu beziehen und Ihre eigenen Wünsche zum Ausdruck zu bringen. Es mag sein, daß Sie sich entscheiden, ja zu sagen, aber Sie müssen dennoch herausfinden, welche Bestandteile der Forderung Ihnen Schwierigkeiten bereiten, und sich dazu entschließen, der anderen Person etwas davon mitzuteilen. Geben Sie sich selbst die Genehmigung, »Ich möchte nicht« oder »Dazu habe ich keine Lust« zu sagen, ohne dabei das Gefühl zu haben, komplizierte Erklärungen dafür abgeben zu müssen. Stellen Sie nicht Ihr Recht in Frage, auf eine relativ unwichtige Angelegenheit mit Nein zu reagieren. Indem Sie bei den kleinen Dingen für sich einstehen, haben Sie die Gelegenheit, die Fähigkeiten zu entwickeln, die Sie brauchen, wenn es um mehr geht.

Denken Sie daran, daß manchmal nicht die Forderung selbst, sondern die Art, wie sie erhoben wird, anstößig ist. Dann wird der Stil zur eigentlichen Substanz und darf nicht übergangen werden. Leigh sagte:

Es macht mir wirklich nichts aus, mit Mom auszugehen. Was mich jedoch wirklich aufregt, ist die Art, wie sie mich dazu rumkriegt, ja zu sagen. Ich hasse es, wenn man mich mit Caroline vergleicht, und ich möchte, daß sie das sein läßt.

Der Druck, den Erpresser anwenden, kann sich beleidigend, schmerzlich oder entwertend anfühlen, und es ist wichtig, ihn nicht deshalb als unbedeutend einzuschätzen, weil die Angelegenheit selbst unwichtig zu sein scheint und Sie ohnehin nicht vorhaben, Widerspruch einzulegen. In Leighs Fall war es entscheidend, ihrer Mutter klarzumachen, wie ärgerlich sie deren negative Vergleiche machten. Ja, es war in Ordnung, mit ihr essen zu gehen, weil der Vorgang selbst für sie kein Problem darstellte, aber sie mußte ihrer Mutter erklären, wie sie um gemeinsam zu verbringende Zeit bitten konnte, ohne sie dafür emotional zu erpressen.

Bewußte Fügsamkeit

Bewußte Fügsamkeit ist das Ja, das man wählt, nachdem man über die Forderung der anderen Person nachgedacht und die Mechanismen automatischer Fügsamkeit durch Beobachten und Bewußtmachen der eigenen Gedanken, Gefühle und Vorlieben außer Kraft gesetzt hat. Entsprechend zum Einsatz gebracht, kann bewußte Fügsamkeit der beste Weg sein, um die

Ergebnisse zu erzielen, die Ihnen wirklich am Herzen liegen. Aber vergessen Sie dabei nie, daß diese Form des Sichfügens das Ergebnis eines sorgsamen gedanklichen Prozesses ist. Sie folgt aus den Schritten Innehalten, Beobachten, neue Strategien entwerfen, die ich bereits erwähnt habe.

Bewußte Fügsamkeit ist in den folgenden Fällen eine gute Wahl:

- Sie untersuchen die Forderung und stellen fest, daß sie keine negativen Auswirkungen hat. Möglicherweise wurde sie jammernd oder ein wenig schmollend übermittelt, aber keine der Verhaltensweisen, die mit ihr einhergehen, ist gewohnheitsmäßig, und weder Sie noch die andere Person sind in den Verhaltensmustern emotionaler Erpressung erstarrt. Die andere Person verlangt vielleicht etwas von Ihnen, was Sie als langweilig oder öde erachten, aber es fügt niemandem Schaden zu. Sie können Ihren Entschluß zur Zustimmung als Bestandteil des natürlichen Gebens und Nehmens in einer guten Beziehung betrachten, als Ausdruck von Großzügigkeit, der wahrscheinlich irgendwann erwidert werden wird.
- Sie untersuchen die Forderung und stellen fest, daß sie keine negativen Folgen haben wird, solange es dabei um einen gerechten Handel mit dem Erpresser geht. Sie geben diesmal nach, aber der Erpresser räumt Ihnen ein, beim nächsten Mal eine gleichwertige Entscheidung zu treffen. Zum Beispiel wählt er dieses Jahr das Urlaubsziel aus, Sie aber nächstes Jahr. Ich meine damit nicht, daß Sie Punkte anschreiben oder Ihren Austausch mit einem Freund, Kollegen oder Partner auf Sätze wie: »Ich habe dir zweimal deinen Willen gelassen, du mir aber nur einmal, also schuldest du mir noch etwas«, reduzieren sollen. Wenn Sie jedoch im Rückblick auf Ihren Umgang mit einer Person feststellen, daß meistens Sie die Kompromisse eingehen, dann erkennen Sie ein beginnendes Machtungleichgewicht. Es ist wichtig, sich damit zu befassen, bevor es sich einschleift.
- Sie untersuchen die Forderung und stellen fest, daß Sie, ohne sich selbst und andere zu schädigen, nur teilweise zustim-

men können. Wenn dies der Fall ist, dann heißt bewußte Fügsamkeit einen Handel eingehen – nur dem wird zugestimmt,
wozu Sie auch wirklich ja sagen können. Dafür bitten Sie
den Erpresser, die Bestandteile der Forderung fallenzulassen, die Sie beunruhigen.
• Sie untersuchen die Forderung und entschließen sich, Ihre
Zustimmung zeitlich zu begrenzen – und Sie bezeichnen Ihre
Fügsamkeit als Strategie. Sie wissen, warum Sie ja sagen, und
Sie entwickeln einen Plan für die Veränderung der Bereiche,
die für Sie annehmbar sind.

Die ersten beiden Kategorien erklären sich mehr oder weniger
von selbst: Sie betrachten die Situation und entscheiden, daß
die Zustimmung in Ordnung ist und daß Sie damit leben können. Keine schlechten oder verdrängten Gefühle, keine Hinter-
gedanken, kein Machtungleichgewicht, keine Konfrontation.
Wenn Sie sich auf einen Kompromiß einigen – diesmal setzt du
dich durch, nächstes Mal ich –, dann gehen Sie davon aus, daß
die andere Person sich an die Abmachung hält.
   Die beiden anderen Kategorien sind komplexer, daher soll
die Auseinandersetzung mit ihnen etwas gründlicher sein.

Ja, aber nicht bedingungslos
Als Leigh darüber nachdachte, was ihr Abendessen mit Ellen
etwas weniger belastend machen könnte, wurde ihr klar, daß
sie sich selbst nur die eine Möglichkeit offengelassen hatte,
nämlich mit ihrer Mutter zu essen und dann den Rest des
Abends mit ihr zu verbringen.
   Ich fragte Leigh, ob es einem Weltuntergang gleichkäme,
wenn sie ihrer Mutter vorschlug, zwar mit ihr zu essen, dann
aber früh nach Hause zu gehen.
   »Kann ich das denn wirklich tun?« fragte sie.
   »Natürlich«, bestärkte ich sie. »Sie müssen ihr erklären, daß
Sie eine schwere Woche hatten und daß Sie zwar mit ihr essen
gehen, später aber nicht mehr zu ihr rüberkommen wollen.
Und dann – und das ist wirklich wichtig – müssen Sie sagen:
›Mom, ich möchte wirklich, daß du aufhörst, mich jedesmal mit

Caroline zu vergleichen, wenn ich wegen irgendeiner Sache nein zu dir sage. Das verletzt mich und macht mich ärgerlich und verdirbt mir den Spaß, mit dir irgend etwas zu unternehmen. Und ich warne dich hier und jetzt, daß ich dich jedesmal abweisen werde, wenn du wieder damit anfängst. Einverstanden?‹«

Obwohl sich diese Lösung geradezu anbot, war Leigh nicht dazu in der Lage gewesen, sie auch zu sehen. Typischerweise verhüllt der Nebel aus Angst, Pflicht- und Schuldgefühlen, den der Erpresser erzeugt, das Offensichtliche. Deshalb ist es so wichtig, einen Schritt zurückzutreten und zu beobachten. Indem Sie dies tun, haben Sie die Möglichkeit, das weite Feld zu untersuchen, welches unmittelbar hinter der Zustimmung verborgen liegt, die Sie gewohnheitsmäßig Ihrem Erpresser geben. Wenn Sie sich Klarheit über Ihre Entscheidung verschaffen, *bevor* Sie dem Erpresser antworten, dann stehen Ihnen Kompromisse offen, die Sie häufig beide zufriedenstellen können.

Wenn die Hürden höher liegen

Wenn man die vorgebrachte Forderung genauer betrachtet, dann stellt man möglicherweise fest, daß eine Zustimmung tatsächlich keine Lappalie ist. Auch wenn es sich vielleicht nicht um eine große Krise handelt, würde ein Nachgeben die persönlichen Maßstäbe in Gefahr bringen, das Gefühl dafür, was falsch und was richtig ist, und den Respekt vor der eigenen Person. Schon im Kopf, bevor man sich dessen bewußt wird, beginnt sich ein Gefühl des Unbehagens auszubreiten, und man wird unruhig. Etwas an der Forderung geht einem gegen den Strich. Und auf irgendeiner Ebene ist einem klar, daß man sich nicht fügen darf.

Wie viele Menschen war auch Zoe recht gut darin, ihre Bedenken und ihr Unbehagen zu rationalisieren. Doch als sie das, was Tess von ihr verlangte, näher betrachtete, wurde ihr klar, daß die Argumente, derer sie sich bediente, nicht standhalten konnten.

Sie behauptet, daß sie die Aufgabe bewältigen kann, aber ich weiß, daß sie mehr Verantwortung verlangt, als sie verkraftet. Doch als Freundin und als Vorgesetzte will ich ihr eine Chance geben. Das ist es, was mich so schwankend macht. Ich möchte sie nicht im Stich oder es an Fürsorge mangeln lassen, aber ich mache mir Sorgen, ob ich sie auf einen großen Kunden ansetzen kann, weil es für die Firma so wichtig ist. Erst dachte ich, ich sei einfach zu perfektionistisch, aber die Wahrheit ist, daß sich die Aufgabe einfach nicht für Anfänger eignet. Ich nehme an, darum geht es – diese Fragen, ob dadurch irgendwer zu Schaden kommt. Es könnte mir sehr schaden, wenn es uns nicht gelingt, diesen neuen Kunden zufriedenzustellen, und eine ganze Reihe anderer Leute würde ebenfalls in Mitleidenschaft gezogen.

Wenn Sie die Forderung eines Erpressers bewerten, dann kann selbst eine kleine Frage wie: »Werde ich oder wird ein anderer durch meine Zustimmung zu Schaden kommen?« Sie darin unterstützen, über die kurzsichtige Interpretation der Situation durch den Erpresser hinauszusehen. Als Zoe sich auf diesen Schritt einließ, erkannte sie, daß sie Tess nicht nachgeben konnte, ohne ihre berufliche und persönliche Integrität zu gefährden. Sie würde Stellung beziehen müssen.

Was mit Geld nicht zu bezahlen ist
Jan war sehr stark durch den Handel, den ihre Schwester ihr vorschlug, in Versuchung geführt. Sie könnte Carol die 1000 Dollar geben, die sie verlangte, und würde als Gegenleistung in die Familie aufgenommen werden, nach der sie sich so sehr sehnte.

Wissen Sie, wenn es auch nur die kleinste Chance gäbe, daß dieses Darlehen uns einander näherbringt, dann glaube ich, wäre es mir das wert. Ich weiß, in Anbetracht meiner Geschichte mit Carol ist es gewagt, aber vielleicht hat sie sich ja geändert – vielleicht geht es ja diesmal gut. Und ich würde ihren Kindern damit helfen. Schlimmstenfalls würde ich 1000 Dollar verlieren – so viel ist das nicht.

Für Jan waren 1000 Dollar sehr viel Geld, wenn es auch nicht den Ruin für sie bedeuten würde, wenn sie den Betrag nie wiedersah. Was zu verlieren sie sich jedoch nicht leisten konnte, war ihre Integrität. »Ich muß mich jetzt gleich entscheiden, erzählen Sie mir jetzt also nichts über Integrität«, jammerte sie. »Carol hat mir gesagt, daß man sie rauswerfen wird. Ich möchte Sie nicht beleidigen, aber diese heiklen Gefühlsdinge spielen hier jetzt wirklich keine Rolle.«

»Ich kann mir vorstellen, daß es sich so anfühlt, bei dem Druck, unter dem Sie stehen«, entgegnete ich, »aber seien Sie nachsichtig mit mir. Gehen Sie nur diese Liste durch und stellen Sie fest, ob Ihre Integrität dann immer noch keine Rolle spielt.«

Um Jan zu verdeutlichen, was ein nebulöses Konzept wie das der Integrität mit ihrer Entscheidung, ob sie Carol helfen sollte oder nicht, zu tun hatte, bat ich sie, die folgenden Fragen zu beantworten. Sie haben schon vielen Menschen geholfen, wenn sie im Zusammenhang mit einer Forderung ein beunruhigendes Stimmengewirr in ihrem Innern wahrgenommen haben, aber nicht klar erkennen können, was sie in Aufregung versetzt, oder wenn sie herausfinden wollen, was sie eine Zustimmung wirklich kostet.

Wenn ich der Forderung zustimme,

- vertrete ich dann den Standpunkt dessen, woran ich glaube?
- lasse ich dann zu, daß Angst Gewalt über mein Leben hat?
- stelle ich mich dann den Personen entgegen, die mich verletzt haben?
- definiere ich mich dann selbst als Persönlichkeit oder lasse ich mich durch andere definieren?
- halte ich dann die Versprechen, die ich mir selbst gegeben habe?
- schütze ich dann meine physische und emotionale Gesundheit?
- betrüge ich dann damit irgendeinen anderen Menschen?
- sage ich dann die Wahrheit?

Sie werden feststellen, daß es in diesen Fragen um Elemente der Integrität geht. Sie zeigen deutlich, wie und in welchen Bereichen man sich selbst gegenüber nicht ehrlich ist. Jan empfand einige der Fragen als ernüchternd.

Stelle ich mich demjenigen entgegen, der mich verletzt hat?... Das fühlte sich an, als habe mir jemand kaltes Wasser ins Gesicht gegossen. Weil ich Carol zu den Menschen zähle, die mich in der Vergangenheit wirklich verletzt haben. Sie hat viele Menschen verletzt, aber keiner hat ihr das je mitgeteilt. Dann kam ich zu der Frage, in der es darum geht, ob ich die Versprechen halte, die ich mir selbst gegeben habe. Tatsächlich habe ich mir, als wir unsere letzte große Auseinandersetzung über Geld hatten, geschworen, es nicht mehr zuzulassen, daß sie mich weiterhin so behandelt. Man kann ihr einfach nicht vertrauen, wenn es um Geld geht. Und die schrecklichste Frage war die, in der es darum geht, ob man die Wahrheit sagt. Carol hat sich nicht verändert, genausowenig wie unsere Familie. Es ist einfach nicht realistisch anzunehmen, daß ich einen Zauberstab schwingen und für Carol einen Scheck ausstellen kann, und hinfort sind wir alle für immer glücklich und zufrieden. Betrüge ich irgend jemanden, wenn ich es tue? Ja. Mich selbst.

Jan war ein paar Augenblicke lang still. Dann wollte sie wissen:

Wie konnte es mir nur so leichtfallen, all dies zur Seite zu schieben und so zu tun, als sei es nie geschehen? Das ist deprimierender als die Tatsache, daß ich bereit war, 1000 Dollar in den Wind zu schreiben.

Wenn jemand sich Geld leihen will, dann scheint sich dies auf die Frage zu reduzieren, ob man es sich leisten kann, den Wunsch zu erfüllen, und ob die andere Person vertrauenswürdig ist. Aber Geld ist niemals nur Geld zwischen Menschen, die sich nahestehen. Es ist ein machtvolles Symbol für Liebe, Vertrauen und Leistung, für Gewinner und Verlierer. Freunde und Verwandte, die sich auf unterschiedlichen Ebenen von Leistung

254

und finanziellem Erfolg befinden, begegnen einander häufig mit überkochendem Neid und Groll und vergiften damit ernsthaft ihre Beziehung zueinander. Außerdem ist es üblich, vor allem unter Familienmitgliedern, daß man im Zusammenhang mit Geld auf bestimmte Rollen verpflichtet wird: auf die des Retters, des Familienhelden, des verantwortungslosen und leichtsinnigen Kindes.

Jan wurde sich dessen bewußt, daß genau dies in ihrer Familie geschehen war. Jetzt aber war sie dazu in der Lage, ihre Entscheidung auf der Basis neuen Wissens und Bewußtseins zu treffen. Sie entschloß sich dazu, Carol abzuweisen, weil sie erkannte, daß sie, indem sie Carols emotionaler Erpressung nachgab, Geld dazu einsetzen würde, um etwas zu kaufen, das gar nicht existierte. Außerdem würde sie es, wenn sie nachgab, ihrer Schwester ermöglichen, auch weiterhin leichtsinnig mit Geld umzugehen, was ihre Familie jahrelang getan hatte. (Ich erinnerte sie daran, daß diese Art von Erpressung normalerweise kein Einzelfall ist. Eine Bitte um Geld führt in der Regel zur nächsten.) Und was noch wichtiger war, sie würde schmerzlich erlernte Wahrheiten leugnen und wichtige Versprechen, die sie sich selbst gegenüber gemacht hatte, brechen müssen und damit ihre Selbstachtung kompromittieren. Der Schaden für ihre Integrität wäre weit größer als der Verlust von 1000 Dollar.

Intimität und Integrität
Der sexuelle Bereich ist einer, in dem Menschen häufig ins Straucheln geraten, wenn sie mit voneinander abweichenden Erwartungen oder mit Druck konfrontiert werden. Es gibt keinen anderen Bereich, an dem man so verwundbar oder emotional nackt ist und mit dem man so dringend angenommen werden – und annehmen – will. Wer nicht bereit ist, dem anderen mitzuteilen, was ihm Freude bereitet und was nicht, was erregend ist und was unangenehme Gefühle auslöst, der vermag nicht zu wahrer Intimität zu finden. Doch will man auch nicht verletzend oder rigide sein oder sich der Möglichkeit des Spielens und Experimentierens verschließen. Jeder Mensch besitzt seine ganz persönlichen Ebenen des Wohlbefindens und

Begehrens, und diesen möchte man Achtung entgegenbringen. Außerdem ist es kein Geheimnis, daß man mit Sex einen anderen Menschen anziehen oder ihn mit sexueller Verweigerung manipulieren kann. Wenn man nicht vorsichtig ist, dann kann es geschehen, daß man Entscheidungen über Sex auf der Basis vollkommen falscher Gründe trifft: um zu beweisen, daß man begehrenswert ist; um zu zeigen, wie frei und spontan man ist; um den eigenen Anspruch auf die andere Person zu behaupten; um zu strafen; um dem Nebel aus Angst, Pflicht- und Schuldgefühlen zu entkommen.

Wie soll man in einem so empfindlichen – und unklaren – Bereich Entscheidungen treffen? Schließlich gibt es keine verbindlichen Regeln, an die man sich halten könnte, es sei denn, Sie und Ihr Partner haben welche aufgestellt. Sie müssen Klarheit darüber gewinnen, was Sie wollen und brauchen, und sich das sorgsam ansehen, was von Ihnen verlangt wird. Dann sollten Sie, wie in jedem anderen Bereich Ihres Lebens auch, die Auswirkungen von beunruhigenden Forderungen auf Ihre Integrität abwägen und auf dieser Basis eine Entscheidung treffen. Es mag so scheinen, als seien Fragen sexueller Natur zu delikat und komplex, um sie auf die gleiche gründliche Weise zu analysieren, wie es im bisherigen Verlauf des Buches geschehen ist, aber Sie werden sehen, sie überstehen diese Prüfung leicht – und Ihnen wird es ebenso ergehen.

Hat das etwas mit Liebe zu tun?

Sex ist ein Wechsel von Geben und Nehmen, und es ist in Ordnung, etwas zu tun, nur um dem anderen eine Freude zu machen. Zum Beispiel wacht ein Mann am Morgen mit dem Wunsch nach Sex auf, und seine Frau ist bereit, obgleich noch müde und nicht recht in Stimmung, ihm eine Freude zu machen. Damit ist noch nichts verloren, und ihre Integrität steht nicht auf dem Spiel, es sei denn, diese Situation ist Teil eines gleichbleibenden Musters, in dem der Mann nimmt und die Frau sich ohne Erregung und freudlos fügt. In einer guten Beziehung zwischen zwei Menschen, die auf der sexuellen Ebene zueinander passen, wird die Integrität nicht verletzt, wenn man sich von Zeit zu Zeit überreden läßt, vorausgesetzt, es wird daraus keine Verpflichtung oder stumpfsinnige Plackerei. Auf ähnliche Weise könnte eine Frau ihren Mann darum bitten, ihren Phantasien nachzugeben – »Zieh deine Cowboystiefel an.« Möglicherweise ist dies nicht seine Phantasie, aber in einer gesunden Beziehung schenkt und empfängt man Vergnügen.

Doch muß man sich dabei so frei fühlen, daß man sich selbst schützen kann, wenn das Verlangte eine Grenze überschreitet und sich verletzend anfühlt. Helen sprach davon, wie unangenehm sie eines Abends der Sex mit Jim berührte, weil sie das Gefühl hatte, seine Zuneigung zurückgewinnen zu müssen – obwohl sie vollkommen erschöpft und ausgepumpt war. »Ich fühlte mich wirklich ganz unten«, berichtete sie. »Ich war meilenweit davon entfernt, aber er machte mir solche Schuldgefühle, daß ich einfach mitzog. Ich mag Sex, aber das war kein Spaß. Ich fühlte mich benutzt – unsichtbar.«

Ich erinnerte Helen daran, daß es einen großen Unterschied gab zwischen dem Wunsch, kein Spielverderber zu sein und seinem Partner eine Freude zu machen, obgleich man lieber lesen würde, und der Situation, in der man zu Sex gezwungen wird, obgleich man sich nicht gut fühlt oder unter Streß steht. Sie begriff den Unterschied schnell. »Ich liebe Jim, aber ich habe mich entschieden«, sagte sie, »ich werde dafür sorgen, daß so etwas nicht mehr vorkommt.« Helen bat um Unterstützung dabei, ihren Boden zu behaupten, und im nächsten Kapitel werde ich Ihnen einige Antworten anbieten, die sie beim nächsten Mal, wenn sie sich in einer ähnlichen Situation wiederfindet, geben könnte.

Jemanden, obgleich er sich nicht gut fühlt oder nicht will, so lange zu tyrannisieren, bis er sich zum Sex bereit erklärt, ist lieblos, und die Person, die unter solchen Umständen in Versuchung gerät nachzugeben, sollte sich fragen: Hat das etwas mit Liebe zu tun oder mit Macht, Kontrolle, Gewinnen und Dominieren? Wenn es etwas mit Liebe zu tun hat, dann wird die andere Person Mitgefühl dafür aufbringen, wie Sie sich fühlen. Und wenn nicht, dann ist es unerläßlich, Ihre Selbstachtung und Ihre Integrität zu schützen.

Zentrale Themen des Lebens

Wenn die Hürden im Zusammenhang mit der Forderung eines emotionalen Erpressers besonders hoch sind, dann bitte ich Sie eindringlich, den Entscheidungsprozeß auszudehnen und sorgfältig zu prüfen, auf welche Weise jede einzelne Wahlmöglichkeit Ihr Leben und Ihre Integrität beeinflussen wird. Ich meine hiermit zentrale Themen des Lebens wie die folgenden:

- Entscheidungen über die Zukunft einer Ehe oder Liebesbeziehung,
- Entscheidungen über den Abbruch einer nahen Beziehung zu einem Elternteil, Verwandten oder Freund,
- Entscheidungen darüber, ob eine unglückliche berufliche Situation beendet oder beibehalten werden soll,
- Entscheidungen über die Ausgabe oder Investition einer bedeutenden Geldsumme.

Ein Kompromiß, der die Beziehung erhält, aber die Elemente beseitigt, die Ihnen unannehmbar erscheinen, ist vollkommen angemessen, wenn der Erpresser bereit ist, ihn zu akzeptieren. Schließlich geht es ja nicht darum, den Durchsetzungswillen der anderen Person durch den eigenen zu ersetzen. Sofern es Ihnen gelingt, werden Sie versuchen wollen, den normalen Fluß von Geben und Nehmen, den der Erpresser außer Funktion gesetzt hat, wiederherzustellen.

Nehmen Sie sich Zeit, um die Forderungen des Erpressers und Ihre möglichen Reaktionen darauf zu erforschen, es sei denn:

- die andere Person mißhandelt Sie körperlich oder droht Ihnen damit,
- die andere Person pflegt einen zwanghaften Umgang mit Alkohol und Drogen, ist spielsüchtig oder neigt zu exzessivem Schuldenmachen und weigert sich, ihre Probleme anzuerkennen und sich entsprechend behandeln zu lassen,
- die andere Person ist in illegale Angelegenheiten verwickelt.

In diesen Fällen haben Sie nicht den Luxus von Zeit, und Sie werden Ihre Entscheidungen rasch treffen und bald handeln müssen.

Warteschleife: die Entscheidung, nicht zu entscheiden

Sarah, die Gerichtsreporterin, die ich Ihnen bereits in der Einführung vorgestellt habe, hatte Ihren Freund Frank heiraten wollen, aber weil er sie ununterbrochen testete, fühlte sie sich nun hin- und hergerissen. Als ich sie in ihrem Entscheidungsprozeß begleitete, erkannte sie, daß ein paar Änderungen notwendig waren, bevor sie sich mit der Vorstellung, ihn zu heiraten, wohl fühlen konnte.

Ich beauftragte Sarah damit aufzuschreiben, was sie von Frank brauchte und welche Art von Verhalten sie akzeptieren würde und welche nicht. »Ist es in Ordnung, wenn ich zwei Listen anfertige? Eine unter dem Motto: ›Du Schwachkopf, was glaubst du eigentlich, wer du bist?‹ und dann die tatsächliche?« wollte Sarah wissen. »Ich glaube, ich muß ein wenig Dampf ablassen.«

Für den Fall, daß auch Sie bisher Ihre Gefühle verdrängt und sich selbst Ihre Wut ausgeredet haben, möchten Sie vielleicht das gleiche tun – oder andere sichere Ventile für den Ausdruck Ihrer Frustrationen finden –, bevor Sie sich auf Ihre Liste konzentrieren. In Betracht zu ziehen, was man selbst will und braucht, hört sich nach einem ruhigen, vernünftigen Prozeß an, aber tatsächlich haben viele Erpreßte ihren Ärger so lange zurückgehalten, daß sie nun kurz vor dem Platzen stehen.

Eine besonders wirkungsvolle Methode, um aufgestaute feindselige Gefühle loszuwerden, besteht darin, einen leeren Stuhl vor sich aufzubauen und sich vorzustellen, daß die andere Person darauf sitzt. (Ein Foto der Person kann dabei eine gute Unterstützung sein.) Sprechen Sie laut aus, was Sie seit so langer Zeit denken und fühlen. Indem Sie Ihre Wut in Abwesenheit des Erpressers verbalisieren, setzen Sie zurückgehaltene Energien frei und verschaffen sich wieder neue Klarheit. Indem Sie den Erpresser selbst anbrüllen oder ihm Ihre Meinung sagen, werden Sie kaum die Luft reinigen und statt dessen möglicherweise die schlechten Gefühle zwischen Ihnen noch verstärken.

Sarah legte los:

Ich weiß nicht, was mit uns geschehen ist, Frank. Anfangs hast du mich so gut behandelt. Ich habe geglaubt, ich würde dir viel bedeuten. Aber Liebe ist kein Test. Ich bin deine Freundin, ich bin deine Geliebte, und vielleicht werde ich deine Frau sein, und ich bin darüber empört, daß mit deiner Liebe so viele Verpflichtungen verbunden sind. Was? Wir können nicht heiraten, weil ich für deine Schwester nicht den Babysitter machen will? Was fällt dir ein, so kleinlich zu sein? Was fällt dir ein, meinen Wert auf dieser Basis festzuschreiben? Man kann Liebe nicht kaufen, Frank, und ich bin nicht bereit, mich von dir zwingen zu lassen, deine zu kaufen. Was glaubst zu eigentlich, wer ich bin? Wie kannst du ein solcher Trottel sein? Hör auf damit! Hör einfach auf damit!

Sarah war außer Atem, als sie zum Ende gekommen war. Sie lächelte, wandte sich zu mir um und sagte: »Gut, jetzt bin ich bereit, mich meiner Liste zuzuwenden.«

Ich erklärte Sarah, daß sie, indem sie aufschrieb, was sie in einer Beziehung wollte, nicht versuchte, die Situation zu kontrollieren. In Wirklichkeit würde sie damit zum Ausdruck bringen, was die Beziehung für sie erfüllender machen könnte.

Sarah entwickelte den folgenden Fragenkatalog für sich und Frank:

1. Keine Tests mehr, mit denen ich meine Liebe zu dir beweisen muß. Entweder du willst mich heiraten oder nicht. Ich liebe dich und möchte dich heiraten, aber ich werde nicht mehr länger durch Reifen springen, um es dir zu beweisen. Wenn du dir meiner so wenig sicher bist, dann rede mit mir darüber, und wir werden eine Lösung finden.
2. Ich liebe dich, und ich will beruflich vorwärtskommen. Das eine schließt das andere nicht aus, und beide Dinge können nebeneinander bestehen. Wenn das nach deiner Vorstellung

nicht möglich ist, dann ist etwas Grundlegendes zwischen uns nicht in Ordnung, und es wäre besser heute als morgen herauszufinden, was es ist.

3. Ich muß von dir verlangen, daß du aufhörst, meinen Unwillen, dir in allen Punkten nachzugeben, als Beweis dafür zu interpretieren, daß ich mich nicht richtig auf dich einlassen will. Das eine hat mit dem anderen absolut nichts zu tun.

4. Wenn du etwas von mir willst, dann bitte mich darum, und ich werde alles in meiner Macht Stehende tun, um dich zufriedenzustellen, wenn das, was du willst, auch für mich in Ordnung ist. Aber ich muß zu ein paar Dingen nein sagen dürfen, ohne daß du dafür sorgst, daß ich mich anschließend wie eine Serienmörderin fühle.

»Es fühlt sich wirklich gut an, das erledigt zu haben«, sagte Sarah, »aber jetzt mache ich mir Sorgen. Was, wenn er mich nur auslacht? Was, wenn er einfach: ›Nein, das kann ich nicht tun‹ sagt?«

»Die Antwort auf diese Fragen werden Sie erst bekommen, wenn Sie es hinter sich gebracht haben«, gab ich ihr zu bedenken. »Sie können für sich alleine so lange üben, ihm diese Dinge zu sagen, bis Sie sich damit sicher fühlen. Dann machen Sie den großen Schritt und sehen, wie er reagiert. Vergessen Sie nicht, Sie sammeln noch immer Informationen. Ziehen Sie keine voreiligen Schlüsse, sondern seien Sie sehr aufmerksam. Sie sind im Begriff, zwei Entscheidungen zu treffen. Mit der ersten sagen Sie Frank, was Sie brauchen. Und mit der zweiten zögern Sie Ihre Entscheidung über die Beziehung so lange hinaus, bis Sie Franks Reaktion sehen.«

Eine Ehekrise entschärfen

Liz hatte ihre Wut seit Jahren in sich hineingefressen und überreagierte auf dramatische Weise, als Michael sich über ihren Wunsch aufregte, wieder zur Arbeit zu gehen. Beide hatten sich in Drohungen geflüchtet – Liz kündigte an, ihn zu verlassen, und Michael, ihr die Zwillinge und jegliche finanziellen Mittel zu nehmen. Als sie sich mit dem auseinandersetzte, was Michael von ihr wollte – »Zu Hause bleiben bei den Kindern« –, wurde ihr klar, daß sie dies nicht tun konnte, ohne etwas aufzugeben, was entscheidend für ihr Selbstwertgefühl war.

Ich machte Liz den Vorschlag, Michael einen Brief zu schreiben, in dem sie ihm noch einmal mitteilte, wie sie sich fühlte und was sie brauchte. Sollte sie das Gefühl haben, daß sie sich entschuldigen müßte, dann wäre in ihrem Brief auch dafür Platz. Und ich legte ihr nahe, daß sie sich der gleichen nichtaggressiven Sprache bedienen sollte, die auch Sarah angewandt hatte, um zu erklären, was sie von Frank wollte.

Einem Erpresser einen Brief zu schreiben, vor allem wenn die Situation zwischen Ihnen beiden bereits eskaliert ist, ist eine sichere Möglichkeit, sich auszudrücken. Der Brief macht es möglich, die Angst in Schach zu halten, die sonst dafür sorgen würde, daß Sie vergessen, was Sie sagen wollten, und gestattet Ihnen, sich auf die zentralen Fragen zu konzentrieren. Betrachten Sie ihn als eine Gelegenheit, in einer Situation, in der Sie unter Druck gesetzt werden, Ihre Würde wiederzufinden.

Hier ist der Brief, den Liz an Michael schrieb:

Lieber Michael,
ich habe mich aus mehreren Gründen dazu entschlossen, meine Gedanken und Gefühle schriftlich auszudrücken, statt sie Dir im Gespräch mitzuteilen. Der wichtigste Grund ist der, daß ich große Angst vor Deiner Wut bekommen habe, die immer dann hervorbricht, wenn ich versuche, unsere Situation mit Dir zu besprechen. Nun, da Du mir schreckliche Konsequenzen androhst für den Fall, daß ich mich von Dir scheiden lasse, ist meine Angst noch größer. In solchen Augenblicken bin ich ganz durcheinander und kann nicht mehr klar denken, und ich weiß, ich drücke mich nicht mehr richtig aus. Unter anderem auch deshalb, weil Du mich ständig unterbrichst oder mir das Wort abschneidest, wenn ich etwas sage, was Du nicht hören willst. Indem ich das, was ich ausdrücken möchte, niederschreibe, habe ich die Gelegen-

heit, meine Gedanken zu ordnen und sie verständlich auszudrücken.

Ich hoffe, daß Du diesen Brief durchlesen wirst und daß wir uns dann ruhig hinsetzen und die Dinge vernünftig besprechen können, ohne daß der eine zum Schluß als Gewinner und der andere als Verlierer dasteht.

Michael, ich möchte Dich nicht verlassen, wenn es noch eine Chance für uns gibt, die Beziehung neu aufzubauen und auf eine gesündere, liebevollere und gleichberechtigtere Ebene zu gelangen. Ich spüre noch immer eine Menge Liebe für Dich, trotz der Verletzungen, die ich durch Dich in den letzten paar Jahren erfahren habe, und ich glaube zu wissen, daß es Dir ebenso ergeht. Du kannst der großartigste Typ der Welt sein (und sexuell anziehendste), doch wenn ich bleiben soll, dann muß ich sicher sein können, daß Du 50 Prozent der Verantwortung für das übernimmst, was schiefgegangen ist, und 50 Prozent der Anstrengungen, um unsere Beziehung zu retten.

Ich verspreche, ich werde es ebenso halten. Ja, ich werde sofort damit beginnen. Ich weiß, daß ich überreagiert habe, als Du so wütend über meinen Entschluß warst, wieder zur Schule zu gehen, und ich weiß, daß Du auch deshalb so wütend geworden bist und mir gedroht hast, weil ich von Scheidung und Rechtsanwalt gesprochen habe. Also haben wir beide Öl ins Feuer gegossen, und keiner von uns hat darüber gesprochen, wie er sich wirklich fühlt. Ich war entschlossen, Dir zu zeigen, daß Du nicht die Kontrolle über mein Leben an Dich reißen kannst, und ich übernehme die ganze Verantwortung dafür, daß ich die Sache so schlecht gemeistert habe. Es tut mir wirklich leid.

Bis zu meinen Sitzungen mit Susan hatte ich keinen Begriff für das, was zwischen uns abläuft, doch jetzt ist das anders. Man nennt es »emotionale Erpressung«, und sie hat bei uns schon vor langer Zeit begonnen. Ich wußte, daß Deine »kleinen Strafen« wie das Ausstecken des elektrischen Garagentüröffners beleidigend und kindisch waren, aber sie erschienen mir zu geringfügig im Vergleich mit all den guten Dingen, die wir teilten. Mir ist jetzt klar, daß die Unfähigkeit, Dir zu sagen, wie erniedrigend dieses Verhalten für mich war, oder Dich wissen zu lassen, daß es unannehmbar ist, ein Teil meiner 50 Prozent Verantwortung ist. Nun, da die Erpressung bis zu dem Punkt furchtbarer Drohungen eskaliert ist, um mich zu halten, müssen entscheidende Veränderungen stattfinden, denn sonst kann ich diese Ehe nicht aufrechterhalten.

Ich arbeite in der Therapie hart daran, den Respekt vor mir selbst wiederzugewinnen, und ich lerne sehr viel darüber, was in mir diese emotionale Erpressung so lange Zeit zugelassen hat. Aber ich kann es nicht alleine schaffen. Ich weiß, wie sehr Du es liebst, die Dinge auf den Punkt zu bringen und Probleme zu lösen, also laß mich Dir sagen, was aus meiner Sicht geschehen muß, damit wir das retten können, was einmal eine gute Beziehung war.

1. Die Tyrannei und die Drohungen müssen sofort ein Ende haben. Das ist keine Verhandlungssache. Ich weiß, daß Du nicht alles Geld und die Kinder nehmen kannst, also spar Dir Deinen Atem! Wenn Du auf mich wütend bist oder Dich vor der Möglichkeit fürchtest, daß ich Dich verlassen könnte, dann kannst Du mit mir darüber reden, aber ich werde es nicht zulassen, daß Du mich wie ein ungezogenes Kind behandelst, und ich werde den Raum und wenn nötig das Haus verlassen, wenn Du in diesem Verhalten fortfährst. (Michael, ich weiß nicht, ob Du das allein schaffen kannst, und ich würde mich riesig freuen, wenn Du Dir professionelle Hilfe suchen würdest, um damit, was immer es ist, was Dich auf diese Weise handeln läßt, umgehen zu lernen und Deine Wut zu bewältigen.)

2. Ich möchte, daß wir uns jeden Abend, wenn die Kinder im Bett sind, Zeit nehmen, um respektvoll und freundlich miteinander zu reden. Wir beide tragen Groll in uns, und ich gehe bestimmt nicht davon aus, daß sich die Dinge von alleine über Nacht ändern; folglich müssen wir sie aussprechen und Kompromisse und Lösungen finden.

3. Ich weiß, daß Du eine sehr viele größere Neigung zur

Ordnung hast als ich und daß ich oft Dinge herumliegen lasse. Ich werde mir Mühe geben, selbst hinter mir aufzuräumen, aber Du mußt auch deinerseits die Hürden ein wenig senken und mir und den Kindern das eine oder andere nachsehen. Vielleicht könntest Du mir helfen, statt mich zu bestrafen.

4. Kein Herumschreien mehr. Schreien ist eine Beleidigung der Seele, und außerdem erinnert es mich an meinen Vater und macht mir angst.

Ich hoffe von Herzen, daß diese Bedingungen für Dich annehmbar sind. Ich bin mehr als bereit, mit Dir daran zu arbeiten. Susan hat vorgeschlagen, 60 Tage als Probezeit festzulegen, und das hört sich auch für mich gut an. Dann können wir die Dinge neu bewerten und feststellen, wie wir beide uns damit fühlen. Im Augenblick habe ich große Angst, aber auch viel Hoffnung. Ich glaube, daß wir eine gute Chance haben, diese Krise als Sprungbrett zu einer besseren Ehe zu nutzen.

Liz

Michael hatte Liz bestraft und emotional mißbraucht, und es war unmöglich vorherzusagen, wie er auf ihre klaren Aussagen über ihre Bedürfnisse und Hoffnungen reagieren würde, aber für Liz war der Brief, unabhängig von seiner Wirkung, ein positiver Schritt.

Am Arbeitsplatz

Wenn emotionale Erpressung am Arbeitsplatz auftritt, vor allem wenn sie von einem Vorgesetzten ausgeht, dann kann sie sich wie ein unlösbares Problem anfühlen. Geschichten über solche Vorgesetzte gibt es zu Hunderten, und sie sind so schrecklich, weil es in ihnen immer um ein großes Machtungleichgewicht geht. Im Hinterkopf weiß man, daß man in seinem Lebensunterhalt von dem Erpresser abhängig ist, und man überläßt dem Herrn über den Gehaltsscheck die Macht. Ebenso wie in romantischen Beziehungen werden in Arbeitsplatzsituationen Erpressungsversuche so lange unwidersprochen hingenommen, bis sie eskalieren und die einzig mögliche Lösung in der Kündigung zu liegen scheint.

Die Wahlmöglichkeiten erweitern.   Kim, die Zeitschriftenredakteurin, fühlte sich wie in einer Belagerungssituation.

Mir reicht es. Ich verbringe mein Leben an meinem Schreibtisch, und meine Hände sind chirurgisch an meinem Computer und am Telefon festgeschweißt. Ich bin so erschöpft, daß ich kaum noch geradeaus denken kann, und Ken hört einfach nicht auf mit seinen negativen Vergleichen. Ich habe das Gefühl, er verlangt mir Unmögliches ab. Anders als manche meiner Mitarbeiter bin ich kein Workaholic, und wenn ich nicht die ganze Zeit mit Höchstgeschwindigkeit funktioniere, dann werde ich mich langsam von den interessanten Aufgaben zu den uninteressanten herunterarbeiten – immer in Gefahr, gefeuert zu werden, wenn diese verrückte Firma sich das nächste Mal dazu entschließt, sich zu verkleinern.

Es gibt nichts, das ich tun könnte, außer mich nach einem neuen Job umzusehen. Aber ich bin körperlich und emotional ausgebrannt, und wenn ich nach Hause komme, dann gelingt es mir gerade noch, nicht in Tränen auszubrechen und niemanden anzubrüllen, der es nicht verdient hat. Ich kann nicht kündigen, denn wir brauchen das Geld. Bisher ist es mir nie in den Sinn gekommen, an die Hölle zu glauben, aber jetzt sehe ich das anders.

Es bestand kein Zweifel, irgend etwas mußte sich für Kim ändern. Die Anforderungen ihrer Arbeit brachten ihre physische und emotionale Gesundheit in Gefahr, und doch hatte sie eine Entscheidung getroffen – »Es gibt nichts, das ich tun könnte« –, die ihre Möglichkeiten auf Null reduzierte. Um aus der Sackgasse herauszukommen, mußte sie sich dafür entscheiden, für sich selbst herauszufinden, was sie brauchte und wollte, und dann daran arbeiten, etwas an ihrer Situation zu verändern, selbst wenn dies nur in kleinen Schritten möglich war.

266

Wir fingen damit an, indem wir Kens Anforderungen durchleuchteten.

»Ich weiß nicht, wie das gehen soll«, sagte sie. »Es ist ja nicht nur eine Forderung. Es geht um eine endlose Reihe davon. Er glaubt, daß ich die ganze Zeit arbeiten kann, aber das kann ich eben nicht.«

»Was glauben Sie also, wie die Forderung tatsächlich lautet?« wollte ich wissen.

»Sie lautet: Tu alles, was ich will, sonst...«

»Sonst was?«

»Sonst schmeiße ich dich raus, oder wenigstens sage ich, daß du nicht so gut bist wie Miranda, die großartigste Redakteurin, die je gelebt hat. Und sobald ich nicht mehr wichtig genug bin, bin ich entbehrlich. Und dann: Arbeitslosenunterstützung.«

»Wir haben ja schon über die negativen Vergleiche mit Miranda gesprochen, aber was läßt Sie davon ausgehen, daß Ihr Arbeitsplatz in Gefahr ist, wenn Sie nicht jede Aufgabe übernehmen, die Ken Ihnen aufzwingen will?« fragte ich. »Hat er irgendeine Bemerkung in der Richtung gemacht?«

»Nicht so deutlich«, gab sie zu, »aber es liegt in der Luft. Jeder dort weiß, daß man nicht in Ungnade fallen darf.«

»Haben Sie mit ihm über die Probleme gesprochen, die Sie wegen all der Überstunden mit Ihren Armen und Ihrem Nakken haben?« fragte ich.

»Das ist doch nicht Ihr Ernst?« brach es aus ihr hervor. »Wir sind doch alle nur Zahnräder dort.«

Ich wies Kim darauf hin, daß sich ihre Antworten bezüglich ihres Chefs auf recht unsichere Annahmen gründeten. Dann bat ich sie, selbst zu beschreiben, was Ken vernünftigerweise von ihr verlangen dürfte.

Nachdem sie erst einmal herausgefunden hatte, was vernünftig war, konnte sie ihre Aufmerksamkeit den unvernünftigen Anforderungen zuwenden und feststellen, was diese sie und andere kosteten.

»Für Leute mit meinem Beruf gehören Überstunden einfach dazu – eine 50-Stunden-Woche plus die Lesezeit an den Wochenenden«, erklärte Kim. »Ich weiß das und akzeptiere es, aber bei mir war es in letzter Zeit sehr viel mehr. Ich bin jetzt etwa bei 60 bis 65 Stunden und dazu noch die Stunden, die ich am Wochenende im Büro verbringe. Auf einer ganz grundlegenden Ebene hasse ich den Druck. Außerdem hasse ich es, wenn man mich mit anderen vergleicht. Es motiviert mich nicht, sondern macht mir angst und ärgert mich.«

Schließlich bat ich Kim zu beschreiben, was sie brauchte und wollte. »Ich will, daß die anderen einen Teil der Aufgaben übernehmen, die Ken mir zugeschustert hat, und ich will, daß er sie so wie mich dazu auffordert«, erklärte sie. »Er lädt mir zuviel auf. Ich fühle mich von seinen negativen Vergleichen so sehr unter Druck gesetzt, daß ich unbedingt möchte, daß er damit aufhört. Ich will, daß Ken mich einfach um das bittet, was er von mir will, statt mir jedesmal dabei den Arm zu verdrehen.«

An dieser Stelle unterbrach ich Kim und sagte: »Sie sprechen sehr viel von Ken. Aber was ist *Ihre* Rolle in all dem?«

Kim fing an darüber nachzudenken, was sie tun mußte. »Ich ärgere mich darüber, daß ich die Dinge so sehr habe überhandnehmen lassen. Ich weiß, ich muß lernen, nein zu sagen, wenn ich müde bin oder es mir schlechtgeht oder wenn ich Freizeit brauche. Vielleicht wäre es auch hilfreich, wenn ich aufhören würde, immer gleich das Schlimmste anzunehmen.«

Als Kim darüber nachdachte, wie sich ihre Situation wirklich darstellte, erkannte sie, daß ein Großteil des Drucks, den sie spürte, von innen statt von außerhalb kam. Würde Ken sie wirklich feuern, wenn sie ihm mitteilte, daß sie ein bißchen kürzertreten mußte, um sich ihre Gesundheit zu bewahren? Wahrscheinlich nicht. Bisher hatte sie ihm gegenüber nicht einmal erwähnt, welchen Tribut die Arbeit von ihr verlangte – sie hatte Ken gegenüber immer nur ja gesagt. Aber das konnte sie sich jetzt nicht mehr leisten. Die Konsequenzen dessen, daß sie es sich erlaubt hatte, über ihre Grenzen hinaus zu arbeiten, waren viel zu schlimm. Sie erkannte, daß das, was sie bisher als ihre einzige Möglichkeit gesehen hatte, nämlich den Status quo zu erhalten, tatsächlich keine gute Wahl war.

Kim hatte panische Angst davor, auf Ken zuzugehen, aber wir übten das, was sie sagen würde, so lange, bis sie sich damit sicher fühlte. Im nächsten Kapitel werde ich Ihnen zeigen, wie sie Ken ihre Entscheidungen auf eine Weise mitteilte, die eine sehr viel bessere Zusammenarbeit ermöglichte.

Man könnte es Strategie nennen. Wenn Ihre Erfahrungen Ihnen sagen, daß Sie mit inakzeptablen Konsequenzen rechnen müssen, wenn Sie sich Ihrem Chef entgegenstellen, dann steht es Ihnen frei, solange Ihre physische wie Ihre geistige Gesundheit nicht in Gefahr sind, eine Zeitlang gute Miene zum bösen Spiel zu machen.

Wie kann man mit einem Arbeitgeber zusammenarbeiten, der ein emotionaler Erpresser und vielleicht irrational ist, der haarsträubende Wutausbrüche hat und einen mit Verachtung behandelt? Die meisten Menschen sind nicht fähig oder willens, ihre Persönlichkeit zu verändern, um klarzukommen, und doch scheint genau das verlangt zu sein. Dabei weiß man genau, daß man aus einer derart vergifteten Situation irgendwie herauskommen muß, aber ohne Geld auf dem Konto oder ein neues Arbeitsplatzangebot können sich die meisten den Luxus eines großen Abgangs nicht leisten.

Der Trick besteht darin, daß man sein Verhalten als *Strategie* bezeichnet, statt als *Fügsam* oder *Kapitulation*. Durch diesen Schritt werden Sie sich sehr viel weniger ungerecht behandelt oder hoffnungslos fühlen. Das Wort *Strategie* legt nahe, daß Sie eine Wahl getroffen haben, die Bestandteil Ihres Plans ist, der Ihnen nützen wird, und genauso soll es sein. Ist es fragwürdig, so zu tun, als füge man sich, während man in Wahrheit nach einem Fluchtweg sucht? Nein, es ist Selbsterhaltung.

Hier folgen einige Leitlinien für eine strategische Warteschleife:

1. Tolerieren Sie nichts, was Ihrer Gesundheit schaden könnte. Das ist ein Bereich, der es zwingend erforderlich macht, daß Sie sich schützen. Sie dürfen es nicht zulassen, daß Sie sich mit irgendeiner Form von Mißbrauch abfinden und Ihr physisches oder emotionales Wohlergehen in Gefahr bringen.

2. Entscheiden Sie sich dafür, für sich selbst Ihren Arbeitsplatz neu zu definieren.

Statt ihn innerlich immer als »Tretmühle« zu bezeichnen, konzentrieren Sie sich auf ihn als eine Möglichkeit, das zu erreichen, was Sie wollen. Sagen Sie sich zum Beispiel: »Ich entscheide mich dafür, diese Arbeit so lange zu tun, bis ich die finanzielle Basis erreicht habe, um eine neue Wahl zu treffen.« Wenn Sie sich erst am Anfang Ihrer beruflichen Laufbahn befinden, dann bringen Sie all Ihre Kraft ein, um so viel wie möglich zu lernen, und nehmen Sie Gelegenheiten für formale Ausbildung und alle Chancen wahr, von erfahrenen Kollegen etwas abzuschauen... Setzen Sie die Energie Ihres Widerwillens ein, um Ihren Stellungswechsel zu planen.

3. Entwerfen Sie einen Zeit- und Handlungsplan.

Das heißt nicht, daß Sie sich mit einer unerträglichen Arbeitsplatzsituation auf Dauer abfinden sollen. Welche Handlungen werden Sie in Betracht ziehen, um Ihre Lage zu verbessern? Werden Sie sich nach einem neuen Arbeitsplatz umsehen? Sich um Fortbildung kümmern? Eine Führungsposition anstreben? Die Schicht wechseln? Geld sparen? Wie viel und wie oft? Seien Sie bei der Formulierung dessen, was Sie von sich selbst brauchen, so genau wie möglich, und fühlen Sie sich Ihrem Plan gegenüber verpflichtet.

4. Entschließen Sie sich zu kleinen Veränderungen, um Ihre Situation zu verbessern.

Es gibt keinen Grund, eine dramatische Konfrontation mit einem irrationalen und tyrannischen Vorgesetzten zu erzwingen, vor allem dann nicht, wenn Sie meinen, Ihr Arbeitsplatz sei in Gefahr. Aber es steht Ihnen offen, kleine Schritte zu machen, um die Stimmung zu testen und Ihre Position deutlich zu machen. Kim zum Beispiel könnte ihr Muster des Jasagens unterbrechen, indem sie Ken mitteilte, daß sie wichtige Pläne gemacht habe und deshalb eine Zeitlang nicht verfügbar sein würde. Vielleicht würde es sie überraschen festzustellen, daß er bereit wäre, mit ihr statt gegen sie zu arbeiten. Einige der größten Tyrannen geben auf, wenn sie sehen, daß man seine Position behauptet und für sich selbst einsteht. Paradoxerweise sind sie dann auch bereit, einen mehr zu respektieren.

Sobald Sie sich dazu entschließen, das Beste aus einer schwierigen Situation zu machen, werden Sie bemerken, wie der Streß nachläßt. Denken Sie daran, daß Sie Ihre Integrität schützen, indem Sie sich um sich selbst kümmern und Schritte wählen, die Bestandteil einer klaren Strategie sind, statt aus Ihrer Angst heraus zu handeln.

Wenn Sie alles wissen, was Sie wissen müssen
Manchmal ist es einfach genug. Man hat versucht, Grenzen zu ziehen und der anderen Person die eigenen Bedürfnisse mitzuteilen, und man hat dabei erfahren müssen, daß all dies einfach nichts bewirkt.

Maria versuchte mehrere Monate lang, ihre Beziehung mit Jay neu aufzubauen. Ohne Erfolg.

Susan, Sie wissen, daß ich ihm jede erdenkliche Chance geboten habe. Wir haben geredet und geredet, ich habe ihn gebeten, mit mir zu Beratung zu gehen, was er genau einmal getan hat. Und er hat zugesagt, mit mir zu unserem Geistlichen zu gehen – aber er hat den Mann dort die ganze Zeit belogen und ihn total bezirzt.

Eine Beziehung ist wie ein Milchkännchen. Manchmal stellt man es früh genug in den Kühlschrank zurück, doch wenn es zu lange draußen gestanden hat, dann wird die Milch darin sauer, und nichts vermag sie jemals wieder süß zu machen. Ich fragte Maria, ob es das sein könnte, was zwischen ihr und Jay geschehen ist.

Ich fürchte, so ist es, und ich kann es nicht mehr zulassen, daß er mich so wie früher benutzt. Außerdem werden die Kinder mit dieser andauernden Spannung nicht klarkommen. Ich bin bereit, die Sache abzubrechen, und wenn ich mir die Kinder

*ansehe, dann habe ich das Gefühl, daß sie es ebenfalls sind.
Eine derart unglückliche Mutter zu haben ist schlimm genug,
aber was für ein Vorbild ist ein Vater, der lügt und tändelt?*

*Ich will Sie nicht anlügen, Susan. Ich habe mir diese Situa-
tion aus jeder nur denkbaren Richtung angesehen, um einen
Ausweg zu finden und die Familie zusammenzuhalten. Es ist
qualvoll für mich, diesen Schritt machen zu müssen – ich
komme mir vor, als müsse ich mir den Arm abschneiden. Aber
mir ist klargeworden, daß es auch für die Kinder auf lange
Sicht so am besten ist. Mein Leben wird besser sein und damit
auf Dauer auch das ihre. Wenn es mir gelingt, mich einigermaßen zu beruhigen, dann sehe ich, daß es von größtem Schaden für sie wäre, mit einem Vater wie Jay und einer bitteren,
unglücklichen Mutter wie mir zusammenzuleben, die für sie
die Märtyrerin spielt. Für uns alle ist es wichtig, daß dieses Gift
aus unserem Leben verschwindet. Nur so haben wir eine
Chance, wieder heil zu werden.*

Ich versicherte Maria, daß sie, bei allem, was ich in meiner
Arbeit mit Familien bisher gesehen hatte, ohne Zweifel die
richtige Wahl für ihre Kinder getroffen hatte. Eltern glauben
oft, daß sie »zum Wohle der Kinder« zusammenbleiben müssen, aber ich habe festgestellt, daß es sehr viel traumatischer
und zerstörerischer für Kinder ist, der täglichen Dosis von
Feindseligkeit und Verzweiflung von unglücklichen Eltern ausgesetzt zu sein, als den klaren Bruch der Scheidung zu erleben.

Maria hatte sich die Einsicht erarbeitet, die es ihr gestattete,
Frieden zu finden. Nun mußte sie nurmehr zu ihrer Entscheidung stehen.

Für die eigene Wahrheit einstehen

Roberta kam ebenfalls zu dem Schluß, daß eine Trennung notwendig war. Es war ihr nicht möglich, den Kontakt zu ihrer
Familie weiterhin aufrechtzuerhalten.

*Es ist für mich unverzichtbar, daß sie das, was ich ihnen sage –
daß mein Vater mich als Kind mißhandelt hat –, akzeptieren*

und glauben. Es hat für mich keinen Sinn, Bedingungen für eine Beziehung zwischen uns festzulegen, weil ich jahrelang Erfahrung mit diesen Menschen habe und weiß, was sie tun werden. Sie werden die Wahrheit über meine Kindheit nicht akzeptieren, und sie werden so lange sagen, daß ich verrückt bin, bis ich mich ihrer Version anschließe. Sie haben sie selbst gesehen, Susan, und wir beide wissen, daß sie in dieser Kampagne eng zusammenhalten und daß ich ihnen das, was sie wollen, nämlich daß ich ihrer Version der Wirklichkeit zustimme, nicht geben kann. Jedenfalls nicht dann, wenn ich nicht verrückt werden will. Also läuft es darauf hinaus, was Sie mir von Anfang an gesagt haben – sie oder meine geistige Gesundheit. Und ich wähle meine geistige Gesundheit.

Roberta entschloß sich, ihrer Familie ihre Entscheidung in einer Zusammenkunft mit ihnen und mir im Krankenhaus, einer sehr sicheren Umgebung, mitzuteilen. Sie hatte das Krankenhauspersonal, eine Therapeutin und die starke Unterstützung ihrer ganzen Umgebung, um ihr über diese schwere Zeit hinwegzuhelfen. Als sie ihrer Familie ihren Entschluß mitgeteilt hatte, fühlte sie sich trotz deren Kritik leichter, freier und geistig gesünder.

Wenn Sie es wie Roberta mit Mißhandlung zu tun haben oder seit längerem unter Depressionen oder emotionaler Labilität leiden und sich zu einer Trennung von bestimmten Menschen, wenn vielleicht auch nur für begrenzte Zeit, entschlossen haben, dann ist ein Unterstützungssystem immens wichtig. Haben Sie keinen Therapeuten, dann werden Sie die Hilfe von Menschen in Anspruch nehmen wollen, von denen Sie sich sicher sein können, daß sie wirklich auf Ihrer Seite stehen – ein Lebensgefährte, eine nahe Freundin oder Geschwister. Teilen Sie diesen Menschen Ihren Entschluß mit, und lassen Sie sie wissen, daß Sie in dieser kritischen Zeit in Ihrem Leben eine Unterstützung benötigen.

Es gibt nur wenige Dinge, die mehr Kraft kosten, als eine Entscheidung über ein zentrales Thema des Lebens zu treffen. Ambivalenz, Unsicherheit, Selbstzweifel und immense Angst sind hier vollkommen normale Geisteszustände und emotionale Reaktionen. Aber erinnern Sie sich daran, daß Sie jetzt die Sache selbst in die Hand nehmen, statt sich von ihr treiben zu lassen. Das allein schon wird dazu beitragen, den Streß zu reduzieren.

Setzen Sie auch weiterhin Ihre Kraftversicherung »Ich kann das aushalten« ein, und visualisieren Sie sich selbst dabei, wie Sie aus dem turbulenten Reich der Gefühle hinaustreten und zum Beobachter werden. Beide Techniken werden Ihnen in dieser schweren Zeit Ruhe und Stabilität schenken. Darüber hinaus gibt es wunderbare streßreduzierende Maßnahmen, die jedem offenstehen. Meditation, Yoga, Tanzunterricht, die Teilnahme an sportlichen oder Hobbyveranstaltungen, das Zusammensein mit Menschen, mit denen man Spaß haben kann – all diese Dinge bringen den Fluß der Endorphine in Gang und steigern somit die angenehmen auf Kosten der unangenehmen Gefühle. Und außerdem gibt es natürlich auch noch viele kostengünstige professionelle Unterstützungsmöglichkeiten, auf die Sie zurückgreifen können, wenn Sie zusätzliche Hilfe benötigen.

Gleichgültig, welche Entscheidung Sie auch treffen müssen, nutzen Sie die Techniken dieses Kapitels, um in einer Situation, in der Sie unter Druck gesetzt werden, innezuhalten, sich zu zentrieren und zu beobachten, was geschieht und was von Ihnen verlangt wird. Gelingt es Ihnen, Ihre Entscheidung auf der Basis Ihrer eigenen Kriterien zu treffen statt auf der Grundlage jener Ihres Erpressers, dann haben Sie dem Zyklus der emotionalen Erpressung einen vernichtenden Schlag beigebracht. Lassen Sie uns nun dafür sorgen, Ihre Entscheidungen in die Tat umzusetzen.

Kapitel 10
Strategien

All die Vorbereitungen, die Sie bisher absolviert haben, hatten die Funktion, Sie an diesen Punkt zu führen, an dem Sie dem Erpresser Ihre Entscheidung mitteilen. Ich kenne die widersprüchlichen Gefühle, die Sie jetzt in Ihrem Inneren spüren – die große Angst, die Befürchtungen und die Besorgnis, die Veränderungen im Verhalten oft begleiten.

Ich möchte Ihnen ein paar wirkungsvolle Strategien mit auf den Weg geben, damit Sie Ihre Sache vorbringen und Ihre Position behaupten können, ganz egal, wie die andere Person reagiert. Vorausgesetzt, Sie üben und bedienen sich der vier Hauptstrategien, die ich Ihnen in diesem Kapitel zeigen werde, so garantiere ich Ihnen, daß Sie das Machtgefälle in Ihrer Beziehung ändern werden. Diese Strategien – nichtdefensive Kommunikation, den Gegner als Verbündeten gewinnen, Tauschhandel und Humor – sind die wirkungsvollsten Mittel, die ich kenne, um emotionaler Erpressung ein Ende zu setzen.

Ich wünschte, ich könnte an Ihrer Stelle sein, während Sie dem Erpresser Ihre Entscheidung mitteilen, aber das ist leider nicht möglich. Ich *kann* Ihnen jedoch eine Art Drehbuch mit auf den Weg geben, anhand dessen Sie lernen, an dem Sie sich festhalten und auf das Sie zurückgreifen können, wenn Sie es mit emotionaler Erpressung zu tun haben.

Achtung: Sollten Sie mit einem Menschen zusammenleben oder es mit einem solchen zu tun haben, der Ihrer Meinung nach jähzornig und potentiell gefährlich ist, dann teilen Sie ihm Ihre Absicht, ihn zu verlassen, nicht vorher mit. Schützen Sie sich, und machen Sie sich davon. Sollte es in dieser Beziehung bereits zu körperlicher Gewalt gekommen sein, dann steht

Ihnen jetzt eine gefährliche Zeit bevor. Ziehen Sie sich an einen sicheren Ort zurück, und lassen Sie sich helfen, wenn nicht von Ihrer Familie, dann von einer entsprechenden öffentlichen Einrichtung (Frauenhäuser etc.). Machen Sie Ihren Weg auf keinen Fall allein, und geben Sie gut auf sich acht. Es wäre unrealistisch und unverantwortlich von mir, wenn ich versuchte, Ihnen weiszumachen, daß diese Strategien auch bei einem gewalttätigen Menschen wirksam sind.

Strategie 1: Nichtdefensive Kommunikation

Der Erpresser hat sich bisher bei Ihnen mit Brüllen, Schmollen, Opfer spielen, Drohen und Schuldzuweisungen durchgesetzt. Und Sie haben, so gut es Ihnen möglich war, reagiert, haben sich der Ihnen zur Verfügung stehenden Mittel bedient, um eine schützende Barriere zwischen sich und Angst, Pflichtgefühlen und Schuld zu errichten, die sein Verhalten in Ihnen ausgelöst hat.

- Sie haben sich gegen seine Beschreibung Ihrer Person zur Wehr gesetzt, haben gesagt: »Nein, *ich* bin nicht egoistisch. *Du* bist egoistisch. Wie kannst du so etwas von mir behaupten? Ich tue doch alles für dich. Was ist mit dem Mal, als ich...«
- Sie haben versucht, seine Gedanken zu lesen, als er litt, und gesagt: »Bitte erkläre mir doch, was nicht in Ordnung ist. Was habe ich getan? Komm doch, sag mir, was ich tun kann, damit es dir bessergeht.«
- In der Hoffnung, daß er sich nicht mehr über Sie ärgert, haben Sie versucht, sein Einverständnis zu kaufen, und gesagt: »Also gut, wenn du dich derart darüber aufregst, dann kann ich meinen Plan ändern/meinen Unterricht absagen/ auf den Job verzichten/den Freund nicht treffen...«
- Sie haben versucht, zu erklären, zu widersprechen, sich zu entschuldigen und ihn dazu zu bewegen, die Dinge wie Sie zu sehen, und haben dabei gesagt: »Warum kannst du nicht

vernünftig sein? Kannst du denn nicht erkennen, wie unrecht du hast? Was du von mir verlangst, ist lächerlich/verrückt/unvernünftig/beleidigend…«

Das Problem bei solchen Reaktionen liegt darin, daß sie defensiv sind und eigentlich die emotionale Intensität der Situation noch verstärken. Der Versuch, sich zu schützen, liefert den Brennstoff.

Was aber würde geschehen, wenn die Schuldzuweisungen, Drohungen und Negativbewertungen der anderen Person einfach ins Leere liefen? Was würde geschehen, wenn Sie nicht versuchten, die andere Person zu verändern, sondern das Drehbuch? Was wäre, wenn Sie auf den Druck des Erpressers mit Aussagen wie den folgenden reagierten:

- Es tut mir leid, daß du dich aufregst.
- Ich kann verstehen, daß du es auf diese Weise siehst.
- Das ist interessant.
- Wirklich?
- Schreien/drohen/weinen/sich zurückziehen funktioniert nicht mehr, und es löst auch keine Probleme.
- Laß uns darüber sprechen, wenn du dich ein wenig beruhigt hast.
- Du hast vollkommen recht. (Die nichtdefensivste Aussage, die man sich nur denken kann, selbst wenn man sie nicht ernst meint.)

Diese Sätze stehen im Mittelpunkt nichtdefensiver Kommunikation. Lernen Sie sie auswendig, und fügen Sie eigene hinzu. Sprechen Sie sie laut aus, bis Sie sich mit ihnen wohl fühlen. Wenn Ihnen dies möglich ist, dann üben Sie die Sätze mit einem Freund. Es ist wichtig, sie zu einem Bestandteil Ihres Wortschatzes zu machen und sie bereitzuhalten. *Verteidigen Sie sich nicht, und erklären Sie Ihre Entscheidung oder sich selbst nicht,* wenn Sie unter Druck gesetzt werden.

Ich nehme an, diese Aussagen werden Ihnen zunächst schwierig vorkommen. Die wenigsten Menschen haben Erfahrung darin, auf das Sperrfeuer des anderen mit nichts als ein oder zwei kurzen, emotionslosen Sätzen zu antworten. Machen Sie sich keine zu großen Sorgen, wenn Sie feststellen, daß Sie an ihnen noch herumfeilen wollen – sagen Sie sie einfach.

Nichtdefensive Kommunikation wirkt zu jedem Zeitpunkt im Ablauf der Erpressung und bei jedem Erpresser. Ich habe sie Tausenden von Menschen beigebracht und sie viele Jahre auch in meinem eigenen Leben eingesetzt. Das bedeutet nicht, daß ich es beim ersten Mal leicht fand, und schon gar nicht, daß ich es immer richtig hinbekomme. Ich hatte die gleichen Schmetterlinge im Bauch und das gleiche Herzklopfen, wie sie nahezu jeder erlebt und wie ich sie manchmal noch immer habe. Doch ich verspreche Ihnen, jedesmal, wenn Sie sich dieser Strategien und der übrigen, die ich Ihnen noch zeigen will, bedienen, wird es Ihnen leichter fallen. Und viele Erpresser mußten dann schon erstaunt feststellen, daß ihr Erpressungsversuch, der in der Vergangenheit so gut funktionierte, ohne den Brennstoff, den das Opfer liefert, wirkungsvoll verpufft.

Eine Entscheidung nichtdefensiv präsentieren
Es war Josh klar, daß er, um den Respekt vor sich selbst zurückzugewinnen, seine Beziehung mit Beth zu retten und eine reale Beziehung zu seinem Vater aufzubauen, aufhören mußte, um den heißen Brei herumzuschleichen, und ihm seinen Plan, Beth zu heiraten, mitzuteilen hatte. Ich ermutigte ihn, in den sauren Apfel zu beißen und beiden Eltern zugleich seinen Entschluß bekanntzugeben, damit auch seine Mutter die Neuigkeit direkt von ihm und nicht durch den Filter seines Vaters erfahren würde. »Ich mag die Vorstellung, mich der nichtdefensiven Kommunikation zu bedienen«, stimmte er zu, »aber Sie werden mir helfen müssen, denn ich weiß nicht, was ich sagen oder wie ich die ganze Sache anfangen soll.«

Wir fingen mit einigen Grundregeln an, um seine Entscheidung zu präsentieren. »Erstens«, riet ich ihm, »müssen Sie die Sache so arrangieren, daß Sie sich so wohl wie irgend möglich fühlen und die andere Person ein aufmerksamer Zuhörer sein kann.« Wenn man einem anderen Menschen eine wichtige Entscheidung mitteilen will, dann sollte man jeden Vorteil nutzen. Dazu gehört auch, daß man nicht gerade dann eine Diskussion provoziert, wenn die andere Person müde oder angespannt ist oder die Kinder gerade im Haus herumlaufen.

Handelt es sich bei der Person um einen Ehegatten oder Lebensgefährten, dann lassen Sie diesen wissen, daß Sie mit ihm sprechen wollen, und wählen Sie einen ruhigen Zeitpunkt aus, zu dem Unterbrechungen unwahrscheinlich sind. Stecken Sie das Telefon aus. Leben Sie mit der anderen Person nicht zusammen, dann teilen Sie ihr Ihren Wunsch nach einem Gespräch mit und vereinbaren Zeitpunkt und Ort. Achten Sie darauf, einen Treffpunkt zu wählen, an dem Sie sich entspannen können. Denken Sie daran, daß jedes Spielfeld seine eigene Energie hat, und Sie sollten daher keinen Ort wählen, der voller alter Geister oder Erinnerungen aus der Vergangenheit ist, die Ihnen, sobald Sie den Raum betreten, das Gefühl geben, der Person, mit der Sie sprechen wollen, unterlegen zu sein.

»Ich könnte sie anrufen und abends zum Kaffee in meine Wohnung einladen«, sagte Josh, »aber ich weiß, das ist umständlich für sie, und außerdem sind sie zu zweit und ich bin allein. Ich glaube, es ist in Ordnung, wenn ich zu ihnen gehe.«

Ich fragte Josh, ob es im Haus seiner Eltern viele Erinnerungen für ihn gäbe, Bilder oder Gegenstände, die seine Kindheit in ihm wachriefen. »Oh, nein«, antwortete er. »Ich bin nicht dort aufgewachsen. Sie sind in eine Eigentumswohnung gezogen, und das Gebäude erinnert mich mehr an ein Hotel als an unser altes Haus. Hören Sie, sie werden nicht ausfallend werden. Sie sind einfach nur engstirnig.«

Nachdem Zeit und Ort erst einmal festgelegt sind, wenden Sie Ihre Aufmerksamkeit dem zu, was genau Sie sagen wollen. Ich machte Josh den Vorschlag, zu Anfang seine Eltern zu bitten, ihn ohne Unterbrechung oder Widerspruch anzuhören, und ihnen dann zu sagen, daß sie, was immer sie wollten, zum Ausdruck bringen könnten, sobald er fertig wäre. Dann könnte er seine Entscheidung vorbringen. Gemeinsam arbeiteten Josh und ich den folgenden Dialog aus.

Dad und Mom, ich bitte euch, euch hinzusetzen und mich an-
zuhören. Es fällt mir nicht leicht, diese Dinge auszusprechen.
Ich habe viel darüber nachgedacht, und weil ich euch liebe und
respektiere, möchte ich ehrlich mit euch sein und den Unstim-
migkeiten, die sich in letzter Zeit zwischen uns entwickelt
haben, ein Ende setzen. Ich möchte euch mitteilen, daß ich
die Entscheidung getroffen habe, Beth zu heiraten. Ich schäme
mich sehr dafür, daß ich euch in den vergangenen Monaten in
dieser Sache nicht die Wahrheit gesagt habe. Ich habe es nicht
deshalb unterlassen, weil ich Angst vor euch habe. Ich habe
vielmehr Angst vor eurem Zorn und eurer Mißbilligung. Ge-
rade jetzt stehe ich Todesängste aus.

Josh erreicht mit diesem Anfang sehr viel. Er legt seine Bedingungen für das Zusammentreffen dar. Er bringt seine Gefühle
zum Ausdruck, sowohl im Zusammenhang mit der Situation
allgemein als auch mit der Aussprache. Er gibt zu, daß er früher
nicht aufrichtig war, und sagt, daß er dem ein Ende setzen will.
Und er kündigt seine Entscheidung an.

Ihr müßt euch darüber im klaren sein, daß ihr nichts sagen
oder tun könnt, um meinen Entschluß zu ändern. Es ist meine
Entscheidung und mein Leben. Ich will herausfinden, ob es
euch wichtiger ist, recht zu haben und euch durchzusetzen, als
eine Beziehung mit mir aufrechtzuerhalten. Ich hoffe, daß dies
nicht zutrifft. Es tut mir leid, daß ich mich nicht in ein nettes
katholisches Mädchen verliebt habe. Nein, verdammt, es tut
mir nicht leid! Und ihr könnt das entweder akzeptieren und
ein Teil meiner neuen Familie sein, oder ihr könnt euch dage-
gen entscheiden. Ich liebe euch, Dad und Mom, und ich schlage
vor, daß ihr euch ein wenig Zeit nehmt, um darüber zu ent-
scheiden, wie ihr euch verhalten wollt.

Josh steht auch weiterhin zu seinem Entschluß und läßt seinen
Eltern die Wahl, ihn entweder zu akzeptieren oder aber nicht.
Schließlich schlägt er vor, daß sie nicht gleich darauf antwor-
ten, sondern erst über das nachdenken sollen, was er gesagt hat.

Die Antworten vorwegnehmen

Ich machte Josh den Vorschlag, er solle seine Rede üben, als sei er ein Schauspieler, der seinen Text auswendig lernt. Sie können dies mit der Unterstützung eines Helfers tun, oder indem Sie zu einem leeren Stuhl sprechen oder zu dem Foto Ihres Erpressers. Wahrscheinlich wird es sich für Sie merkwürdig anfühlen, aber je mehr Sie üben, desto selbstbewußter werden Sie sein, wenn der Zeitpunkt gekommen ist, sich mit der wirklichen Person hinzusetzen, die Sie in der Vergangenheit so meisterhaft unter Druck gesetzt hat.

Sollten Sie Ihrem Erpresser eine Reihe von Bedingungen stellen müssen, dann ist es ratsam, sich Notizen zu machen und sie bei dem Gespräch sichtbar zu Rate zu ziehen. Üben Sie aber auf jeden Fall, indem Sie Ihre Rede laut halten – nicht nur in Ihrem Kopf. Diese Art der Vorbereitung wird Ihnen einen unglaublichen Vorsprung verschaffen.

»Ich bin einverstanden damit zu üben«, sagte Josh, »aber ich mache mir nicht so große Sorgen darüber, ob ich das, was ich zu sagen habe, auch hinbekomme. Wovor es mich wirklich graust, ist das, was *sie* dazu sagen werden. Es wird schon schlimm genug sein, wenn ich sehe, wie mein Vater auf der anderen Seite des Tisches langsam zu kochen anfängt.«

Ich half Josh dabei, seine Angst vor der Reaktion seiner Eltern abzubauen, indem ich Rollenspiele mit ihm machte und ihn üben ließ, den am meisten gefürchteten Fragen und Kommentaren zu begegnen. Auch Sie können dies entweder mit einem Freund oder allein tun.

»Welche Reaktion Ihrer Eltern wird Sie am meisten beunruhigen, Josh?« wollte ich wissen.

»Ich glaube, mein Vater wird sagen: ›Du weißt, das bedeutet, daß ich dir nicht mehr mit deinem Geschäft helfen kann.‹«

»Und was werden Sie antworten?«

»Geh zum Teufel. Ich brauche dein Geld nicht!«

»Nun, ich glaube, wir können eine etwas weniger provokative Antwort finden.«

»Also gut. Wie wäre es mit: ›Es tut mir leid, daß du die Sache so siehst, aber ich habe meine Entscheidung getroffen.‹«

Wir übten, wie auch Sie das vielleicht tun wollen, mit einer ganzen Serie möglicher Entgegnungen.

Susan (als Joshs Vater): »Wir können diese Ehe einfach nicht billigen. Ich bin verletzt und schockiert, daß du mich angelogen hast.«

Josh: »Ich bin nicht stolz darauf, daß ich dich angelogen habe, Dad. Ich hatte Angst. Es tut mir leid, daß du solche Gefühle hast, aber ich werde Beth heiraten.«

Susan: »Wie wird Ihre Mutter reagieren?«

Josh: »Ich könnte wetten, als erstes wird sie sagen: ›Was wird geschehen, wenn ihr Kinder habt? Werden sie in eine katholische Schule gehen? Wirst du sie im Geiste der Kirche aufziehen?‹ Wir sind noch nicht einmal verheiratet, aber Mom denkt immer voraus.«

Susan: »Und Sie werden ihr sagen…«

Josh: »Mom, wir werden unsere Kinder mit viel Liebe aufziehen und ihnen beibringen, gute Menschen zu sein.«

Susan (als Joshs Mutter): »Ich möchte wissen, ob sie katholisch oder jüdisch sein werden.«

Josh: »Und ich werde sagen: ›Wir werden darüber eine Entscheidung treffen, wenn wir Kinder haben, Mom, wenn es real wird. Im Augenblick mache ich mir deshalb keine Sorgen.‹«

Als Josh seinen Eltern tatsächlich seine Entscheidung mitteilte, fühlte er sich unsicher und außerordentlich nervös, aber er hielt sich an sein Drehbuch und ließ sich zu keinem Zeitpunkt in die Defensive drängen.

Es war nicht gerade das ruhigste Zusammentreffen auf der Welt. Mein Herz schlug so laut, daß ich sicher war, sie würden es hören, außerdem war mir ein wenig schlecht. Ich erinnerte mich selbst daran weiterzuatmen, und ich wiederholte die Kraftversicherung: »Ich kann das aushalten«, einige Male. Das hat mir geholfen, aber leicht war es trotzdem nicht. Mein Vater brachte all diese Einwände vor. Als erstes sagte er: »Warum tust du uns das an? Wie kannst du uns so weh tun?« Ich fühlte mich, als ob er mir einen Dolch ins Herz rammte, aber ich sagte nur: »Es tut mir leid, daß du es auf diese Weise siehst, Dad.« Sein Gesichtsausdruck war überrascht, aber er machte weiter. Als nächstes hieß es: »Wenn du dieses Mädchen heiratest, dann bist du nicht mehr länger ein Mitglied dieser Familie. Du wirst deine Mutter ins Grab bringen.« Und ich erwiderte: »Dad, deine Drohungen vernichten unsere Beziehung. Ich weiß, daß du wütend bist und daß du dich aufregst.« Dann sagte er tatsächlich etwas, worauf ich mich vorbereitet hatte: »Ich kann es einfach nicht glauben, daß du mich angelogen hast.« Meine Antwort lautete: »Ich habe es getan, weil ich Angst vor dir habe. Das ist etwas, wovon ich hoffe, daß wir es ändern können.«

Da er mit seiner Methode nicht voranzukommen schien, wechselte er zu: »Nach allem, was deine Mutter und ich für dich getan haben…«, und ich sagte: »Dad, ich bin sehr dankbar für alles, aber meine Dankbarkeit geht nicht so weit, daß ich euch erlaube, darüber zu entscheiden, wen ich heirate.« Sein allerletzter Versuch bestand darin, mich mit meinem Bruder zu vergleichen, der katholisch geheiratet und jede Menge süßer katholischer Kinder hat. Ich erwiderte: »Dad, ich kann nicht wie Eric sein, weil ich nicht Eric bin, ich bin ich.«

An diesem Punkt merkte ich, daß ihm der Stoff ausging, und ich tat, was Sie empfohlen haben. Ich sagte, er höre sich so an, als ob er Zeit zum Nachdenken bräuchte.

Das letzte, was Dad zu mir sagte, war: »Du verlangst eine Menge vor mir. Ich habe Regeln und Werte und Vorstellungen, die mir viel bedeuten, und ich weiß nicht, ob ich deine Entscheidung akzeptieren kann oder nicht.« Ich stand auf, um zu gehen, und sie brachten mich zu meinem Auto. Ich kurbelte das Fenster herunter, und Dad meinte: »Nun, ich habe dir immer beigebracht, für dich selbst einzustehen, aber ich habe damit nicht gemeint, daß sich das gegen mich richten soll.« Und er lächelte ein wenig schief, und ich fuhr davon.

Josh hatte sich seiner größten Angst gestellt, nämlich der, seinen Eltern zu mißfallen. Und was meinen Sie? Niemand ist gestorben. Das Gebäude ist nicht eingestützt. Die Welt ist nicht stehengeblieben. Es war keine erfreuliche Erfahrung für ihn, aber er fühlte sich belebt und erfüllt von Selbstachtung.

»Ich komme mir vor, als sei ich drei Meter gewachsen«, erklärte mir Josh.

Er hatte seine Integrität zurückerlangt.

Im wirklichen Leben mit wirklichen Menschen sind Gefühle und Interaktionen kompliziert, vor allem in der Familie; es kommt nur selten zu einem Hollywood-Ende. Ich würde nun gerne berichten können, daß Joshs Familie sich dazu entschloß, seine Frau zu akzeptieren, aber das war leider nicht der Fall. Joshs Vater kam zu dem Entschluß, daß er seinen Sohn nicht verlieren wollte, aber bisher hat er Beth nicht wirklich akzeptiert und war auch nicht liebevoll zu ihr. Josh mußte erkennen, daß er es nicht zum Bruch mit seinen Eltern kommen lassen wollte, aber daß er wegen der Spannungen, die zwischen ihnen herrschten, nicht mehr so viel Zeit mit ihnen würde verbringen können. Sein größer Wunsch ist es, daß sie in ihrer Einstellung irgendwann ein wenig nachgeben, vielleicht dann, wenn die ersten Enkelkinder da sind – und das hoffe ich auch. Aber selbst dann, wenn dies nicht eintrifft, hat Josh gesund gehandelt. Sein Respekt vor sich selbst und seine Integrität sind intakt, und er vermag jetzt sehr viel besser mit sich selbst zurechtzukommen als zu der Zeit, da er seinen Eltern nicht die Wahrheit sagte und seiner Verpflichtung Beth gegenüber nicht gerecht wurde.

In manchen Fällen lassen sich Eltern und andere Menschen, die einem nahestehen, tatsächlich überzeugen. Entscheidend ist jedoch, was Sie mit sich selbst anfangen und mit der Person, die Sie sind, wenn der Zeitpunkt gekommen ist, für sich selbst einzustehen.

Wie man mit den gängigsten Reaktionen umgeht
Weil Sie die andere Person so gut kennen, wird es Ihnen nicht schwerfallen, ihre Reaktionen auf Ihre Entscheidung im vorhinein richtig einzuschätzen. Aber weil die meisten Menschen keine Übung in nichtdefensiver Kommunikation haben, können sie nicht schnell genug die richtige Entgegnung finden, vor allem wenn sie Worte finden müssen, die darüber hinaus auch

noch die Gefühle beruhigen sollen, welche die Auseinandersetzung zutage gefördert hat.

Machen Sie sich keine Sorgen darüber, ob Sie auch schnell genug sind – Sie haben alle Zeit, die Sie zum Nachdenken benötigen, und es ist durchaus hilfreich, wenn sich zunächst ein wenig Stille über die Worte der anderen Person senkt, bevor Sie selbst sprechen. Wichtig ist es hingegen, nicht in alte Muster zurückzufallen, weil man Angst hat und nicht weiß, was man sagen soll. Daher möchte ich Ihnen ein paar Beispiele mit auf den Weg geben, um auf die häufigsten Entgegnungen richtig zu reagieren. Ich kann gar nicht genug betonen, wie wichtig es ist, diese Aussagen so lange zu üben, bis sie sich für Sie natürlich anfühlen.

Wie antwortet man auf:

1. Katastrophale Voraussagen und Drohungen. Bestrafer und Selbstbestrafer versuchen vielleicht, Sie zu einer Änderung Ihrer Entscheidung zu bewegen, indem sie Sie mit Visionen extrem negativer Konsequenzen dessen bombardieren, was Sie entschieden haben. Es ist nie ganz leicht, der Angst davor, daß ihre dunklen Ahnungen sich bewahrheiten könnten, zu widerstehen, vor allem dann, wenn sie sie Ihnen mit einem Satz einhämmern wie: »Schlimme Dinge werden sich ereignen, und es wird deine Schuld sein«. Halten Sie dennoch die Stellung.

Wenn der Erpresser sagt:

- Wenn du dich nicht um mich kümmerst, dann werde ich im Krankenhaus/auf der Straße enden/nicht mehr arbeiten können.
- Du wirst deine Kinder nie wiedersehen.
- Damit zerstörst du diese Familie.
- Dann bist du nicht mehr mein Kind.
- Dann werde ich dich enterben.
- Du bist schuld, daß ich krank werde.
- Ohne dich kann ich es nicht schaffen.
- Ich werde dafür sorgen, daß du genauso leidest wie ich.
- Das wird dir noch leid tun.

Dann antworten Sie:

- Das ist deine Wahl.
- Ich hoffe, daß du das nicht tun wirst, aber meine Entscheidung ist endgültig.
- Ich weiß, daß du jetzt sehr wütend bist. Hast du jedoch erst einmal die Gelegenheit gehabt, darüber nachzudenken, dann wirst du deine Meinung vielleicht ändern.
- Wir sollten noch einmal darüber reden, wenn du dich weniger aufregst.
- Drohungen/Leidensmiene/Tränen haben ab sofort keine Wirkung mehr.
- Es tut mir leid, daß du dich aufregst.

2. Beschimpfungen, Schubladendenken, Negativurteile. Es ist die denkbar natürlichste Reaktion, daß man sich gegen Beschimpfungen verteidigen will, aber sehr wahrscheinlich führt dies nur zu einem sinnlosen »Bin ich nicht!«-»Bist du doch!«-Schlagabtausch. Holen Sie statt dessen tief Luft und gestatten Sie Angst, Pflicht- und Schuldgefühlen, in Ihrem Bauch weiter zu schnattern, während Sie sich in Ihren Kopf zurückziehen. Vergessen Sie nicht, daß für die Präsentation Ihrer Entscheidung wichtiger ist, was Sie sagen, als was Sie fühlen. Erst einmal muß das Verhalten geändert werden, später kann man dann seine Aufmerksamkeit den Vorgängen im Inneren zuwenden.
Wenn der Erpresser sagt:

- Ich kann einfach nicht glauben, daß du so egoistisch sein kannst. Das ist dir gar nicht ähnlich.
- Du denkst nur an dich. Nie verschwendest du auch nur einen Gedanken an meine Gefühle.
- Ich habe wirklich geglaubt, daß du anders seist als die anderen Männer/Frauen, mit denen ich zusammen war. Ich nehme an, da habe ich mich geirrt.
- Das ist das Dümmste, was ich jemals gehört habe.
- Jeder weiß, daß Kinder ihren Eltern Respekt entgegenbringen sollen.

- Wie kannst du nur so illoyal sein?
- Du bist einfach ein Idiot.

Dann antworten Sie:

- Du hast ein Recht auf eine eigene Meinung.
- Ich begreife, daß es für dich so aussehen muß.
- Das könnte sein.
- Vielleicht hast du recht.
- Ich muß darüber noch länger nachdenken.
- Es führt zu nichts, wenn du mich weiter beleidigst.
- Es tut mir leid, daß du dich aufregst.

3. Die tödlichen Fragen nach dem Warum und Wie. Die andere Person verlangt vielleicht eine Erklärung von Ihnen und rationale Gründe für Ihre Entscheidung. Möglicherweise glauben Sie, daß sich Ihnen damit die große Chance bietet zu schildern, wie tief verletzt man Sie hat, wie gedankenlos die andere Person Ihnen gegenüber war, wie wütend Sie sind und daß Sie nicht mehr bereit sind, all das noch länger zu ertragen. Der Erpresser bietet Ihnen eine perfekte Gelegenheit, sich kunstvoll zu verteidigen. Verzichten Sie darauf!

Konzentrieren Sie sich auch weiterhin allein auf Ihr Ziel. Sie wollen Ihre Entscheidung mitteilen, Punkt. Verheddern Sie sich nicht in inhaltlichen Diskussionen über Ihre Meinungsverschiedenheiten, wenn Sie dem Prozeß der emotionalen Erpressung ein Ende setzen wollen. In Ihrer Meinungsverschiedenheit geht es in Wahrheit nicht darum, wohin Sie in Urlaub fahren oder ob Sie der anderen Person einen Gefallen tun sollen, sondern um ein Verhaltensmuster, in dem Ihr Erpresser beständig seinen Willen durchsetzen muß und Sie grundsätzlich nachgeben. Weil es Ihnen Ernst ist, dieses Muster zu durchbrechen, werden Sie nicht argumentieren, nicht erklären, sich nicht verteidigen und auf ein *Warum* nicht mit einem *Weil* antworten.

Wenn der Erpresser also sagt:

- Wie kannst du mir das antun (nach allem, was ich für dich getan habe)?
- Warum willst du mein Leben ruinieren?
- Warum bist du so dickköpfig/starrsinnig/egoistisch?
- Was ist bloß über dich gekommen?
- Warum handelst du auf diese Weise?
- Warum willst du mich verletzen?
- Warum bauschst du die Sache so unverhältnismäßig auf?

Dann entgegnen Sie:

- Es war mir klar, daß du über meine Entscheidung nicht glücklich sein würdest, aber es muß sein.
- Es befindet sich kein Verbrecher hier im Raum. Wir wollen nur unterschiedliche Dinge.
- Ich bin nicht bereit, mehr als 50 Prozent der Verantwortung zu übernehmen.
- Ich weiß, wie aufgeregt/wütend/enttäuscht du bist, aber darüber lasse ich nicht mit mir verhandeln.
- Wir sehen die Dinge unterschiedlich.
- Ich kann mir vorstellen, daß du das so siehst.
- Es tut mir leid, daß du dich aufregst.

Wie man mit Schweigen umgeht

Wie aber soll man mit der Person umgehen, die einen mit hinter Schmollen und Leiden versteckter Wut erpreßt? Was können Sie sagen oder tun, wenn der Erpresser *nichts* sagt? Für viele Erpreßte ist diese schweigsame Wut sehr viel unerträglicher und nervenaufreibender als ein offener Angriff.

Mitunter kommt es einem so vor, als ob bei dieser Art Erpresser gar nichts funktionierte, und manchmal gibt es tatsächlich nichts, was Wirkung zeigt. Aber Sie werden dennoch den größten Erfolg haben, wenn Sie sich an die Prinzipien nichtdefensiver Kommunikation und an die folgenden Gebote und Verbote halten.

Wenn Sie es mit einem schweigenden Erpresser zu tun haben, dann ist das Folgende *falsch:*

- Die Erwartung, daß er den ersten Schritt macht, um den Konflikt zu lösen.
- Ihn um eine Erklärung dafür anzuflehen, was los ist.
- An ihm dranzubleiben, um eine Antwort zu erzwingen. (Sie erreichen damit nur, daß er sich noch mehr zurückzieht.)
- Zu kritisieren, seine Motive, seinen Charakter oder seine Unfähigkeit zur Direktheit zu analysieren oder zu interpretieren.
- Bereitwillig Schuldzuweisungen für das hinzunehmen, was ihn in Aufregung versetzt, nur um ihn in eine bessere Stimmung zu versetzen.
- Es zuzulassen, daß er das Thema wechselt.
- Sich von Spannung und Wut, die in der Luft hängen, beunruhigen zu lassen.
- Es zuzulassen, daß Ihre Frustration Sie Drohungen ausstoßen läßt, die Sie nicht wirklich meinen. (Zum Beispiel: »Wenn du mir nicht sagst, was los ist, dann spreche ich nie wieder mit dir!«)
- Anzunehmen, daß einer Entschuldigung, zu der er sich schließlich durchringt, eine entscheidende Veränderung in seinem Verhalten folgt.
- Entscheidende Persönlichkeitsveränderungen zu erwarten, selbst dann, wenn er sich einsichtig zeigt und bereit ist, an sich zu arbeiten. Bedenken Sie: *Verhalten mag sich ändern, die Persönlichkeit jedoch in der Regel nicht.*

Das Folgende aber ist *richtig:*

- Denken Sie daran, daß Sie es mit einem Menschen zu tun haben, der sich für unzulänglich und machtlos hält und der sich vor Ihrer Macht fürchtet, ihn zu verletzen oder zu verlassen.
- Setzen Sie sich dann mit ihm auseinander, wenn er mehr als sonst dazu fähig scheint, Ihnen Gehör zu schenken. Ziehen Sie es in Betracht, ihm einen Brief zu schreiben. Möglicherweise fühlt er sich dann weniger bedroht.
- Versichern Sie ihm, daß er Ihnen sagen darf, worüber er sich

ärgert, und daß Sie ihn anhören werden, ohne sich später an ihm zu rächen.

- Nutzen Sie Taktik und Diplomatie. Das wird ihm das sichere Gefühl geben, daß Sie seine Verletzlichkeiten nicht ausnutzen und ihn nicht mit Gegenbeschuldigungen bearbeiten werden.
- Sagen Sie beruhigende Dinge wie: »Ich weiß, daß du jetzt gerade wütend bist, und ich bin bereit, die Sache mit dir zu besprechen, sobald du dazu bereit bist.« Dann lassen Sie ihn allein. Sie treiben ihn nur noch weiter in den Rückzug, wenn Sie das nicht beachten.
- Haben Sie keine Angst, ihm zu sagen, daß sein Verhalten Sie ärgert, doch beginnen Sie immer mit einer Würdigung. Zum Beispiel: »Dad, ich habe dich wirklich gern, und ich glaube, daß du einer der gescheitesten Menschen bist, die ich kenne, aber es macht mir wirklich zu schaffen, wenn du jedesmal, wenn wir über etwas uneins sind, keinen Piep mehr sagst und einfach fortgehst. Das beeinträchtigt unsere Beziehung, und ich frage mich, ob du vielleicht mit mir darüber sprechen möchtest.«
- Bleiben Sie auf die Angelegenheit konzentriert, über die Sie sich aufregen.
- Gehen Sie davon aus, daß Sie angegriffen werden, wenn Sie eine Beschwerde ausdrücken, denn Ihr Gegenüber erlebt Ihre Behauptungen als Angriff auf seine Person.
- Teilen Sie ihm mit, daß Sie von seiner Wut wissen und was Sie dagegen unternehmen wollen. Zum Beispiel: »Es tut mir leid, daß du dich darüber aufregst, daß ich deine Familie nicht bei uns wohnen lassen will, wenn sie in der Stadt ist, aber ich bin ganz gewiß dazu bereit, ein schönes Hotel für sie auszusuchen und vielleicht einen Teil ihres Urlaub für sie zu bezahlen.«
- Finden Sie sich mit der Tatsache ab, daß Sie, wenn schon nicht immer, so doch meistens den ersten Schritt machen müssen.
- Lassen Sie Ihrem Erpresser ein paar Dinge durchgehen.

Diese Techniken sind die einzigen, mit denen Sie eine Chance haben, die Verhaltensmuster außer Kraft zu setzen, die so typisch für einen schweigenden, wütenden Erpresser sind, diesen Zyklus, der unter dem Motto zu stehen scheint: »Sieh nur, wie sehr ich mich aufrege, und das ist alles deine Schuld. Nun finde mal schön selbst heraus, was du angestellt hast und wie du die Sache wieder geradebiegen kannst.« Ich weiß, wie wütend es einen macht, wenn man der Vernünftige sein muß, obwohl man die andere Person doch lieber erwürgen würde, aber dies ist der einzige mir bekannte Weg, um eine Atmosphäre zu schaffen, in der Veränderung möglich ist. Ihre schwierigste Aufgabe wird es sein, nichtdefensiv zu bleiben und die still vor sich hin kochende Person davon zu überzeugen, daß es in Ordnung ist, wütend zu sein, obwohl sie doch ein Leben lang vom Gegenteil überzeugt war.

Wütend sein und ruhig bleiben

Ich habe Ihnen jetzt viel davon erzählt, wie Sie mit der Wut des Erpressers umgehen können, aber wie sollen Sie nichtdefensiv bleiben, wenn der Zorn in Ihnen fast überkocht? Allen, dessen Exfrau Beverly die Kinder als Mittel benutzte, um ihn zu strafen, bringt diese frustrierende Beziehungsfalle in einer Sitzung deutlich zum Ausdruck.

Letzte Woche bin ich mit den Kindern zum Zelten gefahren, und als ich sie zurückbrachte, fing sie an zu schreien, weil sie müde und schmutzig waren. Sie hatten viel Spaß gehabt, aber sie meinte, ich hätte sie zu sehr rangenommen. Und dann drohte sie mir, daß sie, wenn ich nicht besser auf die Kinder aufpaßte, dafür sorgen würde, daß meine Besuchszeiten eingeschränkt würden. Ich weiß, daß das falsch war, aber ich bin einfach explodiert, und schließlich brüllten wir einander an wie ein paar Verrückte. Aber sie hat mich einfach rasend gemacht. Wie kann sie es wagen, mir damit zu drohen, daß ich die Kinder nicht mehr sehen darf? Was zum Teufel soll ich denn jetzt tun?

Es gibt Situationen, in denen man einfach keine Lösung herbeizaubern kann. Beverly war durch die Scheidung tief verletzt worden, und da ihre Angriffe gegen Allen nach seiner Wiederverheiratung zugenommen hatten, war es offensichtlich, daß sie sich nur dann besser fühlen würde, wenn es ihm selbst schlechtging. An ihrem Befinden konnte er also nichts ändern. Aber es stand ihm offen, das zu verändern, was die Spannungen bisher verstärkt hatte.

»Ich kann mir vorstellen, wie wütend Sie sind«, sagte ich, »aber Sie werden einfach lernen müssen, die Sache ruhiger anzugehen. Sie sind schon ziemlich gut darin, sich bei Jo einer nichtdefensiven Kommunikation zu bedienen, warum also versuchen Sie nicht, das auch bei Beverly anzuwenden? Am schwersten ist es, gerade dann ruhig zu sein, wenn man am liebsten einen Mord begehen würde.«

»Sie haben mich schon gut trainiert, Susan«, antwortete er grinsend. »Ich weiß schon, daß Sie mich gleich darauf aufmerksam machen werden, daß es nur eine Person gibt, die ich verändern kann, mich selbst.«

»Stimmt«, gab ich zu. »Im Prinzip besteht Ihre Aufgabe darin, Ihren Mund geschlossen zu halten, auch wenn sie sich noch so irrational verhält, und höchstens Sätze zu sagen wie: ›Tut mir leid, daß du dich über den Ausflug aufregst, aber sie hatten wirklich viel Spaß dabei. Würdest du dich besser fühlen, wenn ich dir nächstens bei einer solchen Sache vorher genau sage, was wir planen und was dabei zu erwarten ist?‹ Sie haben mir außerdem erzählt, daß sie die Jungen nicht fertig gemacht hat, wenn Sie kommen, um sie abzuholen, und daß sie manchmal gar nicht da sind. Das ist ärgerlich, aber als der sorgeberechtigte Elternteil hat sie sehr viel Einfluß, und Sie müssen einen Weg finden, um dies zu akzeptieren, denn sonst werden Sie ständig wütend sein oder bittere Gefühle haben.

Auch hier sind einige dieser ruhigen und beruhigenden Sätze angebracht. Statt Ihrem Ärger Ausdruck zu verleihen, holen Sie tief Luft und sagen: ›Ich wäre dir wirklich dankbar, Beverly, wenn die Kinder bei meinem Eintreffen schon fertig wären. Gibt es irgend etwas, das ich tun kann, um dir dies zu erleichtern?‹ Ich kann nicht vorhersehen, wie sie reagieren wird, aber ich versichere Ihnen, Sie werden sich sehr viel weniger schikaniert fühlen.«

Strategie 2: Den Gegner als Verbündeten gewinnen

Fährt emotionale Erpressung sich fest, dann ist es oft hilfreich, das Gespräch wieder in Gang zu bringen, indem Sie die andere Person in Ihren Problemlösungsprozeß mit einbinden. Wenn Sie um Unterstützung, Vorschläge oder Informationen bitten, können sich Möglichkeiten auftun, die Sie vorher nicht in Betracht gezogen hatten, und es ist nur verständlich, daß der andere eher dazu bereit ist, bei der Umsetzung einer Entscheidung mitzuwirken, wenn er selbst an ihrem Zustandekommen beteiligt war. Wenn Sie auf die andere Person mit Neugier und der Bereitschaft zu lernen zugehen, dann kann es rasch gelingen, den Ton eines Wortwechsels zu verändern, der sich bereits zu einem reinen Austausch von Angriffen und Rechtfertigung verschlechtert hatte.

Die folgenden Fragen können hilfreich sein, um Feindseligkeit und Spannung abzubauen:

- Kannst du mir helfen zu verstehen, warum dir das so wichtig ist?
- Kannst du einen Lösungsweg vorschlagen, mit dessen Hilfe wir dieses Problem bewältigen können?
- Kannst du mir dabei helfen, Wege zu finden, damit unsere Beziehung besser wird?
- Kannst du mir helfen zu verstehen, warum du so wütend bist?

Zusätzlich empfehle ich Ihnen eine Art Wundermittel, das aus der Strategie besteht, die andere Person dazu zu ermutigen, sich gemeinsam mit Ihnen vorzustellen, wie sich eine mögliche Veränderung oder die Lösung eines Problems anfühlen könnte.

Bringen Sie dieses Wundermittel zum Einsatz mit Sätzen wie den folgenden:

- Ich frage mich, was geschehen würde, wenn…
- Ich frage mich, ob du mir dabei helfen kannst, einen Weg zu finden, um…
- Ich frage mich, wie wir das besser machen können.

Einen anderen mit einzubeziehen heißt, seine Vorstellungs-kraft und sogar seinen Spieltrieb anzuzapfen – nichtdefensive Kommunikation in ihrer angenehmsten Form. Kein Mensch wird gerne angegriffen, aber die meisten sind gerne bereit, bei der Lösung eines Problems zu helfen.

Lösungen heraushören
Allens Beziehung zu Jo war deshalb weit weniger kompliziert als jene zu Beverly, weil Allen und Jo sich ja liebten und zu-sammenbleiben wollten. Aber Allen mußte sich anstrengen, um mit der Bedürftigkeit seiner neuen Ehefrau zurechtzukom-men. Nachdem er mehrere Tage lang versucht hatte, ihr beizu-bringen, daß er zum Wohle der Firma eine Zeitlang verrei-sen müsse, kam er zu mir, damit ich ihn darin unterstützte, eine Lösung zu finden.

Ich weiß nicht, was ich tun kann, damit sie nicht ausrastet, wenn ich meine Reise in den Norden antrete. Es ist einfach keine Lösung für mich, mir zu sagen: »Es ist mir egal, was du empfindest. Es ist mir egal, wie sehr du dich aufregst. Ich muß diese Reise antreten.« Dann muß ich mich nicht nur mit der Reise befassen, sondern auch noch mit einer weinenden Ehe-frau.

Ich sagte Allen, er könne den Streß etwas reduzieren, indem er Jo seine Entscheidung zusammen mit der Frage präsentierte, was er tun könnte, um ihre Ängste vor dem Alleingelassen-werden zu verringern. Ich erinnerte ihn daran, daß es nicht seine Aufgabe sei, Jo in Ordnung zu bringen oder mit den früheren Traumata ihres Lebens fertigzuwerden, die sie so ab-hängig gemacht hatten. Vielmehr war dies eine Aufgabe, die sie selbst bewältigen mußte, damit ihre Ehe sich von einer

Eltern-Kind-Beziehung zu einer wirklichen Partnerschaft entwickeln könnte. In der Zwischenzeit stand ihm jedoch die Möglichkeit offen, sie als seine Verbündete zu gewinnen. Wir übten, wie er Sätze wie »Ich frage mich...« und »Ich möchte gerne wissen, was ich tun könnte...« dazu verwenden konnte, um Jo dazu zu bewegen, seine Entscheidung zu unterstützen, statt ihn unter Druck zu setzen, damit er sie änderte.

»Also gut«, stimmte Allen zu. »Wie wäre es zum Beispiel mit ›Jo, ich muß für ein paar Tage nach San Francisco fahren, und bevor du dich aufregst, möchte ich, daß du mir hilfst zu verstehen, warum du jedesmal neurotisch wirst, wenn ich nur zwei Sekunden nicht da bin.‹«

»Nein, Allen. Es geht hierbei nicht darum, irgend jemanden in Schubladen zu packen. Sie wollen lediglich Informationen. Möglicherweise kann sie Vorschläge machen, wie die Situation verbessert werden kann, also fragen Sie sie danach. Wie wäre es beispielsweise mit ›Jo, ich muß für ein paar Tage beruflich in den Norden fahren. Ich weiß, daß du dir Sorgen machst, wenn wir getrennt sind, aber das ist eine wichtige Reise, und ich frage mich, was ich tun kann, damit du mit meiner Abwesenheit besser zurechtkommst.‹«

Indem er ihr sein Dilemma auf diese Weise präsentierte, erkannte Allen zugleich Jos Gefühle an. Er unterwarf sie keinem Schubladendenken und machte ihr zugleich klar, daß sein Entschluß unverrückbar feststand.

Es klappte sehr viel besser, als ich es mir zunächst vorgestellt hatte. Ich sagte ihr das, was wir hier erarbeitet hatten, und sobald ich sie gefragt hatte, was ihr die Angst vor meiner Reise nehmen könnte, antwortete sie: »Nimm mich mit.« Ich erklärte ihr, daß ich damit keine Probleme hätte, aber daß es sich um eine Geschäftsreise und nicht um Urlaub handelte und daß sie wahrscheinlich viel allein sein würde, da ich an so vielen Besprechungen würde teilnehmen müssen. Anfangs meinte sie, das macht ihr nichts aus und sie möge Hotels, aber später erklärte sie, daß sie noch einmal darüber nachgedacht habe und daß sie sich zu Hause doch wohler fühlen würde. Damit hatte

sie selbst die Wahl getroffen dazubleiben. Sie wollte nur, daß
ich sie jeden Abend anriefe. Gott, das war eine solche Erleich-
terung. Wir haben niemals zuvor auf diese Weise einen Ent-
schluß gemeinsam gefaßt – früher ging es immer um alles oder
nichts.

Verändert hatte sich alles durch Allens Entscheidung, das zu
tun, was er tun mußte, und seine Bereitschaft, Jos Gefühle in
die Überlegungen miteinzubeziehen. Gemeinsam hatten sie
eine Lösung gefunden, die Allen vielleicht übersehen oder
nicht vorgeschlagen hätte, wenn er nicht bereit gewesen wäre,
sich mit Jo zu verbünden, statt sich mit ihr zu streiten.

Den Chef um Hilfe bitten
Kim bediente sich einer ganzen Reihe nichtdefensiver Techniken, um ihrem Chef Ken klarzumachen, daß sie nicht mehr
ständig mit der ewig besseren Kollegin verglichen werden
wollte und daß sie ihr Arbeitspensum reduzieren mußte, um
ihre Gesundheit zu schützen. Besonders gefiel ihr die Vorstellung, ihn als Verbündeten zu gewinnen, denn, wie sie es aus-
drückte,

ich bin nicht in der Position, Vorschriften zu machen und mei-
nen Willen durchzusetzen, aber ich bin dazu in der Lage, das
zu tun, was hier wirklich die Aufgabe jedes einzelnen ist – ein
guter Teamarbeiter zu sein. Früher glaubte ich, dies bedeute,
alles tun zu müssen, was von einem gefordert wird, egal was
mich das kostet, aber ich fange langsam an, es deutlicher als
das zu sehen, was es eigentlich ist, nämlich die bestmögliche
Leistung zu erbringen, dazusein, wenn es darauf ankommt,
und kürzerzutreten, wenn mir das für mein Leben und für
meine Gesundheit erforderlich erscheint.

Kim wollte außerdem Kens Taktiken des Druckausübens ein
Ende setzen, und gemeinsam erdachten wir die folgende Strategie, um dieses Ziel zu erreichen:

Ken, vielleicht ist es Ihnen nicht aufgefallen, aber ich habe bemerkt, daß Sie mich ständig mit Miranda vergleichen. In der Vergangenheit war dies wirklich eine effektive Methode, um mich an und über meine Leistungsgrenze hinaus anzutreiben, aber so wird es in Zukunft nicht mehr funktionieren. Ich werde mich zu 110 Prozent einbringen und so viel arbeiten, wie mir möglich ist, ohne dabei jedoch meine Gesundheit aufs Spiel zu setzen, weil ich das möchte und weil ich diese Arbeit wirklich zu schätzen weiß. Ich freue mich darüber, daß Sie mich respektieren, und selbstverständlich respektiere ich Sie ebenfalls. Aber bitte hören Sie auf, gutes Kind/böses Kind mit mir zu spielen. Wir sind beide erwachsen. Sie sind nicht mein Vater, und ich bin nicht Ihre Tochter. Ich bin drei Jahre älter als Sie, um Gottes willen. Und Miranda ist auch nicht meine Schwester, also zerschlage ich hiermit diese funktionsgestörte Familie.

Für Kim war es entscheidend zu üben, weil sie nicht die richtigen Worte zu finden schien, sobald sie sich von Angesicht zu Angesicht vor ihrem Boß befand, obgleich sie mit der Sprache auf dem Papier großartig zurechtkam. Sie wählte eine Freundin aus, die ihr zuhörte und mit der sie Rollenspiele machen konnte, und übte laut im Auto; außerdem hatte die Unterstützung ihres Mannes – und schließlich kannte sie ihren Text aus dem Effeff.

Strategie 3: Tauschhandel

Möchte man, daß die andere Person ihr Verhalten ändert, und erkennt man dabei zugleich an, daß man selbst ebenfalls ein paar Veränderungen nötig hat, dann ist der Tauschhandel perfekt. Die meisten Menschen gehen von Kindheit an Handel ein – zwei Überraschungseifiguren für ein Buch, mein Nutellabrot für deine Käsestulle –, sie geben etwas auf und bekommen etwas Gleichwertiges zurück. Der Tauschhandel mit dem Ziel, emotionale Erpressung zu reduzieren, ist deshalb so großartig, weil er mit der Vorstellung aufräumt, daß die Last der Veränderungen allein auf den Schultern einer Person liegt. Tauschhandel bedeutet, keiner gibt, ohne auch etwas zu erhalten. Es gibt keine Verlierer.

Als vor ein paar Jahren ein Paar, Matt und Amy, zu mir kam, konnte ich miterleben, wie die Macht des Tauschhandels Menschen aus der Sackgasse emotionaler Erpressung zu führen vermag. Amy war auf Matt wütend, weil er sie ständig übersah.

Er behandelt mich, als sei ich unsichtbar. Er steht auf, geht zur Arbeit, kommt zum Abendessen nach Hause und bringt kaum ein Wort heraus, dann sitzt er vor dem Fernseher, bis es Zeit wird, ins Bett zu gehen. Er hat mich seit Wochen nicht angefaßt, und ich habe mich mein ganzes Leben lang nicht so einsam gefühlt.

Matt andererseits schob die Verantwortung Amy zu:

Das ist nicht die Frau, die ich geheiratet habe. Ich glaube, ihr Hobby ist Essen, und ich denke, man sieht, daß ihr Umfang ziemlich zugenommen hat. Ich finde das einfach nicht besonders anziehend. Sie sagt, es habe nicht den Anschein, daß ich sie attraktiv finde, und das stimmt auch. Nicht, wenn sie so viel wiegt. Ich werde nicht so tun, als ob mir das gleichgültig ist.

Matts und Amys Beziehung hatte sich darauf reduziert, daß sie feststellte: »Wenn du nicht liebevoller mit mir umgehst, dann werde ich dich verlassen«, und daß er darauf entgegnete: »Wenn du nicht abnimmst, dann werde ich dich auch weiterhin damit bestrafen, daß ich mich zurückziehe.« Sie sprachen diese Drohungen nicht aus, aber das war auch nicht nötig – ihr Verhalten machte ihre Gefühle unübersehbar.

Amy aß, weil sie sich vernachlässigt fühlte, und Matt sagte, er vernachlässige sie, weil sie so viel aß. Sie steckten in einer Sackgasse und schoben einander die Verantwortung für ihr Unglück zu. Also schlug ich einen Tauschhandel vor: Amy würde morgen mit einer Diät beginnen, und Matt würde sich jeden

Abend nach der Arbeit eine halbe Stunde Zeit nehmen, um mit ihr zu sprechen und den Kontakt neu aufzunehmen. Natürlich nahm Amy nicht über Nacht ab, und Matt wurde auch nicht sofort redselig, aber sie machten beachtliche Fortschritte dabei, aus ihrer Pattsituation auszubrechen – und schließlich konnten sie ihre Partnerschaft retten.

Kein Mensch erweckt gerne den Anschein, als gebe er nach, und die Abneigung für einseitige Lösungen hält die meisten davon ab, den ersten Schritt zu tun, um einen Konflikt zu bereinigen. Doch der Tauschhandel erzeugt eine Situation, in der beide gewinnen und die jeder akzeptieren kann. Außerdem setzt er die Gefühlskälte außer Kraft, die darin besteht, daß einem Unrecht zugefügt wurde, daß man darüber zornig ist und daß der andere deshalb gefälligst ebenfalls leiden soll – eine Dynamik, die verhindert, daß man vorhandene Probleme mit der anderen Person bearbeitet. Man gibt keinen Zentimeter nach, weil der andere noch mehr bestraft werden muß. Wenn man vom anderen jedoch etwas bekommt, dann kann man seinen Groll leichter beiseite lassen.

Der Tauschhandel ist deshalb eine besonders wirkungsvolle Strategie, weil er es ermöglicht, daß jede Partei etwas bekommt, jedoch ohne die für die meisten Konflikte typischen Schuldzuweisungen und Angriffe.

Die Sackgasse öffnen

Der Tauschhandel machte es Lynn und Jeff möglich, die Taktiken der Druckausübung aufzugeben, die jeder von beiden gegen den anderen angewandt hatte. Sie einigten sich darauf, daß unter dem Schlußstrich das Ungleichgewicht ihrer finanziellen Möglichkeiten das ungeklärte Problem in ihrer Ehe war, eine Tatsache, die zu akzeptieren vor allem Lynn noch sehr schwerfiel. Doch als sie in meinem Büro saßen und miteinander sprachen, da fingen sie an, einander wieder als Menschen zu begreifen, statt allein als Objekt der Wut. Beide machten unabhängig voneinander ein Friedensangebot, und sie gaben sich Mühe, so nichtdefensiv wie möglich miteinander umzugehen. Lynn machte den Anfang:

*Ich weiß, daß dieses Geldthema etwas ist, an dem ich noch
mehr arbeiten muß. Ich dachte, ich hätte keine Probleme damit, und wir hatten ja auch ein Abkommen, als wir zusam-
menzogen, daß ich es dir nicht vorhalten und dich nicht wie ein
Kind behandeln würde, das um sein Taschengeld bitten muß.
Also werde ich diese Übereinkunft in Zukunft mehr berücksichtigen. Doch ich brauche von dir das Versprechen, Jeff, daß
wir, wenn eine neue Anschaffung ansteht, wie zum Beispiel
der Kauf eines neuen Transporters, daß wir dann unsere finanzielle Situation gemeinsam betrachten und eine gemeinsame
Entscheidung auf der Basis dessen treffen, was wir uns leisten
können. Mit anderen Worten, kein Druck mehr in der Form,
daß du verschwindest, wenn du nicht das bekommst, was du
willst. Ich möchte verstehen, warum du mich verläßt, ohne mir
zu sagen, wohin du gehst, wenn du doch weißt, wie verrückt
mich das macht.*

Jeff antwortete:

*Manchmal, wenn ich um etwas betteln muß, das ich brauche,
werde ich so wütend, daß ich aus dem Haus muß, weil ich
fürchte, daß ich sonst etwas tun könnte, was ich später bereue.
Ich muß Dampf ablassen, und wenn ich dann ausreiße, dann
weiß ich nicht, wie lange es dauert, bis ich mich wieder beruhigt habe. Meistens weiß ich vorher nicht einmal, wohin ich
gehe.*

Lynns Reaktion:

*Ich weiß, wie wütend dich meine Einstellung zum Geld ge-
macht hat. Ich entschuldige mich dafür, und ich verspreche,
daran zu arbeiten. Ich weiß, wenn wir weiter darüber reden,
statt daß ich erst meine Gefühle zurückhalte und dann doch
an dir auslasse, dann werden wir dieses Geldproblem lösen.
Aber du mußt mir wenigstens sagen, daß du fortgehst, statt
einfach nur hinauszustürmen, und ich brauche irgendeine Art
von Zeitangabe bezüglich deiner Rückkehr. Ich verstehe, daß*

du das oft selbst nicht weißt, aber bitte versuche es. Und wenn du es herausgefunden hast, dann kannst du mich anrufen und mir sagen, wo du bist und wann du zurückkommen wirst. Ich würde mich sehr viel besser fühlen.

Jeff erwiderte:

Du weißt, daß ich dich liebe, und ich werde niemals lange fortbleiben. Aber wenn es dir wirklich hilft, dann werde ich Angaben darüber machen, wohin ich gehe und wie lange ich dort bleiben werde. Und vielleicht ist es tatsächlich an der Zeit, neu über die Finanzen nachzudenken. Ich möchte sie gemeinsam mit dir durchgehen – ich kann besser mit Geld umgehen, als du dir vorstellst –, und ich weiß, daß es Dinge gibt, die ich nebenher tun kann, um ein bißchen mehr Geld zu machen. Ich habe mir überlegt, daß ich im Tal für die Nachbarn die Pferde einreiten könnte, aber ich war so wütend auf dich, daß ich nicht dazu in der Lage war, dir davon etwas zu erzählen. Ich dachte, du würdest mich auslachen, weil ich damit noch immer nicht so viel wie du verdienen werde – wahrscheinlich wird das nie der Fall sein.

Jeff und Lynn hatten noch sehr viel zu besprechen, einander zuzuhören und auszuhandeln, aber indem sie sich der Strategie des Tauschhandels bedienten, hatten sie bereits ein gutes Fundament gelegt.

Taten, nicht Worte
Sherry, deren Vorgesetzter und Liebhaber Charles ihr drohte, sie zu feuern, wenn sie ihre romantische Beziehung zu ihm beendete, entschloß sich, drei Dinge in einem für beide vorteilhaften Tauschhandel von ihm zu erbitten. Daß sie nicht mehr länger mit ihm schlafen wollte, war für sie dabei nicht verhandelbar; hier handelte es sich um eine grundlegende Sache ihrer Integrität. Aber sie bot ihm an, ihren Job so lange weiter zu machen, bis die Projekte, an denen sie augenblicklich arbeitete, abgeschlossen wären und bis sie Charles geholfen hätte, einen

Nachfolger einzustellen und einzuarbeiten. Als Gegenleistung verlangte sie eine Entschuldigung von Charles für sein tyrannisches Verhalten und sein Einverständnis, ihren zukünftigen Umgang miteinander höflich zu gestalten.

Ich befürchtete wirklich, daß er mich sofort feuern würde, aber ich hatte fleißig geübt, um sicher zu sein, daß ich wußte, was ich sagen wollte, und ich glaube, er war überrascht, daß ich keine Angst vor ihm hatte. Anfangs schien er tatsächlich sagen zu wollen: »Kein Sex, keine Arbeit«, aber als ich ihm klarmachte, daß ich in diesem Punkt nicht kompromißbereit war, gab er nach. Er sagte zu mir: »Ich weiß nicht, ob ich es aushalte, dich unter diesen Umständen jeden Tag zu sehen. Auch ich habe Gefühle, und es war auch für mich nicht gerade eine flüchtige Beziehung.« Also machte ich den Vorschlag, daß wir es ja ausprobieren könnten, um zu sehen, wie es sich anfühlt, und er stimmte dem zu. Ich glaube, es war hilfreich, daß ich etwas anzubieten hatte und daß ich nicht mit dem Vorsatz zu ihm gegangen bin, es auszukämpfen. Ich arbeite derzeit an einigen Dingen, die man nur schwer an einen Nachfolger übergeben könnte, und ich glaube, es war ihm klar, daß es zu seinem eigenen Vorteil ist, wenn ich die Arbeit zum Abschluß bringe, bevor er mich feuert.

Doch Charles' Verhalten spiegelte nicht die Vereinbarung wider, die er mit Sherry getroffen hatte.

Die Dinge sind wirklich sehr schwierig geworden. Er putzt mich vor Kunden runter und läßt keine Gelegenheit aus, sich an mir zu rächen und mich runterzuziehen. Er hält sich nicht an seinen Teil des Handels, und ich weiß nicht, was ich tun soll.

Ich machte Sherry klar, daß sie in ihrer Situation nur die Wahl hatte, erneut zu Charles zu gehen und ihn darauf aufmerksam zu machen, daß er sich nicht an das hielt, was er versprochen hatte. Worte allein sind nicht genug. Ihnen müssen Taten folgen. Vielen emotionalen Erpressern fällt es leicht, sich zu entschuldigen und Veränderungen zuzusagen, sie haben jedoch sehr viel mehr Mühe damit, sich an das Gesagte auch zu halten. Es ist wichtig, sie mit Sätzen wie: »Wir haben eine Vereinbarung getroffen, und ich wäre wirklich dankbar, wenn du deinen Teil erfüllen würdest«, daran zu erinnern.

Sherry trat Charles auf liebenswürdige, nichtdefensive Weise entgegen.

Ich sagte zu ihm: »Vielleicht ist es dir nicht einmal bewußt, wie verletzend deine Kommentare sind, aber ich möchte, daß du sie in Zukunft unterläßt.« Und natürlich mußte er nicht fragen, welche Kommentare ich meinte – er wußte genau, wovon ich sprach. Und dann schenkte er mir ein schiefes Lächeln und klagte: »Du warst so ein netter Mensch, bevor du mit deiner Therapie angefangen hast...«

Selbst in einem Fall wie dem Sherrys, in dem es das eigentliche Ziel ist, sich aus einer schwierigen Situation zurückzuziehen, ist es wichtig, wachsam zu sein und die andere Person, solange die Beziehung noch besteht, auf die Vereinbarungen, die sie mit Ihnen getroffen hat, zu verpflichten.

Strategie 4: Humor

In einer grundsätzlich guten Beziehung kann Humor eine wirkungsvolle Methode sein, um der anderen Person zu zeigen, wie ihr Verhalten auf einen wirkt. Ich möchte Ihnen hierfür einige Beispiele geben.

Eines Tages, als Patty sich bei mir über Joes fortwährende Leidensmiene beklagte, platzte sie heraus: »Mein Gott, jemand sollte dem Mann einen Oscar geben: beste Leidensgestalt in der Hauptrolle.«

»Warum tun Sie das nicht?« wollte ich wissen.

Ihr gefiel die Idee so gut, daß sie in ein Pokalgeschäft ging und dort die Kopie eines Oscar kaufte. Und als Joe beim nächsten Mal sein Schmoll- und Seufzritual anstimmte, schenkte sie ihm ein breites Lächeln, applaudierte und überreichte ihm seine Auszeichnung. »›Das war großartig‹, habe ich ihm gesagt und hinzugefügt, ›besonders gut hat mir der kleine Seufzer zum Schluß gefallen.‹« Die Situation war mit einem Mal so lächerlich, berichtete Patty, daß sie beide lachen mußten – und seither war es Joe nicht mehr möglich, wirkungsvoll zu leiden.

Sarahs Beziehung mit Frank war angespannt, doch ansonsten intakt, und sie kam zu dem Schluß, daß sie seine Aufmerksamkeit vielleicht mit Humor würde gewinnen können. Sie kramte einen alten Hula-Hoop-Reifen hervor, und als Frank das nächste Mal eine Bedingung für ihre Ehe erdachte, sagte sie: »Kannst du bitte den Reifen für mich halten, während ich durchspringe?«

»Was hat das denn zu bedeuten?« wollte er wissen.

»Nun, Liebling«, erklärte sie, »mir ist aufgefallen, wieviel Spaß es dir macht, mich durch den Reifen springen zu lassen, damit ich mich dir beweise. Meinst du, wir könnten einmal darüber sprechen?«

»Wovon redest du denn? Das tue ich doch gar nicht«, sagte Frank.

»Ich bin sicher, daß es dir gar nicht auffällt, und ich weiß, daß du mich liebst, aber für mich fühlt es sich wie eine nicht enden wollende Testserie an.«

»Durch Reifen springen, was?« meinte er. »Also gut, laß uns darüber reden.«

»Dann«, so berichtete Sarah, »zauberte er dieses Lächeln auf sein Gesicht, das ich einfach anbete, und sagte: ›Aber bevor wir uns den ernsten Dingen zuwenden, könntest du da bitte zuerst durch diesen kleinen Reifen für mich springen?‹ Das nahm der Sache wirklich die Spitze.«

Es gibt nichts Intimeres, als sich mit einem anderen Menschen einen Spaß zu teilen. Humor ist ein Band zwischen Menschen, und die gemeinsame Erinnerung an humorvolle Begebenheiten kann ein bindendes Glied in einer starken Beziehung darstellen. Indem Sie bei Ihrem Erpresser Humor einsetzen, um Ihre Argumente durchzubringen, gelangen Sie beide in einen entspannteren Zustand, der Sie daran erinnert, wieviel

Freude Sie jeweils an der Gesellschaft des anderen haben und wie es ist, sich mit dem anderen wohl zu fühlen. Humor hat eine heilende Wirkung. Er senkt den Blutdruck, und er vermag, die Schärfe aus einem potentiell hitzigen Zusammenstoß mit einem Menschen zu nehmen, mit dem Sie Schwierigkeiten haben.

Sofern Humor ein Bestandteil Ihrer Persönlichkeit ist und Sie damit umzugehen verstehen, eröffnet er Ihnen eine wunderbare Möglichkeit, sich auszudrücken. Ich kann nicht versprechen, daß er immer und zu jedem Zeitpunkt funktioniert, aber er wird dafür sorgen, daß Sie sehr viel weniger verbissen sind.

Die Ergebnisse bewerten

Man kann nicht wissen, wie die andere Person reagiert, bevor Sie nicht Ihre Gefühle zum Ausdruck gebracht und die Grenzen gezogen haben, die Sie für sich in Ihrer Beziehung brauchen. In all den Jahren, in denen ich mit Erpressungsopfern und ihren Erpressern, die gemeinsam zur Beratung kamen, gearbeitet habe, bin ich oft davon überrascht worden, wer auf den Wunsch nach Veränderung reagierte. Oft waren Menschen, von denen ich sehr wenig erwartete, weil sie mir wütend oder hart oder gemein erschienen, tatsächlich durchaus bereit, sich aktiv an der Stärkung ihrer Beziehung zu beteiligen. Und manchmal erwiesen sich diejenigen, die auf den ersten Blick freundlich und beweglich schienen, als verschlossen, defensiv und keineswegs interessiert an den Bedürfnissen ihrer Opfer.

Ein positives Ergebnis

Michael war ein überzeugendes Beispiel für einen Menschen, der genau umgekehrt reagierte, als ich es mir vorgestellt hatte. Liz, die einen Ausbruch befürchtet hatte, als sie ihm ihre Bedingungen nannte, war begeistert von dem Austausch, der dann tatsächlich stattfand.

Ich habe viel darüber nachgedacht, was ich nun tun sollte, nachdem ich diesen Brief geschrieben hatte. Sollte ich ihn ihm geben und dann für eine Weile aus dem Haus gehen oder ihn ihm in sein Büro bringen oder ihn einfach irgendwo hinlegen, wo er ihn finden würde? Schließlich entschied ich, daß ich mich damit am wohlsten fühlen würde, mich mit ihm hinzusetzen und ihn zu bitten, mich bis zum Ende anzuhören, um ihm dann den Brief vorzulesen, denn ich muß ja körperlich vor ihm keine Angst haben.

Ein paarmal versuchte er, mich zu unterbrechen, aber irgend etwas muß ihn wirklich berührt haben, denn er wurde sehr still, und ich konnte erkennen, daß er aufmerksam zuhörte. Einen Augenblick lang konnte ich auf der anderen Seite des Tisches anstelle des kontrollsüchtigen Tyrannen den Mann sitzen sehen, in den ich mich verliebt hatte. Dann bezog er eine Verteidigungsstellung und griff mich an. Er sagte: »Nichts von all dem ware geschehen, wenn du mir nicht damit gedroht hättest, dich von mir scheiden zu lassen. Die Dinge wären niemals so weit gekommen, wenn du dich nicht derart gegen mich gewendet hättest.« Ich hatte das Bedürfnis, ihn meinerseits anzuschreien, aber ich entgegnete: »Michael, ich bin nicht bereit, mehr als 50 Prozent der Verantwortung zu übernehmen.«

Und er beruhigte sich und antwortete: »Ich nehme an, ich wollte es nicht wahrhaben, daß ich dich verletzt habe. Warum hast du mir nichts gesagt?« Ich bin kein besonders optimistischer Mensch, und ich bin mir darüber im klaren, daß es noch einige Zeit dauern wird, bis wir das durchgearbeitet haben, aber am meisten begeistert mich, daß er bereit ist, sich mit mir gemeinsam in eine Therapie zu begeben. Sein cholerisches Temperament ist wirklich ein Problem, ich glaube jedoch, daß er eingesehen hat, daß seine »Ich Tarzan, du Jane«-Rollenverteilung nicht mehr funktioniert.

Wie viele Erpresser war Michael vollkommen überrascht darüber, wie verletzt und verängstigt Liz war. Menschen, die ihr Glück in emotionaler Erpressung suchen, habe ich oft sagen hören: »Warum hat sie mir denn nichts gesagt?« oder »Wenn ich nur gewußt hätte, wie sehr mein Verhalten ihn verletzt, dann hätte wir die Dinge retten können, bevor sie so schlimm wurden.« Dabei handelt es sich nicht um Ausflüchte. Erpresser sind sich oft dessen nicht bewußt, wie schmerzhaft ihr Verhalten und der Druck sind, den sie ausgeübt haben, weil ihre Opfer häufig zu verängstigt, wütend oder entmutigt gewesen sind, es ihnen mitzuteilen, und glaubten, daß es ohnehin keinen Zweck hätte. Mit anderen Worten, es kann sein, daß die Erpressungsopfer nicht laut genug aufgeschrien haben.

Nicht selten hemmt man sich selbst mit Ermahnungen wie: »Beklag dich nicht dauernd« oder »Stell dich nicht so an!« Manche Menschen, vor allem Männer, wollen stark und voller Selbstvertrauen erscheinen und zeigen nicht gerne, daß sie verletzt sind. Also drücken sie ihre Gefühle nicht aus. Sie sagen nicht: »Du tust mir weh. Bitte hör auf damit.«

Wundern Sie sich dann aber nicht über die Überraschung, welche die andere Person angesichts Ihrer Gefühle zeigt. Entschließen Sie sich dann dazu, sich offen auszudrücken und nichtdefensive Kommunikation zu nutzen, ganz egal, wie die Reaktion auch sein mag. Dann beobachten Sie, was die andere Person mit den neuen Informationen macht, die Sie angeboten haben.

»Tut mir leid« ist nicht genug

Grundsätzlich gilt, was ich auch Liz erklärt habe: Nach einer direkten Aussprache mit der anderen Person braucht man Informationen, die man erst nach und nach mit der Zeit erhält. »Ich weiß, daß Sie sich jetzt Hoffnungen machen«, sagte ich zu ihr, »und ich finde es wie Sie aufregend und erfreulich, daß Michael zu einer Therapie bereit ist. Ich hoffe, daß es sich hierbei nicht nur um eine Art Flitterwochentherapie handelt, und um sicher zu sein, daß die Dinge auch richtig laufen, müssen wir sie auch weiterhin genau bewerten.«

Oft ist man von der anfänglichen Reaktion der anderen Person positiv überrascht und meint, daß ein Konflikt gelöst ist, weil der Erpresser verbal den gestellten Bedingungen zugestimmt hat. Aber mit der Zeit muß man dann feststellen, daß

Versprechungen vergessen wurden und daß alte Gewohnheiten neu hervorbrechen. Kein Mensch möchte in seiner Partnerschaft der Wachhund oder Punktezähler sein, aber es ist ausschlaggebend, das realistisch zu betrachten, was sich tatsächlich ändert, und es mit dem zu vergleichen, was man als notwendig erkannt hat.

Deshalb ist es so wichtig, auf eine Entscheidung über eine abschließende Aktion so lange zu verzichten, bis man klar erkennen kann, wie die andere Person sich verhält. Will man wichtige Entscheidungen über die Zukunft einer Beziehung treffen, dann sollte man dem Partner Zeit geben – ich schlage vor, 30 bis 60 Tage – und auf das Verhalten und verbale Reaktionen achten. Es ist nicht genug, wenn der andere sagt: »Tut mir leid – aber jetzt wollen wir über etwas anderes sprechen.«

Was aber *ist* genug?

1. Die Verantwortung dafür zu übernehmen, daß Angst, Pflicht- und Schuldgefühle dazu eingesetzt wurden, um sich durchzusetzen.
2. Anzuerkennen, daß es bessere Möglichkeiten gibt, um das zu erbitten, was man möchte, und die Verpflichtung einzugehen, daß diese besseren Möglichkeiten in Zukunft zum Einsatz gebracht werden.
3. Das Eingeständnis, daß die angewandten Taktiken lieblos waren und dem Opfer Schmerzen bereitet haben.
4. Das Einverständnis, mit dem Erpreßten über die Bedingungen für eine gesündere Beziehung zu verhandeln, wozu auch das Einbeziehen außenstehender Unterstützung gehören könnte, wenn die Bewältigung der Aufgabe ohne Hilfe von außen scheitern sollte.
5. Die Bereitschaft, das Recht des Erpreßten darauf zu akzeptieren, anders zu denken, zu fühlen und sich anders zu verhalten, und das Einverständnis damit, daß *anders* nicht gleich »falsch« oder »schlecht« bedeutet.
6. Eine Zusage, am Verzicht auf die nebelproduzierenden Taktiken zu arbeiten, die in der Vergangenheit eine so große Rolle gespielt haben (das heißt keine negativen Vergleiche,

keine Drohungen, den Partner zu verlassen, wenn man nicht bekommt, was man will, kein Erzeugen von Schuldgefühlen mehr und so fort).

Das Verhalten – sowohl des Erpressers wie auch des Erpreßten – so grundlegend zu verändern braucht Zeit und fordert Anstrengung. Machen Sie sich und der anderen Person ein Geschenk, indem Sie sich für diesen Weg genug Zeit nehmen.

Sie werden stärker sein

Es ist beängstigend, einem anderen Menschen mitzuteilen: »Das ist der Mensch, der ich bin. Das sind die Dinge, die ich möchte.« Noch beängstigender ist es, zur persönlichen Wahrheit – zur eigenen Integrität – zu stehen. Doch das ist die Voraussetzung, wenn die andere Person die Wahl haben soll, die Entscheidungen und Eigenheiten seines vormaligen Opfers zu akzeptieren, oder eben nicht zu akzeptieren. Sie meinen vielleicht, die eigenen Bedürfnisse auszudrücken ist gleichbedeutend mit dem Stellen von Forderungen, doch denken Sie daran, was Sie von Ihrem Erpresser verlangen, ist absolut vernünftig: Sie wollen, daß er aufhört, Sie zu manipulieren; Sie verlangen nichts, was Ihnen oder ihm schaden könnte.

Viele Menschen zögern den Augenblick hinaus, da sie ihrem Erpresser ihre Entscheidungen präsentieren, weil sie sich so große Sorgen über die Folgen machen. Treten Sie einen Augenblick zurück, und fragen Sie sich: Was ist das Schlimmste, was passieren kann? Eine weitverbreitete Angst ist, daß die Beziehung zerbrechen könnte. Doch die Folgen dessen, wenn man nicht für sich einsteht, sind schlimmer, weil *Sie* daran zerbrechen. Mit der Zeit wissen Sie dann immer weniger, wer Sie eigentlich sind, was Sie wollen und woran Sie glauben. Ihr Innerstes schrumpft auf die Größe einer Erbse zusammen.

Wenn das Fortbestehen einer Beziehung darauf beruht, daß Sie fortwährend dem Druck emotionaler Erpressung nachgeben, dann müssen Sie sich fragen, ob dies den Preis Ihres Wohlergehens wert ist. Hat die andere Person etwas dagegen, daß Sie stärker, gesünder und selbstbewußter werden, was heißt das dann für die Qualität Ihrer Beziehung, die Sie so hartnäckig zu bewahren suchen? Auf welcher Grundlage steht diese Beziehung?

In diesem Kapitel habe ich Ihnen von einigen Partnerschaften berichtet, die sich verbessert haben, und von anderen, die schließlich nicht fortbestehen konnten. Doch in jedem der Fälle hat sich ein Erpressungsopfer von emotionaler Erpressung frei gemacht, um seine unschätzbare Integrität zurückzugewinnen. Niemand vermag vorherzusagen, was geschehen wird, wenn Sie sich verändern, aber ich verspreche Ihnen, daß Sie, wenn Sie diese Strategien anwenden und der emotionalen Erpressung entgegentreten, statt ihr nachzugeben, ein stärkerer, gesünderer Mensch sein werden.

Den Nebel aus Angst, Pflicht- und Schuldgefühlen durchbrechen

Wenn Sie bereits damit begonnen haben, die Hilfsmittel und Strategien anzuwenden, die ich Ihnen im vorausgegangenen Kapitel vorgestellt habe, dann entwickeln Sie wirkungsvolle neue Wege der Kommunikation und des Verhaltens. Jetzt möchte ich Ihnen noch zeigen, wie Sie Ihre empfindlichsten wunden Punkte entschärfen können.

Möglicherweise sehen Sie bereits die ersten Erfolge im Widerstand gegen den Druck des Erpressers und die ersten Veränderungen an Ihnen selbst und in der Beziehung. Sie spüren die Befriedigung und das wiedererlangte Gefühl von Kraft, die aus der Neuanbindung an Ihre Integrität resultieren. Aber vielleicht haben Sie auch festgestellt, daß viele der alten Angst-, Pflicht- und Schuldgefühle, die Sie in der Vergangenheit gequält haben, noch immer bei Ihnen sind. Es kommt Ihnen so vor, als ob ein neues glänzendes Gebäude langsam anstelle des alten errichtet wurde, doch die unangenehmen Mieter, die schon immer im Parterre gelebt haben, wollen einfach nicht ausziehen.

Das ist kein Grund zur Beunruhigung. Gefühlszustände verändern sich nicht so schnell, wie man es gerne hätte. Diese Gefühle haben Sie lange Zeit geplagt. Es hat Jahre gedauert, bis aus ihnen wunde Punkte wurden, und sie werden sich nicht ohne Gegenwehr zum Verschwinden zwingen lassen. Doch dies ist eine Auseinandersetzung, die Sie gewinnen werden. Ich möchte Ihnen direkte, praktische Methoden zeigen, um die zurückgebliebenen Verletzungen und Empfindlichkeiten zu verringern, die Sie bisher für emotionale Erpressung empfänglich gemacht haben.

Denken Sie daran: Auch wenn ich die meisten der folgenden Strategien durch meine Arbeit mit Klienten veranschauliche, so sind doch alle Übungen, Rollenspiele, Hausaufgaben und Visualisationen so angelegt, daß Sie sie auch alleine machen können.

Alte Gefühle, neue Reaktionen

Für diejenigen von Ihnen, die mit meinen vorangegangenen Veröffentlichungen, vor allem mit *Vergiftete Kindheit*, vertraut sind, ist es vielleicht überraschend, daß die Arbeit, die im vorliegenden Band absolviert werden soll, nicht in jedem Fall eine Reise zurück zu der Erfahrung beinhaltet, die an der Wurzel vieler Ihrer Verletzlichkeiten liegt. Statt dessen wird das Hauptaugenmerk darauf liegen, Ihre Reaktionen auf diese Erfahrungen zu verändern. Ohne Zweifel trägt jeder Mensch in sich die Spuren der Vergangenheit. Die meisten sind sich wenigstens zum Teil dessen bewußt, auf welche Weise und durch wen sie verletzt wurden. Wer an sich gearbeitet hat, dem ist es häufig gelungen, die wichtige Verbindung zwischen emotionalen Verletzungen und dem eigenen Verhalten gegenüber anderen Menschen herzustellen.

Was jedoch die Empfänglichkeit für emotionale Erpressung oft aufrechterhält, ist die »bevorzugte Behandlung« dieser Verletzungen. Man sabotiert sich selbst, indem man der Erpressung nachgibt, um diesen unangenehmen Gefühlen aus dem Weg zu gehen, statt den Umgang mit ihnen zu erlernen. Die Situation ähnelt jener, in der man sich den Knöchel verstaucht, und lange nachdem der Fuß wieder in Ordnung ist, immer noch humpelt, weil man fürchtet, daß der Schmerz zurückkehren könnte, wenn man normal zu gehen versucht. Ich werde auf bestimmte Kindheitserfahrungen zu sprechen kommen, wie ich dies bereits in vorangegangenen Kapiteln getan habe. Doch wichtiger ist es mir, Sie darin zu unterstützen, neue Reaktionen auf alte Gefühle zu erlernen, indem Sie in der Gegenwart bleiben und sich mit den Menschen auseinandersetzen, die *jetzt* diese Gefühle in Ihnen freisetzen.

Achtung: Bevor Sie mit dieser Arbeit beginnen, muß ich einen wichtigen Punkt wiederholen. Es gibt mehrere Bedingungen, die professionelle Hilfe zwingend verlangen. Wenn Sie mit wiederkehrenden Depressionen, erdrückenden Angstzuständen, Medikamentenabhängigkeit oder den Folgen von körperlichem, sexuellem oder emotionalem Mißbrauch in der Kindheit ringen, dann gibt es eine Vielzahl medizinischer, psychologischer und biochemischer Interventionen, die weder eine große zeitliche noch finanzielle Investition voraussetzen. Die psychoanalytische Kurztherapie, die neuen Antidepressiva, Selbsthilfegruppen, Programme, die sich an den zwölf Schritten der Anonymen Alkoholiker orientieren, und Seminare zum persönlichen Wachstum haben die Landschaft der traditionellen Psychotherapie in den vergangenen zehn Jahren tiefgreifend verändert. Für Menschen, die dies wirklich wollen, sind ausreichend Hilfsangebote vorhanden.

Mit den Gefühlen anfangen

Es ist wahrscheinlich, daß Sie genau wissen, was Sie tun, wenn jemand auf Ihre wunden Punkte drückt. Vielleicht tun Sie alles, um andere Menschen zufriedenzustellen. Oder möglicherweise lesen Sie etwas über das Atlas-Syndrom und sagen: »Das bin ich!« Andererseits kann es sein, daß Sie Wut wie die Pest meiden. Nun, da es darum geht, den Nebel aus Angst, Pflicht- und Schuldgefühlen aufzulösen, möchte ich, daß Sie sich auf das oder die Elemente des Nebels konzentrieren, auf das oder die Sie am empfindlichsten reagieren. Machen Sie eine kurze Bestandsaufnahme, indem Sie die folgende Liste überprüfen.

Wenn ich dem Druck eines Menschen nachgebe, dann tue ich dies, weil:

1. ich Angst vor seiner Mißbilligung habe,
2. ich Angst vor seinem Zorn habe,
3. ich Angst habe, daß er mich nicht mehr mag/liebt und mich vielleicht sogar verlassen wird,

4. ich ihm das schuldig bin,
5. er so viel für mich getan hat, daß ich unmöglich nein sagen kann,
6. es meine Pflicht ist,
7. ich mich zu schuldig fühle, wenn ich es nicht tue,
8. ich mich für egoistisch/lieblos/gierig/gemein halte, wenn ich es nicht tue,
9. ich kein guter Mensch bin, wenn ich es nicht tue.

Sie werden feststellen, daß die ersten drei Aussagen sich auf Angst, die vierte bis sechste auf Verpflichtung und die drei letzten sich auf Schuldgefühle beziehen. Es ist möglich, daß die meisten oder sogar alle Aussagen auf Sie zutreffen. So war es für Eve, die bei dem Gedanken daran, sich Elliots erdrückender Abhängigkeit zu entziehen, Angst vor der Mißbilligung der Leute bekam, sich ihm verpflichtet fühlte, weil sie bei ihm wohnen konnte und weil er ihre Rechnungen bezahlte, und die bei der Vorstellung, ihn zu verlassen, von Schuldgefühlen überwältigt wurde.

Bei anderen Menschen können wunde Punkte mit einem vorherrschenden Gefühl verbunden sein, auch wenn es zwischen den drei Gefühlszuständen zu großen Überschneidungen kommt. Liz zum Beispiel fühlte sich weder besonders verpflichtet oder schuldig, doch hatte sie Angst vor Michaels Wut. Die obigen Aussagen werden Sie darin unterstützen herauszufinden, welche wunden Punkte bei Ihnen vornan stehen und an welchem Element – oder an welchen Elementen – des Nebels aus Angst, Pflicht- und Schuldgefühlen Sie arbeiten müssen, um tiefe und dauerhafte Veränderungen herbeizuführen.

Angstgefühle überwinden

Angst ist ein grundlegender Überlebensmechanismus, der die Aufgabe hat, einen aus der Gefahrenzone zu führen. Sie ist gleichzeitig eine instinktive wie auch eine erlernte Reaktion auf Gefahr. Verlangen zwei Kerle mit Skimasken über dem

Kopf Geld von Ihnen, dann werden Sie Angst haben. Droht Ihr Mann oder Ihre Frau Ihnen damit, Ihnen die Kinder wegzunehmen, wenn Sie ihn oder sie verlassen, dann werden Sie ebenfalls Angst haben.

Doch ein Großteil der Ängste, die man bei emotionaler Erpressung erlebt, tritt auf, weil man Gefahren voraussieht, die existieren oder aber nicht. Der Erpresser wird diese Ängste intuitiv ansprechen und sie hochspielen. Vorstellungen von Katastrophen eskalieren in der Phantasie und werden so lebendig, als seien sie vollkommen real. Also paßt der Erpreßte sein Handeln so an, daß er diese emotionalen Tiefschläge, von denen er sicher ist, daß sie kommen, abwehren kann. Zum wirkungsvollen Umgang mit Ängsten gehört es, sich darin zu trainieren, die geradezu obsessiven schlimmsten Vorstellungen beiseite zu legen und positive Möglichkeiten zu entwickeln. Bisher haben Sie es zugelassen, daß Ihre Vorstellungskraft gegen Sie arbeitet. Jetzt wollen Sie sie zu Ihrem eigenen Nutzen einsetzen.

Die Angst vor Mißbilligung

Man könnte glauben, diese Angst sei unbedeutend, aber glauben Sie mir, für viele Menschen ist sie entsetzlich. Die Angst vor Mißbilligung geht sehr viel tiefer als das Zusammenzucken, wenn jemand wegen etwas, was man getan hat, »Tsts« macht und mißbilligend den Kopf schüttelt. Sie ist mit dem grundlegenden Gefühl für den eigenen Selbstwert verwoben. Wenn man es zuläßt, daß man von der Billigung oder Mißbilligung anderer Menschen definiert wird, dann veranlaßt man sich selbst immer dann dazu, daran zu glauben, daß etwas Wesentliches mit einem nicht stimmt, wenn man Mißfallen erregt.

Jeder Mensch liebt es, gelobt zu werden, und sucht nach Anerkennung durch andere Menschen, und manchmal kann einem dies als das absolut Wichtigste erscheinen. Vor vielen Jahren, bevor ich mich zur Therapeutin ausbilden ließ, bestritt ich meinen Lebensunterhalt als Schauspielerin. Nichts mochte ich lieber, als wenn meine Bemühungen mit Applaus und Anerkennung gewürdigt wurden, und ich befand mich sofort auf der Achterbahn in die Hölle, wenn dies nicht der Fall war. Ich bewertete mein eigenes Können auf der Basis dessen, wie andere Menschen auf mich reagierten. Doch mit dem Älterwerden habe ich eine wunderbare Entdeckung gemacht. Ich bin in meinem Leben viele Risiken eingegangen, und ich habe festgestellt, daß ich das tosende Schweigen der Mißbilligung und sogar harsche Kritik gut ertragen kann, solange ich mit meiner Integrität in Verbindung bin.

Ich weiß, daß es nicht leicht ist, diese Verbindung aufrechtzuerhalten, wenn die Menschen, die einem am meisten bedeuten, einem sagen, daß man sich irrt, aber es ist möglich.

Sarahs Beziehung mit Frank war zügig besser geworden, seit sie ihm bewußt gemacht hatte, wie oft er sie kleinen Tests unterzogen hatte, damit sie sich das Recht, ihn zu heiraten, verdiente.

Die Gespräche, die wir führen, helfen uns sehr, aber ich habe die Vorstellung noch immer nicht verinnerlicht, daß ich mich und meine Entscheidungen auch ohne seine Zustimmung gut finden darf. Ich versuche mir gut zuzureden, mir zu sagen, daß ich erwachsen werden und das überwinden muß, aber es nützt nichts. Ich möchte nicht wie meine Mutter enden, die ohne die Zustimmung meines Vaters nicht einmal über die Straße gehen konnte.

Eine besondere Art Mut. Wollen Sie sich von der Angst vor Mißbilligung befreien, dann müssen Sie wissen, welche Werte und Urteile Ihre eigenen sind, und welche Ihnen von außen aufgezwungen wurden. Das heißt, Sie wissen, was Sie wert sind, und haben den Mut, trotz Mißbilligung für Ihre Vorstellungen und Ihre Wünsche einzustehen und an ihnen festzuhalten.

Sarah war vollkommen aufgeregt, als sie berichtete, wie sie genau das getan hatte.

Sie haben mich gebeten, über meine besten Eigenschaften nachzudenken, und was ich an die erste Stelle der Liste gesetzt habe, waren mein Elan und meine Vorliebe für Herausforderungen. Beides wird vor allem durch meine Arbeit gespeist, und deshalb mußte ich nicht lange überlegen, um mir darüber Klarheit zu verschaffen, ob ich mich beruflich noch stärker engagieren soll. Ich liebe Frank, aber er ist nicht mein ganzes Leben. Ich habe ihm erklärt, daß er, wenn er sich Zeit nehmen würde, um darüber nachzudenken, erkennen müßte, daß meine Gesellschaft für ihn sehr viel angenehmer sei, wenn ich Spaß an den Dingen habe, die ich tue. Er murmelte und grummelte ein wenig, aber ich benutzte die nichtdefensiven Sätze, und er erkannte, daß ich nicht nachgeben würde. Jetzt hat er sich damit abgefunden. Ich fühle mich, als sei Weihnachten!

Eves Lebensumstände unterschieden sich von denen Sarahs. Sarah hatte eine erfolgreiche Karriere und eine potentiell feste Beziehung. Eve jedoch stand vor zahlreichen Unbekannten – und vor der Aufgabe, ihr Leben neu in die Hand zu nehmen –, aber auch sie begannn, ihre Angst vor Mißbilligung zu bewältigen.

Ich habe so lange Zeit all diese Stimmen gehört, die auf mich einredeten: »Du bist ein kaltherziges Miststück«, »Du bist gefühllos«, »Wie kann man etwas so Idiotisches tun«, »Alles, was du tust, ist albern.« Aber ich werde mir nicht mehr soviel Sorgen um das machen, was die Leute denken, denn das, was die Menschen in dieser Welt denken, kann manchmal recht merkwürdig sein. Es gibt tatsächlich Leute, die meinen, der Holocaust habe nie stattgefunden!

Auf der anderen Seite der Angst vor Mißbilligung wartet Ihre Freiheit, sich Ihr Leben so vorzustellen und so zu erschaffen, daß es wirklich allein das Ihre ist. Ich will Ihnen nicht vormachen, daß es leicht ist, aber jedesmal, wenn Sie sich dazu entschließen, selbst der Steuermann Ihres Schiffes zu sein, wie Sarah und Eve es getan haben, machen Sie einen riesigen Schritt auf ein Leben zu, das widerspiegelt, was *Sie* wissen und woran *Sie* glauben – unabhängig davon, was andere denken oder sagen. Ringen Sie sich dazu durch, dann werden Sie Ihre Abhängigkeit von der Zustimmung anderer bald los sein.

Die Angst vor Wut

Michael hielt sich an sein Versprechen, an seiner Wut zu arbeiten, aber Liz brauchte nicht lange, um herauszufinden, daß er nicht der einzige war, der an seinem Umgang mit diesem Gefühl etwas verändern mußte. Sie erzählte:

Eines Abends stolperte er über ein Spielzeug, das eines der Kinder liegengelassen hatte, und er fing an zu fluchen und zu brüllen. Ich befand mich in einem anderen Zimmer, und obwohl er gar nicht mich anbrüllte, brachte der Klang seiner Stimme mein Herz zum Rasen. Er hat sich wirklich bemüht, sich zu ändern, und ich dachte, alles würde gut, sobald er seine Wut besser im Griff hätte, aber ich reagiere noch immer so empfindlich... Ich will nicht durchs Leben gehen und jedesmal in Panik ausbrechen, weil irgend jemand seine Stimme erhebt.

Liz hatte keine Angst davor, daß Michael ihr körperlich weh tun könnte. Ohne Zweifel hatte er sie beschimpft, aber sie bestand darauf, daß es niemals Hinweise gegeben habe, daß er weiter gehen würde. Was war es also, das in ihr eine derart starke körperliche Reaktion auslöste?

Ich stellte ihr drei Fragen:

1. Wovor haben Sie Angst?
2. Was wäre das Schlimmste, was passieren könnte?
3. Wie sieht Ihre Phantasie dessen aus, was passieren könnte?

Ich nehme an, ich habe Angst davor, daß er die Kontrolle verlieren und mich einfach niedermachen könnte. Das ist schwer zu erklären. Ich habe dieses Gefühl, zwei Jahre alt und vollkommen hilflos zu sein. Wenn er wütend ist, dann erinnert mich das an eine allumfassende, verschlingende Hitze ...

Der Klang von Michaels Brüllen führte Liz zurück in ihre Kindheit. Sie war nicht mehr länger die 35jährige Erwachsene, sondern das kleine Mädchen, das in einer erhobenen Stimme nur Gefahr hört. Das ist nicht überraschend, wenn man daran denkt, daß sie aus einer impulsiven Familie kam, in der Schreien das Stichwort dafür war, sich zu ducken und in Sicherheit zu bringen. Aber wie viele Opfer emotionaler Erpressung, die sich fast ein Bein ausreißen, um Wut zu besänftigen oder zu verhindern, vermischte sie ständig die Vergangenheit mit der Gegenwart. Ich sagte Liz, daß es irgendwann einmal sinnvoll sein würde, mit ihrem Vater und ihrem Bruder darüber zu reden, wieviel Angst sie denn tatsächlich gehabt hatte, daß es jetzt jedoch notwendig sei, sich auf Michaels »Ausrutscher« zu konzentrieren.

Es wird niemandem beigebracht, wie man mit dem Zorn eines anderen Menschen umgehen soll, und das eigene Repertoire möglicher Reaktionen ist rasch erschöpft. Als erstes müssen Sie bei einem zum Schreien neigenden Menschen einen ruhigen Moment abpassen, um ihm zu sagen, daß Sie das nicht mehr länger mitmachen werden. Sagen Sie: »Ich bin nicht mehr dazu bereit, mich von dir anschreien zu lassen, und beim nächsten Mal, wo das geschieht, werde ich aus dem Raum gehen.« Damit haben Sie eine starke Position bezogen und sind zu Ihrem eigenen Wohl aktiv geworden. Nun müssen Sie sich beim nächsten Mal an das halten, was Sie angekündigt haben, damit die andere Person Sie ernst nehmen kann.

Während Sie das Zimmer verlassen und sich aus dem Konflikt zurückziehen, sagen Sie einen der folgenden Sätze mit klarer, starker Stimme: »Hör auf damit!«, oder »Es reicht!« Liz sah mich überrascht an. »Kann ich das wirklich tun?« fragte sie.

»Warum nicht?« wollte ich wissen. »Meine Erlaubnis haben Sie jedenfalls.«

Man stellt sich oft vor, daß das Schreien der anderen Person außer Kontrolle gerät und in Gewalt mündet. (Sollten Sie wirklich fürchten müssen, daß ein anderer Mensch Ihnen körperliche Gewalt antut, dann gehören Sie nicht in eine Beziehung mit ihm.) Doch die wenigsten haben in ihrer Phantasie ein Bild davon, was geschehen könnte, wenn sie selbst kraftvoller und selbstsicherer reagieren würden. Sobald Sie die Rolle des ängstlichen kleinen Mädchens oder Jungen hinter sich lassen und sich wie der Erwachsene verhalten, der Sie jetzt sind, sind

Sie auf dem richtigen Weg, die Angst vor der Wut zu besiegen, die so leicht Unterwerfung auszulösen vermag.

Die Geschichte umschreiben. Eine Übung, die erfahrungsgemäß Erpressungsopfer dabei unterstützt, mit Wut selbstbewußter umzugehen, verlangt, eine Situation nachzustellen, in der das Opfer aufgrund von Angst dem Erpresser nachgegeben hat.

Schließen Sie die Augen. Wiederholen Sie in Ihrem Inneren die Worte, die der Erpresser gewählt hat, hören Sie das von neuem, was Sie entgegnet haben, und beschwören Sie Ihre Erinnerungen herauf – die Besorgnis, das Herzklopfen, das schwache Gefühl in den Knien, die katastrophalen Bilder, die sich in Ihrem Geist formten, als Sie sich vorstellten, wie seine Wut außer Kontrolle geraten und sich gegen Sie richten würde.

Dann spielen Sie die Szene ein zweites Mal durch, doch diesmal geben Sie ihr, sobald Sie die Wut in der anderen Person aufsteigen sehen, ein neues Gesicht. Sagen Sie klar und fest: »Nein. Ich gebe nicht nach! Hör auf, mich unter Druck zu setzen!« Wiederholen Sie diese Sätze, bis sie überzeugend klingen – die meisten Menschen sind anfangs sehr zögerlich. Achten Sie genau darauf, wie sich Ihre Worte anhören, und machen Sie sich bewußt, daß sie jedesmal überzeugender klingen. Ja, Sie *sind* fähig, so etwas zu sagen, und ja, diese Worte *geben* Ihnen Kraft.

Schreiben Sie so viele Erpressungssituationen aus Ihrem Leben um wie möglich, und tun Sie dies so oft, wie es Ihnen richtig erscheint. Lassen Sie Ihrer Vorstellungskraft freien Lauf, damit Sie erleben können, wie es sich anfühlt, wenn Sie Ihre persönliche Macht zurückerobern. Vor allem wenn Sie es mit einem Bestrafer zu tun haben, ist diese Übung wichtig, denn solche Erpresser können besonders angsteinflößend sein. Angst ist ihr Modus operandi.

Die Rolle des Erpressers übernehmen. »Einer der Gründe, warum ich solche Angst vor der Wut habe«, erklärte mir Liz, »ist der, daß es mir so vorkommt, als ob der Mensch hinter ihr einfach verschwindet, sobald er seine Wut auf mich losläßt. Auf einmal gibt es keinen Michael mehr – nur die volle Wucht seines Brüllens.«

Ich bat Liz, in seine Rolle zu schlüpfen und mir zu demonstrieren, wie Michael sich im schlimmsten Fall aufführte.

»Das meinen Sie nicht ernst, oder?« entgegnete sie. »Das kann ich nicht.«

»Überwinden Sie einfach Ihre Befangenheit, und versuchen Sie es«, forderte ich sie auf. »Es könnte etwas Interessantes dabei herauskommen. Sich eine Zeitlang in die Lage des Erpressers zu versetzen kann sehr aufschlußreich sein.«

Zögernd legte Liz los, erwärmte sich langsam für die Aufgabe und ging dann zu einer eindrucksvollen Imitation Michaels auf dem Kriegspfad über.

Wenn du meinst, du kannst mich hier so einfach verlassen, dann wirst du es bereuen. Du wirst diese Familie nicht entzweireißen, und wenn du es doch wagst, dann werde ich dafür sorgen, daß es dir noch leid tut! Du wirst keinen Pfennig mehr von mir bekommen, und ich werde es nicht zulassen, daß du die Kinder bekommst! Hast du mich verstanden?

Als Liz schließlich alles gesagt hatte, war sie einen Augenblick lang sehr nachdenklich. Dann erklärte sie:

Das war sehr merkwürdig. Ich habe mich überhaupt nicht stark gefühlt, als ich all diese Dinge herausgeschrien habe. Ich hatte Angst und fühlte mich fast hilflos, so als wollte mir jemand etwas wegnehmen, das ich wirklich brauche, und ich konnte mich nur durch Brüllen und Schreien davon abhalten, in Tränen auszubrechen. Ich kam mir vor wie ein Kind, das einen Wutanfall hat – ich konnte gar nicht die richtigen Worte finden, um das auszudrücken, was ich eigentlich sagen wollte, ich habe nur schrecklichen Krach gemacht.

Bringt der Erpesser in Ihrem Leben seine Wut durch Schweigen zum Ausdruck, dann versetzen Sie sich in seine finstere und zurückgezogene Stimmung, und achten Sie auf das, was in Ihrem Inneren vorgeht. Versuchen Sie herauszufinden, wieviel Angst Sie vor Wut haben und wie machtlos Sie sich fühlen. Welche Art von Angst es auch ist, unter der Sie leiden, Sie werden feststellen, daß die Person, die Sie bisher als machtvoll erlebt haben, in Wahrheit ein emotionaler Feigling ist – das ist es, worum es bei tyrannischen Menschen ausschließlich geht. Selbstbewußte, sicher auftretende Personen haben es nicht nötig, andere herumzustoßen, um das zu bekommen, was sie brauchen, oder um ihre Macht zu beweisen. Möglicherweise ist Ihnen dies auf der Verstandesebene bereits klar, aber indem Sie zu dieser Person »werden«, erhalten Sie die Gelegenheit, dieses Wissen auf der körperlichen und auf der emotionalen Ebene zu erfahren.

Diese Erfahrung vermag Sie, unabhängig davon, ob Sie Ihre Beziehung mit dem Erpresser aufrechterhalten oder nicht, wirkungsvoll im Umgang mit Wut zu unterstützen. Laute, wütende Bestrafer und passiv-aggressive Beleidigte sind in ihrem Inneren in Wahrheit ängstliche kleine Kinder. Das macht ihr Verhalten zwar nicht weniger inakzeptabel, aber man empfindet sie nicht mehr als so furchterregend.

Die Angst vor Veränderung

Niemand nimmt gerne große Veränderungen im Leben vor. Was vertraut ist, fühlt sich selbst dann angenehm an, wenn man damit unglücklich ist, weiß man doch wenigstens, was von einem erwartet wird und was man selbst von anderen erwarten kann.

Maria war dazu entschlossen, sich von Jay zu trennen, aber sie fürchtete das, was vor ihr lag.

Ich habe Angst, Susan. Ich fürchte mich davor, da draußen in dieser Welt eine geschiedene Frau zu sein. Ich fürchte mich vor dem Schmerz und vor der Trauer. Ich fürchte mich vor der Unsicherheit. Ich fürchte mich davor, daß ich neu anfangen muß. Ich fürchte mich davor, daß ich meinen Kindern nicht die Sicherheit und den Schutz bieten kann, wenn nur noch sie und

ich da sind. Ich fürchte mich vor dem, was die Leute denken
werden – daß es mein Versagen war, daß ich alles hatte und
daß ich meine Familie verraten habe. Die Versuchung ist so
groß, auf die Scheidung zu verzichten und zu dem mir ver-
trauten Unglück zurückzukehren – damit wenigstens ist mir
der Umgang vertraut.

Maria beherrschte ihre Rolle als pflichtbewußte Ehefrau und
Mutter aus dem Effeff, und sie wußte, wie sie sich in bekannten Situationen zu verhalten hatte. Aber genau in diesem Ver-
trautsein mit der Situation lag das Problem – es fiel ihr schwer,
darauf zu verzichten. Sobald man darüber nachdenkt, entscheidende Veränderungen vorzunehmen, gerät nahezu jeder
mehr oder weniger in Panik. Und diese Panik ist es, auf der die
Macht der destruktiveren Erpresser beruht. Also verharrt man
in den gewohnten Verhaltensmustern und klammert sich an
schädlichen Beziehungen und Situationen fest, um die Ängste
und Unsicherheiten zu beschwichtigen, die ansonsten überhandnehmen würden.

Ich erzählte Maria, daß ich viel zu viele Jahre in einer
schlechten Ehe ausgeharrt hatte, weil ich vor den gleichen Dingen Angst gehabt hatte wie sie jetzt.

»Es hilft mir sehr, das zu wissen«, sagte sie, »und es ist beruhigend zu wissen, daß ich nicht irgendwie blöd oder verrückt
bin, weil ich diese Gefühle habe.«

Die Angst vor der Veränderung ist allgemein verbreitet, und
Erpresser nutzen sie oft mit Aussagen wie den folgenden aus:

- Ohne mich wirst du wirklich einsam sein.
- Es wird dir leid tun, aber dann ist es zu spät.
- Es ist wirklich hart da draußen für eine alleinstehende Frau.
- Wie kannst du den Kindern das nur antun?
- Du denkst einfach nicht klar – du weißt eben nicht, was du
  willst.
- Sieh dir all die unglücklichen geschiedenen Leute da drau-
  ßen an.

Es spricht nichts dagegen, wenn Sie Ihrem Erpresser gegenüber Ihre Ängste eingestehen, aber wiederholen Sie auch, daß Sie an Ihrer Entscheidung festhalten werden. Sagen Sie etwas wie: »Vielleicht hast du recht, und es wird bestimmt nicht leicht sein, aber ich werde mich dennoch von dir scheiden lassen.« Oder wenn es sich um eine andere Form von Beziehung handelt, dann könnten Sie sagen: »Ich weiß Ihre Besorgnis zu schätzen« – mehr nicht. Sollte der andere darauf beharren, ein düsteres Bild der Zukunft zu malen, zu der Sie sich verdammt haben, dann bedienen Sie sich der nichtdefensiven Kommunikation und entgegnen: »Ich möchte darüber nicht mehr sprechen.« Denken Sie daran: *Sie haben ebenso wie der andere das Recht dazu, über eine Angelegenheit sprechen oder nicht sprechen zu wollen!*

Entscheiden Sie sich dafür, einen bisher in Ihrem Leben wichtigen Menschen zu verlassen oder die Beziehung zu ihm abzubrechen, dann gelangen Sie in einen Krisenzustand – eine Zeit des Gefühlsaufruhrs und der Unsicherheit. Doch Krisen sind nicht allein Zeiten der Gefahr. Geht man wohlüberlegt und mutig mit ihnen um, dann bieten Krisen auch eine wunderbare Gelegenheit für persönliches Wachstum und ein besseres Leben.

Dies ist der richtige Zeitpunkt, um eine Selbsthilfegruppe oder einen Kurs mit Menschen zu suchen, die sich in einer ähnlichen Situation befinden. Um solche Unterstützung zu finden, hört man sich am besten zunächst bei Freunden und bei Personen um, in deren Gesellschaft man sich wohl fühlt und von denen man weiß, daß ihnen die angebotenen Programme zum Erfolg verholfen haben. Volkshochschulen und andere Fortbildungsorganisationen bieten Abendkurse für Erwachsene an, und auch aus den unterschiedlichen Kirchen sind mittlerweile zahlreiche Selbsthilfegruppen hervorgegangen, die der Allgemeinheit offenstehen. Sie müssen nicht alles allein durchstehen. Sie müssen sich jedoch dessen sicher sein, daß sich die Gruppe, der Sie sich anschließen, aus Menschen zusammensetzt, die an Veränderungen interessiert sind und nicht nur zusammenkommt, um sich zu beklagen und »Berichte von der

Front« abzuliefern. Menschen, die einander in schweren Zeiten in ihrem Heilungsprozeß und beim Neuaufbau des Selbstwertgefühls unterstützen, erzeugen eine wunderbare Heilenergie, so daß Veränderung als Herausforderung statt als Bedrohung erlebt werden kann.

Die Angst vor Verlassenwerden

Es ist durchaus möglich, daß die Angst vor dem Verlassenwerden die Mutter aller Ängste ist. Manche Experten gehen davon aus, da sie in die menschlichen Gene hineingeschrieben und der Ausgangspunkt aller Beziehungsängste ist, auch der Furcht vor Mißbilligung und vor Wut. Meiner Meinng nach spielt es keine Rolle, ob es sich dabei um eine instinktive oder um eine erworbene Angst oder um ein Gemisch aus beiden handelt. Am Ende jedenfalls steht, daß jeder Mensch sie spürt. Manche kommen recht gut mit ihr zurecht, für andere ist sie lebensbestimmend. Wenn die Angst vor dem Verlassenwerden einen Menschen wiederholt dazu verleitet, ohne Grund zu kapitulieren, dann ist es, als sagte er: »Ich bin zu allem bereit – wenn du mich nur nicht verläßt.«

Für Lynn war es sehr tröstlich, als Jeff versprach, bei einem Streit nicht einfach davonzugehen, ohne ihr zu sagen, wohin er gehen und wann er zurückkommen würde. Doch ihre Angst vor dem Verlassenwerden, mit der sie schon seit vielen Jahren zu kämpfen hatte, verschwand nicht einfach über Nacht.

Sie sorgt wirklich dafür, daß ich nicht vorankomme. Wenn sich Leute über mich aufregen, dann bin ich mir sicher, daß sie mich schließlich verlassen werden, also mache ich am Ende, was sie wollen. Ich weiß, daß nur Feiglinge so handeln, aber ich kann nicht anders.

Es ist ein großer und nicht allzu logischer Sprung von »Du bist sauer auf mich« bis hin zu »Du wirst mich für immer verlassen«, aber negatives Denken ist eben *nicht* logisch, kann leicht eskalieren und dabei aus einer einfachen Meinungsverschiedenheit einen Abgrund machen.

325

Lassen Sie sich wie Lynn leicht in den Strudel des Katastrophendenkens ziehen, dann können Sie dem am wirkungsvollsten Grenzen setzen, indem Sie bewußt die Zeit und Aufmerksamkeit begrenzen, die Sie ihm schenken.

Das Anhalten der Gedanken. Ich möchte, daß Sie sich in der nächsten Woche ein wenig Zeit nehmen, um sich auf Ihre negativen Gedanken über das Verlassenwerden zu konzentrieren. Fühlen Sie sich frei, die Maschinerie des Jüngsten Gerichts in Gang zu setzen und die furchterregenden Vorstellungen zuzulassen. Doch hier folgt der Trick: Sie müssen sich ein Zeitlimit von fünf Minuten setzen und Ihre negativen Gedanken allein auf diese Zeit beschränken.

Sie brauchen dies nur einmal täglich zu tun. Stellen Sie sich diese fünf Minuten als Ihre Sorgenzeit vor. Wenn sie vorbei sind, dann sagen Sie Ihren Gedanken, wie Sie dies bei unwillkommenen Gasten tun würden, daß sie jetzt leider gehen müssen. Sollten sie im Verlaufe des Tages zurückkehren, dann teilen Sie ihnen mit, daß sie ihre Zeit bereits gehabt haben und daß Sie sich erst morgen wieder mit ihnen befassen können. Reduzieren Sie die Zeitspanne jeden Tag so lange, bis Sie am fünften Tag nur mehr eine Minute beträgt. Ich weiß, diese Methode hört sich zu einfach an, doch denken Sie daran: Gefühle werden durch Gedanken ausgelöst, und wenn sie noch so flüchtig sind. Ängste werden energetisiert, indem man sie immer wieder mit geistiger Aufmerksamkeit am Leben erhält. Diese Technik des Gedankenanhaltens gestattet es Ihnen, dem Gedanken-Gefühle-Verhalten-Kontinuum an seiner Quelle ein Ende zu setzen, und gibt Ihnen die Kontrolle über Ihr Leben zurück.

Das schwarze Loch. Das Anhalten der Gedanken während der Woche half Lynn dabei, nicht in ein negatives emotionales Fahrwasser zu geraten. Doch sie hatte sich noch immer nicht mit der Angst vor dem auseinandergesetzt, was sie »das schwarze Loch« nannte, den Ort, in den zu fallen sie glaubte – und aus dem sie niemals mehr zurückfinden würde –, wenn Jeff sie verließ. Lynn war nicht die erste, die sich dieser Beschreibung bediente. Ich habe sie schon viele Male zuvor von Menschen gehört, die sich davor fürchten, verlassen zu werden. Es scheint sich dabei um eine allgemeingültige Vorstellung der Hölle zu handeln.

Das schwarze Loch war für Lynn, so lange sie denken konnte, ein altbekanntes Bild. Sie war aufs intimste vertraut mit dem Schrecken, der es verkörperte, und sie verspürte keinerlei Bedürfnis, die Schwelle zu überschreiten und einzutreten. Aber genau das war es, so erklärte ich ihr, was sie tun mußte.

»Ich weiß nicht, ob ich das kann«, sagte sie zögernd.

»Wenn nicht heute, wann dann?« fragte ich sie. »Ich möchte, daß Sie mir Ihre Hand reichen und mit mir in das schwarze Loch gehen. Was sehen Sie dort?«

»Es ist dunkel dort und wirklich kalt. Keine menschliche Berührung. Nur Isolation, ohne daß da jemand wäre, mit dem man reden könnte. Ich bin vollständig von der Welt abgeschnitten. Die Tage sind so lang, wenn man keine Gesellschaft hat… Die Wände kommen auf mich zu… Niemand liebt mich oder interessiert sich für mich oder weiß überhaupt, daß es mich gibt.«

Wer würde da nicht lieber die Kapitulation wählen, wenn die einzige andere Möglichkeit darin zu bestehen scheint, in diesen trostlosen, deprimierenden Zustand zu fallen, wie Lynn ihn beschreibt? Und wie leicht man doch zu manipulieren ist, wenn man sein emotionales Überleben allein an einer Person festmacht!

»Also gut«, sagte ich zu Lynn. »Sie haben mich mit hineingenommen. Jetzt möchte ich, daß Sie einen Rückweg suchen.«

»Ja, also gut«, stimmte Lynn zu. »Ich werde einfach meinen Zauberstab schwingen, und das Entsetzen löst sich in Rauch auf.«

»Es ist möglich für Sie herauszukommen, wissen Sie.«

»Nur Jeff vermag mich davon zu erlösen«, gab sie zurück.

»Nein, das ist etwas, was Sie allein bewältigen müssen, sonst ist es wirklungslos. Das heißt nicht, daß ich es unberücksichtigt lasse, wie wichtig Jeff für Sie ist, aber er ist nur ein Bestandteil

327

dessen, was Ihr Leben bereichert. Lassen Sie uns ein wenig kreativer denken. Was ist das Gegenteil des schwarzen Lochs für Sie?«

Lynn schloß die Augen. »Ich denke an die anderen Menschen in meinem Leben, die mir etwas bedeuten – meine Familie, meine Freunde, ein paar wirklich nette Kollegen bei der Arbeit... an Dinge, die ich gerne tue – Augenblick, da fällt mir ein ganz besonderer Tag ein. Ich glaube, ich bin ungefähr zwölf, und mein Dad hat mir mein erstes Pferd geschenkt – einen wunderschönen Palomino. Ich konnte es nicht fassen! Er gehörte mir ganz allein. Ich erinnere mich an den Duft des Heus, an die Sonne auf meinem Gesicht... ich glaube, näher bin ich vollkommenem Glück nie gekommen.«

»Und Sie können immer dann an diesen Ort zurückkehren, wenn Sie spüren, daß Panik Sie überfällt«, erklärte ich ihr. »Sie können die sinnlichen Freuden jederzeit zurückrufen. Und es steht Ihnen frei, weitere solche Tage zu erleben. Sie haben einen Ehemann und andere Menschen, die Sie lieben, und eine gute Karriere und die Fähigkeit, die Dinge tief zu empfinden. Welch wundervolle Gaben! Sehen Sie, Sie haben den Weg aus dem schwarzen Loch ganz allein gefunden!«

Diese Art von Visualisation, die Lynn gemacht hat, steht auch Ihnen offen, wenn Sie Angst haben. Setzen Sie sich hin, schließen Sie die Augen, und machen Sie vier oder fünf tiefe Atemzüge. Dann erinnern Sie sich an einen der besten Tage in Ihrem Leben. Es könnte ein Tag in Ihrer Kindheit gewesen sein, als Sie vollkommen sorgenfrei waren. Oder vielleicht wollen Sie an einen wunderschönen Ort zurückkehren, den Sie in einem Zustand besucht haben, bei dem all Ihre Sinne scharf und aufnahmebereit für die romantische Schönheit, die Sie umgab, waren. Füllen Sie Ihren Geist und Ihren Körper mit diesem Tag an, mit diesem Anblick und mit den Leuten, spüren Sie die Luft, atmen Sie den Duft der Blumen oder des frisch geschnittenen Grases. Lassen Sie es zu, daß Sie diesen Tag ganz und gar erleben, bis die Erinnerungen Sie beruhigen. Vergessen Sie nicht, daß Sie diese Visualisation immer dann einsetzen können, wenn Sie Licht in das schwarze Loch bringen wollen.

Die Angst vor dem Verlassenwerden, die man in Liebesbeziehungen spürt, ist die Erwachsenenversion der gleichen Furcht, die man als Kind verspürte, als man alleine nicht überleben konnte. Unglücklicherweise wähnen sich viele Erwachsene noch immer einer Art psychologischem Tod gegenüber, wenn jemand, an den sie gebunden sind, ihnen droht, sie zu verlassen. Doch das schwarze Loch existiert nur in der Phantasie. Es ist eine als Wahrheit verkleidete Lüge.

Die freudvollen, wertvollen Menschen und Erfahrungen, die einen Menschen nähren, haben die Tendenz, vergessen zu werden, sobald die Angst auf den Plan tritt. Doch sie sind jedem jederzeit in der Realität und in der Erinnerung und der Vorstellung zugänglich. Wenn sich die Angst für Sie wie ein dunkler Fluß anfühlt, der Sie durchströmt, dann können Sie sich mitten in dieser Dunkelheit Trittsteine erschaffen, die Ihnen hinüberhelfen.

Übertriebenes Pflichtgefühl überwinden

Ich wünschte, jemand würde uns einer Pflichtgefühlklasse zuweisen, so wie das Finanzamt einem eine Steuerklasse zuordnet. Wäre das Leben nicht sehr viel einfacher, wenn es eine Formel gäbe, anhand derer man herausfinden könnte, wieviel man seinen Mitmenschen schuldet, statt ständig allein mit diesem Dilemma ringen zu müssen? Wäre es nicht wunderbar, wenn klare Richtlinien darüber existierten, wann man zu viel und wann zu wenig gibt, wann Geben hilft und wann es schadet? Wenn festgelegt wäre, wie man das Gleichgewicht hält zwischen den Verpflichtungen, die man anderen gegenüber hat, und jenen realen und lebenswichtigen Verpflichtungen, die man sich selbst gegenüber einhalten muß?

Der Mensch wird nicht mit einer bestimmten Vorstellung von Pflichtgefühl geboren. Er lernt es durch Eltern, in der Schule, bekommt es von der Religion, Politik und der Kultur im allgemeinen vermittelt. Und um die Angelegenheit noch weiter zu verkomplizieren, wird er ununterbrochen mit neuen Regeln bombardiert. Viele Jahre lang hielt man Opferbereitschaft und Altruismus für wünschenswert. Dann kam die egoistische Gesellschaft, deren Mantra »Erst komm ich, und dann komm ich, und dann kommst du noch lange nicht!« lauten könnte. Dann schlug das Pendel wieder um, hin zu Mitgefühl und Fürsorge. Kein Wunder, daß Verwirrung herrscht.

Es fällt schwer herauszufinden, wie man überhaupt an die eigene Vorstellung von Pflichtgefühl gekommen ist. Und auf lange Sicht spielt dies auch keine Rolle. Entscheidend ist, daß es vorhanden ist – und abhängig von seinem Ausmaß macht es Sie empfänglich für emotionale Erpressung. Sollten Sie davon ausgehen, daß die Bedürfnisse anderer Menschen grundsätzlich wichtiger sind als Ihre eigenen, und sollten Sie es sich zur Gewohnheit gemacht haben, sich selbst in jeder Beziehung ausnahmslos so lange hintanzustellen, bis Sie körperlich, geistig, emotional, spirituell und finanziell vollkommen erschöpft sind, dann ist es an der Zeit, Ihre Vorstellungen zu untersuchen und zu verändern.

Wo steht es geschrieben?
Der beste Weg, Ihre Vorstellungen bezüglich der Verpflichtungen zu ändern, die Sie ärgerlich machen und auslaugen, ist es, sie aufzuschreiben. Dann können Sie sich der Herausforderung stellen.

Fangen Sie an, indem Sie eine Liste dessen aufstellen, was andere Leute von Ihnen erwarten. Hier folgen einige Vorschläge, um Ihnen den Anfang zu erleichtern:

_____ (Name)

geht davon aus/erwartet/verlangt, daß ich:
- sofort alles fallen lasse, um ihm zu helfen,
- mich um sein körperliches/emotionales/finanzielles Wohlergehen kümmere,
- in den Ferien, im Urlaub oder in der Freizeit immer das tue, was er will,
- mir seine Probleme anhöre, ganz egal, wie ich mich gerade fühle,

- ihm immer helfe, aus seinen Schwierigkeiten herauszufinden,
- meine Arbeit, Interessen, Freunde und Aktivitäten hintanstelle,
- ihn nie verlasse, auch dann nicht, wenn er mich unglücklich macht.

Nun schreiben Sie jede Aussage neu, indem Sie ihr die Worte »WO STEHT GESCHRIEBEN, DASS ICH...« in Großbuchstaben voranstellen. Machen Sie sich bewußt, wie anders es sich anhört, wenn Sie sagen: »WO STEHT GESCHRIEBEN, DASS ICH meine Interessen hintanstellen muß, nur weil mein Mann das von mir verlangt?« im Vergleich zu: »Mein Mann verlangt von mir, daß ich meine Interessen hintanstelle.« WO STEHT GESCHRIEBEN, DASS die Bedürfnisse aller anderen wichtiger sind als Ihre? WO STEHT GESCHRIEBEN, DASS Sie Ihr Wohlergehen opfern müssen, um sich um einen fordernden Elternteil zu kümmern, der sich sehr gut um sich selbst kümmern könnte? WO STEHT DAS GESCHRIEBEN? Diese scheinbar unwandelbaren Regeln, die Sie davon abhalten, sich selbst auch nur halb so gut wie alle anderen zu behandeln, sind nicht in Stein gemeißelt. Sie existieren nur in dem Ihnen eingebrannten Glaubenssystem, das Ihnen sagt, wie Sie in der Welt funktionieren sollen.

Das Urteil verwandeln

Karen fiel es schwer, ihre tiefverwurzelte Selbstbestrafung aufzugeben, die ihr sagte, daß sie ihrer Tochter alles geben mußte, was diese wollte, weil sie doch so eine schwere Zeit gehabt hatte und obendrein alles Karens Schuld war. Sie mußte sich mit ihrem übertriebenen Pflichtgefühl sowohl auf der emotionalen wie auch auf der Verstandesebene auseinandersetzen.

Karen war ihr eigenes Geschworenengericht, ihr eigener Richter und hatte sich selbst für ein Verbrechen, das sie nicht begangen hatte – ein Autounfall, der ihren Mann das Leben gekostet hatte –, zu lebenslangen Pflichtgefühlen verurteilt. Ich bat sie, im Wörterbuch in meinem Büro das Wort »Unfall« nachzuschlagen.

»Es bedeutet ›unvorhersehbares, unerwartetes und...‹«, sie

hielt einen Augenblick inne, und ich konnte sehen, wie sich ihre Augen mit Tränen füllten, »und ›unbeabsichtigtes Ereignis‹!«

»Genau«, sagte ich. »*Unbeabsichtigt!*« Ich forderte sie dazu auf, das Wort im Geiste so oft wie möglich zu wiederholen. Sie hatte nicht gewollt, daß das, was geschehen war, geschah, sie hatte es nicht geplant, und sie hatte nichts damit zu tun. Ich erklärte ihr, daß jeder Mensch mit Ausnahme einiger weniger Mörder, die mit lebenslänglich ohne die Möglichkeit einer Begnadigung bestraft werden, früher oder später aus dem Gefängnis freikommt. Wie konnte es sein, daß allein sie noch immer in ihrer Zelle saß?

Ich wußte, daß Karen ein reiches spirituelles Leben führte. Sie ging regelmäßig zu Al-Anon-Treffen, nahm häufig an Retreats teil, war eine begeisterte Yogaschülerin und meditierte täglich. Dennoch war es Karen bisher nicht gelungen, sich selbst zu vergeben.

Ich forderte sie auf, eine Gestalt zu erdenken, welche die Macht haben würde, sie aus dem Gefängnis der Pflichtgefühle zu befreien, eine Gestalt, die sie in einer Szene mit sich selbst darstellen könnte. »Nun, also… ich glaube nicht, daß ich mich damit wohl fühlen würde, Gott zu spielen, aber ich glaube daran, daß ich einen Schutzengel da draußen habe; in seine Rolle könnte ich schlüpfen.«

»Großartig!« sagte ich. »Sie werden Ihr eigener Schutzengel sein. Setzen Sie Karen in den leeren Stuhl und holen Sie sie ein für allemal aus dieser lausigen Zelle! Und ich möchte, daß Sie damit anfangen, indem Sie sagen: ›Ich vergebe dir!‹«

Die Tränen, die sich in Karens Augen gesammelt hatten, liefen ihr nun die Wangen hinunter, als sie begann.

Ich vergebe dir, Karen. Du hattest nichts mit Petes Tod zu tun. Es war ein Unfall. Du warst eine gute Mutter, du hast deine beiden Kinder beschützt und sie geliebt, du warst auch eine gute Tochter und eine wunderbare Krankenschwester. Du sorgst wirklich gut für andere Menschen – jetzt wird es Zeit, daß du dich um dich selbst kümmerst. Ich vergebe dir, Liebling, ich vergebe dir, ich vergebe dir.

332

Bisher war Karen nicht dazu in der Lage gewesen, auf diese Weise zu sich selbst zu sprechen, doch in der Rolle ihres Schutzengels war sie fähig, sich selbst Anerkennung zu zollen und sich die Befreiung aus dem Gefängnis der übertriebenen Pflichterfüllung zu erlauben, die sie so verzweifelt dringend benötigte. Ich bitte Sie eindringlich, es mit dieser Übung zu versuchen. Falls Sie sich mit der Vorstellung des Schutzengels nicht anfreunden können, dann steht es Ihnen frei, in die Rolle eines beliebigen liebevollen Menschen in Ihrem Leben zu schlüpfen. Entscheidend ist es, sich darauf zu konzentrieren, an welcher Stelle Sie im Gefängnis der übertriebenen Pflichterfüllung steckengeblieben sind, und sich daraus zu befreien.

Diese Sitzung brachte die Wendung für Karen. Gegen Ende unserer gemeinsamen Stunde sagte sie: »Also WO STEHT GE-SCHRIEBEN, DASS ICH mein Rentenkonto plündern muß, bloß weil meine Tochter jetzt sofort ein Haus haben muß?«

Ich wies Karen darauf hin, daß es in Ordnung sei, wenn sie Melanie finanziell unter die Arme greifen wollte, solange sie dazu wirklich in der Lage war und es aus Liebe und Großzügigkeit statt aus Angst vor Vergeltungsmaßnahmen durch ihre Tochter geschah. Sie erkannte, daß die verlangten 5000 Dollar für sie im Augenblick zuviel seien, daß sie aber 1500 Dollar erübrigen konnte.

»Und wenn Melanie protestiert?« fragte ich.

Karen lächelte und holte tief Luft. »Nun... sie hat sich auch früher schon beklagt, und ich bin sicher, sie wird sich auch in Zukunft immer wieder mal beklagen. Ich werde ihr einfach sagen, daß ich mehr nicht habe, und wenn sie auf irgend jemanden wütend werden will, dann werde ich ihr raten: ›Ärgere dich über Susan, sie ist diejenige, die für all die Veränderungen, die ich in Angriff genommen habe, verantwortlich ist.‹«

Menschen wachsen auf und entwickeln sich, aber manchmal vermögen ihre Überzeugungen nicht Schritt zu halten. Wie Karen steht es auch Ihnen frei, nach den Regeln und Vorstellungen zu leben, die Sie als erwachsener Mensch freiwillig akzeptieren. Sie sind nicht auf ewig an jene gebunden, die Sie automatisch und ohne sie zu hinterfragen vor langer Zeit für sich übernommen haben.

Wieviel kann man geben?

Eve wußte, daß sie Elliot würde verlassen müssen, aber der Nebel aus Angst, Pflicht- und Schuldgefühlen lähmte sie.

Er braucht mich so sehr. Ich mache doch alles für ihn. Und ich verdanke ihm so viel. Ich kann mich einfach nicht dazu entschließen, diese Tür hinter mir zuzuschlagen.

Diese liebenswürdige, talentierte junge Frau hatte so viel von sich aufgegeben, um sich um Elliot zu kümmern, daß sie nun, praktisch ohne irgendwelche psychologische Reserven, von einem emotional überzogenen Konto lebte. Sie hatte ihre Freunde aufgegeben, plante für sich keine Freizeit oder andere beglückenden Tätigkeiten ein, hatte ihre Karrierebestrebungen für ihn aufgegeben und ihre Welt auf einen schmalen Streifen am Horizont reduziert.

Je mehr Mittel man besitzt, desto mehr vermag man zu geben. So einfach ist es. Wenn Sie ein reiches Leben führen – Menschen haben, die Sie lieben und die Sie wiederlieben, emotionale und berufliche Befriedigung, Freunde, Spaß, genug Geld –, dann sind Sie vermutlich fähig, sehr viel zu geben, ohne Ihr Wohlergehen dabei einschränken zu müssen. Umgekehrt wird es Ihnen sehr viel schwerer fallen, viel Zeit und Energie aufzuwenden und die Forderungen eines Mitmenschen zu erfüllen, wenn Sie gerade eine Scheidung durchmachen, Probleme am Arbeitsplatz und finanzielle Schwierigkeiten haben. Es fällt schwer, das zu akzeptieren, aber die Wahrheit ist nun einmal, daß man niemanden vor dem Ertrinken retten kann, wenn man mit Mühe gerade selbst den Kopf über Wasser hält.

Schuldgefühle überwinden

Schuldgefühle besitzen große Macht, weil es den meisten Menschen schwerfällt, zutreffende Schuld von ungerechtfertigten Schuldzuweisungen zu unterscheiden. Man meint, wenn man sich schuldig fühlt, dann hat dies immer etwas damit zu tun, daß man etwas Schlechtes getan hat.

Allens Euphorie darüber, daß er in der Lage gewesen war, mit Jo zu sprechen und einen Plan für seine Dienstreise zu ersinnen, hielt ungefähr fünf Minuten an. Fast sofort fühlte er sich in die Zange genommen von seinem Wissen, daß er eigentlich die richtigen Entscheidungen getroffen hatte, und von dem äußerst unangenehmen Gefühl, das er hatte, weil er seiner Frau eine so riesige Veränderung der Beziehung zu ihr zumutete.

Ich weiß, Jo hat zugestimmt, zu Hause zu bleiben, und schien sich nicht einmal besonders darüber aufzuregen, aber ich habe trotzdem furchtbare Schuldgefühle. In meinem Inneren entsteht dieses Bild von ihr allein im Haus, auf dem Sofa vor dem Fernseher weinend zusammengerollt und bei jedem Geräusch zusammenzuckend. Schuldgefühle entstehen nicht grundlos, Susan. Ich bin bestimmt kein Mann, der gerne sieht, wie seine Frau leidet.

Ich versprach Allen, daß er, wenn er die folgenden Fragen beantwortete, schnell herausfinden würde, ob seine Schuldgefühle im Verhältnis zur Situation angemessen oder unangemessen waren. Ich fragte ihn:

- Ist das, was Sie getan haben oder tun wollen, böswillig?
- Ist das, was Sie getan haben oder tun wollen, grausam?
- Ist das, was Sie getan haben oder tun wollen, mißbräuchlich?
- Ist das, was Sie getan haben oder tun wollen, beleidigend, herabsetzend oder erniedrigend?
- Ist das, was Sie getan haben oder tun wollen, für das Wohlergehen der anderen Person wirklich schädlich?

Beantworten Sie auch nur eine der Fragen mit Ja, dann sind Ihre Schuldgefühle angemessen, sofern sie Reue und nicht Selbsthaß hervorrufen. Zum Wohle Ihrer Integrität zu handeln heißt, daß Sie die Verantwortung für Ihr Verhalten übernehmen und Ihr Tun wiedergutmachen. Damit ist nicht gesagt, daß Sie ein unmoralisches Monster sind.

Doch wenn Sie wie Allen für sich selbst etwas Gesundes tun und nicht das Ziel verfolgen, einen anderen Menschen zu verletzen oder herabzusetzen, dann sind Ihre Schuldgefühle unberechtigt, und Sie müssen ihnen entgegentreten. Tun Sie dies nicht, dann setzen sich übertriebene Schuldgefühle so fest, daß sie zum Bühnenbild Ihres alltäglichen Lebens werden.

Allen beantwortete alle Fragen mit Nein, aber er hatte noch immer ambivalente Gefühle, als er seine Geschäftsreise nach San Francisco ohne Jo antrat.

Die erste Nacht war am schwersten. So, wie ich es erwartet hatte, weinte sie am Telefon, als ich sie am Abend anrief. Zunächst wollte ich ihr instinktiv Vorschläge machen, was sie alles unternehmen könnte – Freunde besuchen, ausgehen, bei ihrer Familie vorbeifahren –, aber dann wurde mir klar, daß ich ihr nur dann helfen konnte, wenn ich aufhörte, ihr zu sagen, was sie tun sollte und sie es selbst herausfinden ließ. Also sagte ich ihr, wie sehr sie mir fehlte, daß alles gut lief und daß ich am nächsten Abend wieder anrufen würde.

Der zweite Tag war ein wirklicher Wendepunkt für mich. Als ich sie anrief, war sie nicht da. Ich machte mir Sorgen, also hinterließ ich eine Nachricht auf dem Anrufbeantworter, und als sie zurückrief, erzählte sie mir, daß sie mit ihrer Freundin Linda im Kino gewesen war. Sie hörte sich vollkommen normal an. Ich fühlte mich, als hätte ich mir völlig unnütz Sorgen gemacht. Es ging ihr in dieser Woche mal besser, mal schlechter, aber sie fand immer etwas, was sie unternehmen konnte, und kam gut klar. Damit will ich nicht sagen, daß dies alles leicht ging, aber wir sind beide zurechtgekommen. Und beim nächsten Mal wird es uns sicher noch viel leichter fallen.

Nutzen Sie die vorangangenen Fragen immer dann, wenn Sie meinen, daß Ihre Schuldgefühle wie bei Allen nicht in der richtigen Proportion zu den Ereignissen stehen, die sie ausgelöst haben. Ein gesundes Gewissen wird Schuldgefühle in einer Größenordnung erzeugen, die der Tat entspricht. Sie *sollen* Schuldgefühle haben, wenn Sie mit dem besten Freund Ihres Mannes schlafen, und die Fragen haben sicherlich nicht das Ziel, irgend jemanden freizusprechen, der kriminelle Handlungen begangen hat. Aber Sie haben es nicht verdient, unter Schuldgefühlen zu leiden, weil Sie den Toast haben anbrennen lassen oder einen Film im Kino vorgeschlagen haben, der sich als Flop herausgestellt hat. Und schon gar nicht deshalb, weil Sie das Leben eines anderen Menschen bereichern wollten – auch dann nicht, wenn es diesem nicht gefallen hat.

Meinungen, nicht Tatsachen

Die Menschen, die andere emotional erpressen, machen keine Unterschiede, wenn es um Schuldgefühle geht. Sie schieben ihren Opfer wegen kleiner Dinge ebensoviel Schuld zu wegen großer. Und wie bereitwillig die Erpreßten die Tore öffnen und den Schuldzuweisungen Raum geben!

Leigh hatte ihrer Mutter gesagt, wie sehr sie die negativen Vergleiche mit ihrer Kusine verletzt hatten, und ihre Mutter schien dafür empfänglich zu sein. Doch alte Gewohnheiten sind hartnäckig, und als ihre Mutter etwas von Leigh wollte, wogegen Leigh Einwände erhob, bediente sie sich einfach einer anderen Methode, um Druck zu erzeugen.

Sie wollte, daß ich sie übers Wochenende nach San Diego begleitete, damit sie dort meinen Bruder und seine Familie besuchen konnte, aber ich hatte eine Verabredung und Theaterkarten, und es hätte einfach nicht geklappt. Ich gab ihr zu verstehen, daß sie ja schon ein großes Mädchen wäre und auch allein dorthin fahren könnte. Ich weiß, das war gehässig, aber ich machte ihr den Vorschlag, doch mit Caroline hinzufahren. Na ja, sie fing nicht wieder mit den negativen Vergleichen an, aber dafür ließ sie vom Stapel: »Ich nehme an, du bist einfach zu beschäftigt, um Zeit mit mir zu verbringen – du bist so sehr in dein eigenes Leben eingespannt, daß du dich für niemanden sonst interessierst. Ich kann es einfach nicht fassen, was aus dir geworden ist!« Ich weiß, sie hat versucht, mich zu manipulieren, und sie spielt ihre Rolle als Märtyrerin voll aus, aber verdammt, ich fühle mich trotzdem schuldig – nicht so schlimm wie vorher, aber immer noch zu sehr für meinen Geschmack. Ich habe sogar kurz darüber nachgedacht, meine Verabredung abzusagen und meine Theaterkarten zu verschenken – aber ich habe dem Drang nicht nachgegeben, also mache ich wohl Fortschritte.

Natürlich war das ein Fortschritt. Trotz des Drucks hatte Leigh ihr Verhalten geändert, und wie so viele Menschen erkannte sie selbst ihre Leistung nicht genug an, weil sie davon ausging, daß ihre Gefühle sich ebenso schnell ändern würden. Um ihre unverdienten Schuldgefühle noch weiter zu reduzieren, mußte sie lernen, die negativen Abstempelungen ihrer Mutter von den Tatsachen zu trennen.

Ich bat Leigh, eine Liste der kritischsten Bemerkungen anzufertigen, die ihre Mutter ihr im Laufe der Jahre an den Kopf geworfen hatte, wenn sie sich ärgerte. Ich sah voraus, daß die negativen Etikettierungen von Leighs Mutter wahrscheinlich zahlreichen Opfern emotionaler Epressung vertraut sein würden.

Hier folgen einige der Punkte von Leighs Liste:

- lieblos
- egoistisch
- gedankenlos
- ungeschickt
- stur
- gemein
- unvernünftig
- unhöflich

Wenn Personen, die einem nahestehen, einen mit solchen Adjektiven belegen, dann kann das sehr verletztend sein. Aber die

Bezeichungen haben mit der *Wahrheit* nichts zu tun. Sie geben *die Meinung* des anderen wieder. Erpressungsopfer schützen ihre Erpresser häufig, indem sie sie in einen Mantel der Weisheit hüllen. Man meint, sie kennten einen besser als man sich selbst, und man ist schnell damit bei der Hand, ihnen ihre Definitionen der eigenen Person abzukaufen, vor allem dann, wenn sie mit den Behauptungen übereinstimmen, die andere schon in der Vergangenheit aufgestellt haben. Auf diese Weise verwandelt man die Meinung eines anderen Menschen in Fakten. »Du bist egoistisch« wird im Inneren zu »*Ich* bin egoistisch«. Auf die gleiche Art verinnerlicht ein Kind, dem man sagt: »Du bist böse«, die Botschaft als: »*Ich* bin böse.«

Um Leigh dabei zu unterstützen, Fakten und Fiktion voneinander zu trennen, bat ich sie, hinter jede ihrer Eintragungen die Worte »MEINUNG, NICHT TATSACHE!« in Großbuchstaben zu schreiben. Ihre Aufzählung sah dann folgendermaßen aus:

- lieblos: MEINUNG, NICHT TATSACHE!
- egoistisch: MEINUNG, NICHT TATSACHE!
- gedankenlos: MEINUNG, NICHT TATSACHE!

Ich bin sicher, Sie verstehen, was ich meine. Es ist wichtig, daß Sie dieses Konzept in sich aufnehmen.

Selbstverständlich ist man manchmal tatsächlich lieblos und gedankenlos, und es ist wichtig, die Gültigkeit der diesbezüglichen Behauptung eines anderen Menschen zu überprüfen. Die Fragen, die ich Allen gestellt hatte, werden Sie darin unterstützen, dies zu tun. Meistens jedoch, wenn man es mit einem emotionalen Erpresser zu tun hat, ist ihre Etikettierung selbstherrlich, voreingenommen und ein Produkt ihrer Selbstbedienungsmentalität. Wenn der Erpresser wie in Leighs Fall ein Elternteil ist, fällt es besonders schwer, dies zu erkennen, weil man in der Kindheit geglaubt hat, daß Eltern immer recht haben. Aber wie Sie durchweg in diesem Buch gesehen haben, handeln Erpresser aus ihrer eigenen Angst und Frustration heraus, und oft sind die Eigenschaften, die sie einem Mitmenschen vorwerfen, Merkmale ihres eigenen Charakters. Sie haben diese

Mängel auf Sie in der Erwartung übertragen, daß Sie sie zu den Ihren machen. Also, schicken Sie sie zurück!

Zurück an den Absender

Das Unbewußte schenkt symbolischen Ritualen und Zeremonien sehr viel Aufmerksamkeit. Einer der aufregendsten Aspekte meiner Arbeit war es, einfache Rituale zu schaffen, die meinen Klienten helfen, sich mit ihren Dämonen auf eine neue und interessante Weise zu konfrontieren. Hier folgt ein solches gegen Schuldgefühle, das wirklich dafür sorgen kann, diesen wunden Punkt zu desensibilisieren.

Suchen Sie sich einen Karton mit einem Deckel, ähnlich wie ein Schuhkarton. Machen Sie ihn zu Ihrer Schuldkiste. Schreiben Sie eine Woche lang jeden Tag die Aussagen oder Bezeichnungen auf, die bei Ihnen Schuldgefühle auslösen und die eine andere Person einsetzt, um Sie auf unfaire und manipulative Weise unter Druck zu setzen. Schreiben Sie jeden Begriff auf ein eigenes Blatt Papier, und legen Sie es in die Kiste.

Am Ende der Woche packen Sie die Kiste ein, als ob Sie sie verschicken wollten, und setzen die Rücksendeadresse der Schuldzuweiser auf die obere linke Ecke und Ihre eigene Adresse in die Mitte. Dann schreiben Sie in großen Druckbuchstaben »ZURÜCK AN DEN ABSENDER« quer über das Paket. Und schließlich beseitigen Sie die Schachtel so zeremoniell, wie Sie mögen, auf eine Ihnen wohltuende Weise. Sie können sie im Garten vergraben, sie verbrennen und die Asche verstreuen, sie in einen Mülleimer werfen oder mit dem Auto darüberfahren. Der Sinn der Sache ist, daß Sie aufhören, die Schuldzuweisungen in Empfang zu nehmen, die mit Ihnen nicht wirklich etwas zu tun haben. Sie gehören Ihnen nicht. Also nehmen Sie sie nicht an.

Eine Übung mit Paradoxen

Trotz all der Dämonen, die an ihr zerrten, brachte Eve den Mut auf, Elliot auf die denkbar mitfühlendste Weise zu verlassen. Sie setzte ein bestimmtes Datum für ihren Auszug fest und blieb lange genug, um ihm bei der Suche nach einem persönli-

chen Assistenten zu helfen, der einen Großteil der Arbeit übernehmen würde, die sie bisher für ihn getan hatte. Außerdem
machte sie seiner Familie bewußt, wie depressiv er tatsächlich
war, und konnte mehrere seiner Angehörigen dazu überreden,
sich um ihn zu kümmern und ihn möglicherweise dazu zu bewegen, professionelle Hilfe anzunehmen.

Doch war mir klar, daß Eve ihren Berg ungerechtfertigter
Schuldgefühle nicht so leicht loswerden würde, auch wenn sie
dramatische Fortschritte gemacht hatte. Sie war vorübergehend bei ihrer Mutter eingezogen, was gut zu funktionieren
schien, und hatte versucht, eine neue Arbeitsstelle zu finden.
Aber jedesmal, wenn Elliot sie anrief und am Telefon zusam-
menbrach, verirrte sie sich erneut in dem Nebel aus Angst,
Pflicht- und Schuldgefühlen.

Ich stellte einen leeren Stuhl vor sie hin und bat sie, sich vorzustellen, daß Elliot darin sitze. Dann bat ich sie, vor dem Stuhl
auf die Knie zu gehen und zu sagen: »Ich weiß, daß du ohne
mich nicht leben kannst, also werde ich dich niemals verlassen.
Ich werde für dich all meine Träume, meine Ziele, ja, mein
ganzes Leben aufgeben. Ich werde für mich selbst nichts verlangen. Ich werde mich ein Leben lang um dich kümmern.«

Eve sah mich an, als ob ich verrückt wäre. »Soll das ein Witz
sein?« fragte sie entsetzt. »Ich würde niemals so etwas zu irgend jemandem sagen!«

»Bitte tun Sie es dennoch«, sagte ich.

Zögernd kam Eve meiner Bitte nach. Als sie ungefähr bei der
Hälfte war, hielt sie inne und sagte: »Augenblick mal! Ich fühle
mich einfach lächerlich. Ich weiß, daß ich leicht zu überreden
bin, aber ich bin kein Idiot! Ich gehe nicht zurück! Ich will mein
eigenes Leben führen! Ich kann nichts dafür, daß er so ist, wie
er ist – warum sollte es meine Aufgabe sein, ihn am Leben zu
erhalten?«

Diese Art therapeutischer Methode wird »paradoxe Intention« genannt. Sie verlangt, daß der Klient aufgefordert wird,
sich, wenn auch nur einen Augenblick, das zu wünschen, was
er befürchtet, oder in die Situation hineinzuversetzen, die er
zutiefst ablehnt. Paradoxe Intention ist auf wunderbare Weise

wirkungsvoll. Wie leicht zu erkennen war, wurde Eves Verstand durch die Absurdität dessen, was ich von ihr verlangte, aktiviert, und sie rebellierte. Auch wenn sie vielleicht zu Elliot nie in dieser Form gesprochen hatte, so hatte ihr Verhalten bis vor kurzem sozusagen für sie diese Worte gesprochen. Die Übung verlangte von ihr, ihre Schuldgefühle auf eine extreme Spitze zu treiben und dadurch zu erkennen, wie unangemessen sie tatsächlich waren. Nachdem ihr das erst einmal gelungen war, befand sie sich auf dem besten Weg zu ihrer Befreiung.

Ein paar Wochen später teilte Eve mir mit, daß sie eine Stelle in einer Werbeagentur gefunden habe. Sie hörte sich ganz anders an als die in die Falle gelockte, hoffnungslose junge Frau, die ich fünf Monate davor kennengelernt hatte. Ich fragte sie, ob sie sich daran erinnere, daß sie mir gesagt hatte, sie würde an Schuldgefühlen zugrunde gehen, wenn sie jemals Elliot verließe.

»Nun, ich habe noch nie davon gehört, daß jemand an Schuldgefühlen zugrunde gegangen ist, und ich habe nicht vor, die erste zu sein«, sagte sie. »Ich muß mich selbst nur stark und finanziell unabhängig machen. Ich bin durchaus in der Lage, mich selbst zu erhalten, und alles, was ich brauche, ist eine Einzimmerwohnung und ein funktionstüchtiges Auto. Fließendes Wasser und ein funktionierendes Auto. Das kann ich schaffen, und ich fühle mich gut.«

Daran bestand kein Zweifel.

Schuldgefühle mit der Phantasie bekämpfen

Jan war verwirrt, als sie zu mir kam, nachdem sie ihrer Schwester mitgeteilt hatte, daß sie ihr das Geld nicht leihen konnte.

Ich weiß, daß ich die richtige Entscheidung getroffen habe, aber ich komme nicht dagegen an, daß ich mich trotzdem so fühle, als hätte ich etwas Furchtbares getan. Sie ist in großer Not. Sobald ich mir das vorstelle, kommen all diese Klischees wieder hoch: Deine Familie ist alles, was du hast, vergeben und vergessen, Blut ist dicker als Wasser, vorbei ist vorbei. Re-

sultat: Sie ist meine Schwester, sie ist in Schwierigkeiten, und ich habe kein gutes Gefühl, wenn ich sie im Stich lasse.

Jan focht einen inneren Kampf aus zwischen dem, was sie wußte, und dem, worauf sie trotz allem hoffte. Es schien dem schmerzhaften Wissen, das sie in all den Jahren im Umgang mit Carol angesammelt hatte, nicht möglich zu sein, tief genug einzudringen und sich ihren Schuldgefühlen entgegenzustellen.

Verweigert das Unbewußte eine heilsame Veränderung, dann kann man es, wie ich festgestellt habe, besser durch Bildersprache und Geschichten erreichen als durch traditionelle Gesprächstherapie. In diesem Sinne bat ich Jan, ein Märchen über die Beziehung mit ihrer Schwester zu schreiben. »Das wird ein echtes Grimmsches Märchen«, sagte sie sardonisch. »Wie soll ich die Sache angehen?«

Ich erklärte ihr, daß sie alles schreiben könne, was sie wolle, daß sie sich dabei jedoch der typischen Sprache und Bilder von Märchen bedienen, die Geschichte in der dritten Person schreiben und ihr, wenn nicht ein glückliches, so doch wenigstens ein hoffnungsvolles Ende geben solle.

Jans Geschichte ist bemerkenswert, und ich möchte sie daher mit Ihnen teilen:

Es waren einmal zwei kleine Prinzessinnen. Die eine war der Liebling des Königs, und ihre Kleiderkammern waren angefüllt mit schönen Gewändern und Juwelen. Sie fuhr in einer goldenen Kutsche umher, und sie mußte einen Wunsch nur aussprechen, und schon wurde er erfüllt. Die zweite kleine Prinzessin war der Liebling der Königin. Diese Prinzessin war gewitzt und mutig, aber offenbar war für sie nichts mehr übrig, denn ihre Schwester hatte dem König Lügen über sie erzählt, um sie in seinen Augen schlechtzumachen. Also trug die arme kleine Prinzessin die Gewänder, die ihre verwöhnte Schwester fortwarf, und als sie den König um Spielzeug und Mohrrüben für ihr Pony bat (sie hatte nur ein Pony statt einer Kutsche), antwortete er: »Geh bei einem Händler in der Stadt in Lehre«, womit er meinte, daß sie sich Arbeit suchen sollte. Also machte sich die arme kleine Prinzessin auf den Weg, um für den ortsansässigen Goldschmied zu arbeiten, der ihr beibrachte, wunderschöne Dinge zu fertigen, und der ihre Geschicklichkeit und ihren Fleiß lobte.

Als die Prinzessinnen erwachsen waren, heiratete die verwöhnte Prinzessin ein Ekel, dem es egal war, daß sie weder kochen noch arbeiten konnte. Nun, das Ekel sah wohl gut aus, aber er war ein Verschwender und Tunichtgut. Er liebte sie wegen ihres Geldes, mit dem er in den Kauf von Sumpflandschaften investieren wollte. Bald schon hatte die verwöhnte Prinzessin all ihre Reichtümer verloren, und sie und das Ekel waren gezwungen, betteln zu gehen. Die verwöhnte Prinzessin empfand dies als große Demütigung.

Inzwischen hatte die arme kleine Prinzessin fleißig gearbeitet und viel aus ihrem Leben gemacht. Der freundliche Stadtgoldschmied hatte ihr sein Geschäft überlassen, als er zu alt geworden war, um es selbst zu führen, und sie war berühmt dafür geworden, daß sie die schönsten Kronen und Ringe im Königreich zu fertigen verstand. Sie hatte ihr eigenes Juweliergeschäft, »Prinzessinnen-Juwelen«, und sie war stolz auf ihre Arbeit und ihre Schaffenskraft. Das einzige traurige Kapitel in ihrem Leben war ihre Erinnerung daran, wie ihr Vater und ihre Schwester sie behandelt hatten, als sie noch klein war.

Als also die selbstsüchtige Prinzessin an ihre Tür kam und sie darum ersuchte, ihr einige Juwelen zu geben, um verhindern zu können, daß die königliche Kutsche zurückgefordert und ihr Schloß eingezogen würden, geriet die fleißige Prinzessin in ein schreckliches Dilemma. »Bitte hilf mir«, bat die selbstsüchtige Prinzessin. »Ich weiß, ich war nie nett zu dir, aber wenn du mir nur einen Teil dessen gibst, wofür du so hart gearbeitet hast, dann werde ich dir hinfort eine gute Schwester sein.«

Die fleißige Prinzessin wollte ihr gerne glauben und sehnte sich danach, ihrer Schwester in ihrem Leben einen Platz einzuräumen. Aber ihre Schwester war niemals gut zu ihr gewesen, und die fleißige Prinzessin zweifelte daran, daß sie sich wirklich verändert hatte. Um ihre Gedanken zu ordnen, machte sie einen Spaziergang im Wald und kam an einen kristallklaren Teich. Sie setzte sich an seinem Rand nieder, blickte ihr Spiegelbild an und fragte es: »Was soll ich tun? Was soll ich nur tun? Ich weiß, meine Schwester wird verschwenden, was ich ihr auch gebe. Aber wie sehr würde ich mich über die Liebe meiner Schwester freuen!« Als sie so sprach, fiel eine ihrer Tränen in den Teich, und als sich das Wasser wieder beruhigt hatte, erkannte sie, daß ihr Spiegelbild durch das Abbild ihrer besten Freundin ersetzt worden war.

»Du hast eine Schwester«, sagte dieses Spiegelbild zu ihr. »Ich habe dich so lieb und nehme so tiefen Anteil an dir, wie es deine eigene Schwester niemals getan hat. Und du wirst immer Menschen wie mich haben, die deine eigentliche Familie sind.«

Die fleißige Prinzessin wußte, daß dies die Wahrheit war, und als sie nach Hause zurückkehrte, sagte sie zu der verwöhnten Prinzessin: »Du kannst die Juwelen aus meinem Geschäft nicht bekommen. Du hast nie ein Geschenk bekommen, das du nicht im Sumpf verloren hast. Ich wünschte, wir hätten einander nahegestanden, aber das war nie der Fall und wird vielleicht nie geschehen. Die Juwelen werden daran nichts ändern.«

Jan erzählte mir, daß das Aufschreiben der Geschichte für sie eine starke Erfahrung war:

Ich sah wirklich die Wahrheit. Meine Schwester wird sich niemals ändern. 1000 Dollar werden nichts an dem ändern, was zwischen uns nicht stimmt. Schon als sie klein war, hat Carol Dinge fortgenommen und Lügen über mich verbreitet und versucht, mich bei Mom und Dad in Schwierigkeiten zu bringen. Ich hatte nie eine enge Beziehung zu ihr, und das wird sich auch in Zukunft wohl kaum ändern. Aber ich fühlte mich so viel besser, als ich über wirkliche Schwestern schrieb. Meine beiden besten Freundinnen stehen mir näher als die Familie, sind mir vertrauter, als mir meine Schwester je sein könnte. Also habe ich gar nichts verloren – außer einer Ladung übertriebener Schuldgefühle.

Indem sie die Geschichte in der dritten Person schrieb, gewann Jan die dringend benötigte emotionale Distanz, um die Beziehung zu ihrer Schwester klar sehen zu können. Und die Märchenform befreit die Phantasie mit all ihrer Kreativität und ihrem Humor – eine wirkungsvolle Waffe gegen Schuldgefühle. Die Phantasie ist ebenso leicht, wie Schuldgefühle schwer sind, und sie vertreibt auch die dunkelsten Gefühle.

Ich möchte Sie dazu ermutigen, selbst ein Märchen zu schreiben, damit Sie einen tieferen Einblick in eine Beziehung gewinnen, die Ihnen Schuldgefühle bereitet. Besonders wirkungsvoll ist es, über Familienmitglieder zu schreiben, aber ebenso ist es möglich, einen Freund oder Liebhaber zum Thema zu machen (»Es war einmal eine Königin und ein König. Der König hatte die Angewohnheit, sich schmollend in den Wald zurückzuziehen, wenn er seinen Kopf nicht durchsetzen konnte...«). Ich vermute, Sie werden überrascht und zufrieden darüber sein, was Ihre Geschichte Ihnen alles zu entdecken und wieviel Klarheit sie in einer Situation zu verschaffen vermag, in der Sie von Schuldgefühlen geblendet sind.

Ich weiß, daß ich Ihnen in diesem Kapitel eine große Menge an Informationen und viel Arbeit zugemutet habe, und manches davon löst in Ihnen vielleicht starke Gefühle aus. Vielleicht fühlen Sie Trauer über den Verlust von Sicherheit in einer Beziehung, oder Ihre unvermeidliche Wut richtet sich gegen einen Erpresser, der Sie herumgestoßen hat, und gegen sich, weil Sie immer wieder nachgegeben haben. Möglicherweise fördert die Arbeit mit dem vorliegenden Material sogar noch nicht abgeschlossene Themen aus Ihrer Kindheit zutage.

Gehen Sie freundlich mit sich um, und schenken Sie Ihren Gefühlen und dem, was sie Ihnen zu sagen haben, genug Aufmerksamkeit. Sollten Sie sich überfordert fühlen, mag ein Beratungsgespräch angemessen sein, oder aber Sie suchen sich Unterstützung bei einem Menschen, der Ihnen nahesteht. Denken Sie daran: Sie müssen nicht alles in den nächsten 24 Stunden schaffen. Gehen Sie in dem für Sie angemessenen Tempo vor, und suchen Sie sich die Übungen und Aufgaben aus, die Ihnen entsprechen. Ich versichere Ihnen, daß es die Mühe wert ist.

Nachwort

Die Veränderung des eigenen Verhaltens ist kein linearer Prozeß und erfolgt auch nicht unmittelbar. Wenn Sie die Fertigkeiten, die Sie hier gelernt haben, zu einem festen Bestandteil Ihres Lebens machen, werden Sie feststellen, daß Ihr Weg nicht ohne Widerstände und Rückschritte verläuft. Vielleicht zögern Sie, oder Sie bekommen Angst, oder Sie geben sich Mühe und scheitern dennoch – daran ist nichts Ungewöhnliches, und dies stößt jedem Menschen dann und wann zu. Aber Sie werden sowohl aus Ihren Siegen als auch aus Ihren Niederlagen lernen.

Der Weg, zu dem Sie aufgebrochen sind, ähnelt einer Bergbesteigung, bei der man den Gipfel niemals erreicht. Kein Mensch ist derart wortgewandt und angstfrei, daß er immer die richtigen Worte findet, um den Druck und die Drohungen eines anderen zurückzuweisen. Gehen Sie freundlich und versöhnlich mit sich um. Während Sie daran arbeiten, diesen Berg der Veränderung zu besteigen, werden Sie vermutlich ab und zu nach oben blicken und denken: »Oh, Gott, der Weg ist noch so weit!« Dann drehen Sie sich einen Augenblick um und sehen hinunter auf die Stelle, an der Ihr Aufstieg begann. Sie werden erkennen, wie weit Sie schon gekommen sind.

Das Wunder der Veränderung

Sobald Sie erst einmal aufhören, darauf zu warten, daß andere Menschen sich verändern, und selbst an Ihrem Verhalten zu arbeiten beginnen, können wirklich Wunder geschehen. Indem

Sie auch nur eines Ihrer neuen Hilfsmittel zum Einsatz bringen, werden Sie Wellen der Veränderung in jede beliebige Beziehung tragen. Sehen Sie doch nur, was mit Liz und Michael geschehen ist.

»Können Sie sich vorstellen, wie sehr Michael sich verändert hat?« fragte Liz mich eines Tages. »Ich war wirklich keineswegs sicher, daß wir es schaffen würden.«

»Aber wer hat den ersten Schritt gemacht?« wollte ich wissen.

»Ich nehme an, das war ich«, sagte sie. »Ich hatte meine Zweifel, als Sie mir erklärten, wie es funktioniert, aber ich kann jetzt erkennen, daß die Beziehung es nicht überlebt hätte, wenn ich so weitergemacht hätte wie bisher.«

Liz setzte ein breites Lächeln auf, als sie ihre Handtasche öffnete und ein zusammengefaltetes Blatt Papier herausnahm. »Das ist ein Brief, den Michael für seine Therapie geschrieben hat, und er hat mich gebeten, ihn Ihnen zu zeigen.«

Was für ein Brief!

An den Erpresser in meinem Inneren:
Hallo,
ich muß ein paar Worte mit Dir wechseln. Ich hätte gerne Deine ungeteilte Aufmerksamkeit für eine Angelegenheit, die mir besonders wichtig ist.

Du hast mir nun schon seit geraumer Zeit eine Menge Schwierigkeiten bereitet. Ich habe nicht richtig durchschaut, was hier eigentlich los ist, bis mich Liz und John [Michaels Therapeut] auf Dich hingewiesen haben. Seither kann ich viele Dinge sehr viel besser verstehen, und Du und ich müssen jetzt ein ernstes Wort miteinander reden.

Ich leide augenblicklich unter den Spannungen und dem Unglück, die ich Deinetwegen verursacht habe. Wenn ich nur daran denke, wie kurz ich davor stand, alles zu verlieren, was ich liebe, weil ich, dumm wie ich war, daran glaubte, daß ich mich wirklich stark und verantwortlich fühlen würde, wenn ich meine Frau durch Tyrannei und Druck dazu brächte, alles zu tun, was ich wollte, dann bin ich entsetzt und wirklich wütend auf Dich.

*Das Ausmaß meiner Gefühllosigkeit überrascht mich. Die
Vorstellung, daß ich meiner Frau in die Augen geblickt habe
und dabei gemein, erniedrigend und emotional grausam war
und glaubte, damit ihre Fehler zu korrigieren, erfüllt mich mit
Trauer um die verlorenen Augenblicke, um die verlorene Liebe
und darüber, daß ich sie verletzt habe, daß ich genau das Gegenteil dessen getan habe, was ich fühle, daß ich das Aller-
wichtigste, die Würde und die Individualität des Menschen,
weder respektiert noch geachtet haben.*

*Ich will Dir klarmachen, Herr Erpresser, daß in meinem In-
neren kein Raum für Deine Strategie ist. Ich bin nicht bereit,
in dieser Angelegenheit irgendwelche Kompromisse zu schließen. Ich mache nicht mehr mit.*

*Ich weiß, daß es nicht einfach sein wird. Es gibt noch viel zu
lernen, viele Gewohnheiten zu durchbrechen und Ängste zu
überwinden. Aber ich habe auch früher schon schwere Aufgaben bewältigt, die mir nicht so viel bedeutet haben wie das,
also werde ich auch damit fertig werden. Deine Tage sind vorüber, und dieser Tag und der folgende sind etwas Neues.*

Auf Nimmerwiedersehen,
Michael

Wie die meisten Opfer emotionaler Erpresser hatte auch Liz
auf die Nachgebetaktik vertraut und daran geglaubt, daß sie
Stabilität erreichen würde, indem sie Michaels Forderungen er-
füllte. Sie konnte nicht wissen, daß sie sein Verhalten, das sie
immer weiter voneinander entfernte, lediglich verstärkte. Sobald sie jedoch ihre Reaktionen auf ihn veränderte, öffnete sie
die Tür für die Nähe, nach der sie sich beide sehnten.

»Ich kann dazu nur sagen, wenn so etwas möglich ist, dann
glaube ich an Wunder«, meinte Liz. »Ich habe Michael zurückgewonnen – und mich ebenfalls.«

Ich kann Ihnen nicht versprechen, daß Sie, wenn Sie in diese
Arbeit einsteigen, immer eine ebenso dramatische Reaktion
von dem Erpresser in Ihrem Leben erfahren, wie Liz sie von
Michael erhielt. Aber selbst wenn sich die Menschen in Ihrem
Umfeld nur sehr wenig verändern: *Sie* werden verändert sein,

und die Welt wird sich Ihnen anders darstellen. Sie werden keinen Zweifel daran haben, daß eine Beziehung, die nur dann eine Überlebenschance hat, wenn Sie den Erpressungsversuchen Ihres Partners nachgeben, daß diese Beziehung keine ist, die Ihr Wohlergehen fördert.

Nach Hause kommen

Ein wunderbares Gefühl der Normalität und des Gleichgewichts kehrt zurück, wenn es Ihnen gelingt, den Nebel aus Angst, übertriebenem Pflichtgefühl und Schuldgefühlen zu durchdringen und der emotionalen Tyrannei ein Ende zu setzen. Verwirrung und Selbstanklagen, die ein fester Bestandteil Ihrer Gefühle und Ihres Selbstbilds waren, verschwinden und werden durch ein neues Gefühl des Selbstvertrauens und der Selbstachtung ersetzt.

Mit jedem Schritt, den Sie tun, um Fertigkeiten zu lernen und anzuwenden, die Ihren emotionalen Erpresser entwaffnen, gewinnen Sie den Kern Ihres wahren Selbst zurück – Ihre Integrität. Diese kostbare Ganzheitlichkeit, um die Sie getrauert haben, war nie gänzlich verloren – nur verlegt.

Sie hat auf Sie gewartet.